本成果受北京高校“双一流”建设资金支持

新编21世纪经济学系列教材

中级宏观经济学

吴汉洪　于　泽　杨　斌　编著

Intermediate Macroeconomics

中国人民大学出版社
·北京·

内容简介

本书努力构建中级宏观经济学较完整的体系，除导论外，本书由三部分组成：第一部分介绍增长与波动的基本理论；第二部分论述宏观经济政策；第三部分论述宏观经济学的微观基础。此外，在数学工具的使用上，本书也尽可能地限定在大学本科生能理解的水平上。

作者简介

吴汉洪　中国人民大学经济学院教授，博士生导师，中国人民大学产业经济与竞争政策研究中心主任，教育部“马工程”重点教材首席专家，北京外国经济学说研究会副会长，享受国务院政府特殊津贴。

于　泽　经济学博士，中国人民大学经济学院教授，经济系主任。主要研究领域为经济增长、货币理论与政策。曾获得北京市高等教育教学成果奖一等奖等奖励。在《经济研究》《管理世界》等核心期刊上发表论文三十余篇，出版专著三部。

杨　斌　经济学博士，中国人民大学经济学院副教授。主要研究领域为经济增长理论和宏观经济学动态方法。

前言

本书定位于中级宏观经济学，供学习过初级宏观经济学（宏观经济学原理）课程的普通高等学校财经类专业高年级本科生和部分专业的研究生学习、使用。

一般来说，中级宏观经济学和初级宏观经济学的主要区别在于，前者的论述逻辑更为严密且数学分析工具被普遍使用。考虑到这点以及避免与初级宏观经济学教材有过多的重复，一方面，本书正文没有再介绍宏观经济的一些总量指标，如总产出（GDP）、价格指数和失业率等，因为这些总量指标一般都会在初级宏观经济学教材中加以介绍；另一方面，本书努力构建中级宏观经济学较完整的体系，具体地说，本书除导论外，由三部分组成，第一部分介绍增长与波动的基本理论，第二部分论述宏观经济政策，第三部分论述宏观经济学的微观基础。此外，在数学工具的使用上，本书也尽可能地限定在一般大学本科生能理解的水平上。

本书的编写分工如下：吴汉洪主持本书的编写并撰写本书导论；于泽撰写第 3 章，第 4 章的第二、三、四节，以及第 5 章至第 9 章；杨斌撰写第 1 章，第 2 章，第 4 章的第一节和第五节，以及第 10 章至第 14 章。

本书受北京高校“双一流”建设资金支持，在此表示衷心感谢。

限于编写人员的知识水平和教学经验，本书的缺点和疏漏之处在所难免。因此，我们希望并欢迎使用本书的人员提出宝贵的意见与建议。

本书编者

目录

导论　宏观经济学概论

第Ⅰ部分

增长与波动的基本理论

第 1 章　长期增长Ⅰ：新古典增长理论

第 2 章　长期增长Ⅱ：内生增长理论

第 7 章 国际部门和开放宏观经济学

第Ⅱ部分 政策分析

第 8 章 财政政策

第 9 章 货币政策

第 10 章 第三种宏观政策之宏观审慎监管

第 11 章 增长政策

第Ⅲ部分

宏观经济学的微观基础

导论

宏观经济学概论

第一节　宏观经济学研究的问题

为什么在过去几十年中，同处一个地球的一些国家经历了收入的快速增长而另一些国家仍然陷于贫困之中？为什么一些国家通货膨胀居高不下而另一些国家却保持了价格的稳定？为什么很多国家都经历了衰退和萧条？以及政府的政策如何才能减少这类事件发生的频率并减轻其严重程度？宏观经济学就是力图回答这些问题以及许多相关问题的经济学的一门分支学科。

宏观经济学以一个国家、一个地区或一个社会总体为研究对象，我们称之为经济体，宏观经济学研究经济体的运行及其后果。宏观经济学的重要性可以从经济体经济状况的重要性角度来理解。毫无疑问，经济体的运行状况的重要性与人们的生活息息相关。企业决策者在预测市场对自己产品的需求时必须推测消费者收入增长有多快。依靠固定收入生活的老年人想知道其所要购买的物品价格上涨有多快。正在寻找工作的应届大学生希望经济繁荣且企业扩招。宏观经济问题有时对世界政治也非常重要，例如，许多欧洲国家采取统一货币是一种好的做法吗？中美两国的贸易不平衡问题如何处理？一些贫穷国家如何才能提高其国民的生活水平？当一些国家的领导人会晤时，这些议题往往排在议事日程的显要位置。

宏观经济学的基本内容如图 1 所示。图 1 说明了随着时间的推移，经济体长期增长趋势和波动的情况。

图中比较平缓、接近于直线的那条线表示了实际 GDP 的趋势过程，GDP 的趋势过程是经济中当生产要素被充分利用时 GDP 所经历的过程，给定一个特定的时期，这条线所对应的产量即为经济中现有资源被充分利用时所能生产的产量，也就是充分就业产量或潜在产量。一般地，随着时间的推移，潜在产量由于下述原因而呈现出上升趋势，即

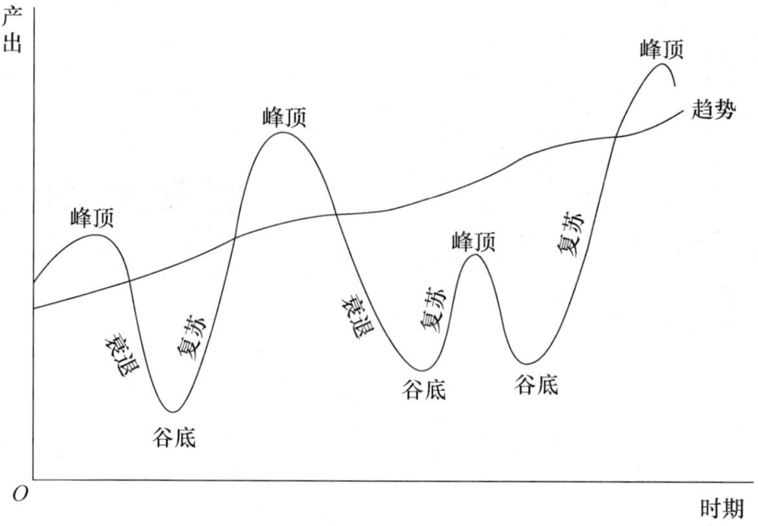

图 1　总产出增长趋势和波动

经济中可得到的资源更多了，人口规模增加了，厂商获得了更先进的生产工具并修建了新的工厂，土地得到改良以利于种植，新产品和新生产方法得以发明和采用，知识存量增加了，等等。总之，经济中资源可得性的增加使得经济能生产出更多的商品和服务。

图中的波浪线则表示在不同时期实际 GDP 的路径，从图中可以看出，经济中实际的产量并不总是处于其趋势水平，即充分就业的水平。更经常地，产量围绕其趋势水平波动。在图中所标志的复苏时期，生产要素的利用量增加，由于人们加班加点工作，几台机器轮班运转，产量有可能超过其趋势；反之，在衰退时期，由于失业增加，机器设备闲置，产量小于现有资源与技术实际能生产的水平。

在宏观经济学中，产出缺口衡量实际产量与现有资源得到充分利用时所能生产的产量之间的差额。充分就业的产量也叫潜在产量（出），因此，产出缺口可表示为：

$$产出缺口=潜在产出-实际产出 \tag{1}$$

图 1 以较清晰的方式说明了宏观经济学的两个基本的研究主题，即经济增长和经济波动。简单概括，经济增长是关于图 1 中总产出趋势的研究，而经济波动则对应的是图 1 中总产出水平波浪线的研究。这两部分都和所考察的时间范围有关。为此，有必要说明宏观经济学的时间范围。

第二节　宏观经济学基本内容概述

在宏观经济学中，一般划分三个不同的时间范围，分别为特长期（very long run）、长期（long run）和短期（short run）。相应地，有三类宏观经济模型来构成宏观经济理论的框架。

经济体的特长期行为是宏观经济增长理论的研究范围，它的研究重点在于经济体生产商品和服务能力的增长。特长期研究的核心在于资本的积累和技术进步。

在长期模型中，资本存量和技术水平被看作相对固定。不变的资本和技术决定了经济的生产能力，宏观经济学把这种能力称为潜在产出。在长期中，商品和服务的供给等于潜在产出。在这个水平上的价格和通货膨胀是由需求波动决定的。

在短期中，需求波动决定可以得到的生产能力被利用了多少，因而也决定了产量水平和失业水平。和长期相比，短期内价格相对固定而产量是可变的。在短期模型范围内，一般认为宏观经济政策可以发挥一定的作用。

概括地说，宏观经济学可以划分为长期宏观经济学部分和短期宏观经济学部分。前者又可称为增长理论，该理论试图寻找经济体的长期收入水平和经济增长的原因。后者则考察包括总产出（GDP）在内的一些重要宏观经济变量围绕其趋势的短期波动，对应于前面说的长期模型和短期模型，旨在寻找经济波动的原因。下面粗略地勾画上述三类模型的轮廓。本书后面将说明进一步的细节。

经济体的特长期行为是增长理论研究的范围。在对增长理论的研究中，宏观经济学探究资本的积累与技术进步是如何导致生活水平提高的。在这里，忽略了衰退与繁荣，以及有关利用劳动和其他资源的短期波动。通常假定劳动、资本和原材料等都是被充分利用的。增长理论试图解释许多年或几十年的经济体的平均增长率。

为了说明长期和短期模型，宏观经济学引入了总供给和总需求的概念。

总供给（水平）是在可使用的资源与技术给定的情况下，经济体可能生产的产出量。总需求（水平）是经济体对消费品、新投资、政府采购以及净出口的需求的总和。进一步地，引出了总供给曲线和总需求曲线。

总供给曲线（简记为 AS）表示，对于每一个既定的价格水平，经济体中的厂商所愿意供给的产量。总供给曲线的位置取决于经济的生产能力。总需求曲线（简记为 AD）表示，对于每一个限定的价格水平，经济体的商品市场和货币市场同时处于均衡时的产量水平。总需求曲线的位置取决于影响经济体总支出的一切因素。

在宏观经济学中，由总需求曲线和总供给曲线构成总需求—总供给模型。在几何形式上，在以产量为横坐标、价格水平为纵坐标的坐标系中，总需求曲线和总供给曲线的交点决定了经济体的价格和产量。

在长期，总供给曲线是垂直的。[①] 产量固定在供给曲线相交于横轴的位置上。而总需求曲线通常是向右下方倾斜的。由总需求—总供给模型表示的经济长期均衡，表示在图 2 中。

从图中可以看到，两条曲线相交于 E 点时，经济达到了均衡状态，此时经济的产量水平为 Y_0，经济中的价格水平为 P_0。进一步地，可以想象，在总供给曲线不变动的条件下，随着总需求曲线向左或向右移动，两条曲线的交点只是下移或上移（价格水平变动），而产量水平不会发生变动。由此，可以得出，在长期中，经济的产量只取决于总供给，而价格水平则取决于总供给与总需求曲线两者的交点。

此外，增长理论与长期总供给曲线联系密切，如图 3 所示。

在图 3 中，在一个给定的年份中，垂直的总供给曲线的位置等于较长时期模型在该

---

① 经济学家对长期究竟是指几个季度的时间，还是长达十年的时间看法不一致。

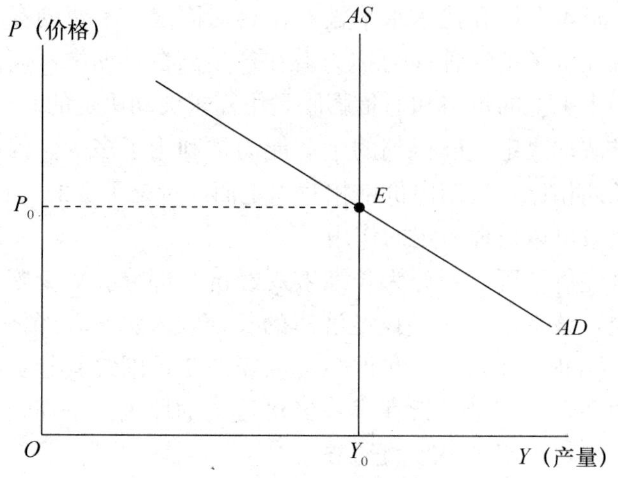

图 2　总需求—总供给模型：长期

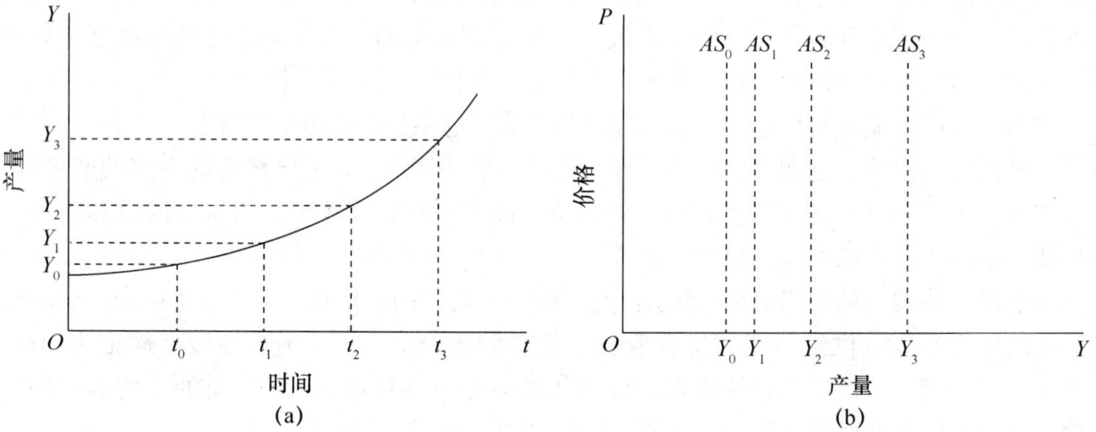

图 3　总供给的确定：特长期

年的产量水平。由于经过特长期，经济增长平均为每年几个百分点，因此可以知道总供给曲线一年通常向右移动几个百分点。①

借助图 2 所显示的模型还可以进一步推断：经济体很高的通货膨胀（即价格水平在一段时间里迅速上涨的情况）总是由总需求的变化引起的。其理由在于，总供给的移动大约是几个百分点，而总需求曲线的移动则可大可小。因此，高通货膨胀唯一可能的原因就是，总需求曲线相对于垂直的总供给曲线大幅移动。

在宏观经济中，解释经济体总产量的短期波动属于总需求的研究范围。

继续沿用前面的总需求—总供给模型。不同的是，在短期，总供给曲线是水平状的。短期总供给曲线将价格水平固定于供给曲线与纵轴的交点，其基本假定是，短期内产量不会影响价格水平。图 4 给出了这种情况下的短期模型。

借助图 4，可以想象，在总供给曲线不变动时，随着总需求曲线的移动，两条曲线的交点水平地移动（产量发生变化），而不是上下移动（价格保持不变）。由此可知，在

① 有时经济体遭受冲击会短暂中断总供给曲线正常地向右移动。

短期中，产量只取决于总需求，而价格不受产量的影响。

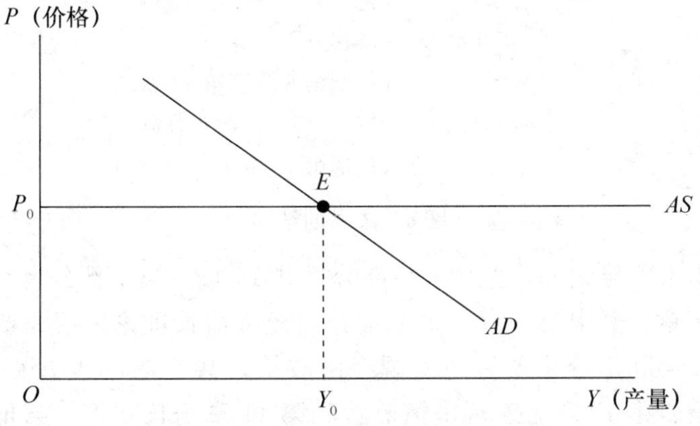

图 4 总需求—总供给模型：短期

一个值得思考的问题是：宏观经济学如何描述短期与长期之间的转换呢？换句话说就是，使经济的总供给曲线从水平状变动到垂直状的过程是怎样的？简单的回答是，当高涨的总需求推动产量高于特长期模型可持续的水平时，厂商开始提高价格，而总供给曲线便开始向上倾斜，如图 5 所示。

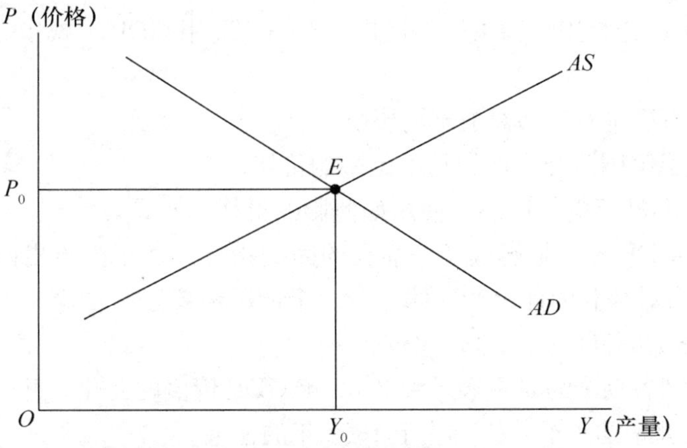

图 5 总需求—总供给模型：常规情况

在图 5 中，总供给曲线的斜率为正，总供给曲线向右上方延伸，介于水平状和垂直状之间。①

第三节 本书的结构安排

作为一本中级宏观经济学教科书，本书的结构安排如图 6 所示。

---

① 在宏观经济学中，总供给曲线有多陡是受到广泛争论的一个问题。关于短期总供给曲线向右上方延伸的说明，读者可参见曼昆. 宏观经济学（第九版）. 北京：中国人民大学出版社，2016：312-315。

导论
- 第Ⅰ部分　增长与波动的基本理论（包括第 1 章至第 7 章）
- 第Ⅱ部分　政策分析（包括第 8 章至第 11 章）
- 第Ⅲ部分　宏观经济学的微观基础（包括第 12 章至第 14 章）

图 6　本书的结构

具体来说，本书除导论外，包括三个部分，共 14 章。第Ⅰ部分旨在介绍增长与波动的基本理论，共 7 章，其中第 1 章和第 2 章介绍经济增长理论，第 3 章至第 7 章介绍短期经济波动理论。第Ⅱ部分主要论述宏观经济政策，共 4 章，其中第 8 章为财政政策、第 9 章为货币政策、第 10 章为宏观审慎监管和第 11 章增长政策。第Ⅲ部分主要论述宏观经济学的微观基础，共 3 章，包括第 12 章消费、第 13 章投资和第 14 章货币。

思考与练习

1. 有很多统计数据能够用来衡量价格水平，例如 GDP 平减指数和 CPI。大部分情况下，要看具体问题选择用哪种指标。请指出下列情况用 GDP 平减指数和 CPI 哪个更合适，并解释原因。

a. 进口铁矿石涨价对生活总成本的影响。

b. 政府希望了解国防开支增加是不是影响价格。

c. 在生产中 iPad 等电子产品的使用如何影响价格总水平。

2. 人均实际 GDP 并不是衡量经济福利的完美指标。请至少给出两个例子说明哪些 GDP 以外的活动会对福利的评价产生偏差。一个例子需要进行国家间比较，另一个例子需要在同一个国家的不同时间上进行比较。

3. 请解释下列各项交易是否会导致 2008 年 GDP 价值的变化，并解释。

a. 2008 年，郭靖购买了一栋建造于 2008 年的住宅。

b. 2008 年，周伯通购买了一栋建造于 2001 年的住宅。

c. 2008 年，一家建筑公司购买了门窗，安装在建造于 2008 年的郭靖家中。

d. 2008 年，周伯通把他 2008 年购买的住宅的所有房间都粉刷了一遍。

e. 2008 年，郭靖在线购买了一家建筑公司的股票。

4. 下列交易会导致 GDP 中哪一个支出项目变化？会如何变化？

a. 一家国内企业购买了国内生产的电脑，用于企业办公。

b. 一家国内企业生产了一台电脑，卖给了在外国的一家公司。

c. 政府购买了一台国内生产的电脑提供给公立学校。

d. 国内家庭购买了一台国内生产的电脑在家里使用。

e. 国内家庭购买了一台国外生产的电脑在家里使用。

参考文献

曼昆．宏观经济学（第十版）．北京：中国人民大学出版社，2020.
罗默．高级宏观经济学（第四版）．上海：上海财经大学出版社，2014.
高鸿业．西方经济学．7 版．北京：中国人民大学出版社，2020.

PART ONE

| 第 I 部分 |

1 增长与波动的基本理论

第1章

长期增长Ⅰ：新古典增长理论

从经济学原理的课程中我们已经知道，增长经济学研究的是经济的长期行为，它重点阐明一个国家或地区的生产能力的变化原因。具体而言，我们要探讨生产要素的积累和技术的改进如何导致了生活水平的提高。在这部分内容中，我们将忽略经济的短期波动，并且假定劳动、资本以及原材料等生产要素都是被充分利用的。

经济的增长率一般是指国内生产总值（GDP）的增长率，这一指标衡量了一个经济体的发展水平。图1-1给出了我国在1978—2020年间的人均GDP水平。从图中我们可以看到，以GDP衡量的我国经济水平经历了迅猛的发展。

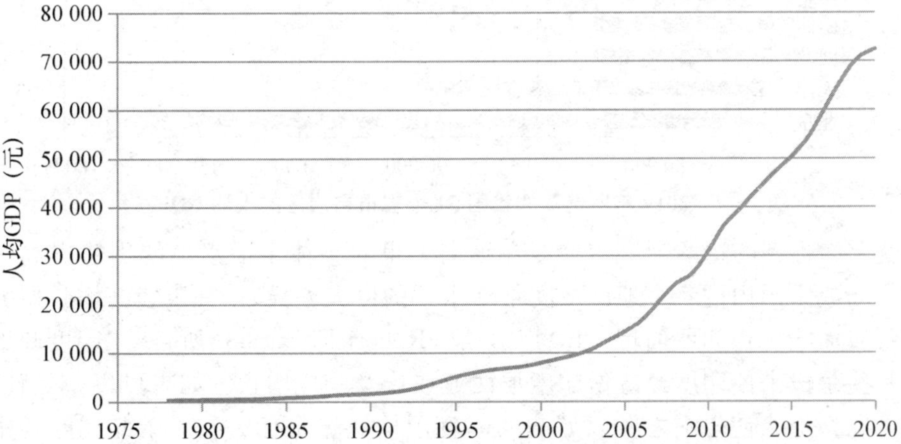

图1-1 1978—2020年我国的人均GDP水平

实际上，这并不是我国所特有的现象，如果我们考察一下整个世界范围内的经济数据，就会发现，与二百年前相比，甚至与五十年前相比，整个世界的平均生活水平都有了大幅度的提高。但是，与此同时，在世界上的不同国家之间，或者在同一国家的不同地区之间，生活水平差异却又大得惊人。图1-2描绘的是2019年度所选取的我国31个省市自治区的人均 GDP 情况。从图中我们可以看到，最富裕地区（北京）与最贫穷地区（甘肃）的人均 GDP 差距达到了 131 541 元。

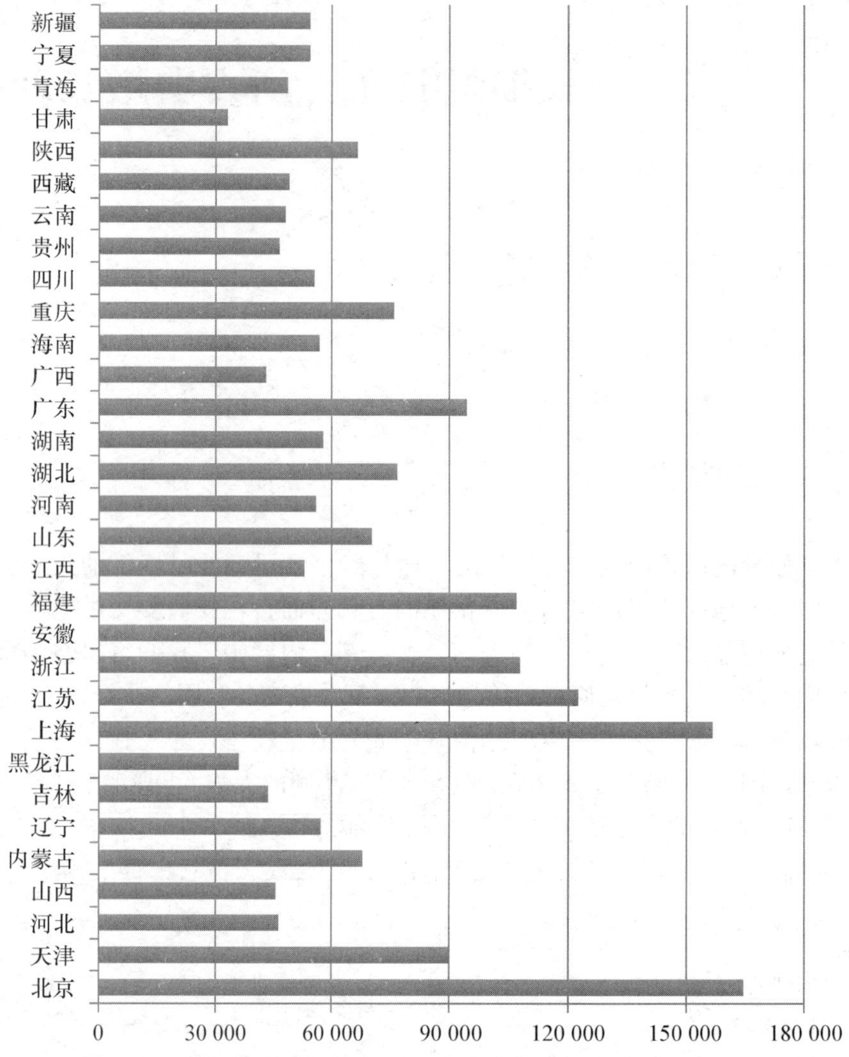

图 1-2　2019 年所选取的我国 31 个省市自治区的人均 GDP（元）

仅就上面提到的这两个事实（即在纵向上世界整体生活水平的迅速提高和在横向上各国之间或一国内的各个地区之间生活水平的巨大差异），关于经济增长研究的现实意义已不言而喻。正如罗伯特·E. 卢卡斯（Robert E. Lucas）所言："印度政府是否可以采取一些手段来使印度经济像印度尼西亚或埃及一样增长？如果可以，是什么手段？如果不可以，那么使得它之所以如此的印度国情究竟是什么？对于此类问题中所涉及的人类福利而言，结果是令人惊愕的：一旦你开始考虑它们，就很难再考虑其他的事情了。"①

---

① Lucas, Robert E., Jr. (1988). "On the Mechanics of Economic Development," *Journal of Monetary Economics*, 22, 1 (July), 3-42.

本章所要探讨的新古典增长模型或索洛-斯旺模型[①]（也称为索洛模型）是几乎所有关于增长问题的研究的出发点，甚至于那些从根本上不同于索洛-斯旺模型的理论通常也需要在与索洛-斯旺模型的比较中才能得到最好的理解。因此，要理解现代的各种经济增长理论首先就得理解索洛-斯旺模型。

第一节　基本模型

一、模型的基本假定

索洛-斯旺模型考虑的是单部门经济，并且假定经济是封闭的。经济的产出有两种用途：消费或者投资。投资的多少取决于储蓄的多少，这是因为在一个简单的封闭经济体中，产出是等于收入的，从而投资也就恰好等于储蓄。

于是，在任何一个时间点上，物质资本存量的净增加等于总投资减去折旧：

$$\dot{K}=I-\delta K=sF(K,L)-\delta K \tag{1.1}$$

其中 I 表示总投资，K 表示资本存量（$\dot{K}$ 表示关于时间的导数，即资本存量关于时间的变化率），L 表示劳动投入（如果我们将每个人的工作强度标准化为 1，则 L 也可看作是经济的人口数量。在索洛-斯旺模型中，假定人口以外生不变的速率 $n\geqslant 0$ 增长，即 $\dot{L}/L=n$）；δ 表示资本的折旧率，$\delta>0$，即在每一时点上都有一个固定份额的资本要损耗掉；s 是外生给定的储蓄率，$0\leqslant s\leqslant 1$；$F(K,L)$ 表示总量生产函数。

值得指出的是，式（1.1）不过是大家在经济学原理的课程中已经熟悉的均衡收入决定于“储蓄等于投资”这一假定的动态形式，与国民收入核算中“储蓄等于投资”的核算恒等式有着本质区别。要想进一步得到资本和产出的运动规律，我们就要具体地讨论生产函数的性质。实际上，关于生产函数的假定不一样，可以导出各种截然不同的增长理论。在索洛-斯旺模型中，假定生产函数是新古典的，即 $F(K,L)$ 满足下面三个性质：

（1）具有正且递减的边际产品：$F_K>0$，$F_L>0$；$F_{KK}<0$，$F_{LL}<0$。

（2）规模报酬不变，即对于任意的 $\lambda>0$，都有 $F(\lambda K,\lambda L)=\lambda F(K,L)$。

（3）满足稻田（Inada）条件[②]：$\lim\limits_{K\to 0}F_K=\lim\limits_{L\to 0}F_L=\infty$；$\lim\limits_{K\to\infty}F_K=\lim\limits_{L\to\infty}F_L=0$。

利用规模报酬不变的性质，我们可将式（1.1）重新表述为所谓的人均量形式（per capita form），或称集约形式（intensive form）。为此，记 k 和 $f(k)$ 分别表示人均资本存量和人均产出：

---

① Solow, Robert M. (1956). “A Contribution to the Theory of Economic Growth,” *Quarterly Journal of Economics*, 70, February, 65-94; Swan, Trevor W. (1956). “Economic Growth and Capital Accumulation,” *Economic Record*, 32 (November), 334-361.

② Inada, Ken-Ichi (1963). “On a Two-Sector Model of Economic Growth: Comments and a Generalization,” *Review of Economic Studies*, 30 (June), 119-127.

$$k \equiv K/L，f(k) \equiv F(K，L)/L = F(K/L，1) = F(k，1)$$

将式（1.1）两端同除以 L，并考虑到：

$$\dot{K}/L = (L\dot{k})/L + (k\dot{L})/L = \dot{k} + nk$$

我们可得到：

$$\dot{k} = sf(k) - (n+\delta)k \tag{1.2}$$

这就是索洛–斯旺模型的基本微分方程，其中$(n+\delta)$可以理解为人均资本 k 的有效折旧率。想象一下，如果经济的储蓄率 s 为零，则由式（1.2）可知，人均资本存量 k 将以速率$(n+\delta)$递减，这有两方面的原因：一是总资本存量 K 总是以速率 δ 折旧；二是总人口 L 以速率 n 递增。从另一个角度来说，如果经济的投资恰好等于$(n+\delta)k$，则人均资本存量 k 就可以保持一个不变的水平，因此我们也可将$(n+\delta)k$ 称为持平投资。

图 1－3 描绘了式（1.2）所定义的资本存量的变化规律。

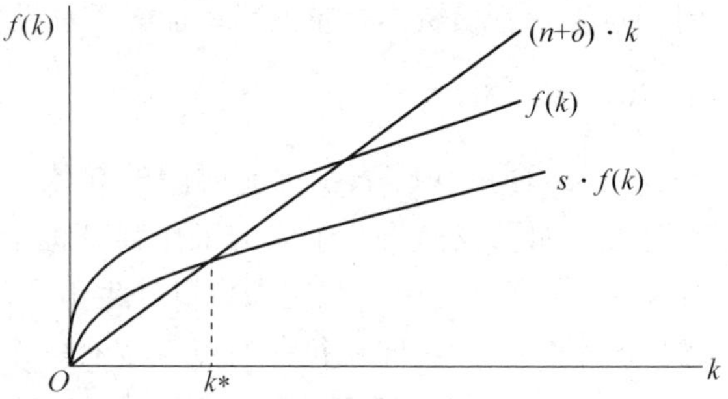

图 1－3　索洛–斯旺模型

二、模型的稳态

前面说到，增长理论研究的是经济的长期行为。换句话说，我们要通过模型来确定经济的长期发展路径，而与经济的长期发展路径密切相关的一个概念是稳定性。试想，如果我们已经通过模型分析知道了经济的长期发展路径，但是这条路径却是不稳定的，即初始状态稍有不同就会导致未来结果的巨大偏差，那么，基于这样的长期发展路径所做出的各种预测又有什么意义呢？因此，现代大多数的增长理论都着重分析经济增长的“稳态”（steady state）和“平衡增长路径”（balanced growth path）。

简言之，“稳态”是指各种经济变量都以不变速率增长的一种状态。在此状态下，我们称经济的增长路径为“平衡增长路径”。按照这样的定义，我们将会发现，所谓“稳态”和“平衡增长路径”不过是一种非现实的理想状态而已。因此，从更现实的角度出发，索洛认为，如果一个经济的增长行为符合下面所描述的增长特征中的前三种或者前四种，那么我们就可认为经济大致地处于平衡增长路径上：

（1）人均（或每人时）实际产出在相当长的时期内以大致不变的速度增长。

（2）粗略地讲，实际资本存量以一种大致不变的速度增长，且这种速度超过劳动投入的增长速度。于是，在长期内，人均资本也以大致稳定的速度增长。

（3）实际产出的增长率与资本存量的增长率趋于一致。因此，资本产出比并未表现出一种系统化的变化趋势。

（4）除了由有效需求的急剧变动偶尔引起的强烈变动之外，资本的利润率呈现出水平的趋势。

（5）人均产出的增长率可以在不同国家之间呈现出巨大的差异。

（6）在一个经济中，利润占收入的比例越高，投资占产出的比例就越高。

进一步地，索洛还认为，"现代经济增长理论的大部分被用来分析稳态的特征，以及被用来考察最初未处于稳态的经济在按特定的运动规律运行的情况下能否进入稳态。"①

下面我们就来考察由式（1.2）所定义的索洛-斯旺模型的稳态。将式（1.2）两端同除以 k 得到：

$$\dot{k}/k=sf(k)/k-(n+\delta) \tag{1.3}$$

上式左端表示的是人均资本存量的增长率，在稳态中应当是不变的；因此，上式右端的 $f(k)/k$ 在稳态中也应是不变的（参见上面提到的特征（3）），即在稳态中关于时间的导数为零：

$$\mathrm{d}[f(k)/k]/\mathrm{d}t=-\{[f(k)-kf'(k)]/k\}\cdot(\dot{k}/k)=0 \tag{1.4}$$

上式当中的 $f(k)-kf'(k)$ 表示的是劳动的边际产品，应为正。于是，在稳态中必有 $\dot{k}=0$。因此，索洛-斯旺模型的稳态 k^* 由下式决定（参见图1-3）：

$$sf(k^*)=(n+\delta)k^* \tag{1.5}$$

进一步地，我们还可知道，在平衡增长路径上，人均产出 $y^*\equiv f(k^*)$ 和人均消费 $c^*\equiv(1-s)f(k^*)$ 都是固定不变的。如果从总量的角度来看，则总资本存量 K、总产出 Y 以及总消费 C 在平衡增长路径上都是以人口增长率 n 的速度增长。

为讨论稳态 k^* 的稳定性，我们考察索洛-斯旺模型在 k^* 附近的线性化系统：

$$\mathrm{d}(k-k^*)/\mathrm{d}t\doteq[sf'(k^*)-(n+\delta)](k-k^*) \tag{1.6}$$

可以证明，$sf'(k^*)-(n+\delta)<0$②，从而 k^* 是稳定的，这就意味着无论经济的初始状态如何，最后经济都会收敛到系统的平衡增长路径上来。

索洛-斯旺模型的这一结论与人们所观察到的一个多世纪以来的正的人均增长率的经验事实是不相符合的③，从这个意义上说，索洛-斯旺模型并没有给予长期人均增长的决定以合理的解释。

由上面的模型还可知，储蓄率、人口增长率以及资本折旧率都可以影响到稳态中各种人均量的数值，但是对于人均量的长期增长率却没有影响。这就是说，不同的经济系统可以有不同的稳态，并且从初始状态到稳态的转移路径也可以不尽相同，但是最终的

---

① Solow, Robert M. (1970). *Growth Theory: An Exposition*, Oxford: Clarendon Press.

② 凹函数 $sf(k)$ 的斜率在 $k=0$ 时为无穷大，然后随着 k 的增加而减小，即曲线 $sf(k)$ 随着 k 的增加而变得逐渐平坦，并在 k^* 处与直线 $(n+\delta)k$ 相交。此时必有曲线 $sf(k)$ 的斜率小于直线 $(n+\delta)k$ 的斜率。

③ Barro, Robert and Xavier Sala-i-Martin (1995). *Economic Growth*, New York: McGraw-Hill, Inc.

长期增长结果却是一样的，即都是零增长（在稍后我们要讨论的具有技术进步的索洛-斯旺模型中，长期的增长率是外生的技术进步率）。但是我们知道，真正对人类的经济福利有意义的经济变量正是上面提到的这些人均量，因此，在索洛-斯旺模型中这些人均量的长期增长率为零意味着探求更好的理论增长模型的工作才刚刚开始。

三、模型的转移动态

由于稳态 k^* 是稳定的，因此，随着时间的推移，人均资本存量水平最终会收敛到其自身的稳态值上来。在增长理论中，我们一般用符号 γ 来表示其下标所代表的经济变量的增长率，因此，人均资本存量的增长率 $\gamma_k \equiv \dot{k}/k$ 由下式决定：

$$\gamma_k = sf(k)/k - (n+\delta) \tag{1.7}$$

其中 $sf(k)/k$ 是一条负斜率的曲线。[①] 因此，上式表明，人均资本存量的增长率由资本的平均产品中的储蓄部分和资本的有效折旧率之间的差额所决定。如图 1-4 所示，当人均资本存量小于稳态水平时，增长率是正的，但随着资本存量的增加，增长率在不断地递减，最终递减为零，而资本存量达到了稳态水平；当人均资本存量大于稳态水平时，增长率是负的，从而资本存量不断递减，最终达到稳态的资本存量水平，增长率为零。

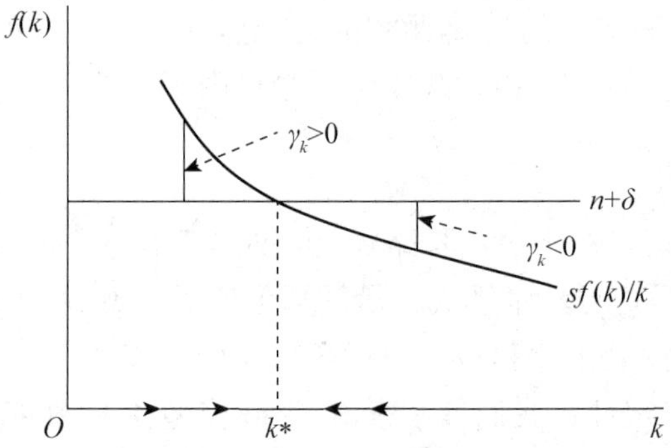

图 1-4 索洛-斯旺模型的转移动态

由此可知，导致索洛-斯旺模型中长期的人均增长率为零的根本原因是递减的资本报酬。[②] 对外生给定的储蓄率和资本的有效折旧率而言，当资本存量较小时，资本的平均产品相对较高，从而资本存量的增长率也就相对较高；但是，随着资本存量的不断增加，资本的平均产品将不断递减，从而在弥补了资本的有效折旧之后所达到的增长率也就不断地递减，最终下降到零。

四、条件收敛

索洛-斯旺模型的一个重要性质是条件收敛。由图 1-4 可以看出，初始的人均资本存量水平越低，则相应的增长率就越高。这似乎意味着穷国或者贫穷的地区（即初始的

---

① $d[f(k)/k]/dk = -[f(k) - kf'(k)]/k^2 < 0$。

② 利用式（1.7），可得 $\partial \gamma_k / \partial k = -s[f(k)/k - f'(k)]/k < 0$。

资本水平或产出水平较低）要比富国或者富裕的地区（即初始的资本水平或产出水平较高）增长得快。于是，一个有着巨大现实意义的问题油然而生：随着时间的推移，穷国和富国之间是否将出现收敛（或者说，趋同）的倾向？

要回答上述问题，我们首先必须区分绝对收敛和条件收敛这两个概念。所谓绝对收敛，是指在人均量上穷国要比富国增长得快，并且这不以经济当中的任何其他特征为前提条件。但是，这一概念并没有得到经验数据的支持。[①]

和绝对收敛相联系的另一概念是条件收敛。所谓条件收敛，是指穷国和富国之间的收敛倾向是以经济当中的一些其他特征为前提条件的。具体而言，如果这两种经济体具有相同的稳态水平，则收敛的性质才成立，而这正是索洛-斯旺模型所预言的性质。利用式（1.5）和式（1.7）我们可得：

$$\gamma_k=(n+\delta)\cdot\left[\frac{f(k)/k}{f(k^*)/k^*}-1\right] \tag{1.8}$$

上式清楚地表明，只有当人均资本存量的较低水平是相对于其稳态值而言时，一个更低的 k 值才会和一个更高的 γ_k 相对应。

我们从式（1.5）可知，一个经济的稳态水平是由经济的生产函数、储蓄率、人口增长率以及折旧率共同决定的。一般来说，一方面，不同的国家在这些经济特征上必定存在着巨大的差异，因此，基于较广泛的跨国数据集的经验研究并不支持条件收敛的结论。另一方面，如果我们考虑的跨国数据集中所涉及的国家都具有相似的经济结构（比如，OECD国家），或者我们考虑的是同一个国家内的不同地区（比如，我国的各个省市，美国的各州，或者日本的各县等），则大致上可以认为它们具有相同的稳态，从而条件收敛的性质应该成立。[②]

如果经济具有条件收敛的性质，则另一个令人感兴趣的问题是收敛速度的快慢。如果这个速度很快，则我们只需关心稳态附近的经济行为，因为大多数经济将很快地接近其稳态；如果这个速度很慢，则经济系统的行为将由转移动态所主导。下面我们以柯布-道格拉斯生产函数为例来计算出经济系统向着其自身稳态收敛的速度。

在索洛-斯旺模型中，如果生产函数取柯布-道格拉斯（Cobb-Douglas）的形式：$f(k)=k^\alpha$，则相应的经济增长率为：

$$\gamma_k=sk^{\alpha-1}-(n+\delta)$$

将上式在稳态附近对数线性化可得：

$$\gamma_k=\mathrm{d}(\log k)/\mathrm{d}t\doteq-\beta(\log k-\log k^*)$$

其中 $\beta\equiv(1-\alpha)(n+\delta)$，这一参数决定了从 k 到 k^* 的收敛速度。

至于产出的增长速度，则由 $\gamma_y=\alpha\gamma_k$ 可知：

---

① 巴罗（Robert Barro）和萨拉伊马丁（Xavier Sala-i-Martin）在其著作《经济增长》一书中利用涉及118个国家的跨国数据样本考察了这一性质，结论是否定的。

② 巴罗和萨拉伊马丁在其著作《经济增长》一书中分别利用美国各州、日本各县以及欧洲各地区的数据样本考察了这一性质，结论是肯定的。

$$\gamma_y = \mathrm{d}(\log y)/\mathrm{d}t \doteq -\beta(\log y - \log y^*)$$

由上式可得：

$$\log y(t) - \log y^* = \mathrm{e}^{-\beta t}[\log y(t) - \log y^*] \tag{1.9}$$

举一个数值的例子：如果 $\beta=0.05$，则上述收敛过程的半衰期大约是 14 年，即经济要想缩短其从初始位置到其自身稳态的距离的一半，大约要花费 14 年的时间。

五、储蓄率的变化

在索洛-斯旺模型中，稳态水平由储蓄率、人口增长率、资本折旧率以及生产函数的具体形式共同决定，其中最容易受到政府政策影响的参数是储蓄率。设想一下，如果政府引入某种政策把经济的储蓄率从原有的水平 s_0 永久性地提高到一个新的水平 s_1，那么，这会给经济中的其他变量带来什么样的影响？

从图 1-5 我们可以看到，储蓄率的上升最终会导致稳态资本水平的提高，但是这种提高并不是瞬间达到的。起初，资本存量水平位于原先的稳态水平 k_0^* 上，但是由于储蓄率的提高导致实际的投资水平超过了持平投资，从而 k 的增长率是正的，人均资本存量将持续上升直至达到新的稳态水平 k_1^*。

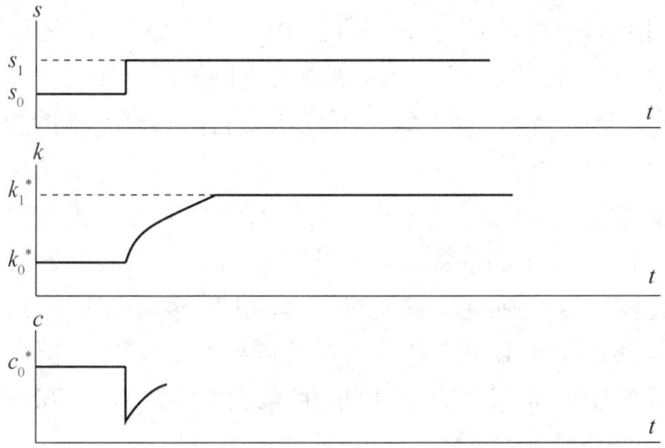

图 1-5 储蓄率提高的影响

储蓄率的变化也会对人均消费产生影响。起初，储蓄率从 s_0 到 s_1 的永久性提高将会导致人均消费的瞬时下降，但是，随着资本存量的不断增加，资本的平均产品不断递减，从而在 s_1 保持不变的情形下，消费将开始上升，并最终达到一个新的稳态水平。一个有意思的问题是：人均消费的这个新稳态水平是否一定会超过储蓄率提高前人均消费的稳态水平？这个问题的答案并不是确定的，它取决于原先资本存量的稳态水平是否处于我们下面将要谈到的黄金律水平上。

我们知道，不同的储蓄率可以导致不同的稳态，因此，我们可以将稳态中的人均消费水平看作是储蓄率的函数：

$$c^*(s) = (1-s)f(k^*) = f(k^*(s)) - (n+\delta)k^* \tag{1.10}$$

最大化稳态消费水平的一阶条件为：

$$d[c^*(s)]/ds=[f'(k^*(s))-(n+\delta)]\cdot d[k^*(s)]/ds=0 \tag{1.11}$$

由于 $d[k^*(s)]/ds>0$，故

$$f'(k^*(s))=n+\delta \tag{1.12}$$

上式称为资本积累的黄金律①，我们记使得上式成立的储蓄率为 s_{gold}，并将对应于 s_{gold} 的稳态人均资本存量和稳态人均消费水平分别记为 k_{gold} 和 c_{gold}。下面我们可分两种情况来讨论索洛-斯旺模型中外生给定的储蓄率对人均消费的影响。

（1）如果外生给定的储蓄率 s 大于 s_{gold}，则相应地有 $k^*>k_{gold}$ 和 $c^*<c_{gold}$。若我们可将储蓄率从 s 降到 s_{gold}，则 c 在向 c_{gold} 转移的整个过程中都保持着高于 c^* 的消费水平。这就意味着，由外生储蓄率 s 所刻画的经济是过度储蓄了，这样的经济被称为是动态无效率的，这是索洛-斯旺模型可能出现的一个令人不满意之处。

（2）如果外生给定的储蓄率 s 小于 s_{gold}，则相应地有 $k^*<k_{gold}$ 和 $c^*<c_{gold}$。在此情形下，要想达到最大的稳态人均消费，我们必须提高当前的储蓄率，但这就意味着我们必须放弃部分当前消费。因此，在没有很好地刻画消费者对于当前消费和未来消费的评价标准之前，我们无法判断储蓄率的提高对于消费者的合意性。在本章附录中，我们将引入内生的储蓄率，这一问题就可以得到明确的答案。

第二节　具有技术进步的索洛-斯旺模型

一般来说，技术和技术进步是两个外延很广的概念。从狭义上来说，技术可以是指某一具体的物理工具；而从广义上来说，技术又可以是指整个社会化的过程。尽管在增长理论的文献中，技术进步是一个使用频率相当高的术语，但实际上当经济学家们提到技术进步时，他们指的只是技术进步的生产函数解释。更确切地说，如果我们假定在生产过程中只有两种要素——资本与劳动，则技术进步对生产的影响体现在这两种生产要素使用量的变化上。

按照技术进步的这种经济学解释，我们可以定义出不同类型的技术进步。最简单的一种类型是：对于给定的产出水平，技术进步可以改变所需生产要素的投入组合。劳动节约型的技术进步将导致较高的资本—劳动比，而资本节约型的技术进步导致较低的资本—劳动比，中性的技术进步则可保持资本—劳动比不变。虽然这一技术进步的经济学定义是很好理解的，但是在我们考虑宏观经济问题（特别是经济增长问题）时，假定产出水平不变却是不现实的。因此，常用的适合宏观经济问题的技术进步类型有三种：希克斯（Hicks）型、哈罗德（Harrod）型和索洛型。希克斯型的技术进步可以定义为劳动节约型、资本节约型或中性的，如果对于给定的资本—劳动比，它使得资本的边际产品相对于

① Phelps, Edmund (1966). *Golden Rules of Economic Growth*, New York: Norton.

劳动的边际产品来说提高、降低或保持不变；哈罗德型的技术进步可以定义为劳动节约型、资本节约型或中性的，如果对于给定的资本-产出比，它使得资本的边际产品相对于劳动的边际产品来说提高、降低或保持不变；索洛型的技术进步可以定义为劳动节约型、资本节约型或中性的，如果对于给定的劳动-产出比，它使得资本的边际产品相对于劳动的边际产品来说提高、降低或保持不变。

可以证明，在我们考虑不变的技术进步率时，只有哈罗德中性的技术进步和稳态的存在是相一致的。[①] 因此，为保持和前面讨论的一致性，我们假定索洛-斯旺模型中的技术进步是哈罗德中性的。从代数式子上来看，这意味着生产函数具有下面的形式：

$$Y=F[K,\ L\cdot A(t)] \tag{1.13}$$

其中 $A(t)$ 是一个技术参数，假定 $\dot{A}/A=x\geqslant 0$。如果我们定义有效劳动为 $\hat{L}$，并且令 $\hat{k}\equiv K/[L\cdot A(t)]$，表示每单位有效劳动的资本存量，则可利用推导式（1.2）的相同方法得到具有技术进步的索洛-斯旺模型的基本微分方程：

$$\dot{\hat{k}}=sf(\hat{k})-(x+n+\delta)\hat{k} \tag{1.14}$$

其中 $f(\hat{k})\equiv F(\hat{k},\ 1)$。

相应的稳态 $\hat{k}^*$ 满足：

$$sf(\hat{k}^*)=(x+n+\delta)\hat{k}^* \tag{1.15}$$

因此，按有效劳动平均的资本存量在平衡增长路径上不变，从而 $\gamma^*_{\hat{k}}=0$。进一步地，每单位有效劳动的产出 $\hat{y}\equiv Y/[L\cdot A(t)]=f(\hat{k})$ 以及每单位有效劳动的消费 $\hat{c}\equiv(1-s)\hat{y}$ 在平衡增长路径上也都是零增长。至于人均资本存量 k、人均产出 y 和人均消费 c 的稳态增长率，则正好等于外生给定的技术进步率 x。[②]

由此可知，通过引入哈罗德中性的技术进步，索洛-斯旺模型最终将增长理论和一个正的可能不变的长期人均增长率调和在一起。一方面，如果技术进步能够连续地发生，那么人均产出的增长率就可以不断地提高。另一方面，如果缺乏技术的连续进步，则索洛-斯旺模型所描述的经济的增长就会最终停止。令人遗憾的是，这个至关重要的技术进步率在索洛-斯旺模型中却是以一种不加解释的外生形式给定的，这是索洛-斯旺模型最主要的理论缺陷。甚至可以夸张一点说，具有技术进步的索洛-斯旺模型是通过假定（技术的）增长解释了（产出的）增长。

第三节　经济增长核算

我们知道，在索洛-斯旺模型中人均产出的长期增长是由外生的技术进步决定的，但短期的增长仍然取决于资本的积累。因此，确定短期增长的来源仍然是一个经验上的问

---

① 参见 Barro and Sala-i-Martin (1995). *Economic Growth*. New York: McGraw-Hill, Inc.

② 利用关系式 $\hat{\gamma}^*=\gamma^*-x$。

题。由阿布拉莫维茨（Abramovitz）和索洛首开先河的增长核算方法为这一经验问题提供了一条解决途径。[①] 在他们之后，大量的关于增长的经验研究应运而生，甚至在今天仍不乏一些本质上的追随者。

经济增长核算的目标是将总产量的增长率分解为来自要素投入的贡献（主要是资本和劳动）和技术进步的贡献（实际上包括了除去资本和劳动投入以外的所有其他因素）。考虑生产函数：

$$Y=F[K(t),\ A(t)L(t)]$$

将上式两边关于时间求导并整理得：

$$\dot{Y}/Y=\frac{K\cdot(\partial Y/\partial K)}{Y}\cdot\frac{\dot{K}}{K}+\frac{L\cdot(\partial Y/\partial L)}{Y}\cdot\frac{\dot{L}}{L}+\frac{A\cdot(\partial Y/\partial A)}{Y}\cdot\frac{\dot{A}}{A}$$

如果要素市场是完全竞争的，则由边际产品定价法则可知，$\frac{K\cdot(\partial Y/\partial K)}{Y}$和$\frac{L\cdot(\partial Y/\partial L)}{Y}$分别表示的是总收入中资本和劳动所占的份额。记资本的份额为$\alpha(t)$，则我们可将上式写成：

$$\dot{Y}/Y=\alpha(t)(\dot{K}/K)+[1-\alpha(t)](\dot{L}/L)+R(t)$$

其中$R(t)$是残差项。上式表明，产量的增长可分解为资本存量的贡献、劳动投入的贡献以及一个剩余项（即索洛残差）。人们经常将索洛残差解释为对技术进步的贡献的度量，但是由上面的推导可知，它实际上反映了除去资本积累和劳动投入通过其私人收益所做贡献之外的所有其他的增长源泉。如果我们知道产出、资本投入、劳动投入以及相应的资本租金率和工资率，就可计算出资本份额和劳动份额，以及产出、资本存量和劳动投入的增长率，从而就可以计算出技术进步率（索洛残差），这就是所谓的索洛残差法。

经济增长核算通常被认为是分析经济增长的决定因素的第一步，这一方法的最主要特征是不涉及计量经济分析。应该指出，如果那些影响到要素增长的基本因素和影响到技术进步的基本因素之间是相互独立的，那么增长核算方法是一种非常重要并且简单明了的阐明增长机制的方法。但是，增长核算方法的缺陷也相当明显，即这一方法并没有解释产出的变动和技术的提高是如何与那些通常被认为是经济增长的基本决定因素（例如偏好、技术以及政府政策等）相联系的。

第四节　索洛-斯旺模型及其以后

尽管索洛-斯旺模型没有令人满意地解释经济增长的长期机制，但在此之后关于增长

---

① Abramovitz, M. (1956). "Resource and Output Trends in the United States since 1870," *American Economic Review*, 46, May, 5-23; Solow, Robert M. (1957). "Technical Change and the Aggregate Production Function," *Review of Economics and Statistics*, 39, 3 (August), 312-320.

理论的每一次重要进展都和他们的模型密切相关。可以说，索洛-斯旺模型的最重要意义是搭建了现代增长理论的研究框架，甚至在今天，增长理论的研究中所使用的基本“语言”仍然是索洛和斯旺当年提出的，例如总资本存量、总量生产函数、总量技术进步等。另外，索洛-斯旺模型当年所讨论的各种概念（例如技术进步、收敛性等）在今天仍然是增长经济学讨论的主题。夸张一点说，后面将要介绍的各种内生增长模型实际上都是对索洛-斯旺模型的某种扩展，例如，拉姆齐-卡斯-库普曼斯（Ramsey-Cass-Koopmans）模型将消费者的最优选择整合进索洛-斯旺模型，从而实现储蓄率的内生化；具有外部性或者人力资本的内生增长模型通过对索洛-斯旺模型中的资本要素的重新解释来扩展索洛-斯旺模型；内生的技术进步模型讨论的是如何给索洛-斯旺模型中的技术进步率以合理的经济学解释；内生的人口和劳动供给模型讨论的是如何给索洛-斯旺模型中的人口增长率以合理的经济学解释。实际上，索洛本人在总结其对于增长经济学的贡献的名著《经济增长理论：一种解说》中就已经指出：“我倾向于认为，无法从单部门增长理论中发掘出比本书内容多出很多的东西。”① 正是由于这个原因，索洛-斯旺模型是任何关于增长的经济学教材或者关于增长经济学的综述都无法避免的内容，并且，也只有在很好地理解了索洛-斯旺模型中关于各种参数的假定以及模型的主要结论之后，才能准确地把握住现代经济增长理论发展的脉络，进而正确地理解接下来将要介绍的关于内生增长理论的内容。

经济学家们一般将索洛-斯旺模型及其追随者的研究称为外生的增长经济学。正如我们所介绍的，在具有技术进步的索洛模型中，有三个主要的经济变量是外生的：储蓄率、人口增长率和技术进步率。储蓄率和人口增长率决定了长期经济发展的稳态（一般假定折旧率保持不变），而技术进步率则决定了长期经济发展的速度。但是我们知道，这三个经济变量显然又应该由人们的经济行为所决定，它们的外生性假定既会使模型丧失一定的理论价值，也会制约模型在现实经济生活中的解释力，因此，如何将它们内生化既是索洛和斯旺之后增长理论发展的方向，实际上也是对经济学家们智力的挑战。

首先，卡斯和库普曼斯在引入了拉姆齐的跨期可分效用框架后，可将储蓄率内生化，从而避免了原始的索洛-斯旺模型中可能出现的动态积累的无效率，同时保持了索洛-斯旺模型中条件收敛的结论。② 但是，仅仅将储蓄率内生化并不能避免长期的人均正增长需要外生的技术进步来支持的这一结论。

其次，外生的连续技术进步是索洛-斯旺模型中长期人均增长的唯一源泉，这是后来的研究者们最不满意，并且投入了大量的精力来试图改进的地方，这方面的研究工作在索洛和斯旺之后大致可以分成两种类型：非报酬递减型和内生技术进步型。非报酬递减型的模型大致上可以分成两类：外部经济型和人力资本型。在外部经济型的增长模型中，

---

① Solow, Robert M. (1970). *Growth Theory: An Exposition*, Oxford: Clarendon Press.

② Cass, David (1965). “Optimum Growth in an Aggregative Model of Capital Accumulation,” Review of Economic Studies, 32 (July), 233-240; Koopmans, Tjalling C. (1965). “On the Concept of Optimal Economic Growth,” in *The Econometric Approach to Development Planning*, Amsterdam: North Holland; Ramsey, F. (1928). “A Mathematical Theory of Saving,” *Economic Journal*, 38, December, 543-559.

技术的扩散是由于经济的外部性，而非有意识的科研活动的结果，这其中最著名的是阿罗（Arrow）的干中学（learning by doing）思想[1]，在他的模型中，企业在不断的投资过程中也学会了如何更有效地生产。罗默（P. Romer）正是继承了这一思想[2]，并构造出了今天我们所知道的第一个内生增长模型。人力资本型的增长模型则是通过资本积累过程中物质资本和人力资本的比例的变化来实现内生增长，其中最著名的是宇泽（Uzawa）和卢卡斯所构造的两部门内生增长模型。[3] 内生技术进步型的模型大致上也可以分成两类：产品数量增加型的技术进步和产品质量改进型的技术进步。关于前一类型的模型始于罗默[4]，而后一类型的模型则始于阿吉翁（Aghion）和豪伊特（Howitt）[5]，这两类模型的最大特点是突破了传统的完全竞争框架，以垄断利润作为对科研活动的激励，从而使得连续的技术进步可以内生地实现。

再次，试图将人口增长率或劳动供给内生化的研究工作也大致可以分成两个方面：人口的迁移和生育的内生选择。关于前一个方面的工作始于布劳恩（Braun）在 1993 年完成的博士论文[6]，而后一方面的工作则主要是基于贝克尔（Becker）和巴罗（Barro）的工作。[7]

最后指出一点，在上面提到的三个将索洛-斯旺模型内生化的研究方向中，第一个现在已经发展成为宏观经济学的标准研究工具，尽管内生的储蓄率实际上并不能保证长期的正人均增长；第二个努力方向是大量的关于增长的研究文献的重点所在，也是大家在提到内生增长模型时的一般所指；第三个方向就目前而言，所吸引的研究努力相对来说仍很缺乏，需要经济学家们进一步的关注。

附录 A　拉姆齐-卡斯-库普曼斯模型

本章介绍的索洛-斯旺模型单纯讨论经济总量的动态行为，并不涉及微观层次上的经济决策，也就是说，在索洛-斯旺模型中，资本存量的动态行为以及消费的动态行为都是先验的，并不是代表性厂商和代表性家庭最优选择的结果。正是由于这个原因，索洛-斯旺模型中外生给定的储蓄率有可能导致动态积累的无效率。克服这一缺陷的方

---

① Arrow, Kenneth J. (1962). "The Economic Implications of Learning by Doing," *Review of Economic Studies*, 29 (June), 155-173.

② Romer, Paul M. (1986). "Increasing Returns and Long-Run Growth," *Journal of Political Economy*, 94, 5 (October), 1002-1037.

③ Uzawa, Hirofumi (1964). "Optimal Growth in a Two-Sector Model of Accumulation," *Review of Economic Studies*, 31, January, 1-24; Lucas, Robert E., Jr. (1988). "On the Mechanics of Economic Developmen," *Journal of Monetary Economics*, 22, 1 (July), 3-42.

④ Romer, Paul M. (1990). "Endogenous Technological Change," *Journal of Political Economy*, 98, 5 (October), Part 2, S71-S102.

⑤ Aghion, P. and Peter Howitt (1992). "A Model of Growth through Creative Destruction," *Econometrica*, 60, 2 (March), 323-351.

⑥ Braun, Juan (1993). Essays on Economic Growth and Migration, Ph. D. dissertation, Harvard University.

⑦ Barro, Robert J. and Gary S. Becker (1989). "Fertility Choice in a Model of Economic Growth," *Econometrica*, 57, 2 (March), 481-501.

法是引入消费者的最优化分析，这一贡献最早始于拉姆齐（F. Ramsey）。[①] 在拉姆齐的经典文章中，他利用跨期可分形式的效用函数来研究具有无限期界的消费者的最优储蓄问题，给出了著名的拉姆齐最优性条件。但是，拉姆齐的这一研究结果在其后很长的一段时期内并未得到重视，直到 20 世纪 60 年代，卡斯（Cass）和库普曼斯（Koopmans）将拉姆齐的框架引入新古典增长理论中[②]，从而提供了储蓄率的一种内生决定模型，这一框架才成为现代增长理论的标准研究工具。不仅如此，拉姆齐的框架现在已经进一步发展成为现代宏观经济学的标准研究工具。如今，无论是在消费理论、投资理论的研究中，还是在资产定价甚至经济周期的研究中，已经很难不涉及拉姆齐的最优性条件。

A.1 基本假定

拉姆齐模型讨论的是一个封闭经济。在这个经济中有大量相同的厂商和大量相同的家庭。每一个代表性厂商都是竞争性的，它们租用资本和雇用劳动来进行生产，行为准则是通过最优地选择资本的租用数量和劳动的雇佣数量来最大化自己的利润；而每一个代表性家庭则是经济资源（资本和劳动）的所有者，它们提供劳动、出租资本，同时也要决定消费和储蓄的数量，行为准则是通过最优地选择消费路径来最大化自己的效用。

家庭和厂商这两类典型的经济个体通过市场的作用联系在一起。厂商通过产品市场来销售它们的产品，以满足家庭的消费；家庭通过资本市场来出租它们的资本，通过劳动力市场来出租它们的劳动，以满足厂商的生产需求。经过价格杠杆（包括产品价格、工资率以及资本报酬率）的调节，当这些市场中的需求等于供给时，我们就认为经济达到了一种均衡的状态。

当然，除了上述这种分散化经济的制度安排之外，经济也可以采取中央计划的方式，即假定存在一个仁慈的计划者，他既利用资本和劳动来组织生产，同时又以最大化代表性家庭的效用为目的。实际上，在没有市场失灵的情况下，可以证明分散化经济和中央计划经济的结果是等价的。

A.2 代表性厂商的行为

假定代表性厂商具有新古典的生产函数：

$$Y=F(K,L) \tag{A.1}$$

其中 Y 表示产出，K 表示资本存量，L 表示劳动投入。代表性厂商在竞争性的要素市场

① Ramsey, F. (1928). "A Mathematical Theory of Saving," *Economic Journal*, 38, December, 543–559.

② Cass, David (1965). "Optimum Growth in an Aggregative Model of Capital Accumulation," *Review of Economic Studies*, 32 (July), 233–240; Koopmans, Tjalling C. (1965). "On the Concept of Optimal Economic Growth," in *The Econometric Approach to Development Planning*, Amsterdam: North Holland.

上雇用工人和租用资本，并在竞争性的产品市场上销售其产品。厂商的目的是最大化利润。由于家庭是资本的所有者，因此利润归家庭所有。假定在竞争性的要素市场上，厂商所面临的工资率是 w，资本的租金价格是 R，并且资本存量以一不变速率 δ 折旧（从而资本的净报酬率为 $R-\delta$，记为 r）。于是，在任一时刻 t，厂商的利润为：

$$\pi(t)=F(K,L)-wL-RK=L\cdot[f(k)-w-Rk] \tag{A.2}$$

最大化利润的一阶条件为：

$$f'(k)=R,\quad f(k)-kf'(k)=w \tag{A.3}$$

上式表明，资本和劳动各自得到了其边际产品作为报酬。

A.3　代表性家庭的行为

假定代表性家庭的规模以速率 n 增长，我们将最初的家庭规模标准化为 1，则在任一时刻 t，家庭规模为 e^{nt}。家庭的每一位成员在任一时点上提供一单位的劳动。此外，家庭将其所拥有的所有资本租给厂商。因此，家庭在每一时点上的收入包括：劳动收入、资本收入以及从厂商处获得的利润（对于完全竞争厂商而言，这一利润为零）。家庭将其收入用于消费和储蓄，以最大化其效用。

假定代表性家庭的效用函数为跨期可分的形式①：

$$U=\int_0^{\infty}u(c(t))e^{-(\rho-n)t}dt \tag{A.4}$$

其中 $c(t)$ 表示家庭中的每一位成员的消费，$u(\cdot)$ 是家庭成员的瞬时效用函数。假定此效用函数关于 c 是递增且凹的，即 $u'(\cdot)>0$，$u''(\cdot)<0$，并且满足稻田条件：$\lim_{c\to 0}u'(c)=\infty$，$\lim_{c\to\infty}u'(c)=0$。$\rho>0$ 表示家庭成员的时间偏好（贴现）率，ρ 越大，则表明相对于当前消费而言，家庭成员对于未来消费的评价越低。为保证式（A.4）中积分的收敛性，我们假定 $\rho>n$，从而式（A.4）中的被积表达式在 c 保持不变时是有界的。

代表性家庭所面临的预算约束为：

$$\dot{A}=w\bar{L}+rA-C \tag{A.5}$$

其中 A 表示家庭所拥有的资产。注意，家庭的资产除了可以租给厂商作为生产要素投入从而获得边际产品作为回报之外，也可以通过借贷给其他家庭的形式获得利息收入，由于资本市场和产品市场都是完全竞争的，因而以贷款形式保存的家庭资产所获得的利率应该等于其作为资本使用时所获得的净报酬率。因此，在式（A.5）中，我们可以使用记号 r 来表示家庭资产的收益率。此外，式（A.5）中的 $\bar{L}$ 表示家庭的人口规模，C 表示整个家庭的消费。

---

① 在拉姆齐的经典论文中，他并未采取给将来的效用贴现的方式，并认为这在伦理上是“不堪一击”的，是一种“想象力的贫乏”。

当然，我们也可以将式（A.5）写成人均量的形式：

$$\dot{a}=w+ra-c-na \tag{A.6}$$

其中 a 表示人均净资产，c 表示人均消费。

于是，代表性家庭所面临的最优化问题为：

$$\begin{cases}\max\limits_{c} U=\int_0^{\infty} u(c)\mathrm{e}^{-(\rho-n)t}\mathrm{d}t \\ \text{s. t. } \dot{a}=w+ra-c-na \\ \qquad a(0)\geqslant 0\end{cases} \tag{A.7}$$

上述问题的现值汉密尔顿（Hamilton）函数为[①]：

$$H=u(c)+\lambda(w+ra-c-na)$$

其中 λ 是现值的拉格朗日（Lagrange）乘子。利用庞特里雅金（Pontryagin）最大值原理，我们得到问题（A.7）的一阶必要条件：

$$\begin{cases}\partial H/\partial c=0 \\ \dot{a}=\partial H/\partial\lambda \\ \dot{\lambda}=-\partial H/\partial a+(\rho-n)\lambda\end{cases} \tag{A.8}$$

即

$$\begin{cases}\lambda=u'(c) \\ \dot{a}=w+ra-c-na \\ \dot{\lambda}=-(r-\rho)\lambda\end{cases} \tag{A.9}$$

整理式（A.9）中的第一和第三个方程可得：

---

① 此处的求解过程需要用到最优控制理论的知识，不熟悉的读者可以暂时略过，直接跳到关于最优消费的方程（A.10）。实际上，方程（A.10）也可以通过下面介绍的更容易理解的方式得到：

假设求解最优化问题即式（A.7）得到的最优消费和最优人均资产分别为 c^* 和 a^*，则有：

$$\int_0^{\infty} u(c)\mathrm{e}^{-(\rho-n)t}\mathrm{d}t-\int_0^{\infty} u(c^*)\mathrm{e}^{-(\rho-n)t}\mathrm{d}t$$
$$=\int_0^{\infty}\mathrm{e}^{-(\rho-n)t}[u(w+(r-n)a-\dot{a})-u(w+(r-n)a^*-\dot{a}^*)]\mathrm{d}t\leqslant 0$$

其中 c 和 a 分别表示最优消费 c^* 和最优人均资产 a^* 附近的任意的可行消费路径和可行人均资产路径。记 $h(t)\equiv a-a^*$，则利用泰勒展开式，上述不等式可近似表示为：

$$\int_0^{\infty}\mathrm{e}^{-(\rho-n)t}\{u'(c^*)(r-n)h(t)-u'(c^*)\dot{h}(t)\}\mathrm{d}t$$
$$=\int_0^{\infty}\mathrm{e}^{-(\rho-n)t}h(t)[u'(c^*)(r-\rho)+u''(c^*)\dot{c}^*]\mathrm{d}t-[u'(c^*)\mathrm{e}^{-(\rho-n)t}h(t)]\big|_0^{\infty}\leqslant 0$$

上述第二个等式的获得使用了分部积分。考虑到 $h(t)\equiv a-a^*$ 的任意性，我们得到：$u'(c^*)(r-\rho)+u''(c^*)\dot{c}^*=0$，这正是方程（A.10）。除此关于最优消费的方程之外，由上述不等式进一步可得：$[u'(c^*)\mathrm{e}^{-(\rho-n)t}h(t)]\big|_0^{\infty}\geqslant 0$，但是 a 的可行性意味着 $a(0)=a^*(0)$，从而 $\lim\limits_{t\to\infty}[u'(c^*)\mathrm{e}^{-(\rho-n)t}h(t)]\geqslant 0$，令 $\lambda=u'(c)$ 以及隐含的边界条件 $\lim\limits_{t\to\infty}a(t)\geqslant 0$，可得下面的横截性条件（A.13）。

$$\dot{c}/c=-\frac{u'(c)}{u''(c)\cdot c}(r-\rho) \tag{A.10}$$

上式就是著名的拉姆齐条件。理解这一条件的一种方式是将其改写成：

$$r=\rho-\frac{u''(c)\cdot c}{u'(c)}(\dot{c}/c) \tag{A.11}$$

式（A.11）的左端表示储蓄的收益率，右端表示消费的收益率。所谓储蓄的收益是指，由于家庭放弃一定数量的当前消费并且将资产储蓄起来，因而在将来可以获得一定的利息收益。所谓消费的收益将由两项组成：其一，由于家庭对未来效用以速度 ρ 进行贴现，从而对于当前放弃的一定数量消费所造成的效用损失而言，将来必须获得更多的效用收益作为补偿；其二，由于边际效用是递减的，家庭倾向于使消费路径相对平滑，这一效应将由式（A.11）中的 $-[u''(c)\cdot c/u'(c)](\dot{c}/c)$ 项来表示（若 $\dot{c}/c>0$，意味着当前消费水平较低，则家庭倾向于将一些未来消费提前，从而这一效应为正；若 $\dot{c}/c<0$，则这一效应为负）。① 如果代表性家庭的行为是最优的，那么式（A.11）表明，在最优的消费路径上，它们将使得这两种收益率相等，即从边际收益的角度考虑，消费和储蓄是无差异的。

理解条件（A.10）的另一种方式是将时间当作离散的，考虑代表性家庭在时刻 t 和 $t+1$ 之间的消费选择问题。如果家庭在时刻 t 减少消费数量 $\mathrm{d}c_t$，则由此造成的效用损失为 $u'(c_t)\mathrm{d}c_t$；但是，t 时刻消费数量的减少可以增加当期资产的积累，从而增加 $t+1$ 时刻的消费。具体而言，t 时刻减少的消费数量 $\mathrm{d}c_t$ 可带来的 $t+1$ 时刻增加的消费数量为 $(1+r)\mathrm{d}c_t$，从而效用的增加值为 $u'(c_{t+1})(1+r)\mathrm{d}c_t$。在最优的消费路径上，$t$ 时刻效用的损失值应该等于 $t+1$ 时刻效用的增加值的贴现，即

$$u'(c_t)\mathrm{d}c_t=(1+\rho)^{-1}u'(c_{t+1})(1+r)\mathrm{d}c_t$$

上式意味着

$$1+r=(1+\rho)\cdot u'(c_t)/u'(c_{t+1}) \tag{A.12}$$

当我们考虑的离散时间间隔很短时，上式的含义和式（A.11）的含义相同，即在时刻 t 和 $t+1$ 之间储蓄的收益率等于消费的收益率。②

问题（A.7）的横截性条件（transversality conditions）③ 为：

$$\lim_{t\to\infty}\lambda(t)\mathrm{e}^{-(\rho-n)t}\cdot a(t)=0 \tag{A.13}$$

由式（A.9）中的第三个方程知：$\lambda(t)=\lambda(0)\mathrm{e}^{-(r-\rho)t}$，从而条件（A.13）可转化为：

---

① 理解式（A.11）的另一方式是：设想 $r=\rho$，于是 $\dot{c}/c=0$，即沿着最优的消费路径，人均消费水平是保持不变的。如果希望代表性家庭偏离这一消费路径，比如 $\dot{c}/c>0$，即牺牲一部分当前消费以换取将来更多的消费，则当前消费减少所造成的损失必须由一个高于 ρ 的利率 r 来补偿，而 r 和 ρ 之间的差距恰好是 $-[u''(c)\cdot c/u'(c)]\cdot(\dot{c}/c)$。

② Blanchard and Fisher (1989). *Lectures on Macroeconomics*, Cambridge, MA: MIT Press.

③ 参见第 26 页脚注①。

$$\lim_{t \to \infty} a(t) e^{-(r-n)t} = 0 \tag{A. 14}$$

上式意味着，人均资产 $a(t)$ 不能以和 $(r-n)$ 一样高的速度增长。也就是说，家庭的资产水平 $A(t)$ 不能以和资产的收益率 r 一样高的速度增长。①

例 对于我们在增长理论中重点讨论的稳态增长而言，效用函数的一种有意义的形式是所谓的不变跨期替代弹性（constant intertemporal elasticity of substitution，CIES）效用：

$$u(c) = (c^{1-\theta} - 1)/(1-\theta) \tag{A. 15}$$

其中 $\theta > 0$。对于这种形式的效用函数而言，消费的跨期替代弹性恰好是 $1/\theta$。于是，条件（A. 10）可简化为：

$$\dot{c}/c = \frac{1}{\theta}(r-\rho)$$

上式表明，消费的变化取决于资本的净报酬率 r 和家庭的时间偏好率 ρ 之间的大小关系。同时，对于给定的 r 和 ρ 之间的差距，消费的变化也取决于消费的跨期替代弹性的大小。例如，较高的 θ 意味着一个更低的跨期替代意愿，从而消费的变化率 $\dot{c}/c$ 对于 r 和 ρ 之间差距的反应也就更小。

A. 4 竞争性均衡与中央集权经济

条件（A. 3）和条件（A. 10）分别描述的是，对于给定的利率和工资率路径，代表性厂商和代表性家庭的最优化行为。如果我们将两者结合在一起，就可以分析一个竞争性市场的均衡特征。在资本市场上，供求的均衡由利率来调节；在劳动市场上，供求的均衡则由工资率来调节。在基本的拉姆齐模型中，由于我们考虑的是封闭经济，即全部的国内资本存量都归家庭所有，因而人均资产 a 必定等于人均资本 k。利用这一关系，再考虑到式（A. 3），我们可将代表性家庭的预算约束（A. 6）改写为：

$$\dot{k} = f(k) - c - (n+\delta)k \tag{A. 16}$$

上式表示的是对整个经济而言的资源约束。比较一下这个资本运动方程和我们在本章讨论的索洛-斯旺模型的基本微分方程可知，两者的唯一区别是：索洛-斯旺模型中的积累部分 $sf(k)$ 的大小由外生的储蓄率 s 决定，而拉姆齐模型中的积累部分 $f(k)-c$ 的大小则由内生变量 c 的选择来决定。可以设想一下，由于消费的选择是内生的，因此，在索洛-斯旺模型中可能出现的动态积累的无效率应该不会在拉姆齐模型中出现。

再次利用条件（A. 3），我们还可将消费的最优性条件（A. 10）改写成：

$$\dot{c}/c = -\frac{u'(c)}{u''(c) \cdot c}[f'(k) - \delta - \rho] \tag{A. 17}$$

---

① 如果这是可能的，则家庭的债务水平将以速率 r 增长，从而家庭可以通过不断借债的方式来为一个任意高的消费水平融资，这被称为蓬齐对策（Ponzi game）。横截性条件排除了这种可能。

在一定的初始条件下，式（A. 16）和式（A. 17）以及下述的横截性条件将共同决定消费和资本积累的路径：

$$\lim_{t\to\infty} k(t)\mathrm{e}^{-[f'(k)-\delta-n]t}=0 \tag{A. 18}$$

式（A. 16）～式（A. 18）描述了竞争性均衡所必须满足的条件，即代表性厂商和代表性家庭按照各自的最优性原则行动，通过价格机制的调节，整个经济最终达到的均衡状态。在现实的经济生活中，除了这种分散化的经济体制之外，还存在着一些其他的制度安排，比如中央集权经济。于是，一个有意思的问题出现了：分散化经济的均衡和中央集权经济的均衡是等价的吗？

假定经济由一个仁慈的计划者来运作，他具有和代表性家庭相同的效用函数，同时他又是生产领域的组织者。于是，这个计划者的最优化问题是：

$$\begin{cases}\max\limits_{c} U=\int_0^{\infty} u(c)\mathrm{e}^{-(\rho-n)t}\mathrm{d}t \\ \text{s. t. } \dot{k}=f(k)-c-(n+\delta)k \\ \qquad k(0)\geqslant 0\end{cases}$$

利用最大值原理，我们可求解出上述最优控制问题的一阶必要条件，这些条件恰好是式（A. 16）～式（A. 18）。由此可知，分散化经济的均衡和中央集权经济的均衡是等价的。

A. 5　模型的稳态

下面我们来讨论均衡条件（A. 16）～（A. 18）是否和某种稳态——在其中各种经济变量都以不变速度增长的一种状态——相一致。为此，我们记 k 和 c 的稳态增长率分别为 γ_k^* 和 γ_c^*。由式（A. 16）可知，稳态中的人均消费和人均资本存量满足：

$$c=f(k)-(n+\delta)k-k\cdot\gamma_k^* \tag{A. 19}$$

将上式对时间求导可得：

$$\dot{c}=[f'(k)-(n+\delta+\gamma_k^*)]\cdot\dot{k} \tag{A. 20}$$

由横截性条件（A. 18）可知，$f'(k)-(n+\delta+\gamma_k^*)>0$，因此，式（A. 20）意味着 γ_k^* 和 γ_c^* 是同号的。

如果 $\gamma_k^*>0$，这意味着人均资本存量 k 将无限地增加。由稻田条件可知，当 $k\to\infty$ 时 $f'(k)\to 0$，从而由条件（A. 17）可知，人均消费的稳态增长率 $\gamma_c^*<0$，这与 γ_k^* 和 γ_c^* 的同号性相矛盾；如果 $\gamma_k^*<0$，这意味着人均资本存量 k 最终将递减为零。由稻田条件可知，当 $k\to 0$ 时 $f'(k)\to\infty$，从而由条件（A. 17）可知，人均消费的稳态增长率 $\gamma_c^*>0$，这再次与 γ_k^* 和 γ_c^* 的同号性相矛盾。由此可知，在稳态中必定有：$\gamma_k^*=\gamma_c^*=0$。

人均资本存量的稳态增长率为零意味着，人均产出的稳态增长率也为零。于是，我们得到了和索洛-斯旺模型一样的结论：人均变量 k、c、y 在稳态中是保持不变的，而

总量变量 K、C、Y 将以人口增长率 n 增长。

既然人均消费和人均资本存量的动态行为由式（A.16）和式（A.17）描述，并且稳态人均消费的增长率和稳态人均资本存量的增长率都为零，那么可知稳态的人均消费水平 c^* 和稳态的人均资本存量水平 k^* 将由下面的两个方程来决定：

$$f(k^*)-c^*-(n+\delta)k^*=0 \tag{A.21}$$

$$f'(k^*)-\rho-\delta=0 \tag{A.22}$$

在求解模型稳态的作用上，式（A.21）和式（A.22）与索洛-斯旺模型中的式（1.5）是一样的。不同之处在于，拉姆齐模型中的消费是通过代表性家庭的最优选择来决定的，而不是像在索洛-斯旺模型中那样，由外生的储蓄率来决定。在拉姆齐模型中，人均资本存量的稳态水平将由式（A.22）决定，而在索洛-斯旺模型中，人均资本存量的黄金律水平由式（1.12）决定。由于我们已经假定 $\rho>n$，因此，利用生产函数的新古典特性可知：$k^*<k_{\text{gold}}$，这就意味着动态积累的无效率在拉姆齐模型中是不可能出现的。式（A.22）亦称为修正的黄金律。

为讨论式（A.21）和式（A.22）所决定的稳态（k^*，c^*）的稳定性，我们将式（A.16）和式（A.17）在稳态附近线性展开得到①：

$$\frac{\mathrm{d}}{\mathrm{d}t}\begin{pmatrix}k\\c\end{pmatrix}=\begin{pmatrix}f'(k^*)-(n+\delta) & -1\\ -[u'(c^*)/u''(c^*)]\cdot f''(k^*) & 0\end{pmatrix}\begin{pmatrix}k-k^*\\c-c^*\end{pmatrix} \tag{A.23}$$

上述方程组的系数矩阵的特征根 μ_1 和 μ_2 满足：

$$\mu_1+\mu_2=f'(k^*)-(n+\delta)>0,$$
$$\mu_1\mu_2=-[u'(c^*)/u''(c^*)]f''(k^*)<0$$

由此可知 μ_1 和 μ_2 必为异号实根，从而稳态（k^*，c^*）是一鞍点。

图 A-1 描绘出了稳态的鞍点特征。由于式（A.22）可以唯一确定稳态的资本存量水平 k^*，故在（k，c）平面上式（A.22）显示为一条垂直线，此直线与式（A.21）所代表的曲线［记为曲线（A.21）］的交点决定了对应于稳态资本存量水平 k^* 的稳态人均消费水平 c^*。需要注意的是，曲线（A.21）的极大值（即人均消费水平的极大值）在 k_{gold} 处达到，这一资本存量水平位于稳态资本存量水平 k^* 的右侧（此时 c^* 自然也就小于 c_{gold}）。除原点外，曲线（A.21）与横轴的另一交点记为 k^{**}，这一水平表示的是在一种只积累不消费的假想前提之下，经济在长期中所能达到的资本存量水平。在确定了资本存量和消费的稳态水平之后，我们也可以知道经济的稳态产出水平将由 $y^*=f(k^*)$ 决定。

此外，在图 A-1 中我们也给出了鞍点（k^*，c^*）附近轨线的走向，这是我们在下一小节中分析系统动态行为的基础。

---

① 利用条件（A.22）化简。

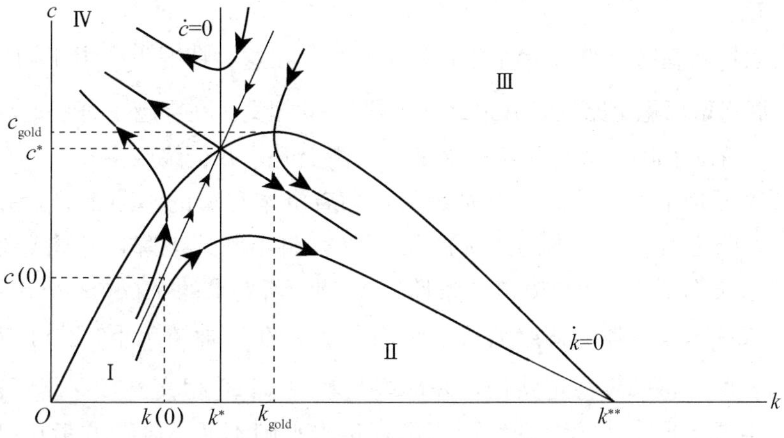

图 A-1　拉姆齐模型的稳态和动态

A.6　模型的动态

由图 A-1 可知，轨线 $\dot{c}=0$ 和 $\dot{k}=0$ 将 k-c 平面的第一象限分割为四个区域。下面我们来分析在这四个区域中系统轨线的运动情况。以区域Ⅰ为例，它位于轨线 $\dot{c}=0$ 的左边，以及轨线 $\dot{k}=0$ 的下方。为分析资本存量和消费在此区域中的运动方向，我们考虑：

$$\mathrm{d}\dot{k}/\mathrm{d}c=-1<0 \tag{A.24}$$

$$\mathrm{d}\dot{c}/\mathrm{d}k=-\frac{u'(c)f''(k)}{u''(c)}<0 \tag{A.25}$$

式（A.24）意味着，随着消费水平的提高，资本存量的变化率是不断下降的；同时，式（A.25）意味着，随着资本存量的增加，消费水平的变化率也是不断下降的。我们已经知道，沿着轨线 $\dot{c}=0$ 和 $\dot{k}=0$，消费水平和资本存量水平的变化率均为零。因此，在区域Ⅰ中，资本存量水平的变化率为正，而消费水平的变化率也为正。这就是说，在区域Ⅰ中，资本存量水平和消费水平都将经历一个增长的过程。

类似地，我们可得到：在区域Ⅱ中，资本存量水平是上升的，而消费水平是下降的；在区域Ⅲ中，资本存量水平和消费水平都是下降的；在区域Ⅳ中，资本存量水平是下降的，而消费水平是上升的。

至此，我们就可以把资本存量水平和消费水平的变化规律完整地描述出来，如图 A-1 所示，此图也被称为拉姆齐模型的相图。由图可知，稳态是一鞍点，由式（A.21）和式（A.22）组成的系统只存在唯一的一条稳定路径 ss。如果经济的初始状态（即人均资本存量的初始值以及相应的人均消费的初始值）位于这一稳定路径上，那么这个经济最终将收敛到稳态上，图 A-1 描绘出了这一过程。

尽管稳定路径只有一条，但是在给定初始资本存量水平的情况下，代表性家庭却能够最优地选择与此相对应的消费水平，从而使整个经济位于这条稳定的路径上，并进而朝稳态发展。为说明这一点，让我们设想一下：给定经济的初始资本存量水平 k_0，代表性家庭并未选择位于稳定路径上的对应值 c_0，那么这会导致什么样的结果？下面我们分两种情形来讨论：

其一，代表性家庭选择的初始消费水平低于 c_0。在这种情况下，由于初始的储蓄率较高，经济的发展将偏离稳定路径，并最终与轨线 $\dot{c}=0$ 相交。在穿越了直线 $\dot{c}=0$ 之后，经济中的消费水平将持续下降，而资本存量水平则不断上升，并最终收敛于 k^{**} 处。为什么这条经济的发展路径是不可行的呢？这是因为，随着资本存量的不断上升，并进而超过黄金律水平 k_{gold}，与之对应的资本的边际产品 $f'(k)$ 将不断地下降，这将导致 $f'(k)-\delta$ 最终小于人口增长率 n，这就与横截性条件（A.18）所要求的 $f'(k)-\delta-n>0$ 相矛盾。

其二，代表性家庭选择的初始消费水平高于 c_0。在这种情况下，由于初始的储蓄率较低，经济的发展也将偏离稳定路径，并最终与轨线 $\dot{k}=0$ 相交。在穿越了曲线 $\dot{k}=0$ 之后，经济中的消费水平将持续上升，而资本存量水平则不断下降，并最终到达 c 轴的某处。这意味着经济的资本存量水平已经下降到了零，但是经济的消费水平却保持为某一正的数值。这当然是不可能的，因为经济中的任何消费都是来自生产的，而生产中的要素投入恰恰就是资本。

在排除了以上两种情形之后，稳定的鞍点路径就成为与理性的经济人假设相一致的经济长期发展的唯一可能。

A.7 储蓄率的行为

一般而言，拉姆齐模型中储蓄率的行为是不确定的，因为它涉及来自替代效应和收入效应两方面互为抵消的影响。一方面，随着资本存量的不断积累，资本的边际收益不断下降，这倾向于降低储蓄的收益率，从而通过跨期替代效应，储蓄率将降低；另一方面，为了平滑消费路径，当初始的资本存量水平较低时，相对于较低的收入而言，家庭的消费处于较高的水平，而随着资本的不断积累，当前收入与持久收入之间的差距不断缩小，从而相对于不断上升的收入而言，消费趋于下降，而储蓄率趋于上升。总的来说，上述两种效应的净效果是不确定的，从而储蓄率的动态行为也要视替代效应和收入效应哪一个更重要而定。

下面我们来讨论一种特殊情形，其中生产技术是柯布-道格拉斯式的，而代表性家庭的效用函数是不变跨期替代弹性的。稳态的储蓄率为：

$$s^*=\alpha(n+\delta)/(\rho+\delta)$$

我们已经假定了 $\rho>n$，易知稳态的储蓄率 s^* 一定小于资本份额 α。

为分析储蓄率的动态行为，我们定义新的变量：

$$z=c/f(k)$$

于是，储蓄率的变化方向与 z 的变化方向恰好相反。我们知道

$$\gamma_z=\dot{z}/z=\gamma_c-\gamma_y$$

当 $y=f(k)=Ak^\alpha$ 时，经过简单的整理可得：

$$\gamma_z = Ak^{\alpha-1}[z-(\theta-1)/\theta]+(\rho+\delta)(s^*-1/\theta)$$

因此，z 的行为依赖于 s^* 与 $1/\theta$ 的大小关系。

(1) 若 $s^*=1/\theta$，可以证明 $z=(\theta-1)/\theta$。这是因为若对于某个时刻 t，有 $z>(\theta-1)/\theta$，则对于 t 之后的任意时刻都有 $\gamma_z>0$，从而 z 将无限增长，这与 z 趋于其稳态值相矛盾。类似地，可排除 $z<(\theta-1)/\theta$ 的情形。因此，只要 $s^*=1/\theta$，就有 $z=(\theta-1)/\theta$，从而储蓄率将固定在常数水平（$1/\theta$）上。

(2) 若 $s^*>1/\theta$，类似于情形（1）中的讨论，可知 $z<(\theta-1)/\theta$。注意到：

$$\dot{\gamma}_z = A\alpha(\alpha-1)k^{\alpha-2}\dot{k}[z-(\theta-1)/\theta]+A\alpha k^{\alpha-1}\gamma_z z$$

若对于某个时刻 t 有 $\gamma_z>0$，将意味着 $\dot{\gamma}_z>0$，从而 $\gamma_z>0$ 对于所有的 t 都适用，这与 z 趋于其稳态值相矛盾。于是，若 $s^*>1/\theta$，则有 $\gamma_z<0$，从而 $\dot{s}>0$，即储蓄率将上升。

(3) 若 $s^*<1/\theta$，则 $\gamma_z>0$，从而 $\dot{s}<0$，即储蓄率将下降。

综上所述，储蓄率的行为如图 A－2 所示。我们看到，尽管在拉姆齐模型中有一个不变的储蓄率是有可能的，但这与索洛-斯旺模型仍然存在重要的差异，即这里的储蓄率是被模型中的基本参数所支配的，而不像在索洛-斯旺模型中那样是被外生地设定的。

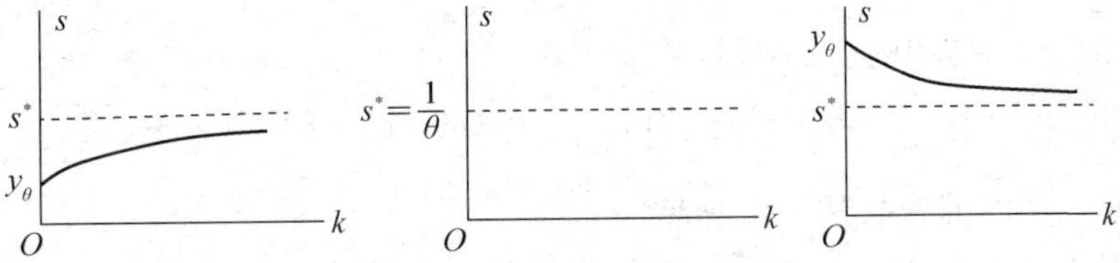

图 A－2　拉姆齐模型中储蓄率的行为

附录 B　世代交叠模型的一个简单介绍

本附录简单介绍世代交叠（OLG）模型。OLG 模型与拉姆齐模型的主要差别在于，拉姆齐模型假定存在一个无限生存的代表性家庭（或个体），而 OLG 模型则假定新家庭（或个体）不断出现（出生），旧家庭（或个体）不断消亡，即存在着人口的更替。OLG 模型的这一假定的重要性并不仅仅在于较拉姆齐模型更具现实意义，还在于由此带来的更丰富的经济个体之间的相互影响，比如老一代的决策对年轻一代面临的价格的影响等，这一特征使得 OLG 模型成为处理各代之间的资源配置等问题的最自然的工具。

如果我们在 OLG 模型中引入利他主义，即父辈不仅关心自己的效用，同时还关心后代的效用，从而每一代的个体都会给自己的后代遗赠资产，则此时 OLG 模型的结果就与假定存在一个无限生存的代表性个体的拉姆齐模型相同。在这个意义上，我们可以将拉姆齐模型看作是 OLG 模型的一种特殊情形。

如果我们在 OLG 模型中引入资本积累，则此模型就可以作为研究经济长期发展的一种工具，此工具有别于拉姆齐模型的一些特点包括：储蓄行为依赖于年龄；竞争均衡不是帕累托最优的；等等。在某些特殊的情形中，OLG 模型的结果更接近于索洛-斯旺模型，而不是引入了消费者最优化的拉姆齐模型。

下面我们介绍 OLG 模型的最简单情形——两期模型。

B.1 两期的 OLG 模型：一般情形

由于存在人口的更替，一种简单的处理方法是假定时间是离散的，$t=0, 1, 2, \cdots$。每一个体生存两期。第一期称为青年期，需要工作赚取收入，并且将收入在当期消费与储蓄之间进行配置；第二期称为老年期，无工作收入，依靠青年期的储蓄进行消费。假定时期 t 出生的个体的效用函数为：

$$u^t=u(c_t^t, c_{t+1}^t)$$

其中 c_t^t 表示个体在时期 t 的消费，而 c_{t+1}^t 表示个体在时期 $t+1$ 的消费。函数 $u(c_t^t, c_{t+1}^t)$ 满足：

$$u_1(c_t^t, c_{t+1}^t)>0, \quad u_2(c_t^t, c_{t+1}^t)>0;$$
$$u_{11}(c_t^t, c_{t+1}^t)<0, \quad u_{22}(c_t^t, c_{t+1}^t)<0;$$
$$\lim_{c_t^t\to 0}u_1(c_t^t, c_{t+1}^t)=\infty, \quad \lim_{c_{t+1}^t\to 0}u_2(c_t^t, c_{t+1}^t)=\infty$$

此外，假定第一期的消费品是正常物品。

假定要素市场是完全竞争的。个体只能在其生命的第一期中工作，并且无弹性地供给一单位的劳动，均衡的工资率为 w_t。此外，假定人口呈指数增长，速率为 n，从而（时期 t 出生的）第 t 代的人口的规模 L_t 为：

$$L_t=(1+n)^t L_0$$

其中 L_0 表示初始的人口规模。

关于经济中生产行为的假定与拉姆齐模型中一样。代表性厂商具有新古典的生产函数：

$$Y_t=F(K_t, L_t)$$

其中 Y_t 表示时期 t 的产出，K_t 表示时期 t 的资本存量。厂商的利润最大化条件为：

$$f'(k_t)-\delta=r_t, \quad f(k_t)-k_t f'(k_t)=w_t$$

其中 $k_t\equiv K_t/L_t$ 表示按工人平均的资本存量，$f(k)\equiv F(k, 1)$ 是按工人平均的生产函数；实际利率 r_t 等于资本的净报酬率 $f'(k_t)-\delta$，这里 δ 表示资本的折旧率。

由于个体的唯一收入是其在第一期中的劳动收入，因此个体的预算约束为：

$$c_t^t+s_t\leqslant w_t, \quad c_{t+1}^t\leqslant(1+r_{t+1})s_t$$

于是，第 t 代的个体面临的最优化问题为：

$$\max_{c_t^t, c_{t+1}^t, s_t} u(c_t^t, c_{t+1}^t)$$
$$\text{s. t. } c_t^t + s_t \leqslant w_t, \quad c_{t+1}^t \leqslant (1+r_{t+1})s_t$$

我们将约束条件代入目标函数，可将上述问题重写为：

$$s_t = \text{argmax} u(w_t - s_t, (1+r_{t+1})s_t)$$

上述问题的一阶条件为：

$$u_1(w_t - s_t, (1+r_{t+1})s_t) = (1+r_{t+1})u_2(w_t - s_t, (1+r_{t+1})s_t)$$

由此可求解出储蓄函数：

$$s_t = s(w_t, r_{t+1})$$

考虑如下的资本积累方程：

$$K_{t+1} = Y_t - C_t + (1-\delta)K_t$$

其中 C_t 表示 t 时期的总消费，即 $C_t = C_t^t L_t + C_t^{t-1} L_{t-1}$。因此，

$$\begin{aligned}
K_{tt1} &= f(K_t, L_t) - C_T + (1-\delta)K_t \\
&= w_t L_t + r_t + K_t - C_t^t L_t - C_t^{t-1} L_{t-1} + K_t \\
&= (C_t^t + S_t)L_t + (1+r)K_t - C_t^t L_t - (1+r)S_{t-1}L_{t-1} \\
&= S_t L_t + (1+r_t)(K_t - S_{t-1}L_{t-1}) \\
&= S_t L_t
\end{aligned}$$

上式中最后一个等号的成立意味着老年人不保留资本，而年轻人需要用储蓄来购买同期的老年人的所有资本以及经济中的新增资本。

将上式表示成按工人平均的形式：

$$k_{t+1} = \frac{s(w_t, r_{t+1})}{1+n}$$

最后，我们将 w_t 和 r_{t+1} 的表达式代入上式：

$$k_{t+1} = \frac{s(f(k_t) - k_t f'(k_t), f'(k_{t+1}) - \delta)}{1+n}$$

这就是 OLG 模型的基本的差分方程。假定上述模型满足 $k^* = k_t = k_{t+1}$ 的稳态 k^* 存在，则有：

$$k^* = \frac{s(f(k^*) - k^* f'(k^*), f'(k^*) - \delta)}{1+n}$$

在仅知新古典的生产函数和严格凹的效用函数的情况下，储蓄函数 $s(\cdot, \cdot)$ 可以取任何形式，这就导致 OLG 模型的基本的差分方程可能出现非常复杂的动态，而上式定义的稳态也可以是不唯一的。图 B－1 描绘了几种可能的情形。因此，在没有关于效用函数和生产函数的进一步假定的条件下，由 OLG 模型的基本的差分方程得出的结论相当有限。

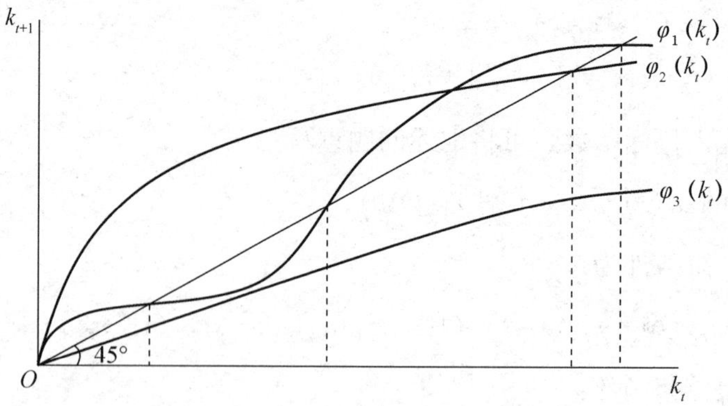

图 B-1 OLG 模型的各种稳态

B.2 两期的 OLG 模型：跨期可分效用

假定时期 t 出生的个体的效用函数为：

$$u^t=u(c_t^t)+\beta u(c_{t+1}^t)$$

其中 $\beta\equiv 1/(1+\rho)$ 表示贴现因子，$\rho\geqslant 0$ 是主观的时间偏好率。

第 t 代的个体的最优化问题为：

$$\max_{c_t^t,c_{t+1}^t,s_t} u(c_t^t)+\beta u(c_{t+1}^t)$$
$$\text{s.t.}\ \ c_t^t+s_t\leqslant w_t,\quad c_{t+1}^t\leqslant(1+r_{t+1})s_t$$

此问题的一阶条件为：

$$\frac{u'(c_t^t)}{u'(c_{t+1}^t)}=\beta(1+r_{t+1})$$

上式即离散时间形式的拉姆齐条件。在附录 A 中，我们已经详细讨论了拉姆齐条件的经济学含义。等价地，我们也可以将上述拉姆齐条件写成关于储蓄函数的隐函数形式：

$$\frac{u'(w_t-s_t)}{u'((1+r_{t+1})s_t)}=\beta(1+r_{t+1})$$

我们可以利用上式来考察时间偏好率对储蓄的影响。为此，由上式可得：

$$\frac{\partial s}{\partial\rho}=\frac{-\dfrac{1+r_{t+1}}{(1+\rho)^2}}{-\dfrac{u''(w_t-s_t)}{u'((1+r_{t+1})s_t)}-\dfrac{u'(w_t-s_t)}{[u'((1+r_{t+1})s_t)]^2}u''((1+r_{t+1})s_t)(1+r_{t+1})}<0$$

因此，时间偏好率越高，则储蓄水平越低，同时第一期的消费水平越高，第二期的消费水平越低。

一般而言，在上述模型中，利率与储蓄水平之间的关系是复杂的。如果我们假定储蓄函数关于利率的偏导数是正的，则可以证明下一期的资本存量是关于当期资本存量的单值函数。这一性质可以保证经济的完美预见（perfect foresight）均衡[①]是唯一的，而完美预见均衡的唯一性保证了模型的内在一致性。下面我们给出满足这一条件的一个简单例子。

例　CIES 效用与柯布-道格拉斯技术。

假定时期 t 出生的个体的效用函数为：

$$u^t=\frac{(c_t^t)^{1-\theta}-1}{1-\theta}+\beta\frac{(c_{t+1}^t)^{1-\theta}-1}{1-\theta}$$

其中 $\theta>0$。在附录 A 中我们已经指出，$\frac{1}{\theta}$恰好是第一期和第二期的消费之间的替代弹性。假定生产函数是柯布-道格拉斯式的：

$$f(k)=k^\alpha$$

在上述效用函数和生产函数的组合下，个体的最优化问题的一阶条件具体为：

$$\frac{c_{t+1}^t}{c_t^t}=[\beta(1+r_{t+1})]^{1/\theta}$$

或

$$(s_t)^{-\theta}\beta(1+r_{t+1})^{1/\theta}=[w_t-s_t]^{-\theta}$$

由此可解出：

$$s_t=\frac{w_t}{1+\beta^{-1/\theta}(1+r_{t+1})^{-(1-\theta)/\theta}}$$

由此可得：

$$s_w\equiv\frac{\partial s_t}{\partial w_t}=\frac{1}{1+\beta^{-1/\theta}(1+r_t)^{-(1-\theta)/\theta}}s_r\equiv\frac{\partial s_t}{\partial r_{t+1}}$$

$$=\frac{1-\theta}{\theta}[\beta(1+r_{t+1})]^{-1/\theta}\frac{s_t}{1+\beta^{-1/\theta}(1+r_t)^{-(1-\theta)/\theta}}$$

易知，$0<s_w<1$。进一步地，对于利率与储蓄水平之间的关系，我们分三种情形来分析：

情形 1：$\theta>1$，此时 $s_r<0$，即收入效应超过替代效应。

情形 2：$\theta<1$，此时 $s_r>0$，即替代效应超过收入效应。

情形 3：$\theta=1$，此时 $s_r=0$，即替代效应恰好等于收入效应。

在已知储蓄函数的条件下，资本的积累方程为：

$$k_{t+1}=\frac{(1-\alpha)k_t^\alpha}{(1+n)[1+\beta^{-1/\theta}(\alpha k_{t+1}{}^{\alpha-1})^{-(1-\theta)/\theta}]}$$

---

① 准确地讲，在上述模型中出现的变量 r_{t+1} 应该是关于 r_{t+1} 的预期，即 r_{t+1}^e，因此，对于下一期的利率的预期的不一样将导致模型的均衡结果的不一样，一种简单的关于预期的假设是完美预见，即 $r_{t+1}^e=r_{t+1}$。

稳态 k^* 满足：

$$k^*=\frac{(1-\alpha)k^{*\alpha}}{(1+n)\left[1+\beta^{-1/\theta}(\alpha k^{*\alpha-1})^{-(1-\theta)/\theta}\right]}$$

对于前面提到的情形 3，上述两个方程变为：

$$k_{t+1}=\frac{\beta(1-\alpha)k_t^\alpha}{(1+n)(1+\beta)}$$

$$k^*=\left[\frac{\beta(1-\alpha)}{(1+n)(1+\beta)}\right]^{\frac{1}{1-\alpha}}$$

图 B-2 描绘了上述模型的稳态和动态行为。需要指出的是，在面临对数效用的情况下，具有消费者最优化行为的 OLG 模型的均衡结果类似于我们讨论过的没有消费者最优化行为的索洛-斯旺模型。既然与索洛-斯旺模型类似，就意味着在 OLG 模型中会出现动态无效率的情形，即上述模型的稳态值

$$k^*=\left[\frac{\beta(1-\alpha)}{(1+n)(1+\beta)}\right]^{\frac{1}{1-1\alpha}}$$

有可能大于资本积累的黄金律水平

$$k_g=\left(\frac{\alpha}{1+n}\right)^{\frac{1}{1-\alpha}}$$

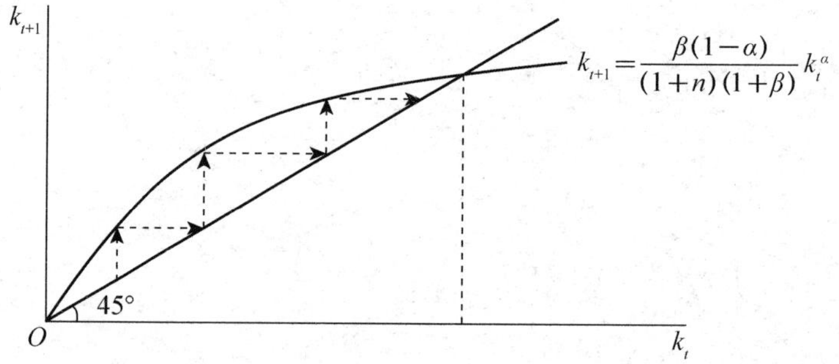

图 B-2 具有对数效用和柯布-道格拉斯形式的 OLG 模型的稳态和动态

这一结果似乎与 OLG 模型本身具有消费者最优化行为这一特征相矛盾。原因在于，OLG 模型中的市场是不完全的，每一代人的资源配置方案（储蓄决策）对于（无穷多的）所有后代人的决策可以产生影响，所带来的外部性是产生这种无效率的根本原因，此时福利经济学第一定理不再适用。

如果存在其他方式（比如社会保险）可以改变未来各代人的消费方式，那么这种无效率就有可能被克服，这是扩展基本的 OLG 框架的一种方式。其他方式还包括引入利他主义，将未来各代人的效用纳入当代人的效用函数或给后代遗赠资产，可以得到与具有代表性个体的拉姆齐模型等价的情形；或者通过引入死亡概率从而个体的死亡时间不确定的方式，将基本模型扩展至所谓的“永葆青春”的 OLG 模型，从而改变基本模型中由于每一个体都明确知道自己的死亡日期而对模型的均衡结果所产生的影响；再或者，通

过连续贴现的方式，也可以将基本的OLG模型扩展至连续时间的情形。

思考与练习

1. 假定人均产出可写为$y=Ak^{\alpha}$，人口增长率为n，折旧率为δ，无技术进步。

a. 利用本章中的稳态条件，将储蓄率表示为人均稳态资本存量k^*的函数。

b. 利用资本积累的动态方程，将资本增长率$\dot{k}/k$表示成k/k^*的函数，并解释这一结果。

2. 假定生产函数是关于资本K、劳动L和土地C的柯布-道格拉斯的形式：

$$Y=Ae^{gt}K^{\alpha}L^{\beta}C^{\lambda}$$

其中$A>0$，$g>0$（技术进步率），$\alpha>0$，$\beta>0$，$\lambda>0$，且$\alpha+\beta+\lambda=1$，土地数量C是固定的。

劳动以不变的速率$n>0$增长，资本折旧率$\delta>0$，储蓄率是外生给定的水平s。定义产出-资本比为$\kappa\equiv K/Y$。

a. 将资本存量和产出的增长率表示成κ的函数。

b. 利用a中得到的结果，将产出-资本比的增长率表示成κ的函数。

c. 将稳态定义为其中κ保持不变的情形。计算κ的稳态值。

d. 计算稳态的产出增长率。它是正的吗？

e. 计算稳态的人均产出增长率。它是正的吗？解释这一数值为什么依赖于技术进步率g以及土地的出现。

3. 考虑本章附录A中介绍的拉姆齐-卡斯-库普曼斯模型，其中家庭的瞬时效用函数具有如下形式：

$$u(c)=\frac{(c-\bar{c})^{1-\varepsilon}-1}{1-\varepsilon}$$

其中$\bar{c}>0$表示人均消费的基本生存水平。

a. 这种新形式的效用函数的跨期替代弹性是什么？对于$\bar{c}>0$，这一弹性如何随着c的增加而变化？

b. 考虑本章附录A中的方程（A.10），其中消费的增长率出现在方程的右端。在斯通-吉尔里（Stone-Geary）类型偏好的假定下，这一方程有何变化？

c. 当$\bar{c}$增加时，消费的增长率如何变化？给出这一结果背后的一些经济学含义。

参考文献

Abramovitz, M. (1956). "Resource and Output Trends in the United States since 1870," *American Economic Review*, 46, May, 5-23.

Aghion, P. and Peter Howitt (1992). "A Model of Growth through Creative Destruction," *Econometrica*, 60, 2 (March), 323-351.

Arrow, Kenneth J. (1962). "The Economic Implications of Learning by Doing," *Review of Economic Studies*, 29 (June), 155-173.

Barro, Robert and Xavier Sala-i-Martin (1995). *Economic Growth*, New York: McGraw-Hill, Inc.

Barro, Robert J. and Gary S. Becker (1989). "Fertility Choice in a Model of Economic Growth," *Econometrica*, 57, 2 (March), 481-501.

Braun, Juan (1993). Essays on Economic Growth and Migration, PH. D. dissertation, Harvard University.

Cass, David (1965). "Optimum Growth in an Aggregative Model of Capital Accumulation," *Review of Economic Studies*, 32 (July), 233-240.

Inada Ken-Ichi (1963). "On a Two-Sector Model of Economic Growth: Comments and a Generalization," *Review of Economic Studies*, 30 (June), 119-127.

Koopmans, Tjalling C. (1965). "On the Concept of Optimal Economic Growth," in *The Econometric Approach to Development Planning*, Amsterdam: North Holland.

Lucas, Robert E., Jr. (1988). "On the Mechanics of Economic Development," *Journal of Monetary Economics*, 22, 1 (July), 3-42.

Phelps, Edmund (1966). *Golden Rules of Economic Growth*. New York: Norton.

Ramsey, F. (1928). "A Mathematical Theory of Saving," *Economic Journal*, 38, December, 543-559.

Romer, Paul (1986). "Increasing Returns and Long-Run Growth," *Journal of Political Economy*, 94, 5 (October), 1002-1037.

Romer, Paul M. (1990). "Endogenous Technological Change," *Journal of Political Economy*, 98, 5 (October), Part 2, S71-S102.

Swan, Trevor W. (1956). "Economic Growth and Capital Accumulation," *Economic Record*, 32 (November), 334-361.

Solow, Robert M. (1956). "A Contribution to the Theory of Economic Growth," *Quarterly Journal of Economics*, 70, February, 65-94.

Solow, Robert M. (1957). "Technical Change and the Aggregate Production Function," *Review of Economics and Statistics*, 39, 3 (August), 312-320.

Solow, Robert (1970). *Growth Theory: An Exposition*, Oxford: Clarendon Press.

Uzawa, Hirofumi (1964). "Optimal Growth in a Two-Sector Model of Accumulation," *Review of Economic Studies*, 31, January, 1-24.

第2章

长期增长Ⅱ：内生增长理论

正如我们在第1章中所指出的，在索洛于1956年发表经典文章之后，增长经济学经历了将近20年的繁荣，但在20世纪60年代末沉寂下来。究其原因，大概是由于索洛模型的中心结论是让人失望的：在缺乏连续技术进步的情况下，人均增长将最终停止。但是，从实践的角度来看，这并不是一个多世纪以来人们所观察到的经验事实。因此，增长经济学只有注入新的理论活力后才能有后续的发展。

自20世纪80年代中期以来，关于经济增长的研究进入了又一次的繁荣。1986年，保罗·罗默在著名的《政治经济学杂志》上发表的文章《递增报酬与长期增长》重新激活了关于增长经济学的研究。在罗默的经典文章发表30多年后的今天，无论是经济增长的理论研究还是经验研究都显著地改善了其在整个经济学中的地位。现在，经济增长既是整个宏观经济学领域的研究重点，也是现代宏观经济学教材中不可或缺的组成部分。这与20世纪60年代末到80年代中期的状况形成了鲜明的对比，那时候，经济学家们的研究兴趣主要集中于短期的经济波动，无论是在发表于各种学术期刊的文章中，还是在各种级别的经济学教材中，关于经济增长的内容扮演的都只是次要的角色。

罗默（Romer，1986）和卢卡斯（Lucas，1988）发表的两篇文章是今天我们称之为内生增长理论或新增长理论这一领域的经典著作，尽管他们强调的重点有所不同，分别是知识资本和人力资本。在他们的模型中，资本这一生产要素被赋予了新的解释，从而克服了资本边际报酬递减这一导致了索洛模型的中心结论的关键性假定，进而长期的人均经济增长可以内生地实现。但是，这一类型的内生增长模型并不需要真正的内生技术进步，经济的长期正增长来源于知识在生产者之间的扩散或者人力资本所带来的外部效应或替代效应。

众所周知，知识的一个重要特征是非竞争性。因此，要想实现知识的连续进步，就必须赋予知识的发明者一定的垄断权利作为激励，即其在知识的使用方面应当具有一定的排他性，这就要求研究增长的经济学家们突破传统的完全竞争框架来为知识或技术进步在生产中的作用建模。真正地将知识的这种特征引入增长理论的研究始于罗默（Romer，1987，1990）以及阿吉翁和豪伊特（Aghion and Howitt，1992），这就是今天我们所说的内生技术进步模型。他们在各自的增长模型中都不约而同地引入了不完全竞争框架，从而有垄断利润作为研究与开发（R&D）活动的激励，这就为技术进步的内生化提供了一个合理的解释。

此外，内生增长理论还包括试图将索洛模型中的另一外生变量——人口增长率——内生化的研究工作，其中关键的想法是将生育选择分析整合进增长理论的框架，或者构造一些涉及迁移或劳动/闲暇选择的模型，这方面的开创性文献包括布劳恩（Braun，1993）以及贝克尔和巴罗（Becker and Barro，1988，1989）等。

第一节　生产性要素的非递减报酬

我们已经知道，索洛模型中的条件收敛性质或者正的长期人均增长依赖于连续的外生技术进步的性质都是源自资本边际报酬递减的假定。构造内生增长理论的途径之一正是设法消除掉这一可积累要素所经历的报酬递减的长期趋势。关于报酬递减或递增的讨论由来已久。例如，埃德蒙·惠特克（Edmund Whittaker）在《经济思想流派》一书中写道："农业会随着生产规模的扩张而报酬递减，而工业制品则在报酬递增的条件下扩张，是19世纪绝大部分时期英国正统经济学家的特色，即使在20世纪也并未完全消失"。在同一著作中，埃德蒙·惠特克还写道："李嘉图在他的论述中承认，农业和制造业都受到两种互相矛盾的力量的影响：（1）由于自然原料尤其是食物费用的增加而出现的报酬递减趋势，以及（2）由于生产方法改良而出现的报酬递增趋势。"这就是说，报酬递减或递增取决于我们如何去理解生产过程中所使用的基本要素。如果我们只是在传统的意义上去理解生产要素，则实物资本、劳动以及土地所经历的报酬递减可以说是合理的。但是，技术进步或知识这一类要素对于生产的贡献则很难说是报酬递减的。这是因为，知识并不同于一般的消费品，它的使用在一定的意义上是非竞争性的。例如，一张关于某个在建工厂的蓝图也可以同时用于其他10个工厂的建设，却并不带来设计成本的增加；又如，在现代增长经济学的学习中我们经常要用到的庞特里雅金最大值原理，一位研究者使用的同时并不妨碍其他研究者的使用；再比如，微软公司设计发行的Windows操作系统，众多计算机的同时使用并不会降低这一软件本身的性能。考虑到知识的这一特殊性质，传统的规模报酬不变的生产函数就会遇到技术上的困难。因为由欧拉方程可知，竞争性要素投入所要求的回报将会把最终产品分配净尽，从而非竞争性要素投入将无法获得补偿。因此，如果要在生产函数中引入非竞争性的生产要素，原有的规模报酬不变的性质就会被破坏，这就是最初的内生增长理论假定规模报酬递增的主要原因。

接下来的问题是，具有非竞争性的知识是如何产生，又是由谁来提供的呢？一种简单的办法是将知识处理为公共物品，例如第1章中介绍的索洛模型以及本节要介绍的内生增长模型都是采取的这一办法。但是，这两类模型在关于知识的假定上又有重要的区别，索洛模型直接假定知识是外生给定的，并同时具有公共物品的性质，而本节的模型则是假定资本的投资具有一定的正外部性，即知识是在投资的过程中逐渐获得的，并且一经获得就具有了公共物品的性质。另一种办法则是在保证知识使用的非竞争性的同时，赋予知识的使用以一定的排他性，从而知识的发明者可以通过他所享有的这种对于知识的垄断权而获得一定的垄断利润，以此作为对于知识的创造者的激励。这就意味着，如果想要将知识资本引入增长模型，就必须突破传统的完全竞争框架，这在一定程度上增加了理论的难度，这是下一节中要介绍的内生技术进步模型的主要思想。

罗默（Romer，1986）和卢卡斯（Lucas，1988）模型是内生增长理论的标志性开端。罗默（Romer，1986）模型秉承的是扬（Young，1928）中的报酬递增和阿罗（Arrow，1962）中的将知识处理为公共物品的思想，通过假设知识的创造是投资的一个副产品来消除掉报酬递减的趋势。因此，这一模型仍然容许完全竞争的框架，并没有真正地刻画出知识本身的特征，而只是通过经济的外部性来间接地捕捉知识资本的效应，当然其最终的结果将不再是帕累托最优的。卢卡斯（Lucas，1988）模型也是将知识处理为公共物品，但是和罗默（Romer，1986）模型不同的是，卢卡斯模型秉承的是宇泽（Uzawa，1965）中的思想，强调的是人力资本，并且假定人力资本的积累具有外部性。下面我们将具体讨论这两种类型的增长模型，而在此之前，首先介绍一个最简单的内生增长模型——AK 模型。

一、最简单的内生增长模型：AK 模型

在所有试图消除资本报酬递减趋势的内生增长模型中，AK 模型是最早的也是最简单的一个。在索洛模型中，假定生产函数具有如下的 AK 形式：

$$Y=AK$$

其中 A 是大于零的常数，这意味着资本的报酬并不随着自身的积累而递减，而是保持为一个恒定的水平 A。我们继续沿用索洛模型中关于各种参数的假定，于是，人均资本存量的增长率为：

$$\gamma_k=sA-(n+\delta)$$

由于 $y=Ak$ 以及 $c=(1-s)y$，从而此模型中的所有人均变量——y、k、c——都以速度 γ_k 增长。若 $sA>(n+\delta)$，则 $\gamma_k>0$，从而经济的长期人均正增长得以实现，并且更重要的是，这一正增长率是依赖于模型中的各种行为参数的，这将为各种经济政策的使用提供一个理论基础。

AK 模型的一个重要缺陷是缺乏收敛的性质，即在 AK 模型中，增长率不依赖于模型的状态变量 k，具有不同初始水平的经济都将以相同的速度增长，这是与大量关于经济增长的经验研究的文献所支持的条件收敛结论相悖的。为得到具有转移动态的内生增长模型，琼斯和真野惠里（Jones and Manuelli，1990）提出了如下修正形式的 AK 生产函数：

$$Y=AK+BK^{\alpha}L^{1-\alpha}$$

这是一个 AK 生产函数和一个新古典生产函数的组合。在这样的生产函数假定下，资本的报酬率在渐近的意义上是非递减的，从而此模型可以在实现内生增长的同时又预测出条件收敛的性质。

客观地说，AK 模型及其变种（有时亦将这一类模型称为凸性增长模型）通过假定的方式来消除资本的报酬递减趋势的这一方式过于简单，迄今为止，对此种假定的唯一流行的解释是：K 表示的是广义的资本概念，从而可以避免积累过程中的长期递减趋势。但是，无论是从经验研究的角度来看，还是从理论建模的观点出发，这种假定都失于简单。一方面，我们不妨自问一下，AK 模型中的这种报酬非递减的资本概念到底应该和现实生产过程中的哪些具体资本形式联系在一起？或者说，我们到底应该组合现实生产中多少形式的资本后才能认为这种复合资本的报酬率是非递减的？这在经验上是一个难以回答的问题。另一方面，从理论上讲，如果我们已经将增长模型中的唯一可积累要素的报酬假设为非递减的，那么此模型最终表现出稳态的内生增长就不应该是太让人惊讶的结论，毕竟我们一般来说是以模型的假设前提与最终结论之间的距离远近来评价一个模型的理论价值的大小的。

二、干中学模型

AK 模型中产生内生增长的关键在于不存在可积累要素的报酬递减。在 20 世纪 80 年代重新激活了增长理论领域的经典文章中，罗默（Romer，1986）借用了阿罗（Arrow，1962）的框架，通过假设知识的创造是投资的一个副产品来消除报酬递减的趋势。也就是说，一个增加了其物质资本的企业同时也学会了如何更有效地生产。经验对生产率的这一正向影响被称为边干边学或干中学。在介绍罗默（Romer，1986）的模型之前，我们利用一种简单的方式来阐明干中学的思想。①

假定代表性企业 i 的生产函数为：

$$Y_i = F(K_i,\ K \cdot L_i)$$

其中 Y_i、K_i、L_i 分别表示企业的产出、资本投入、劳动投入。K 表示经济的总资本存量：$K=\sum_i K_i$。注意，这里的新古典的生产函数 F 和我们在前一章讨论过的新古典的生产函数的一个重要区别在于，之前的生产函数中代表技术水平的参数现在由经济的总资本存量来表示。这就意味着，每一个厂商在增加自己的资本投入的同时，也提高了自己的生产效率。但是，我们要假定，对于单个企业来说，它是意识不到投资的这种正外部经济的，在其进行决策时，唯一关注的仍是要素投入的私人边际产品。当然，这里的另外一个隐含假定是，每个企业的知识都是公共物品，任何其他企业都可以无成本地获得。因此，知识一经发现，就立刻外溢到整个经济范围内。②

企业的利润最大化问题是：

---

① Barro and Sala-i-Martin (1995). *Economic Growth*, New York: McGraw-Hill.

② 在最初的讨论干中学的模型中，这种关于知识外溢效应的假定是不可或缺的。

$$\max \pi_i = F(K_i, KL_i) - (r+\delta)K_i - wL_i$$

其中 π_i 表示企业的利润，r 和 δ 分别表示资本的利率和折旧率，w 表示工资率。

上述问题的一阶条件是：

$$\partial Y_i/\partial K_i = r+\delta, \quad \partial Y_i/\partial L_i = w$$

从人均资本存量的角度来看，我们可将上述条件改写为：

$$\partial y_i/\partial k_i = f_1(k_i, K) = r+\delta$$
$$\partial y_i/\partial l_i = f(k_i, K) - k_i f_1(k_i, K) = w$$

其中 $f_1(k_i, K)$ 表示资本的私人边际产品，这里并未考虑 k_i 通过经济的总资本存量 K（即生产率参数）对于产出所做出的正向贡献。

由于经济中的所有企业都是对称的，从而在经济均衡时每个企业都将选择相同的资本投入，这意味着代表性企业的人均资本存量 k_i 等于整个经济的人均资本存量 k。于是，资本的平均产品为：

$$f(k_i, K)/k_i = f(1, K/k_i) \equiv \tilde{f}(L)$$

而资本的私人边际产品为：

$$f_1(k_i, K) = \tilde{f}(L) - L \cdot \tilde{f}'(L)$$

需要注意的是，这里我们所得到的资本的平均产品和边际产品的表达式都不依赖于资本存量本身，换句话说，在前一章中所遇到的资本的报酬随着资本存量的增加而递减的趋势不存在了。如果我们假定经济的总人口是不变的，则资本的平均产品和边际产品就都是不变的量，这和我们在上一小节中介绍的 AK 模型是一致的。

在这样的生产函数的假定之下，如果我们继续沿用上一章中介绍拉姆齐模型时的记号，易知人均消费增长率的表达式为：

$$\gamma_c = -\frac{u'(c)}{u''(c)\cdot c}[\tilde{f}(L) - L\cdot\tilde{f}'(L) - \delta - \rho]$$

与 AK 模型一样，上述增长率是不变的。在一定的参数假定之下，我们可以得到正的人均增长率。①

罗默（Romer，1986）假定知识是一种具有递增边际产品的资本品，并且当其他的投入要素给定时，消费品的生产是知识存量的函数。确切地说，如果某一企业牺牲 I 数量的当前消费而投入研究部门，并且该企业的当前知识资本存量为 k，则该企业的知识资本的积累规律为：

$$\dot{k} = G(I, k)$$

函数 G 被假定为是一次齐次且凹的。因此，

---

① 比如，我们可取 CIES 的效用函数，并假定：$\tilde{f}(L) - L\cdot\tilde{f}'(L) > \rho+\delta > (1-\theta)\,[\tilde{f}(L) - L\tilde{f}'(L) - \delta - \rho]\,/\theta + \delta$。

$$\dot{k}/k=g(I/k)$$

其中 $g(I/k)\equiv G(I/k,1)$。进一步假定函数 g 是上有界的，并且 $g(0)=0$。

消费品的生产函数假定为：

$$y=F(k,K,X)$$

其中 k 表示代表性厂商所特有的知识资本，K 表示总的知识资本存量，而 X 表示除去知识资本之外的物质资本、劳动等生产要素。关于函数 F 的假定主要有两个：第一，对于 K 的任意给定值，F 关于 k 和 X 是凹且一次齐次的；第二，对于 X 的任意给定值，如果 $K=Nk$（这里 N 表示经济中企业的数目），则 F 关于 k 是凸的。第一个假定捕捉的是私人知识资本的竞争性特征，第二个假定强调的是从整个社会的角度来看，知识的边际生产率是递增的，即生产函数 F 表现出规模报酬递增的性质。这一特征同时也是罗默（Romer，1986）中的生产函数和阿罗（Arrow，1962）中的生产函数的不同之处。

为简单起见，假定只有知识资本存量是可以增加的，而以 X 表示的其他生产要素的供给则是固定不变的，于是可以将生产函数简记为 $f(k,K)$。

在上述这些假定条件下，罗默构造出下述形式的无限期界增长模型：

$$\max\int_0^\infty u(c(t))\mathrm{e}^{-\rho t}\mathrm{d}t$$

$$\text{s. t.}\ \frac{\dot{k}(t)}{k(t)}=g\left(\frac{f(k(t),K(t))-c(t)}{k(t)}\right)$$

$$k(0)\text{给定}$$

需要注意的是，上述模型忽略了人口增长、折旧以及其他的生产要素，而只专注于由报酬递增导致的长期增长。利用库恩-塔克定理，罗默证明了在一定条件下，上述最优化问题存在一个具有外部性的竞争均衡，在这样的均衡状态下，人均消费和人均知识资存量可以无限地增长。特别地，由于罗默构造的是一个单部门的增长模型，并且模型中只有一个状态变量和一个控制变量，因而可以利用标准的二元微分系统的相图分析来得到经济从初始状态向稳态过渡的直观表示。罗默首先选取了柯布-道格拉斯形式的生产函数，然后针对两种特殊的效用函数分析了经济的转移动态行为。①

三、人力资本模型

在模型中引入人力资本是产生内生经济增长的另一条途径。但是，人力资本概念引致的内生增长机制与上一小节中介绍的干中学思想不尽相同。从本质上来说，人力资本概念更像是我们将在下一节中介绍的技术进步的一种替代。为更好地阐述具有人力资本的增长理论，我们首先介绍一个单部门的人力资本模型，然后再简要介绍卢卡斯在 1988 年提出的著名模型。

假定生产函数是柯布-道格拉斯形式的：

---

① 具体内容可参阅 Romer（1986）。

$$Y=AK^{\alpha}H^{1-\alpha},\quad 0\leqslant\alpha\leqslant 1$$

其中 H 表示生产中的人力资本投入。经济的产出有三种用途：消费 C、物质资本的投资 I_K 以及人力资本的投资 I_H。于是，经济所面临的资源约束为：

$$Y=AK^{\alpha}H^{1-\alpha}=C+I_K+I_H$$

我们假定物质资本和人力资本以相同的速度 $\delta>0$ 折旧。于是，这两种资本的积累规律为：

$$\dot{K}=I_K-\delta K,\dot{H}=I_H-\delta H$$

假定家庭具有通常的跨期可分形式的效用函数，在中央集权经济制度的规定下，最优化问题的汉密尔顿函数为：

$$L=u(c)\mathrm{e}^{-\rho t}+\lambda(I_K-\delta K)+\mu(I_H-\delta H)+w(AK^{\alpha}H^{1-\alpha}-C-I_K-I_H)$$

利用最大值原理，我们得到最优化问题的一阶必要条件：

$$\begin{cases}\partial L/\partial C=0,\quad \partial L/\partial I_K=0,\quad \partial L/\partial I_H=0\\ \dot{K}=I_K-\delta K,\quad \dot{H}=I_H-\delta H\\ \dot{\lambda}=-\partial L/\partial K,\quad \dot{\mu}=-\partial L/\partial H\end{cases}$$

根据这些必要条件再加上对应于不同边界条件的横截性条件，我们就可以确定最优的消费路径、物质资本积累路径和人力资本积累路径。同时，我们也可以利用这些必要条件计算出模型的稳态增长率。为了得到具体形式的解，我们取效用函数为 CIES 的形式：

$$u(C)=(C^{1-\theta}-1)/(1-\theta),\theta>0$$

则由上述一阶条件可得：

$$\gamma_C=\frac{1}{\theta}[A\alpha(K/H)^{-(1-\alpha)}-\delta-\rho]$$

$$A\alpha(K/H)^{-(1-\alpha)}-\delta=A(1-\alpha)(K/H)^{\alpha}-\delta$$

于是

$$K/H=\alpha/(1-\alpha)$$

因此，

$$\gamma^*=A\alpha^{\alpha}(1-\alpha)^{1-\alpha}-\delta$$

这意味着物质资本和人力资本的净报酬率在 K/H 保持不变时是一个常数，也就是说，当 K 和 H 以相同的速度增长时，递减报酬不再适用。于是，我们得到了稳态的增长率：

$$\gamma^*=\frac{1}{\theta}[A\alpha^{\alpha}(1-\alpha)^{1-\alpha}-\delta-\rho]$$

在上述表达式中，如果各种参数选择适当，就可以得到一个正的增长率。

关于原始的卢卡斯（Lucas，1988）模型，我们可简单介绍如下：

$$\max\int_0^{\infty} e^{-\rho t}\ \frac{1}{1-\sigma}[c(t)^{1-\sigma}-1]N(t)\mathrm{d}t$$

$$\text{s. t. } N(t)c(t)+\dot{K}(t)=AK(t)^{\beta}[u(t)h(t)N(t)]^{1-\beta}h_{\alpha}(t)^{\gamma}$$

$$\dot{h}(t)=h(t)^{\zeta}G(1-u(t))$$

其中 $h_{\alpha}(t)$ 表示人力资本的平均水平；$\gamma>0$，即生产函数呈现出报酬递增的性质，而且人力资本通过教育部门的生产是密集于人力资本的。

利用最大值原理，卢卡斯得出了此模型丰富的动态特征，并证明了在一定条件下可得到内生增长。① 其中的关键性结论是，物质资本和人力资本之间的不平衡对于增长率的影响是不对称的：如果人力资本相对丰富，则产出和消费的增长率会随着人力资本和物质资本之间的不平衡程度的加大而上升；如果人力资本相对稀缺，则它们就会随着不平衡程度的加大而下降。这一结论与具有物质资本和人力资本的单部门内生增长模型的结论是不同的，在那里，物质资本和人力资本的不平衡对增长率的影响是对称的。

产生上述性质的原因是关于人力资本生产技术的特殊假定，即人力资本的生产是密集于人力资本的。例如，当人力资本相对稀缺时，则在物质资本的生产过程中，人力资本的边际产品就要相对地高，因而可以预期经济增长的发生主要是由于人力资本的高增长率；但是，宇泽-卢卡斯模型中的人力资本相对稀缺也意味着一个较高的工资率水平，这就使得人力资本生产部门的经营成本较高，这一较高的成本刺激人们把人力资本更多地投入物质资本的生产，而不是投入原本就相对稀缺的人力资本的生产，这种效应最终会降低经济的增长率。

需要指出的是，罗默（Romer，1986）模型和卢卡斯（Lucas，1988）模型产生内生增长的机制是不一样的。在罗默模型中，由于知识的积累存在外溢效应，这使得知识资本的平均产品不再递减，从而克服了资本的报酬递减趋势，长期的人均正增长得以实现；而宇泽-卢卡斯模型是一般的具有人力资本的内生增长模型的一种特殊形式，一般来说，在具有人力资本的模型中产生内生增长的主要原因是，资本的报酬率依赖于物质资本存量和人力资本存量的比例，而当这两种资本以相同的速度增长时，报酬递减就不再适用，从而稳态的正增长得以实现。在宇泽-卢卡斯模型中，物质资本和人力资本由不同的技术所生产，并且人力资本的生产是密集于人力资本的，对于生产结构的这一修正会使得此模型表现出比一般的人力资本模型更丰富的动态特征，具体来说，物质资本和人力资本的不平衡在宇泽-卢卡斯模型中对增长率的影响是不对称的。

第二节 内生技术进步

我们已经看到，即使在缺乏技术进步的情况下，只要能够消除模型中的资本报酬递减趋势，就可以得到内生的正增长。因此，上一节中的内生增长是由外部经济或物质资本存量和人力资本存量之比的变化产生的，并不需要真正地将技术进步引入增长模型，

① 模型的具体推导可参阅 Lucas（1988）。

尽管这些模型也常常被称为实现了技术进步的内生化。真正地将内生技术进步引入增长模型的奠基性工作是罗默（Romer，1987，1990）、阿吉翁和豪伊特（Aghion and Howitt，1992）以及格罗斯曼和赫尔普曼（Grossman and Helpman，1991）做出的，在他们的模型中，技术进步是有目的的科学研究活动的结果，并且由于赋予了知识这种物品既不同于普通物品也不同于公共物品的特殊特征，其报酬将不符合完全竞争经济中作为价格接受者的厂商的行为假定，而是具有了一定的垄断权，由此获得的垄断利润可以作为对科研活动的激励。

罗默（Romer，1990）主要讨论的是产品种类的增加对增长的影响。在他的模型中，新产品的开发类似于基础的创新活动，其中所需的知识是一类特殊的物品，既不同于普通物品，也不同于公共物品。一般来说，普通物品具有竞争性（rivalry），并且也具有排他性（excludability）；公共物品一般是非竞争性的，并且也是非排他性的。而罗默（Romer，1990）认为，对于经济增长最有意义的，也是最能体现技术进步特征的知识物品却一般是非竞争性的，同时具有一定的排他性。

如果我们将罗默模型所描述的产品种类增加型的技术进步称为水平方向的创新（horizontal innovation），则阿吉翁-豪伊特模型所定义的技术进步类型则可称为垂直方向的创新（vertical innovation），这种类型的技术进步描述的不是新产品的开发，而是已有产品的质量的不断改进。

基于熊彼特提出的"破坏性创新"的思想，阿吉翁和豪伊特（Aghion and Howitt，1992）构造了一个内生增长模型，其中的增长源泉正是垂直方向的创新，而这种创新是由竞争性的研究部门提供的。在任一时期当中，研究活动的数量取决于下一时期当中研究活动的期望数量，这是因为下一次创新会导致当前垄断利润的完全丧失，而下一次创新的成功概率的大小取决于研究活动的多少，因此，期望的将来的研究活动越多，从事当前的研究活动的积极性就越低。在阿吉翁-豪伊特模型中，经济的产出取决于整个经济范围内研究活动的数量，具体地说，GDP服从一个有漂移项的随机游走过程。而作为一个随机变量的增长率本身，其均值和方差都是关于创新规模、技术型劳动的规模以及研究活动的生产率的递增函数，都是关于代表性个体的时间偏好率的递减函数。

一、产品种类增加型的技术进步

1. 一个简单形式①

假定人口的数量 L 固定，每一个体都是无限生存的，并且拥有一单位的可用于制造业的劳动。为简单起见，我们假定没有对闲暇的需求，从而每一个人都无弹性地提供他所拥有的一单位劳动（无论工资率如何）。个体每一期的效用都只依赖于消费，效用函数取等于弹性的形式：

$$u(c)=(c^{1-\theta}-1)/(1-\theta)$$

个体使用不变的时间偏好率 ρ 来贴现效用。正如我们在第1章中看到的，这意味着稳态

① 本小节内容主要参考 Aghion and Howitt (2009). *Economics of Growth*, Cambridge, MA: MIT Press。

的增长率和利率遵循如下欧拉方程：

$$g=\frac{1}{\theta}(r-\rho)$$

最终产品的生产环境是完全竞争的，劳动以及一系列指标为中间产品投入，其中 M_t 是产品种类的度量。在每一时刻 t，最终产品的生产函数为：

$$Y_t=L^{1-\alpha}\int_0^{M_t}x_i^{\alpha}\mathrm{d}i$$

其中 Y_t 表示产出，x_i 表示中间产品 i 投入的数量。劳动投入始终是不变的数量 L。系数 α 位于 0 和 1 之间。

每一种中间产品都需要最终产品作为投入且一比一地生产出来。也就是说，生产一单位的中间产品 i 需要一单位的最终产品作为投入。

产品的种类数可以提高经济整体的生产率。为了说明这一机制，记用于中间产品生产的最终产品的数量为 X_t。按照前面提到的一比一的技术，X_t 必定等于所有的中间产品数量：

$$X_t=\int_0^{M_t}x_i\mathrm{d}i$$

现在假定每一种中间产品都生产相同的数量 x（稍后将看到，在均衡时确实如此），则 $x=X_t/M_t$。将这一表达式代入生产函数可得：

$$Y_t=L^{1-\alpha}\int_0^{M_t}(X_t/M_t)^{\alpha}\mathrm{d}i=M_t^{1-\alpha}L^{1-\alpha}X_t^{\alpha}$$

在给定 L 和 X_t 的条件下，上式关于 M_t 是递增的：

$$\partial Y_t/\partial M_t=(1-\alpha)Y_t/M_t>0$$

最终产品可用于消费和投资（生产各种设计）。除此之外，其唯一的用途就是生产中间产品。因此，经济的国内生产总值（GDP）就是最终产品 Y_t 减去其用于生产中间产品的数量：

$$\mathrm{GDP}=Y_t-X_t$$

每一种中间产品都由其发明者垄断地进行生产。在每一期中，此垄断者最大化以最终产品度量的如下利润流：

$$\Pi_i=p_ix_i-x_i$$

其中 p_i 是以最终产品为单位的价格。也就是说，在给定一比一技术的条件下，垄断者的收益就是价格乘以数量，而成本就等于产出。

在完全竞争的经济中，一单位投入的价格等于其边际产品的价值，于是我们有：

$$p_i=\partial Y_t/\partial x_i=\alpha L^{1-\alpha}x_i^{\alpha-1}$$

因此，垄断者的利润依赖于其产出：

$$\Pi_i = \alpha L^{1-\alpha} x_i^{\alpha} - x_i$$

垄断者选择 x_i 来最大化上述表达式，其一阶条件为：

$$\partial \Pi_i / \partial x_i = \alpha^2 L^{1-\alpha} x_i^{\alpha-1} - 1 = 0$$

由此得到，每一部门 i 的均衡数量都是一样的：

$$x = L\alpha^{\frac{2}{1-\alpha}}$$

进而每一部门的均衡利润流也都是一样的：

$$\Pi = \frac{1-\alpha}{\alpha} L\alpha^{\frac{2}{1-\alpha}}$$

将 $X_t = M_t x$ 代入生产函数，然后由 GDP 的定义式可知，最终产品的产出以及经济的 GDP 都是与产品种类数成比例的：

$$Y_t = M_t L^{1-\alpha} x^{\alpha}$$
$$\mathrm{GDP}_t = M_t (L^{1-\alpha} x^{\alpha} - x)$$

于是，GDP 的增长率和如下产品种类数的增长率也是成比例的：

$$g = \frac{1}{M_t} \frac{\mathrm{d}M_t}{\mathrm{d}t}$$

产品种类数的增长率依赖于投入到科研中的最终产品数量。也就是说，科研活动的每一时刻的产出就是新设计的数量，而每一个新的设计都可以开发出一种新产品。因此，我们有：

$$\mathrm{d}M_t / \mathrm{d}t = \lambda R_t$$

其中 λ 是表示研究部门生产率的一个（正的）参数。

假定经济的研究部门是完全竞争的，允许自由进入，则研究部门的利润流必定等于零。对于发明者而言，每一新设计的价值为$\frac{\Pi}{r}$，即利润流 Π 在市场利率为 r 时的贴现值。于是，从事科研的利润流为：

$$(\Pi / r) \lambda R_t - R_t$$

即收益流（产出 λR_t 乘以价格 Π / r）减去成本。为使得这一利润流为零，利率必须满足如下的“科研套利”方程：

$$r = \lambda \Pi$$

也就是说，利率必须等于企业家每一单位的科研投入所获得的利润流。

将科研套利方程代入增长率的表达式，我们得到：

$$g = \frac{\lambda \Pi - \rho}{\theta}$$

用$\Pi=\frac{1-\alpha}{\alpha}L\alpha^{\frac{2}{1-\alpha}}$替换上式中的$\Pi$，我们就可将均衡增长率表示成模型的基本参数的函数：

$$g=\frac{\lambda\frac{1-\alpha}{\alpha}L\alpha^{\frac{2}{1-\alpha}}-\rho}{\theta}$$

由此可知，经济增长率随着参数λ表示的科研生产率的提高而提高，随着劳动供给L表示的经济规模的扩大而提高，随着时间偏好率ρ的提高而下降。

g关于L递增的这一预测曾经被认为是上述模型的优点，它表明，规模越大的国家或自由贸易区，增长得就越快。但是，查理斯·琼斯（Charles Jones，1995）指出，这一预测是不符合事实的，因为自1950年以来，美国的研究人员数量显著地增加了，而这一时期的增长率却保持在2%左右。

2. 罗默（Romer, 1990）的模型

假定经济中有四种基本的要素投入：物质资本、劳动、人力资本和表示当前技术水平的一种指标（我们可称之为技术方案集）；经济由三个部门组成：研究部门、中间产品的生产部门和最终产品的生产部门。研究部门利用人力资本以及现有的知识水平来生产（发明）出新的知识（技术方案）；中间产品的生产部门利用研究部门发明的技术方案以及最终的产出作为投入，以生产出更多的中间产品；最终产品的生产部门则利用劳动、人力资本以及相应的中间产品来生产出最终产品。假定最终产品既可以消费掉，也可以作为资本积累起来。

首先，罗默假定柯布-道格拉斯生产函数为：

$$Y(H_Y,L,x)=H_Y^{\alpha}L^{\beta}\int_0^A x(i)^{1-\alpha-\beta}\mathrm{d}i$$

其中H_Y、L和x分别表示生产过程中所需的人力资本、劳动和资本品（中间产品）；A是可以使用的中间产品的种类，用来表示当前的技术水平。注意，这里关于资本品的假定和我们在前面使用过的略有不同。如果我们使用总资本K来表示资本投入，则意味着所有不同类型的资本品之间是完全替代的；而上述关于资本投入的加性可分形式则意味着某一资本品的边际产品是独立于其他资本品的使用量的，因而一种新型资本品的引入既不是对旧品种的直接替代，也不是直接互补。

由生产函数关于要素投入的一次齐次性可知，我们仍然可以在完全竞争的框架内来讨论最终产品的生产者的行为，也就是说，我们仍然可以将整个最终产品的生产行业想象为一个代表性的作为价格接受者的厂商。这一特点是和中间产品的生产厂商的行为很不一样的，由于不同的中间产品是由不同的厂商来承担的，因此不存在一个可以代表整个行业的中间产品的生产者。

对于拥有了新的中间产品的设计方案的企业来说，假定需要投入η单位的最终产品才能生产出一单位的中间产品；而对于设计方案的发明者来说，假定其拥有对发明的永久专利。因此，如果设计方案的发明者同时也是相应的中间产品的生产者（对于发明者和生产者之间的关系也存在一些其他的制度安排，但是不影响此模型的均衡的存在性），则对于已经投入了发明成本的发明者来说，它所获得的补偿就是租售中间产品所获得的净收益流的贴现值。

按照通常的单部门模型以及国民收入核算的传统，总资本 K 的积累满足：

$$\dot{K}(t)=Y(t)-C(t)$$

其中 $C(t)$ 表示总消费。我们已经假定为获得一单位任何类型的中间产品，必须放弃 η 单位的当前消费，从而

$$K=\eta\int_0^A x(i)^{1-\alpha-\beta}\mathrm{d}i=\eta A\overline{x}$$

其中 $\overline{x}$ 表示某一公共使用水平，这是因为每一中间产品都是对称进入生产过程的，从而对于每一中间产品的可获得量来说，应该是相等的。

于是，生产函数可改写成：

$$Y(H_Y, L, x)=\eta^{\alpha+\beta-1}A^{\alpha+\beta}H_Y^{\alpha}L^{\beta}K^{1-\alpha-\beta}$$

此外，假定知识的积累（技术进步）具有如下形式：

$$\dot{A}=\delta H_A A$$

其中 $\delta>0$。上式表明，人力资本的投入 H_A 越高，则研究与开发活动的成功机会也就越大，并且这里的假定和宇泽-卢卡斯模型中的假定类似，即知识的生产是人力资本密集型的；同时，由于知识的非竞争性，每一个研究者都可以利用当前的知识水平，从而当前的知识水平 A 越高，技术进步的成功率也就越大。

需要指出的是，此模型所刻画的知识类型恰好符合前面所要求的部分排他性，即知识在研究部门中是一种公共物品，而在中间产品的生产部门中则是一种垄断品。

最后，假定人力资本的供给 H 是固定的，满足：

$$H=H_A+H_Y$$

下面我们考虑中间产品的生产者的垄断定价行为。对于最终产品的生产者来说，其面临的最优化问题如下：

$$\max_x\int_0^{\infty}[H_Y^{\alpha}L^{\beta}x(i)^{1-\alpha-\beta}-p(i)x(i)]\,\mathrm{d}i$$

其中 $p(i)$ 表示中间产品 i 的价格。由此可得如下的逆需求函数：

$$p(i)=(1-\alpha-\beta)H_Y^{\alpha}L^{\beta}x(i)^{-\alpha-\beta}$$

这就是中间产品的垄断供给厂商所必须面临的市场需求。在这样的需求函数下，中间产品的供给者面临的最优化问题是：

$$\max_x p(x)x-r\eta x=\max_x(1-\alpha-\beta)H_Y^{\alpha}L^{\beta}x^{1-\alpha-\beta}-r\eta x$$

这里 r 表示的是利率。由此可得中间产品的垄断价格为：

$$\overline{p}=r\eta/(1-\alpha-\beta)$$

相应的垄断利润流为：

$$\pi=(\alpha+\beta)\overline{p}\overline{x}$$

其中 $\overline{x}$ 满足：

$$\overline{p}=(1-\alpha-\beta)H_Y^{\alpha}L^{\beta}\overline{x}^{-\alpha-\beta}$$

假定新设计方案的价格为 p_A，则由中间产品的垄断竞争市场的自由进入条件可知：

$$\int_t^{\infty}\pi(\tau)e^{-\int_t^{\tau}r(s)ds}d\tau=p_A$$

如果 p_A 是常数，则有：

$$\pi(t)-r(t)\int_t^{\infty}\pi(\tau)e^{-\int_t^{\tau}r(s)ds}d\tau=0$$

于是，

$$\pi(t)=r(t)p_A$$

上式表明，中间产品的垄断厂商的超额利润将正好弥补发明成本的利息损失。

利用 p_A 的表达式：

$$p_A=\pi/r=(\alpha+\beta)\overline{p}\overline{x}/r=(\alpha+\beta)(1-\alpha-\beta)H_Y^{\alpha}L^{\beta}\overline{x}^{1-\alpha-\beta}/r$$

以及人力资本应该在研究部门和最终产品的生产部门当中获得相同的工资率这一性质，即下式：

$$w_H=p_A\delta A=\alpha H_Y^{\alpha-1}L^{\beta}A\overline{x}^{1-\alpha-\beta}$$

我们得到：

$$H_Y=\frac{1}{\delta}\cdot\frac{\alpha}{(1-\alpha-\beta)(\alpha+\beta)}r$$

考虑到 $Y=H_Y^{\alpha}L^{\beta}A\overline{x}^{1-\alpha-\beta}$，$K=A\overline{x}\eta$，以及 $C/Y=1-\dot{K}/Y=1-(\dot{K}/K)(K/Y)$，我们得到：

$$g=\dot{C}/C=\dot{Y}/Y=\dot{K}/K=\dot{A}/A=\delta H_A=\delta H-\frac{\alpha}{(1-\alpha-\beta)(\alpha+\beta)}r$$

如果在此模型中加入代表性消费者的最优化行为：

$$\max\int_0^{\infty}\frac{C^{1-\theta}}{1-\theta}e^{-\rho t}dt$$

则对于给定的利率水平 r，我们也可得到人均消费的增长率为：

$$\dot{c}/c=(r-\rho)/\sigma$$

最后我们得到市场均衡的增长率表达式：

$$g=(\delta H-\Lambda\rho)/(\sigma\Lambda+1)$$

其中 $\Lambda=\alpha/[(1-\alpha-\beta)(\alpha+\beta)]$。

可以说，罗默模型的重要结论基本上都包含在增长率的表达式中。具体说来有以下几点：

（1）利率越高，则增长率越低，这是因为较高的利率会导致作为研究部门的补偿的净收益的贴现值降低。

（2）人力资本具有加速增长的规模效应。

（3）如果初始的人力资本太低，则有可能导致增长行为从未发生。

（4）更低的 ρ 和 σ 的值，代表更大的储蓄意愿，导致更快的增长。

（5）研究部门的效率越高（δ 的值越大），则增长越快。

二、产品质量改进型的技术进步

1. 一个简单形式①

假设时间是离散的，在每一个时间点上的个体数量都为 L，并且每一个个体都无弹性地供给一单位的技术型劳动。假定每一个体只生存一个时期，因此，个体的目标是最大化其在期末的消费。

在每一时期中，一单位的最终产品由如下的柯布-道格拉斯生产函数生产出来：

$$y=Ax^{\alpha}$$

其中 x 表示中间产品的投入数量，A 是生产率参数，表明中间产品的当前质量。中间产品的生产完全依赖于劳动，一单位的劳动投入就可以生产出一单位的中间产品。因此，x 同时也表示了当前用于制造业的劳动数量。当然，除此之外，劳动也可以用于技术创新。

每一次的技术创新都将中间产品的质量由 A 提高到 γA，这里 $\gamma>1$ 表示创新的规模。创新的成功来源于研究的投入，我们假定，如果用于研究与开发的劳动投入为 z 单位，则创新成功的概率为 λz。

作为给予创新者的补偿，创新者将享有生产中间产品的垄断权，但是这里的垄断权并不排除其他的生产者可以使用 $\chi>1$ 单位的劳动生产出一单位同样的中间产品。因此，如果 $\chi<1/\alpha$，则这样的潜在竞争者的存在对于创新者是有约束力的，这也意味着创新者能够确定的最高价位为 χw_t。此时，创新者的利润为：

$$\pi_t=(\chi-1)w_t x_t$$

这里的 $w_t x_t$ 表示工资。对于这一垄断租金，我们假定只能存在一个时期，在那之后，其他模仿者就可以同样生产出这一质量的中间产品。

下面我们给出模型的两个关键方程：

---

① 本节内容参考 Aghion and Durlauf（2006）. *Handbook of Economic Growth*，Amsterdam：Elsevier North-Holland。

（1）劳动市场出清方程：$L=x_t+n_t$，其中 x_t 和 n_t 分别表示用于制造业和研究部门的劳动投入数量。

（2）科研市场的套利方程：$w_t=\lambda\gamma\pi_t$。这一方程表明，在任一时刻，均衡的科研投入数量必定使得一单位科研型劳动的边际收益等于边际成本。

如果我们关心的是增长的稳态情形，则可以暂时忽略上述方程中的时间下标，利用上述两个方程以及垄断利润的表达式可得：

$$1=\lambda\gamma(\chi-1)(L-n)$$

这意味着用于研究与开发的劳动投入的稳态数量为：

$$n=L-\frac{1}{\lambda\gamma(\chi-1)}$$

于是，在稳态中，生产率的期望增长率的均衡值为：

$$g=\lambda n(\gamma-1)$$

这是一个依赖于各种经济参数的增长率的表达式，我们可以进一步分析各种经济参数对增长率的影响。但是，重要的是，这里通过一种最简单的引入质量阶梯的方式得到了一个可能为正的增长率的表达式，这正是内生增长理论的重要特征。

2. 阿吉翁和豪伊特（Aghion and Howitt，1992）的模型

首先，假定经济中存在三种可交易的物品：劳动、消费品和中间产品；其次，劳动投入可分为三种类型：只能用于生产消费品的原始劳动（unskilled labor）；既可用来生产中间产品，也可用来从事研究活动的技术型劳动（skilled labor）；以及只能用来从事研究活动的专门化劳动（specialized labor）。我们分别用 M、N、R 来表示经济中上述三种类型的劳动的数量。

假定消费品的生产需要投入中间产品以及固定数量的原始劳动，从而生产函数可写为：

$$y=AF(x)$$

这里 $F'>0$，$F''<0$，y 表示消费品，x 表示投入消费品生产的中间产品的数量，而 A 表示中间投入的生产率参数。注意，由于原始劳动的使用量并不取决于所生产的消费品的多少，因而它不显式地出现在生产函数中。

假定中间产品的生产只需投入技术型劳动，并且生产技术是线性的，即

$$x=L$$

其中 L 表示中间产品部门的技术型劳动的使用量。

研究活动的投入可以产生一个随机的创新发生序列，假定在任一时刻创新的发生都服从泊松（Poisson）过程，此过程的到达率（arrive rate）即单位时间内创新发生的概率为$\lambda\phi(n, R)$，其中 n 是用于研究活动的技术型劳动的数量，λ 是一给定常数，ϕ 是一规模报酬不变且凹的生产函数，并满足 $\phi(0, R)=0$，这意味着如果没有技术型劳动投入，创新的发生概率为零。我们知道，关于创新发生的这种泊松过程假定意味着，在每一次

创新发生前所需等待的时间间隔服从参数为 $\lambda\phi(n, R)$ 的指数分布，即每一次创新所带来的垄断利润的持续时间是一指数型随机变量。

每一次创新都会带来一种新的中间产品，而这种中间产品的投入可以使消费品的生产更有效率。我们简单地假定，新的中间产品的投入通过一常数因子 $\gamma>1$ 来提高生产率参数 A，则：

$$A_t = A_0\gamma^t$$

其中 A_0 是给定的初始生产率水平，下标 t 表示从第 t 次创新开始至第 $t+1$ 次创新发生之前的时间间隔。一个成功的创新者可以通过申请专利来垄断中间产品的生产，当然，这种垄断地位只能持续到下一次创新发生之前。

对于中间产品的垄断厂商而言，它的目标就是最大化垄断时期利润的期望现值，这里唯一的不确定性因素是垄断的持续时间。首先，考虑消费品的生产商，其最优地选择要素投入来最大化利润。具体地说，第 t 期的厂商选择产量 x_t 来最大化其利润流：

$$[A_tF'(x_t) - w_t]x_t$$

其中 w_t 是技术型劳动的工资率。注意，按照边际收益等于边际成本的定价法则，第 t 期的中间产品的价格满足：$p_t = A_tF'(x_t)$。这一最优化问题的一阶条件是：

$$\omega_t = \tilde{\omega}(x_t)$$

其中 $\omega_t \equiv w_t/A_t$，$\tilde{\omega}(x) \equiv F'(x) + xF''(x)$。由此可得最优产量：

$$x_t = \tilde{x}(\omega_t)$$

其中 $\tilde{x} \equiv \tilde{\omega}^{-1}$。相应的垄断利润为：

$$\pi_t = A_t\tilde{\pi}(\omega_t)$$

这里 $\tilde{\pi}(\omega) \equiv (\tilde{x}(\omega))^2F''(x(\omega))$。

其次，假定对于研究活动而言，不存在当期的溢出效应，则垄断厂商的目标就是选择适当的技术型劳动投入 z 和专门化劳动投入 s 来最大化如下的期望利润流：

$$\lambda\phi(z, s)V_{t+1} - w_tz - w_t^ss$$

这里 V_{t+1} 表示第 $t+1$ 次创新的价值，w_t^s 表示专门化劳动的工资率。利用库恩-塔克（Kuhn-Tucker）条件，并考虑到均衡时专门化劳动的使用数量必定等于 R，则上述最优化问题的一阶条件为：

$$w_t \geqslant \varphi'(n_t)\lambda V_{t+1}, \quad n_t \geqslant 0, \quad [w_t - \varphi'(n_t)\lambda V_{t+1}]n_t = 0$$

其中 $\varphi(n_t) \equiv \phi(n_t, R)$。

对于第 t 期时在位的垄断者来说，其从事研究活动的收益为 $V_{t+1} - V_t$；而对于外来者来说，其从事研究活动的收益是下一期创新的价值，即 V_{t+1}。因此，创新总是由外来者做出的。而对于一个外来者来说，创新的价值 V_{t+1} 即垄断利润流的贴现值为：

$$V_{t+1} = \frac{\pi_{t+1}}{r + \lambda\varphi(n_{t+1})}$$

其中 $r>0$ 是代表性经济个体的时间偏好率。

在任何时点上，对于整个社会来说的决策问题是，如何在制造业和研究活动之间配置技术型劳动。利用上面我们推导的一些表达式以及关于技术型劳动的均衡条件 $N=n_t+x_t$，整理可得：

$$\frac{\tilde{\omega}(N-n_t)}{\lambda\varphi'(n_t)}\geqslant\frac{\gamma\tilde{\pi}(\tilde{\omega}(N-n_{t+1}))}{r+\lambda\varphi(n_{t+1})}$$

$$n_t\geqslant 0$$

$$\left(\frac{\tilde{\omega}(N-n_t)}{\lambda\varphi'(n_t)}-\frac{\gamma\tilde{\pi}(\tilde{\omega}(N-n_{t+1}))}{r+\lambda\varphi(n_{t+1})}\right)n_t=0$$

上述条件决定了第 t 期的研究活动数量，它是第 $t+1$ 期的研究活动数量的函数：

$$n_t=\psi(n_{t+1})$$

这里 $\psi(\cdot)$ 是一个正值的严格递减函数。

引入如下定义：

$$c(n_t)\equiv\frac{\tilde{\omega}(N-n_t)}{\lambda\varphi'(n_t)},\quad b(n_{t+1})\equiv\frac{\gamma\tilde{\pi}(\tilde{\omega}(N-n_{t+1}))}{r+\lambda\varphi(n_{t+1})}$$

则 $c(n_t)$ 表示的是"研究活动的边际成本"，而 $b(n_{t+1})$ 表示的是"研究活动的边际收益"。如果 $c(0)<b(0)$，则我们可得到唯一的稳定平衡点 $\hat{n}$，满足：

$$\frac{\tilde{\omega}(N-\hat{n})}{\lambda\varphi'(\hat{n})}=\frac{\gamma\tilde{\pi}(\tilde{\omega}(N-\hat{n}))}{r+\lambda\varphi(\hat{n})}$$

最后，我们讨论产出的稳态增长率。由 $y_t=A_tF(N-\hat{n})$ 可知：

$$y_{t+1}=\gamma y_t$$

这意味着实际产出的对数 $\ln y(t)$ 是一个随机的阶跃函数，每一次阶跃的幅度是 $\ln\gamma$，但每一次阶跃的到来时刻是服从参数为 $\lambda\varphi(\hat{n})$ 的指数分布的随机变量。如果我们用 τ 表示实际的时间点，则有：

$$\ln y(\tau+1)=\ln y(\tau)+\varepsilon(\tau)$$

其中 $\varepsilon(\tau)$ 是时刻 τ 和 $\tau+1$ 之间的创新次数与 $\ln\gamma$ 的乘积。我们知道，$\{\varepsilon(\tau)/\ln\gamma\}$ 是服从参数为 $\lambda\varphi(\hat{n})$ 的泊松分布的随机变量序列，从而

$$\ln y(\tau+1)=\ln y(\tau)+\lambda\varphi(\hat{n})\ln\gamma+e(\tau)$$

其中 $e(\tau)\equiv\varepsilon(\tau)-\lambda\varphi(\hat{n})\ln\gamma$，是均值为零、方差为 $\lambda\varphi(\hat{n})(\ln\gamma)^2$ 的随机变量。

由此可知，产出的平均稳态增长率为 $\lambda\varphi(\hat{n})\ln\gamma$，而此增长率的方差为 $\lambda\varphi(\hat{n})(\ln\gamma)^2$。这就是说，产出的增长率是技术型劳动的投入、每一次创新的规模以及创新发生的概率的递增函数，这是一个相当容易解释的结论。

第三节　内生的劳动供给或人口

在前两节的内容中，总是假定劳动供给或人口的变化是外生给定的，这是对现实生活的一种简化。实际的情况是，一个国家或一个地区的人口或实际的劳动供给数量的确定即使在统计手段相对发达的今天，仍然是一个困难的课题。一般来说，劳动会受工资率的地区差异的驱使而在不同地区之间流动，这也是造成流动人口数量很难统计的原因之一；而人口的自然增长也会由于经济福利的提高或自然灾害的发生所导致的死亡率的波动，或人们偏好的变化所导致的出生率的波动而经常地发生变化。如何将这些因素整合进增长模型是近些年来经济学家才开始关注的论题，本节将要介绍的两个主要模型，即布劳恩（Braun）模型和巴罗-贝克尔（Barro-Becker）模型，试图讨论的正是不同地区之间的劳动人口迁移和人们的生育选择对经济增长的影响。

一、劳动人口的迁移

尽管不同的国家或地区之间的人口流动实际上是一个受到很多因素影响的复杂现象，但是我们这里所要讨论的布劳恩模型假定存在一个完全的信贷市场，各个经济体所面临的是不变的世界利率，从而工资的差异是造成劳动人口流动的唯一原因。

下面我们来具体地描述这个模型。假定一个面临着给定的不变世界利率的小国，其生产函数是柯布-道格拉斯生产函数：

$$Y=AK^{\alpha}\hat{L}^{1-\alpha}(R/L)^{\lambda}$$

其中 K 表示资本，$\hat{L}\equiv Le^{xt}$ 表示有效的劳动投入，$x\geqslant 0$ 表示外生给定的劳动增进型技术进步率；R 表示本国居民可以自由取得但其供给量固定的自然资源；$0<\lambda<1-\alpha$。

我们注意到，对于给定的 R，上述生产函数呈现出关于 K 和 L 的报酬递减。布劳恩模型之所以做出这样的假定是因为，在外生给定的技术水平下，若人口的迁移有成本而资本的流动是自由的，劳动人口将不可能在不同的经济之间流动，从而也就不可能构造出其中人口变化内生的增长模型。关于这种报酬递减的一种解释是：一个经济体的人口增加必定会造成某些自然资源（例如土地等）使用上的拥挤，如果这种资源具有生产价值并且供给量固定，则从整个社会的角度来看，必定呈现出关于资本和劳动的规模报酬递减。

但是，对于一个竞争性的厂商来说，L 表示的是总人口，因此 R/L 可视为是给定的，从而上述生产函数仍然可以看作是规模报酬不变的，利用欧拉方程，要素价格应当等于相应的私人边际产品，即：

$$w=(1-\alpha)A\hat{k}^{\alpha}(R/L)^{\lambda}e^{xt}$$
$$r+\delta=\alpha A\hat{k}^{\alpha-1}(R/L)^{\lambda}$$

其中 $\hat{k}\equiv K/\hat{L}$，表示每单位有效劳动的资本数量；r 表示世界利率，对于我们这里所考虑的小型国内经济而言可视为不变的，并假定 $r>x$；δ 表示折旧率。

由此可得国内工资率的表达式：

$$w=\frac{(1-\alpha)A^{1/(1-\alpha)}\alpha^{\alpha/(1-\alpha)}(R/L)^{\lambda/(1-\alpha)}}{(r+\delta)^{\alpha/(1-\alpha)}}\cdot e^{xt}$$

假定世界经济具有单一的工资率 w_{world}，则在时刻 t 由世界其他地区向本国经济的一次永久性迁移的收益为：

$$B(t)\equiv\int_t^{\infty}[w(v)-w_{\text{world}}]e^{-r(v-t)}dv$$

为简单起见，我们假定 t 时刻国内经济的自然人口增长率为零，而由世界转向国内经济的移民流为 $M(t)$，则国内的实际人口变化率为：

$$\gamma_L\equiv\dot{L}(t)/L(t)=M(t)/L(t)$$

另外，假定迁移的成本为：

$$\eta(M(t)/L(t))\cdot w_{\text{world}}$$

这里 $\eta'>0$，$\eta''>0$，且 $\eta(0)=0$。也就是说，迁移的成本随着移民数目的增加而加速上升。

最后，系统的稳态要求在每一时期当中，迁移的成本必须等于迁移的收益，即：

$$B(t)=\eta(M(t)/L(t))\cdot w_{\text{world}}$$

经过一些简单的整理可知，上述模型的动态由下面的关于变量 L 和 $\hat{B}$ 的二元微分系统描述：

$$\dot{\hat{B}}(t)=-(\hat{w}(t)-\hat{w}_{\text{world}})+(r-x)\hat{B}(t)$$
$$\gamma_L=\psi(\hat{B}(t)/\hat{w}_{\text{world}})$$

其中 $\hat{B}(t)\equiv B(t)e^{-xt}$，$\hat{w}(t)\equiv w(t)e^{-xt}$，$\hat{w}_{\text{world}}\equiv w_{\text{world}}e^{-xt}$。我们假定世界经济处于稳态当中，则 $\hat{w}_{\text{world}}$ 可视为常数；函数 ψ 是函数 η 的逆函数。由此微分系统确定的稳态（L^*，$\hat{B}^*$）是一个鞍点。

至于产出的增长，利用生产函数的表达式可得：

$$\hat{y}=\frac{A^{1/(1-\alpha)}\cdot\alpha^{\alpha/(1-\alpha)}\cdot(R/L)^{\lambda/(1-\alpha)}}{(r+\delta)^{\alpha/(1-\alpha)}}$$

其中 $\hat{y}\equiv Y/\hat{L}$。从而

$$\gamma_{\hat{y}}=-(\lambda/(1-\alpha))\gamma_L$$

在稳态中，$\gamma_L=0$，从而 $\gamma_{\hat{y}}=0$，也就是说，总产出的增长率为：

$$\gamma_Y = x + \gamma_L$$

上述表达式和索洛模型中相应表达式的重要区别是，这里的人口增长率 γ_L 是由模型内生决定的，取决于迁移所带来的收益与世界的工资水平之比。

二、人口的内生决定

1. 马尔萨斯模型

考虑时间离散的 OLG 模型，$t=0, 1, 2, \cdots$。经济中存在两种要素：土地和劳动。土地的数量是固定的，而劳动的数量由内生变化的人口决定。

经济的生产技术遵循如下方程：

$$Y_t = (AX)^{\alpha} L_t^{1-\alpha}$$

其中 Y_t 表示 t 期的总产出，A 表示经济的技术水平，X 表示土地的数量，L_t 表示 t 期的工作人口数量。于是，按工人平均的产出水平为：

$$y_t \equiv Y_t / L_t = (AX/L_t)^{\alpha}$$

经济中的每一个体只生存两期：儿童期与成年期。在儿童期，个体消费来自父母的固定数量的资源，记为 ρ；在成年期，个体无弹性地提供一个单位的劳动，获得收入 y_t，然后在自身的消费 c_t 和后代的抚养 ρn_t 之间进行分配，这里的 n_t 表示个体选择的后代数量。假定 t 期的成年人（出生于 $t-1$ 期）的偏好为：

$$u^t = n_t^{\gamma} c_t^{1-\gamma}$$

于是，t 期的成年人面临的最优化问题是：

$$\{n_t, c_t\} = \operatorname{argmax} n_t^{\gamma} c_t^{1-\gamma}$$
$$\text{s. t. } \rho n_t + c_t \leqslant y_t$$

求解上述问题，得到：

$$c_t = (1-\gamma) y_t, \quad n_t = (\gamma/\rho) y_t$$

工作人口的动态行为遵循如下方程：

$$L_{t+1} = n_t L_t = (\gamma/\rho) y_t L_t = (\gamma/\rho)(AX)^{\alpha} L_t^{1-\alpha}$$

由此可得人口的稳态值为：$L^* = AX\ (\gamma/\rho)^{1/\alpha}$；每个工人平均的产出（收入）则遵循如下的动态方程：

$$y_{t+1} = (AX/L_{t+1})^{\alpha} = y_t / n_t^{\alpha} = (\rho/\gamma)^{\alpha} y_t^{1-\alpha}$$

由此可得收入的稳态值为：$y^* = \rho/\gamma$。

上述两个动态方程描述的人口和收入的动态特征如图 2－1 所示。

综上所述，马尔萨斯模型的核心结论是：人均收入的增长与人口规模的增长是正相

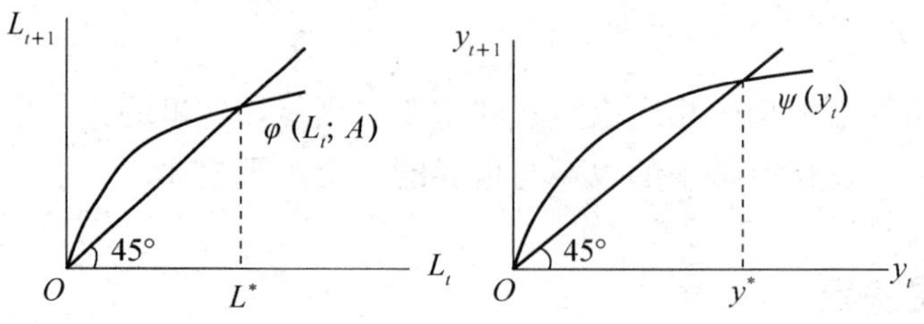

(a) 人口　　(b) 收入

图 2－1　马尔萨斯模型的动态

关的，即当人均收入水平由于技术的进步或者新资源的发现而有所提高时，伴之而来的却是人口数量的增加，这又倾向于降低人均收入水平。因此，从长期来看，人均收入水平大致是不变的，技术进步并不能带来生活水平的提高，这就是所谓的“马尔萨斯陷阱”(Malthusian trap)。

在这一简单版本的模型中，并未出现资本这一生产要素，尽管这可能符合马尔萨斯所生存的年代，但是一定不是现代生产的典型特征，因此这一模型也不是现代经济增长理论的典型形式，我们有必要在现代增长理论的框架内继续讨论人口的内生变化。

2. **增长模型中的内生生育率**

经验证据表明，自然的人口增长率和人均收入、工资率、两性的教育水平以及城市化等经济变量之间有着重要的联系。但是，在巴罗和贝克尔（Barro and Becker，1989）的生育选择模型出现之前，现代增长经济学的文献一直将人口的增长看作是外生的。巴罗和贝克尔构造了第一个将人口变量内生化的增长模型，试图将生育选择分析整合进新古典增长理论，在他们的模型中，父母和孩子通过利他主义联系到一块，家庭的生育变量和消费、资本积累以及代际转移一样，是最优化选择的结果。

下面我们来具体描述这个模型。假设经济中的每一个体只生存两期：儿童期和成年期；一个家庭中小孩的出现总是在其父母的成年期开始时。利他主义的父母的效用不仅取决于其自身的消费，也可分地取决于其后代的数量以及每一后代的效用。具体地说，假定第 i 代的一个代表性成年人的效用函数为：

$$U_i = v(c_i) + a(n_i) n_i U_{i+1}$$

其中 c_i 表示成年人自身的消费，$v(c_i)$ 表示此项消费所带来的效用，n_i 表示孩子的数量，$a(n_i)$ 是一个度量父母利他主义程度的函数，U_{i+1} 表示每一个孩子的效用。

假定函数 $a(n)$ 是常弹性的：

$$a(n) = \alpha n^{-\varepsilon}, \quad 0<\alpha<1, \ 0<\varepsilon<1$$

则我们可得到下面的家族（dynastic）效用函数：

$$U_0 = \sum_{i=0}^{\infty} \alpha^i N_i^{1-\varepsilon} v(c_i)$$

其中 $N_i = \prod_{j=0}^{i-1} n_j$，$i=1, 2, \cdots$，（假定 $N_0=1$）表示此家族在第 i 代中的后代数量。注意，这里的常数 α 具有和通常的跨期可分效用函数中的时间偏好因子同样的作用。

第 i 代中的一个代表性成年人所面临的预算约束为：

$$w_i+(1+r_i)k_i=c_i+n_i(\beta_i+k_{i+1})$$

其中 w_i 表示工资率（我们假定每一个成年人在每一期当中的总支配时间为一个单位，因而工资率也就是劳动收入）；k_i 表示在每一个孩子的成年期开始时，他所获得的来自父母遗赠的资本，其收益率为 r_i（我们假定资本的折旧率为零）；β_i 表示每一个孩子的抚养成本。

由此可得家族的创始人所面临的最优化问题（由于家族的创始人及其每一后代所面临的最优化问题是同一形式的，因此每一后代的最优选择与由家族的创始人最初所做出的最优选择是一致的）：

$$\max U_0$$
$$\text{s. t. } w_i+(1+r_i)k_i=c_i+n_i(\beta_i+k_{i+1})$$

在这个最优化问题中，状态变量是 k，控制变量是 c 和 n。利用动态规划中的贝尔曼（Bellman）原理，可得到如下的一阶条件：

$$v'(c_i)/v'(c_{i+1})=\alpha(1+r_{i+1})/n_i^{\varepsilon} \tag{2.1}$$

$$v(c_i)[1-\varepsilon-(v'(c_i)\cdot c_i/v'(c_i))]=v'(c_i)[\beta_{i-1}(1+r_i)-w_i] \tag{2.2}$$

条件（2.1）是不同时期消费之间的跨期替代条件的一个修正版本。一般来说，消费的跨期替代取决于个人的时间偏好（即等待将来消费的耐心程度）和利率的大小。而在巴罗-贝克尔模型中，生育数量 n 的增加会降低每一后代所获得的来自父母的好处，从而会提高将来消费的贴现率。因此，在上述修正版本的跨期替代条件中，较高的生育率会造成将来消费的相对减少。条件（2.2）是家庭中每增加一个小孩所带来的边际收益和所导致的边际成本之间的一个平衡条件。其中 $[\beta_{i-1}(1+r_i)-w_i]$ 项表示的恰好是在第 i 代中增加一个成年人所引致的净成本。

利用一阶条件（2.2），我们可计算出最优的消费路径。如果函数 $v(\cdot)$ 取常弹性的形式：

$$v(c_i)=c_i^{\sigma},\quad \sigma<1$$

则可得到最优消费的显式表达式：

$$c_i=\frac{\sigma}{1-\varepsilon-\sigma}[\beta_{i-1}(1+r_i)-w_i] \tag{2.3}$$

上式表明，后代的增加所导致的净成本的增加会带来这一代人的人均消费的增长，也就是说，如果人口是以更高的成本生产出来的，则给这些新增人口赋予更多的消费是最优的选择。这是所谓的“利用率（utilization rate）效应”，即以高成本生产出来的物品应该具有更高的利用率（现在是在更高消费的意义上）。式（2.3）也表明，只有当人口的创造成本发生变化时，不同时期中的人均消费水平才会发生变化，如果人口的创造成本保持不变，则不同时期中的人均消费水平是一样的。这一性质和通常的最优化模型中的最优消费路径是不一样的，在通常的模型中，消费水平的变化是由于偏好率和利率之间存在差异。

利用式（2.1）和式（2.3）还可得到最优的生育率水平：

$$n_i^{\varepsilon}=[\alpha(1+r_{i+1})]\left[\frac{\beta_{i-1}(1+r_i)-w_i}{\beta_i(1+r_{i+1})-w_{i+1}}\right]^{1-\sigma}$$

由此可知，如果人口的创造成本保持不变，则生育率只取决于利率水平和利他主义程度。

以上我们描述的是经济中的家庭行为，为得到一般均衡，还需在经济中引入典型企业的最优行为。为此我们假定下述规模报酬不变且具有哈罗德中性技术进步的生产函数：

$$Y_i=F[K_i,\ (1+g)^i L_i]$$

其中 Y_i 表示产出，K_i 表示资本（即第 i 代开始前所积累的物品），L_i 表示劳动投入，g 表示外生的技术进步率。上式也可写成集约的形式：

$$\hat{y}_i=f(\hat{k}_i),\quad f'>0,\ f''<0$$

其中 $\hat{y}_i\equiv Y_i/[(1+g)^i L_i]$，$\hat{k}_i\equiv K_i/[(1+g)^i L_i]$，$f(\hat{k}_i)\equiv F(K_i,\ 1)$。利用欧拉方程，完全竞争市场中的利润最大化厂商遵循下式：

$$r_i=f'(\hat{k}_i),\quad w_i=[f(\hat{k}_i)-\hat{k}_i f'(\hat{k}_i)](1+g)^i$$

假定孩子的抚养成本 β_i 既包括时间的投入，也包括物品的投入。具体地说，抚养成本函数具有如下形式：

$$\beta_i=a(1+g)^i+bw_i,\quad a\geqslant 0,\ 0\leqslant b<1$$

我们也可定义每单位有效劳动的工资率和抚养孩子的有效成本如下：

$$\hat{w}_i\equiv w_i/(1+g)^i=[f(\hat{k}_i)-\hat{k}_i f'(\hat{k}_i)]$$

$$\hat{\beta}_i\equiv\beta_i/(1+g)^i=a+b\hat{w}_i=a+b[f(\hat{k}_i)-\hat{k}_i f'(\hat{k}_i)]$$

由此可知，用于生产的时间为：

$$L_i=(1-bn_i)N_i$$

从而，代表性成年人的预算约束需修正为：

$$\hat{w}_i+(1-bn_i)(1+r_i)\hat{k}_i=\hat{c}_i+n_i[\hat{\beta}_i+(1+g)(1-bn_{i+1})\hat{k}_{i+1}]$$

其中 $\hat{c}_i\equiv c_i/(1+g)^i$。前面的式（2.3）也相应修正为：

$$\hat{c}_i=\frac{\sigma}{1-\varepsilon-\sigma}\left[\hat{\beta}_{i-1}\left(\frac{1+r_i}{1+g}\right)-\hat{w}_i\right]$$

而最优的生育率则为：

$$n_i^{\varepsilon}=[\alpha(1+r_{i+1})]\left[\frac{1}{1+g}\cdot\frac{\hat{\beta}_{i-1}(1+r_i)-(1+g)\hat{w}_i}{\hat{\beta}_i(1+r_{i+1})-(1+g)\hat{w}_{i+1}}\right]^{1-\sigma}$$

在知道了控制变量 c 和 n 的最优路径后，我们可得到状态变量 k 的动态方程：

$$\hat{\omega}_i+(1-bn_i)(1+r_i)\hat{k}_i=\frac{\sigma}{1-\varepsilon-\sigma}\left[\hat{\beta}_{i-1}\left(\frac{1+r_i}{1+g}\right)-\hat{\omega}_i\right]+n_i[\hat{\beta}_i+(1+g)(1-bn_{i+1})\hat{k}_{i+1}]$$

在稳态中，上述方程所定义的资本存量 $\hat{k}$ 保持不变，从而 n_i、$\hat{c}_i$、r_i、$\hat{\omega}_i$ 以及 $\hat{\beta}_i$ 均保持不变。特别地，稳态的生育率满足：

$$n^{\varepsilon}=\frac{\alpha(1+r)}{(1+g)^{1-\sigma}}$$

即在稳态中，家庭对于后代数量的最优选择取决于资本的利率、消费的跨期替代弹性以及经济的技术进步率。

进一步地，在这个模型中，人均产出的稳态增长率仍然是外生的技术进步率，而总产出的增长率则为外生的技术进步率和人口增长率之和，这是我们在最开始的索洛模型中就已经知道的结论，但这里的一个重要区别是，此模型中的人口增长率是内生的。当然，如果要在这样一个人口的变化内生的模型中实现人均产出或资本存量的长期正增长，这又回到了我们在本章的前两节中所讨论到的内容。实际上，在现代增长理论研究的前沿文献中，主流正是将人口的内生变化、规模报酬递增、人力资本、内生的技术进步等因素综合在一个完整的模型框架之内。

思考与练习

1. 考虑第二节中的罗默模型的一个变形。假定劳动并没有在最终产品的生产中被使用，而是作为中间产品生产中的唯一投入。假定最终产品的生产函数为：

$$Y_t=\int_0^{M_t}x_{i,t}^{\alpha}\,\mathrm{d}i$$

此外，假定生产一单位的任何中间产品都需要 $1/M_t$ 单位的劳动。与本章中的模型一样，假定 $\mathrm{d}M_t/\mathrm{d}t=\lambda M_tL_2$，其中 L_2 是配置到 R&D 中的劳动。定义 $L_x=L-L_2$ 为配置到中间产品生产中的劳动数量。

a. 中间产品生产的均衡水平是多少？

b. 任何中间产品的单位均衡价格是多少？

c. 考虑工资和技术以相同速率增长的平衡增长均衡，则中间产品厂商的最大利润是多少？

d. 写出科研套利方程。

e. 计算经济的均衡增长率。

2. 现在我们不研究市场均衡，而是从一个一期的社会计划者的角度，来研究社会最优的配置。计划者试图最大化：

$$\mathrm{GDP}_t=L_1^{1-\alpha}\int_0^{M_t}x_i^{\alpha}\,\mathrm{d}i-\int_0^{M_t}x\,\mathrm{d}i$$

a. 求社会计划者的中间产品配置，将其与市场均衡的水平作比较。解释你的结果。

b. 社会计划者配置于 R&D 活动中的劳动投入是什么？

c. 比较由社会计划者问题得出的经济的有效增长率与市场均衡的增长率。解释你的发现。

3. 考虑第二节中基本的单部门模型，现在唯一的差别是假定最终产品的生产函数是：$Y_t=A_t^{\psi}L^{1-\alpha}x_t^{\alpha}$，其中 $0<\psi\leqslant 1$。写出此经济体的中间产品垄断厂商的利润函数、科研套利方程以及产出的增长率。

4. 考虑关于物质资本和人力资本的如下的常数替代弹性（CES）生产函数：

$$Y=A\cdot\{a\cdot(bk)^{\psi}+(1-a)\cdot[(1-b)\cdot H]^{\psi}\}^{1/\psi}$$

其中，$0<a<1$，$0<b<1$，$\psi<1$。产出可以一比一地转换为消费或对 K、H 的投资。两种资本的折旧率都是 δ。如同在拉姆齐模型中一样，家庭具有常见的无限时间偏好。假定 K 和 H 没有不可逆约束，所以两种资本的总投资皆可为负。

a. 写出汉密尔顿函数，并求一阶条件。

b. K 和 H 之间的最优关系是什么？将该关系代入给定的生产函数，以得到 Y 和 K 之间的关系。这种简化的生产函数的表达式有何特征？

c. 试求物质资本和人力资本之比的稳态值。

d. 如果初始条件满足 $K(0)/H(0)<(K/H)^*$，那么请描述随着时间的推移，经济体的变化趋势。时间为 0 时，两种资本的即时投资速率分别是多少？

e. 假定不等式约束 $I_K\geqslant 0$ 和 $I_H\geqslant 0$ 成立。如果经济体起始于 $K(0)/H(0)<(K/H)^*$，那么这两个约束如何影响转移动态？

5. 假定中间投入 X_{ij} 是具有无限寿命的耐用品。1 单位的最终产品可转变为这些耐用品 1 单位的增加量。第 j 种中间产品的发明者收取的租金价格为 R_j，且最终产品的竞争性生产者将 R_j 看作是给定的。

a. 如何确定 R_j？

b. 在稳态中，各种中间产品的数量 X_j 等于多少？

c. 经济体的稳态增长率是多少？此答案与中间投入都为易耗品的情况下的答案有何不同？

d. 如果中间产品是耐用品，那么在向稳态转移的过程中，哪几种动态效应会出现？

6. 假定经济体有两个生产部门：农业部门（记为 A）只生产用于消费的产品；工业部门（记为 I）生产的产品可用于消费和投资。生产函数都是柯布-道格拉斯形式的：

$$Y_A=(K_A)^{\alpha}\cdot(L_A)^{1-\alpha},\quad Y_I=(K_I)^{\lambda}\cdot(L_I)^{1-\lambda}$$

其中 $0<\alpha<1$，$0<\lambda<1$。不存在技术进步。

在没有弹性的情况下，每个人都提供 1 单位劳动，总人口 $L=L_A+L_I$ 的增长率不变且为 $n\geqslant 0$。农村和城镇地区的人口自然增长率相等。资本可以在部门之间无成本地流动，且 $K=K_A+K_I$。人们在地区之间的移动存在一定的成本。我们假定，农村向城镇部门移动的移民率和两个部门工资率之间的差异正相关：

$$\frac{\dot{\mu}}{\mu}=b\cdot(w_I-w_A)/w_A$$

其中 $b>0$，μ 是城镇部门所雇用的人口的比例。

人们的储蓄量占收入的比重为 s，花费占来自工业品的收入的比重为 η。资本不存在折旧。工业品的价格以农产品的数量来计量，记为 p。

a. 推导出各时点的租金率 R、工资率 w_A 和 w_I，以及工业产出的相对价格 p 的表达式。城镇部门所用的总资本的比重是多少?

b. 在（k，μ）空间构建相位图，其中 $k\equiv K/L$。稳态值 k^* 和 μ^* 等于多少? 该稳态稳定吗?

c. 假定经济起始于 $\mu<\mu^*$。证明：向城镇的移民率随着经济体趋近于稳态而递减。试描述相对价格 p 的行为特征，及转移路径上资本增长率的特征。该模型是否具有收敛特征?

参考文献

Aghion，P. and Peter Howitt.（1992）.“A Model of Growth through Creative Destruction,” *Econometrica*，60，2（March），323－351.

Aghion，P. and S. Durlauf（2006），*Handbook of Economic Growth*，Amsterdam：Elsevier North-Holland.

Aghion，P. and Peter Howitt（2009）. *Economics of Growth*，Cambridge，MA：MIT Press.

Arrow，Kenneth J.（1962）.“The Economic Implications of Learning by Doing,” *Review of Economic Studies*，29（June），155－173.

Barro，Robert J. and Gary S. Becker（1989）.“Fertility Choice in a Model of Economic Growth,” *Econometrica*，57，2（March），481－501.

Barro，Robert and Xavier Sala-i-Martin（1995）. *Economic Growth*，New York：McGraw-Hill，Inc.

Becker，G. and R. Barro（1988）.“A Reformulation of The Economic Theory of Fertility”，*Quarterly Journal of Economics*，Vol. 103，1（Feb.），1－25.

Braun，Juan（1993）. Essays on Economic Growth and Migration，PH. D. dissertation，Harvard University.

Grossman G. M. and E. Helpman（1991）.“Quality Ladders in the Theory of Growth,” *Review of Economic Studies*，Vol. 58，43－61.

Jones，C.（1995）.“R&D-Based Models of Economic Growth,” *Journal of Political Economy*，Vol. 103，759－784.

Jones，L. and R. Manuelli（1990）.“A Convex Model of Equilibrium Growth：Theory and Policy Implications,” *Journal of Political Economy*，Vol. 98，5，1008－1038.

Lucas, Robert E., Jr. (1988). "On the Mechanics of Economic Development," *Journal of Monetary Economics*, 22, 1 (July), 3-42.

Romer, Paul (1986). "Increasing Returns and Long-Run Growth," *Journal of Political Economy*, 94, 5 (October), 1002-1037.

Romer, Paul M. (1990). "Endogenous Technological Change," *Journal of Political Economy*, 98, 5 (October), Part 2, S71-S102.

Romer, P. (1987). "Growth Based on Increasing Returns Due to Specialization," *American Economic Review*, Vol. 77, 56-62.

Young, A. (1928). "Increasing Returns and Economic Progress," *The Economic Journal*, Vol. 38, 527-542.

Uzawa, H. (1965). "Optimum Technical Change in a Aggregative Model of Economic Growth," *International Economic Review*, Vol. 6, 12-31.

第3章

新古典宏观经济学

利用前面分析的经济增长理论，我们明白了在长期之中为什么人们的生活水平会上升。不过，在现实中，这种上升是一个曲折的过程，不时会被经济衰退所打断。为了回答现实中为什么会出现经济波动，就需要讨论在短期中经济为什么会偏离潜在产出。这是经济波动和（或者）经济周期理论的研究目的。从逻辑上讲，研究经济周期应该从一个与经济增长理论一致的动态一般均衡理论体系出发，说明完全竞争市场为什么会出现经济的波动。新古典宏观经济学正是希望完成这个任务。为了实现这个基本想法，新古典宏观经济学经历了两个阶段。首先是卢卡斯揭开了理性预期革命。在这个阶段，理性预期走上了宏观经济分析舞台的中心。在第二个阶段，真实经济周期理论开始构建动态随机一般均衡模型，利用生产率冲击等因素解释经济周期。本章对这两个阶段进行简单的介绍。首先讨论卢卡斯模型，然后分析真实经济周期模型。

第一节　卢卡斯模型

卢卡斯模型有三个要素。理性预期、市场连续出清和总供给曲线，本节分别讨论这三点。

一、理性预期

预期是经济当事人对与当前决策有关的经济变量的未来值所做的预测。因为当事人在制定当前决策的时候需要依赖一些变量的未来值，所以预期在经济当事人的决策中起着重要作用。例如，厂商在决定产量的时候需要考虑这种商品生产出来后的价格。消费者在决定当前消费量的时候需要考虑自己未来的收入水平。如果消费者认为自己在未来可以获得很高的收入，那么现在就可以增加消费量，即使借款也是可行的；如果感觉到自己未来的收入会下降，那么现在就应该减少消费量，增加储蓄量。

为了理解预期的作用以及讨论预期的形成方式，采用蛛网模型作为一个分析工具。

考虑一个农产品市场。农场主需要在播种季节开始的时候决定耕作多少土地。在这个决策做出后，不考虑天气等干扰因素，在收获季节农产品的产量就是确定的。由于农产品不太容易储藏，所以农场主需要在市场中将所有商品都销售掉。所以，这个时候市场的供给量就是一定的。这个供给和需求一起决定了市场出清价格。根据这个价格，每个农场主获得了自己的收入。为了使收入最高，农场主需要预测收获季节产品的价格，并根据这个预测的价格决定播种面积。我们可以将 t 时期这个农产品市场的需求写作：

$$q_t^d=\alpha-\beta p_t \tag{3.1}$$

其中 q_t^d 表示 t 时期的需求量，p_t 表示市场价格，α、β 是正常数。农产品的市场供给可以写作：

$$q_t^s=\gamma+\delta p_t^e+u_t \tag{3.2}$$

其中 q_t^s 表示 t 时期的供给量；γ、δ 是正常数；p_t^e 表示农场主对于 t 时期市场价格的预期；u_t 是一个随机变量，表示天气等外在因素对农产品产量的影响。由于市场出清，供给和需求相等，$q_t^d=q_t^s$，所以，可以将均衡市场价格表示为价格预期的函数：

$$p_t=(a-\gamma)/\beta-(\delta/\beta)p_t^e-(1/\beta)u_t \tag{3.3}$$

根据市场价格决定方程（3.3），我们可以看出两点。首先，价格的预期影响市场价格的动态过程，这表明内生变量的预期值影响内生变量的动态变化。这与人们对于外生变量的预期不同。人们对于外生变量的预期会影响人们的行为，但是不会影响外生变量的取值。这是因为依据定义，外生变量是在模型之外决定的。其次，为了获得模型的解，我们需要给出预期价格的表达式。这个表达式实际上表示了预期的形成过程，是这种形成预期的方式在这个模型中的具体应用。所以，预期形成的方式是超越这个模型的，其本身就具有独立的意义。

在新古典宏观经济学中，经济当事人利用理性的方式形成预期。理性预期是由穆斯（Muth）在 1961 年发表在《计量经济学》杂志上的文章《理性预期和价格运动的理论》中首次提出的。他认为，由于预期是对未来事件进行的有信息依据的预测，所以它们在本质上与相关经济理论的预测是一样的。这个想法意味着，信息是不足的，经济体系一般不浪费信息，经济当事人在形成预期时会利用一切可能获得的信息。在这些信息中，人们尤其关注自己所处经济体系的特征，即经济结构，所以理性的当事人将运用他们有关经济体系结构的知识来形成预期。

这个想法意味着两点。首先，经济当事人关于经济变量的主观预期等于这些变量的条件数学期望。令 ${}_{t-1}x_t^e$ 为人们利用 $t-1$ 时期的信息集 I_{t-1} 对于变量 x 在 t 时刻取值的预期，那么，这个预期可以表示为：

$${}_{t-1}x_t^e=E(x_t\,|\,I_{t-1}) \tag{3.4}$$

其中，$E(x_t \mid I_{t-1})$ 表示在信息集为 I_{t-1} 的条件下变量 x_t 的数学期望。这样，人们的主观信念就与实际情况有了一个良好的对应关系。这是理性预期方法的实质。其次，经济当事人对于经济变量的预期值成为模型的内生变量。由于预期值等于这个变量的条件数学期望，表示条件的信息集包括经济当事人关于经济体系结构的信息，即包括经济模型的信息，所以这个条件期望就是在模型中求取的，从而当事人的预期值成为模型的内生变量。

我们可以利用上面的蛛网模型对这两点进行例证。在理性预期条件下，上面的模型就变为：

$$q_t^d=\alpha-\beta p_t \tag{3.5}$$

$$q_t^s=\gamma+\delta p_t^e+u_t \tag{3.6}$$

$$q_t^d=q_t^s \tag{3.7}$$

$$p_t^e=E_{t-1}(p_t) \tag{3.8}$$

其中，$E_{t-1}(\cdot)$ 是利用 $t-1$ 时期的信息集所求取的条件数学期望。为了求解理性预期变量，我们可以分为两步。首先，将预期看作是给定的，求这个经济的均衡价格，得到：

$$p_t=(\alpha-\gamma)/\beta-(\delta/\beta)E_{t-1}(p_t)-(1/\beta)u_t \tag{3.9}$$

然后，对式（3.9）两边利用 $t-1$ 时期的信息集求条件数学期望，可以得到：

$$p_t^e=(\alpha-\gamma)/\beta-(\delta+\beta)p_t^e-(1/\beta)E_{t-1}(u_t)$$

预期价格为：

$$p_t^e=(\alpha-\gamma)/(\beta+\delta)-1(\beta+\delta)\times E_{t-1}(u_t) \tag{3.10}$$

要继续求解这个模型就需要依赖随机冲击 u_t 的概率分布。假设 $\{u_t\}$ 是序列相关的，那么，这一序列的过去值就包含了可以预测未来的信息。可以假设：

$$u_t=\rho u_{t-1}+v_t$$

其中 ρ 是介于 0 和 1 之间的常数，$\{v_t\}$ 是均值为 0 的、相互独立的随机变量序列。那么，通过后向迭代，可以将一阶自回归的 $\{u_t\}$ 表示为移动平均形式：

$$u_t=\sum_{i=0}^{\infty}\rho^i v_{t-i}$$

将这个形式的 u_t 代入式（3.10），可以得到：

$$p_t^e=(\alpha-\gamma)/(\beta+\delta)-1/(\beta+\delta)\times(\sum_{i=0}^{\infty}\rho^i v_{t-i}) \tag{3.11}$$

这就表明了，虽然预期是外生随机序列 $\{v_t\}$ 的函数，但是，这些随机变量前面的系数都是模型中的参数，预期是依赖于模型的，是模型的内生变量。①

---

① 一个模型的内生变量的解都是这个模型的外生变量的函数，但这并不说明这些变量也是外生决定的。这是因为内生变量的解中的参数值都是模型的参数值，所以是由模型的结构决定的，而外生变量与模型的结构无关。因此，这些变量是模型的内生变量。

农场主在实现这个预期的时候实际上进行了一个思想实验。他会考虑应该期望一个什么样的价格，以至即使其他农场主也预测到了同样的价格，这个价格对于大家平均来说还是正确的。这就是说，这个农场主考虑其他农场主都预测一个价格时市场价格将会是多少。由于所有人都会进行这样的思想实验，所以最后平均说来所有农场主的预期就是上面的预期价格。他们的行为就好像他们拥有一个完全竞争模型一样。

理性预期具有两个性质：无偏性和有效性。所谓无偏性就是预测误差的期望值等于零。这是因为$E(x_t - {}_{t-1}x_t^e \mid I_{t-1}) = E(x_t \mid I_{t-1}) - E(x_t \mid I_{t-1}) = 0$。所谓有效性就是预测误差的方差小于其他预测值预测误差的方差。这是条件数学期望的基本性质。

二、市场连续出清

新古典宏观经济学的另一个基本假设是市场连续出清。在最初的时候，这个假设认为，在每一个时点上，产品市场和劳动市场都是出清的。我们所观察到的结果是市场处于均衡状态。经济当事人根据他们感知到的价格做出最优反应。消费者根据他们面临的价格购买消费品，劳动者根据市场提供的劳动价格供给劳动，厂商根据它们感知到的价格销售产品、雇用劳动。经济处于一种持续均衡状态。正是在这个意义上，新古典模型被认为是一种均衡模型，是“瓦尔拉斯思想”在宏观经济学中的体现。在后面的发展中，我们还会看到，这种市场出清从一个时点被推广到所有时点，这就将经济从静态均衡推广到动态一般均衡。

这个假说是备受争议的。传统的凯恩斯主义认为，由于工资和价格调整缓慢，市场可能无法出清，从而，经济处于一种持续的不均衡状态。同时新凯恩斯主义提供了一系列的微观机制来说明为什么工资和价格调整缓慢。这一点尤其适用于劳动市场。新古典经济学家对此坚决反对。他们认为任何想工作的人都会以市场的均衡工资找到工作，因此，失业是一种自愿的现象。可以说，市场出清假说是新古典宏观经济学和正统凯恩斯主义的争论焦点。

三、总供给曲线

新古典宏观经济学发展的第一个阶段是通过不完全信息来解释经济波动。在这个解释中，波动的起源是总需求扰动。总需求通过货币市场出清，即来自传统凯恩斯的 *IS—LM* 曲线获得。总需求扰动可以来自货币冲击，也可以来自财政政策的冲击，还可以来自出口需求的变化。总需求扰动通过不完全信息所导致的卢卡斯供给曲线产生了实际后果。

卢卡斯供给曲线是理性预期和市场出清在不完全信息环境中应用的结果。这个思想来自费尔普斯（Phelps）在 1970 年出版的专著《失业和通货膨胀理论的微观基础》。费尔普斯认为，如果市场是相互分离的，每个市场中的当事人对于其他市场的信息都是不完全的，那么这些当事人会错误地理解价格信号，并对一些在信息完全条件下不会做出反应的冲击做出反应。卢卡斯在 1973 年发表于《美国经济评论》上的文章《关于产出—通货膨胀替代关系的一些国际证据》中对这个思想进行了正式的描述。

一个经济体由许多相互分离的竞争市场组成，利用费尔普斯的术语，这些市场被称作“小岛”。在每一期，需求在各个市场间的分布是不均匀的，这导致了产品之间的相对价格和总体价格水平同时产生变动。由于当事人只知道自己市场的价格，所以从每个经济当事人的角度看这个经济体和从知道所有信息的外部观察者的角度看这个经济体，结论是截然不同的。我们考察一下从当事人的角度如何看待这个经济体。

每个市场中的供给都可以看作两部分之和：一个对于所有市场都一样的标准部分和另一个对于每个市场都不相同的周期部分。这样，市场供给就可以写作：

$$y_t(z)=y_{nt}+y_{ct}(z) \tag{3.12}$$

参数 z 是市场的代号。这里面的变量都是变量本身的对数值。例如，$y_t(z)$ 表示 t 时期市场 z 实际产出的对数值。y_{nt} 表示标准部分产出，这部分产出反映了资本积累和人口增长，可以表示为：

$$y_{nt}=\alpha+\beta t \tag{3.13}$$

每个市场都不相同的那部分，即 $y_{ct}(z)$ 所表示的周期性产出由市场当事人感知到的相对价格和周期性产出的滞后值决定：

$$y_{ct}(z)=\gamma\{p_t(z)-E[p_t|I_t(z)]\}+\lambda y_{c,t-1}(z) \tag{3.14}$$

$p_t(z)$ 是市场 z 的实际价格，$E[p_t \mid I_t(z)]$ 表示依赖 t 时期市场 z 的信息集 I_t 所预期的一般价格水平。由于价格用对数表示，所以式（3.14）中的价格差表示市场 z 的实际价格相对于一般价格水平的状况。

市场 z 中供给者的信息集来自两个方面。一个来源是市场 z 的供给者知道过去需求的移动状况，知道当期的标准产出部分 y_{nt}，知道过去的周期性产出 $y_{c,t-1}(z)$、$y_{c,t-2}(z)$等。这些信息还不足以使供给者确切地知道一般价格水平的对数值 p_t，但是可以使其知道一个对于所有市场的供给者都相同的一般价格水平的先验分布。为了分析的方便，卢卡斯假定一般价格服从正态分布，均值为 $\overline{p}_t$，方差为 σ^2。另一个来源是假定供给者知道市场 z 的价格 $p_t(z)$ 对一般价格水平的偏离 z 服从独立于 p_t、均值为 0、方差为 τ^2 的正态分布。即：

$$p_t(z)=p_t+z \tag{3.15}$$

这个价格偏离 z 实际上就表示相对价格。因此，t 时期市场 z 的信息集 $I_t(z)$ 包括观察到的价格 $p_t(z)$ 和总结了历史数据的 $\overline{p}_t$。

利用贝叶斯法则，可以知道供给者对于价格的预期为：

$$E[p_t|I_t(z)]=E[p_t|p_t(z),\ \overline{p}_t]=(1-\theta)p_t(z)+\theta\overline{p}_t \tag{3.16}$$

其中 $\theta=\tau^2/(\sigma^2+\gamma^2)$。

利用式（3.12）、式（3.14）和式（3.16）可以获得市场 z 的供给曲线为：

$$y_t(z)=y_{nt}+\gamma\theta[p_t(z)-\overline{p}_t]+\lambda y_{c,t-1}(z) \tag{3.17}$$

加总所有市场的供给曲线，得到总供给曲线为：

$$y_t(z)=y_{nt}+\gamma\theta[p_t(z)-\overline{p}_t]+\lambda[y_{t-1}-y_{n,t-1}] \tag{3.18}$$

总供给曲线的斜率随着 θ 的变化而变化。当单个市场的价格变化非常紧密地围绕着一般价格水平，即 τ^2 比较小时，供给曲线接近垂直。这是由于这个时候人们很少会将一般价格水平的波动归为相对价格变动，从而不会错误地改变产量。当一般价格的波动性很小，即 σ^2 比较小时，供给曲线接近水平。这个时候人们会将单个市场的价格变动基本上都归为相对价格的变动，从而很大规模地改变产量。这就是卢卡斯供给曲线的含义。

第二节　真实经济周期的基本模型①

一、兴起背景

在卢卡斯供给曲线中，由于产出仅仅与当期没有预期到的货币供给量有关，所以在这个模型中货币对产出的影响只能维持一个时期，从而货币冲击没有持久性。这是与实际数据不吻合的。为此，后来的研究引入了一些因素以增加货币影响的持久性。这包括两类方法。首先，如果货币冲击影响了经济中的状态变量，那么当事人在进行下一期决策的时候就会受到这些变量的影响，从而拉长了货币影响的时间。例如，卢卡斯自己构造了一个模型，在这个模型中，信号的错误提取导致厂商同时增加产量和投资，由于资本存量增加，在以后各期也会导致更高的产出水平。② 布林德与费希尔以及萨金特强调了存货和雇佣工作的调整成本在延迟货币冲击影响方面的作用。③ 其次，泰勒强调了如果关于名义冲击的信息即使在事后也是不可以得到的，那么大的货币存量变动会在很长一段时间内被感知为相对价格的变动，从而延迟货币冲击效果。④ 卢卡斯也表明了这种情况的可能性。

除了延迟问题外，卢卡斯模型还需要回答是什么因素使得对相对价格的错误感知导致了实际观察到的巨大的产出变化。研究者将之归因于劳动供给的巨大的跨时替代效应。众所周知，当工资上升时，由于替代效应和收入效应的方向是相反的，相对力量是模糊不清的，所以对于劳动供给量的影响也不是很清楚，一般假设为正向影响，但是影响相对较小。因此，在工资永久性变动后，工人提供的劳动只会有少量的上升。但是，当工资变化是暂时的时候，工人为了抓住有利时机，就会在很大程度上提高劳动的供给量，从而提高产出。

在回答了这两个问题后，有一个更为严重的问题出现了，即解释这两个问题的因素

---

① 本章的经济周期模型基于 King，R. G.，Charles I. Plosser and Sergio T. Rebelo（1988）. "Production，Growth and Business Cycles：The Basic Neoclassical Model，" *Journal of Monetary Economics*，Vol. 21。

② Lucas，Robert E. Jr.（1975）. "An Equilibrium Model of the Business Cycle，" *Journal of Political Economy*，Vol. 83.

③ Blinder，A. S. and S. Fisher（1981）. "Inventories，Rational Expectations and the Business Cycles，" *Journal of Monetary Economics*，Vol. 8；Sargent，T. J.（1979）. *Macroeconomic Theory*，New York：Academic Press.

④ Taylor，J.（1975）. "Monetary Policy During a Transition to Rational Expectations，" *Journal of Political Economy*，Vol. 83.

是相互矛盾的。假设由于巨大的跨时替代效应，产出增加了，那么在下一个时期冲击结束后，工人就会增加闲暇的需求，从而降低产出，这样产出与冲击就是负相关的，没有冲击的持久性效果。同时，如果调整成本冲击具有持久性，那么在每一期的调整就不会很快，因此产出也就难以在短时期内有大的增加，从而与实际数据也发生了矛盾。由于这些问题，虽然卢卡斯模型引入了理性预期和一般均衡的思想，但这个模型还是有很多不足。真实经济周期理论（RBC模型）从理性预期和动态随机一般均衡出发，构建了一个从实际因素出发研究经济周期的模型。

二、理论特征

真实经济周期理论继承了卢卡斯利用包含理性预期的一般均衡来解释经济周期的方法。这个思想的最早阐述者是希克斯。他认为，要分析非均衡的程度和后果，就必须知道理想的动态一般均衡具有什么性质。① 这个思想是十分重要的。如果人们不知道在不存在市场失灵的情况下，经济是否会产生波动，以及如果有波动，这种波动是什么性质，那么，直接将经济波动归因于市场失灵是一种十分鲁莽的做法，而且在逻辑上也是不合理的。真实经济周期理论发展了一系列分析工具来讨论动态随机一般均衡是否会产生经济波动，以及如果有波动，这种波动与实际经济的波动情况是否相符。在这个过程中，调整成本和货币等因素都被放弃了，仅仅考虑了生产率冲击，所以，这种一般均衡模型不同于卢卡斯的货币驱动经济周期模型，被称为真实经济周期理论。

真实经济周期理论将宏观经济变量，例如产出、失业率，看成在一定的资源约束条件下追求效用最大化的经济当事人行为加总的结果。具体说来，真实经济周期理论考虑的问题是：追求最大化的理性经济当事人如何对经济环境的动态变化做出反应？这些反应对宏观经济变量的均衡结果有什么影响？这样，真实经济周期理论就是一个具有微观基础的动态一般均衡模型。

真实经济周期理论包含两个基本假设。首先是关于偏好的假设。真实经济周期理论假设，在任何给定的价格下，任何时点上的各种商品（包括消费者的闲暇）都是正常品。这意味着两点：在给定的价格下，如果消费者的收入增加，那么他们愿意同时提高各种消费品和闲暇的需求量；同时，消费者会考虑自己的终身消费量的配置，由于在任何时点上的各种消费品和闲暇都是正常品，所以消费者在面对收入上升的时候，也会提高各个时点上的消费量。这就要求消费者提高当期的储蓄，从而为以后的消费量提供资金支持。这两点意味着，从需求的角度，各种商品的需求量会有同方向的变化和持久的变化。② 从这个角度看，经济周期好像已经发生了。不过，舞台还需要另一个演员。经济均衡总是偏好和生产可能性二者相互对抗的产物，消费者的需求受到资源稀缺的限制。

---

① Hicks, John (1933). "Equilibrium and the Cycle," Reprinted in Hicks, John, *Money*, *Interest And Wages*, Oxford: Basil Blackwell Ltd.

② 这两点对应于消费数据的共同运动性（comovement）和持久性（persisitence）。这是经济周期最基本的特征。前者说明各个部门的产品的消费量具有相同的变化方向，即其相关系数为正。后者说明消费量的自相关系数为正，表明了消费的变化会持续一段时间，一个正向偏离会接着一个正向偏离。

在需求提高后，价格也会变化。对偏好的分析依赖于价格不变的假定，而价格会受到资源稀缺的影响而变化，因此，我们就需要考虑资源的稀缺性。这就是生产函数假定。真实经济周期理论对于生产的假定是，利用资本的迂回式生产方式是可行的和有效的。同时，生产函数是规模报酬不变的，要素投入之间可以平滑替代，边际生产率递减。此外，每一种商品都可以有多种用途，例如，既可以投资也可以用于消费。在这些假设下，生产函数就允许很多种期内替代和跨时替代，从而消费偏好的两个属性——共同运动性和持久性——就是可行的，并且具有很大的选择余地。

偏好假定导致了经济当事人可以在价格水平恒定的条件下，面对真实产出冲击产生类似于经济周期的行为。同时，由于效用函数的连续性，这个行为在价格水平变化不大的条件下也会成立。由于真实经济周期模型对于生产函数的假设保证了很大的替代性，所以在发生真实冲击后，出清市场所需要的相对价格变化幅度受到一定的限制。这个限制足够保证经济当事人产生类似于经济周期的选择行为，即面对产出的增加，增加当期和未来各期中各种商品的消费量。这样，我们就观察到了作为经济当事人最优选择的经济周期行为。因此，在真实经济周期理论中，经济周期行为是经济当事人的最优选择，这不会带来福利损失，任何试图改变经济周期的行为都会给经济当事人带来福利损失。

总之，基于这两个基本假设，真实经济周期理论的周期产生的原因是技术冲击等真实冲击，延迟机制①主要是平滑消费、劳动跨期替代和投资滞后。平滑消费和劳动跨期替代因素主要是来源于偏好中任何时点上的各种商品（包括消费者的闲暇）都是正常品这个假设。投资滞后来源于生产函数是利用资本的迂回式生产方式这个假设。由于生产过程中需要大量资本，而资本从建设到投入使用需要一段时间，这就导致了在一段时间内产量都会较高。

三、基本模型

我们已经知道，真实经济周期模型利用动态随机一般均衡模型来分析经济周期行为。一个最基本的动态一般均衡模型是拉姆齐经济增长模型。所以，真实经济周期模型一般是在拉姆齐模型的基础上扩展得到的。真实经济周期模型对于拉姆齐模型的扩展包括两方面。首先，经济周期使产出和就业发生波动，要分析就业，就必须引入内生的劳动供给。在传统的拉姆齐增长模型中，劳动供给是外生的，所以需要在拉姆齐模型中引入内生劳动供给。达到这个目的的方法是在经济当事人的效用函数中引入劳动的负效用。其次，为了产生经济波动，我们需要一个扰动源，否则拉姆齐模型会导致稳态增长。在真实经济周期模型中，这个扰动源主要是生产率冲击。②

在包含了这两个改进之后，真实经济周期理论的基本模型如下。

在这个经济体中，许多长生不老的当事人生活在一起。每个当事人利用自己的劳动和资本生产一种产品。这种产品既可以消费，也可以投资。经济当事人在生产可能性和

① 所谓延迟机制就是使消费、就业等变量产生持久性运动的因素。

② 当然，真实经济周期理论中还有许多其他冲击来源，例如政府税收、消费者偏好等。

资源禀赋的约束下选择一个对其而言最优的消费—投资路径。由于所有当事人都是相同的，这条路径就可以看作人均均衡的消费和投资路径。所有的这些活动都可以看作单期活动的不断重复。在每一期开始的时候，当事人需要选择这一期消费的商品量和享受闲暇的时间。这样，就决定了期末劳动供给量和资本存量，结合外生技术波动，就确定了下一期期初的产量。从而循环这个过程。

经济当事人的偏好为消费和闲暇的函数。可以表示为：

$$U=\sum_{t=0}^{\infty}\beta^{t}u(C_t,\ L_t) \tag{3.19}$$

C_t 是当事人在 t 期的消费量，L_t 是当事人在 t 期享受的闲暇量。由于假定消费品和闲暇都是正常品，所以即期效用函数 $u(C_t,\ L_t)$ 是消费和闲暇的增函数。可以假定，即期效用函数是严格凹的、二次连续可微，同时满足稻田条件，这保证了消费和劳动的最优解都是内点解。

我们假定生产函数为：

$$Y_t=F_t(K_t,\ N_t) \tag{3.20}$$

其中 K_t 是资本存量，N_t 是劳动供给量。我们假定生产函数是规模报酬不变的，这样就可以方便地把所有经济当事人的生产加总。注意，我们的生产函数是 $F_t(\cdot)$，这是一个随着时间可变的生产函数。在这些变化中，既包括生产率的暂时性“冲击”，也包括永久性的技术进步。此外，我们还假定生产函数是凹的、二次连续可微，同时满足稻田条件。

在这个简单的新古典经济中，仅有一种产品。这种产品既可以用于消费，也可以用于投资。资本的演化方程可以表示为：

$$K_{t+1}=(1-\delta)K_t+I_t \tag{3.21}$$

其中 I_t 表示总投资，即当前产出被储存起来的部分；δ 表示资本折旧率。

在每一期，经济当事人都面临两种资源约束。第一，当事人劳动时间和闲暇时间的总和不能超过每天的时间禀赋。这个禀赋我们可以规范化为 1。第二，当事人用于消费和用于投资的产品总和不能超过他的收入。这两个禀赋约束可以表示为：

$$L_t+N_t\leqslant 1 \tag{3.22}$$

$$C_t+I_t\leqslant Y_t \tag{3.23}$$

经济当事人就是在资源约束和生产函数约束下追求效用最大化。

四、模型约束

真实经济周期理论是对拉姆齐模型的扩展。而拉姆齐模型需要保证稳态增长，需要对偏好和生产函数进行限制。所以，真实经济周期理论也包含一些对偏好和生产函数的限制。

首先考察生产函数。要保证稳态增长，生产函数中的技术进步需要是劳动型的。假设生产函数可以写作 $Y_t=AF(X_{Kt}K_t,\ X_{Nt}N_t)$，其中 A 表示暂时性的生产率冲击，X_{Kt}

表示资本型技术进步，X_{Nt} 表示劳动型技术进步。资本型技术进步率和劳动型技术进步率分别为 γ_{XK} 和 γ_{XN}。因此，产出的增长率满足：

$$\gamma_Y \triangleq \frac{Y_{t+1}}{Y_t} = \frac{X_{K,t+1}K_{t+1}}{X_{K,t}K_t} \cdot \frac{F(1, Z_{t+1})}{F(1, Z_t)}$$

其中 $Z_t = X_{Nt}N_t / X_{Kt}K_t$。要保证稳态增长，需要 γ_Y 为一个常数，这就限制了生产函数的形式。要满足这个条件，可以分两种情况讨论。

第一种情况是，比率 Z_t 是一个常量。这样，产出增长率 γ_Y 就等于 $X_{K,t+1}K_{t+1}/(X_{K,t}K_t)$，即 γ_{XK}/γ_K。这说明产出增长率与资本型技术进步率和资本增长率有关。资源约束（3.23）意味着：

$$\gamma_K = \frac{Y_t - C_t}{K_t} + (1-\delta_K)$$

如果投资是严格为正的，那么要求资本增长率为常数就要求 Y_t/K_t 和 C_t/K_t 都是常数。Y_t/K_t 是常数就意味着 $\gamma_Y = \gamma_K$，这就意味着 $\gamma_{XK} = 1$。稳态增长要求没有资本型技术进步。

另外一种情况是，比率 Z_t 不一定是一个常量，但是比率 $F(1, Z_{t+1})/F(1, Z_t)$ 是一个常量。在这种情况下，生产函数是柯布-道格拉斯形式的。因此，技术进步总是可以写成劳动型的，也就是 $Y_t = A(X_{Kt}K_t)^{1-\alpha}(X_{Nt}N_t)^\alpha$ 总是可以写成这样的形式：

$$Y_t = AK_t^{1-\alpha}(\widetilde{X}_{Nt}N_t)^\alpha$$

其中 $\widetilde{X}_{Nt} = X_{Kt}^{(1-\alpha)/\alpha}X_{Nt}$。

综合这两种情况，要保证经济具有稳态增长，需要使得技术进步为劳动型的。同时，由于我们观察到，在长期内要素份额是稳定的，为了获得这个性质，真实经济周期理论一般假定生产函数为柯布-道格拉斯形式的。当然不一定非要如此，任何具有劳动型技术进步的规模报酬不变的生产函数都具有这个性质。为了分析的方便，人们还是假定生产函数是柯布-道格拉斯形式的。在劳动型技术进步生产函数的约束下，经济中的增长率都是相同的：

$$\gamma_Y = \gamma_C = \gamma_K = \gamma_I = \gamma_X$$

但是要注意一点，因为稳态时候的劳动投入在 0 和 1 之间，所以，稳态时候的劳动应该是一个常数，所以 $\gamma_N = 1$。因此，在稳态时的生产函数为 $AF(K_t, X_tN)$。

下面，我们需要考察稳态增长对于偏好具有什么样的约束。为了分析这个问题，我们看一下经济当事人的最优化问题。经济当事人需要在资源约束（3.20）～（3.23）下求取效用的最大值。因此，这个问题的拉格朗日函数可以构建为：

$$L = \sum_{t=0}^{\infty}\beta^{4t}u(C_t, 1-N_t) + \sum_{t=0}^{\infty}\lambda_t[F_t(K_t, N_t) + (1-\delta_K)K_t - C_t - K_{t+1}]$$

所以，一阶条件可以表示为：

$$\beta^t D_1 u(C_t, 1-N_t) - \lambda_t = 0 \tag{3.24}$$

$$-\beta^t D_2 u(C_t, 1-N_t)+\lambda_t D_2 F_t(K_t, N_t)=0 \quad (3.25)$$

$$\lambda_{t+1}[D_1 F_{t+1}(K_{t+1}, N_{t+1})+(1-\delta_K)]-\lambda_t=0 \quad (3.26)$$

$$F_t(K_t, N_t)+(1-\delta_K)K_t-K_{t+1}-C_t=0 \quad (3.27)$$

其中 D_t 表示对于函数的第 t 个变量求导数，所以，$D_1 u(C_t, 1-N_t)$ 就表示消费的边际效用。这些条件对于所有 $t=0, 1, 2, \cdots, \infty$ 都成立，同时满足横截性条件 $\lim\limits_{t\to\infty}\lambda_t K_{t+1}=0$。考察稳态增长对于效用函数的约束就是考察在什么条件下稳态增长满足经济当事人的最优条件（3.24）～（3.27）。采用这种方法的原因是，如果从生产技术角度讲可行的稳态增长不能和这些均衡条件相吻合，那么这个稳态增长就是没有意义的，因为这样的稳态增长是不可能成为经济的竞争均衡的。所以，我们利用这些均衡条件看一下偏好需要受到什么样的约束。

因为在式（3.24）～（3.27）中包含劳动的边际产品 $D_2F_t(K_t, N_t)$ 和资本的边际资本产品 $D_1F_{t+1}(K_{t+1}, N_{t+1})$，所以我们需要先看一下在生产函数的约束下，这两个边际产品如何变化。由于生产函数的形式为 $AF(K_t, X_tN)$，所以我们可以求得劳动的边际产品为 $X_tAD_2F(K_t, X_tN)$，由生产函数的性质我们知道 $AD_2F(K_t, X_tN)$ 对于 X_t 是零次齐次的，所以劳动的边际产品的增长率是 γ_X。同理，由于 $AD_1F(K_t, X_tN)$ 对于 X_t 是零次齐次的，所以资本的边际产品可以表示为 $AD_1F(K_t/X_t, N)$。由于 $\gamma_K=\gamma_X$，所以资本的边际产品为常量。

由于资本的边际产品为常量，所以式（3.26）意味着拉格朗日乘子——资本的影子价格——在稳态的时候增长率为常量，可以记作 γ_λ。利用这一点，我们就可以考察效用函数应该有什么限制。

首先，效用函数中消费的跨期替代弹性应该对于消费规模是不变的。我们来看一下原因。式（3.24）意味着边际效用的增长率为：

$$\frac{D_1u(C_t, 1-N_t)}{D_1u(C_{t+1}, 1-N_{t+1})}=\frac{\beta}{\gamma_\lambda}$$

这说明消费的边际效用的增长率为常量。令 k_t 表示 K_t/X_t，从资源约束中可以知道消费应该为：

$$C_t=X_0(\gamma_X)^t[AF(k, N)+(1-\delta_K-\gamma_X)k]$$

因此，如果对于任何的 X_0，消费的边际效用的增长率都是常量，那么一定有：

$$\frac{D_{11}u(C_t, 1-N_t)C_t}{D_1u(C_t, 1-N_t)}\frac{\mathrm{d}X_0}{X_0}=\frac{D_{11}u(C_{t+1}, 1-N_{t+1})C_{t+1}}{D_1u(C_{t+1}, 1-N_{t+1})}\frac{\mathrm{d}X_0}{X_0}$$

这意味着 $\dfrac{D_{11}u(C_t, 1-N_t)C_t}{D_1u(C_t, 1-N_t)}$ 为常量。这表示边际效用对于消费的弹性——定义为 σ_C——为常量，与消费水平无关。所以，通过积分，效用函数可以表示为：

$$\bar{u}(C, L)=C^{1-\sigma_C}v_1(L)+v_2(L), \quad 0<\sigma_C<1, \sigma_C>1$$

或者为：

$$\bar{u}(C, L)=\log C v_1(L)+v_2(L), \quad \sigma_C=1$$

其中，$v_1(L)$ 和 $v_2(L)$ 是闲暇消费 L 的任意函数。

其次，式（3.24）和式（3.25）意味着消费和劳动的边际替代率等于边际转换率。两边取对数可以得到：

$$\log(D_1 u(C_t, L_t))+\log(X_t A D_2 F_t(K_t, NX_t))=\log(D_2 u(C_t, L_t))$$

令 ξ_{lc} 表示劳动边际效用对消费边际效用的弹性。利用上面的分析结论，即在稳态水平，有效劳动的边际产品为常量，技术进步率为 γ_X，边际效用的增长率为 $\gamma_C{}^{-\sigma_C}$，同时 $\gamma_X=\gamma_C$，所以，在稳态的时候，ξ_{lc} 是常量，同时等于 $1-\sigma_c$。这就产生了对于偏好的另一个限制。这意味着，就 $\bar{u}(C, L)$ 在而言，在其为非对数的情形下，$v_2(L)$ 是常数，在其为对数的情形下，$v_1(L)$ 是常数。我们将这些常数规范化为 1，就可以得到效用函数为：

$$u(C, L)=\frac{1}{1-\sigma_C}C^{1-\sigma_C}v(L), \quad 0<\sigma_C<1, \sigma_C>1$$

$$u(C, L)=\log C+v(L), \quad \sigma_C=1$$

为了保证我们最初假设的消费和闲暇都是正常品，效用函数是凹的，我们还需要做一些限制。当效用函数是非对数形式时，我们要求在 $0<\sigma_C<1$ 时，$v(L)$ 是增函数和凹函数；在 $\sigma_C>1$ 时，$v(L)$ 是减函数和凸函数。同时，要求 $-\sigma_C[LD^2v(L)/Dv(L)]>(1-\sigma_C)(LDv(L)/v(L))$ 以保证效用函数是凹的。当效用函数是对数形式时，要求 $v(L)$ 是增函数和凹函数。

这样，我们就获得稳定增长条件下的生产函数和效用函数。这是真实经济周期模型对生产函数和效用函数的基本假设。所以，我们在各种文献和教科书中都看到上述的生产函数和效用函数。

第三节　经济当事人的劳动供给

我们已经看到，在真实经济周期模型中，主要的延迟因素是劳动的跨期替代。所以，在分析真实经济周期的一般模型之前，本节对经济当事人的决策先做一个简短说明和强调。

一、劳动的跨期替代

在分析劳动的跨期替代时采用类似于罗默的处理方式。① 首先考虑经济当事人只能存活一期，且没有初始财富。根据前面的分析，效用函数可以假设为：

$$u(C, L)=\log C+\frac{\theta}{1-\eta}(L^{1-\eta}-1)$$

① Romer, D. H. (1996). *Advanced Macroeconomics*, New York: McGraw-Hill.

其中 η 表示劳动供给弹性，θ 表示闲暇在效用函数中的重要程度。令 w 表示经济当事人的工资，所以预算约束为 $C=w(1-L)$。因此效用最大化的求解可以通过简单的拉格朗日方法得到，令拉格朗日函数为：

$$L=\log C+\frac{\theta}{1-\eta}(L^{1-\eta}-1)+\lambda(w-wL-C)$$

一阶条件为：

$$C^{-1}=\lambda$$

$$\theta L^{-\eta}=\lambda w$$

$$C=w(1-L)$$

所以可以得到：

$$L^{\eta}=\theta(1-L)$$

由此式可以看出，劳动供给量独立于工资 w。这是因为效用是消费的对数，且家庭没有初始财富，这使得工资变动的收入效应和替代效应彼此抵消，所以，在面临工资变化的时候，劳动供给量没有变化。这样看来，劳动的跨期替代似乎不可能在我们的效用函数中发生，不过，情况并非如此。

假设经济当事人没有初始财富，存活两期，且不存在不确定性。此时效用函数为 $U(C_1, C_2, L_1, L_2)=\log C_1+\frac{\theta}{1-\eta}(L_1^{1-\eta}-1)+\beta[\log C_2+\frac{\theta}{1-\eta}(L_2^{1-\eta}-1)]$，其中 β 代表时间偏好或效用的贴现。假设 r 表示实际利率，预算约束可以表示为 $C_1+\frac{1}{1+r}C_2=w_1(1-L_1)+\frac{1}{1+r}w_2(1-L_2)$。利用拉格朗日方法求解效用最大化的一阶条件，我们可以得到：

$$\theta L_1^{-\eta}=\lambda w_1$$

$$\beta\theta L_2^{-\eta}=\frac{\lambda w_2}{1+r}$$

两式进行合并消去 λ，得到：

$$\frac{L_1}{L_2}=\left[\frac{1}{\beta(1+r)}\frac{w_2}{w_1}\right]^{\frac{1}{\eta}}$$

这个表达式意味着第二期的劳动供给会随着第二期工资的相对变化而发生变化。例如，w_2 相对 w_1 上升，则经济当事人在第一期的闲暇消费会相对于第二期上升，在第二期相对于第一期供给更多的劳动。同时，利率的上升会使得经济当事人在第一期相对于第二期减少闲暇消费，增加劳动供给，创造更多的劳动收入，利用利率上升这个机会增加收入，从而增加总的福利。这样我们就看到了随着工资的增加，可以产生劳动的跨期替代。在下一节，我们会看到工资是与生产率冲击正相关的，所以，在生产率冲击发生后，劳动发生跨期替代，起到了延迟机制的作用。

二、消费和劳动供给间的替代关系

我们在上一节还谈到了平滑消费是一种延迟机制。由于经济当事人不仅要选择每期的消费，还要选择劳动供给，因此，效用最大化问题的另一个一阶条件需要联系当期消费和劳动供给之间的关系。我们利用扰动法看一下这个条件及其含义。

假设经济当事人在第 t 期的劳动供给增加一个微小的 ΔL，并将由此产生的劳动收入增加量用于这一期的消费。在效用最大化的要求下，效用需要保持不变。在第 t 期增加劳动，则减少闲暇所带来的负效用为 $-\beta^t\theta L_t^{-\eta}$，所以增加劳动供给 ΔL 带来的负效用为 $-\beta^t\theta L_t^{-\eta}\Delta L$。增加这一劳动供给使得收入提高 $w_t\Delta L$，从而消费也提高了 $w_t\Delta L$，所以效用增加 $\beta^t \dfrac{1}{C_t}w_t\Delta L$。令消费的正效用与闲暇减少的负效用两者相互抵消，得到：

$$-\beta^t\theta L_t^{-\eta}\Delta L+\beta^t \frac{1}{C_t}w_t\Delta L=0$$

所以：

$$\frac{C_t}{L_t^\eta}=\frac{w_t}{\theta}$$

这说明在工资上升的时候，消费相对于闲暇增加，从而产生了平滑消费的延迟机制。

第四节　一般模型

一、转换的经济

我们在第二节中说明了真实经济周期理论所经常用到的生产函数和技术。这一节开始研究该经济的动态性质。在这之前，做一个变换会使得以后的分析更加方便，这个变换是经济增长领域经常采用的技巧之一。因为除了劳动以外，所有的经济变量在稳态的时候都和技术进步率一样，所以可以将这些变量规范化为：

$$c=\frac{C}{X},\quad k=\frac{K}{X},\quad i=\frac{I}{X},\quad y=\frac{Y}{X}$$

这样，改变之后就类似于没有技术进步的经济，更加容易分析。

在做了这样的规范化后，资本累积方程（3.21）就变为：

$$\gamma_X k_{t+1}=\frac{K_{t+1}}{X_{t+1}}\cdot\frac{X_{t+1}}{X_t}=(1-\delta_K)k_t+i_t=(1-\delta_K)k_t+A_tF(k_t,N_t)+c_t \quad (3.28)$$

同时，效用函数也要发生类似的变化：

$$U=\sum_{t=0}^{\infty}\beta^t u(C_t, L_t)=\sum_{t=0}^{\infty}\beta^t u(c_t X_t, L_t)$$
$$=\begin{cases}X_0^{1-\sigma_C}\sum_0^{\infty}(\beta^*)^t\left[\dfrac{1}{1-\sigma_C}c_t^{1-\sigma_C}v(L_t)\right], & 0<\sigma_C<1, \sigma_C>1\\ \sum_0^{\infty}(\beta^*)^t[\log c_t+v(L_t)+\log X_t], & \sigma_C=1\end{cases}$$

其中，我们定义β^*为$\beta(\gamma_X)^{1-\sigma_C}$。为了保证效用和收敛，我们假定$\beta^*<1$。由于效用函数是序数的，所以我们可以忽略$X_0^{1-\sigma_C}$和$\sum_0^{\infty}(\beta^*)^t(\log X_t)$，这不影响转换后变量的效用排序。

利用转换后的经济，我们可以建立这个问题的拉格朗日函数：

$$L=\sum_{t=0}^{\infty}(\beta^*)^t u(c_t, L_t)+\sum_{t=0}^{\infty}(\beta^*)^t\Lambda_t[A_tF(k_t, N_t)-c_t-\gamma_X k_{t+1}+(1-\delta_K)k_t]$$
$$+\sum_{t=0}^{\infty}(\beta^*)^t\omega_t[1-L_t-N_t]$$

这个问题的一阶条件为：

$$D_1u(c_t, 1-N_t)-\Lambda_t=0 \tag{3.29}$$
$$D_2u(c_t, L_t)=\omega_t \tag{3.30}$$
$$\Lambda_tA_tD_2F(k_t, N_t)=\omega_t \tag{3.31}$$
$$\beta^*\Lambda_{t+1}[A_{t+1}D_1F(k_{t+1}, N_{t+1})+(1-\delta_K)]-\Lambda_t\gamma_X=0 \tag{3.32}$$
$$A_tF(k_t, N_t)+(1-\delta_K)k_t-\gamma_Xk_{t+1}-c_t=0 \tag{3.33}$$
$$N_t+L_t=1 \tag{3.34}$$

这些条件对于$t=1, 2, \cdots, \infty$都成立。经济的初始条件是给定k_0，这个问题的横截性条件为$\lim_{t\to\infty}\Lambda_tk_{t+1}=0$。对于一个给定的技术冲击路径$\{A_t\}_{t=0}^{\infty}$，这就决定了最优人均数量，即消费$\{c_t\}_{t=0}^{\infty}$、劳动$\{N_t\}_{t=0}^{\infty}$、资本存量$\{k_t\}_{t=0}^{\infty}$和影子价格$\{\Lambda_t\}_{t=0}^{\infty}$与$\{\omega_t\}_{t=0}^{\infty}$。在真实经济周期模型中，式（3.29）～（3.34）这些类似于拉姆齐增长模型的条件表示了一个“一般均衡”。消费、劳动和资本积累是相互依赖的。这不单单在一个时点上成立，还是一个跨期的结果。资本累积量依赖于消费和劳动的未来值。同时，利用这些变量可以构造出劳动和最终产品的价格序列。劳动的价格就是劳动的边际产品，为$\{\Lambda_t, A_tD_2F(k_t, N_t)\}_{t=0}^{\infty}$，很明显，真实工资序列和生产率序列$\{A_t\}_{t=0}^{\infty}$正相关，这就会产生在上一节说明的劳动的跨期替代。冲击最终产品的价格就是影子价格$\{\Lambda_t\}_{t=0}^{\infty}$，这是因为式（3.29）表示了消费的边际效用与价格之间的关系，这正是消费均衡条件。所以，如果这些价格为市场价格，那么消费者也会对之做出同样的反应，需求同样数量的商品，供给同样数量的劳动。这样，我们从拉姆齐的社会计划者模型出发扩展的真实经济周期基本模型与动态一般均衡模型等价。在真实经济周期理论中，由于这种等价性，求解模型的时候这两种方法是同时存在的，不过，后面一种方法的应用范围更大，这是因为在某些情况下，社会计划者问题不等价于动态一般均衡模型，经济会产生扭曲。所以，在最准确的意义上，真实经济周期理论应该是一个动态一般均衡模型。我们在这里为了说明真实经济周期模型的基本含义，采用了社会计划者的分析方法。

我们的目的是分析消费、劳动和资本存量的动态数量路径，所以，我们需要将式（3.29）～（3.34）化简为线性期望差分方程组，同时利用两个边界条件，即 k_0 和 $\lim\limits_{t\to\infty}\Lambda_t k_{t+1}=0$，就可以获得我们想要的结果。要完成这个任务，我们需要对式（3.29）～（3.34）进行对数线性化。

二、对数线性化

对数线性化是对一个方程在稳态点附近近似，将方程的变量改变为其与稳态值的对数离差的形式。假设变量 X 的稳态水平用 $\overline{X}$ 表示，$\hat{x}$ 表示 $\log X$ 和 $\log\overline{X}$ 之差，即 $\log\dfrac{X}{\overline{X}}$，这就是所说的对数离差。我们首先看一下如何确定稳态点，然后考察如何在稳态点附近近似方程。

稳态点就是变化率为零的点。消费、劳动、资本等变量的稳态点就是最优条件（3.29）～（3.34）没有了时间下标时的变量取值。例如，我们考察条件（3.32），将变量和外部冲击的下标取缔，将之看作常量，我们得到：

$$\beta^{*}\Lambda[AD_1F(k, N)+(1-\delta_K)]-\Lambda\gamma_X=0$$

整理可得：

$$AD_1F(k, N)=\frac{\gamma_X}{\beta^{*}}-1+\delta_K \tag{3.35}$$

如果生产函数是规模报酬不变的，那么资本的边际产品就仅仅依赖于资本—劳动比，而不是依赖于这二者的具体水平。因此条件（3.35）就决定了资本—劳动比的稳态值。

将一个方程对数线性化需要利用三个关系式。首先，由于 $\hat{x}$ 表示 $\log X$ 和 $\log\overline{X}$ 之差，所以变量 X 就可以表示为 $\overline{X}D^{\hat{x}}$。将 $\overline{X}D^{\hat{x}}$ 在 $\hat{x}$ 等于 0 的位置一阶泰勒展开，那么有 $X\approx\overline{X}+\overline{X}\cdot\hat{x}$。这样，$X$ 就近似等于 $\overline{X}(1+\hat{x})$。这是对数线性化的一个基本方程。

其次，将函数 $f(X)$ 线性化的方法与之类似：

$$\begin{aligned}f(X)&=f(\overline{X})+f'(\overline{X})(X-\overline{X})+0\cdot(X-\overline{X})\\&\approx f(\overline{X})+f'(\overline{X})[\overline{X}(1+\hat{x})-\overline{X}]\\&=f(\overline{X})[1+\frac{f'(\overline{X})\cdot\hat{x}\overline{X}}{f(\overline{X})}]\end{aligned}$$

第一个等式是对函数 $f(X)$ 在其自变量的稳态水平处的一阶泰勒展开。$\dfrac{f'(\overline{X})\cdot\overline{X}}{f(\overline{X})}$ 表示函数 $f(X)$ 在变量 X 的稳态水平处的弹性，利用符号 η 表示这个弹性，那么函数 $f(X)$ 可以对数线性化为 $f(\overline{X})(1+\eta\hat{x})$。这是对数线性化的第二个常用关系式。

最后一个关系式表示了两个变量的对数线性化。考虑两个变量 X 和 Y，稳态水平分别表示为 $\overline{X}$ 和 $\overline{Y}$。那么 $X\cdot Y$ 可以对数线性化为：

$$XY \approx \overline{X}\overline{Y}[(1+\hat{x})\cdot(1+\hat{y})]=\overline{X}\overline{Y}(1+\hat{x}+\hat{y}+\hat{x}\hat{y})\approx\overline{X}\overline{Y}(1+\hat{x}+\hat{y})$$

这里假定了变量对其稳态水平的偏离不是太远，从而 $\hat{x}$ 和 $\hat{y}$ 接近于零。因此，乘积 $\hat{x}\hat{y}$ 就接近于零，可以忽略。这就是对数线性化的第三个基本方程。我们可以利用这三个关系将经济当事人的最优决策条件对数线性化。

三、模型对数线性化

我们要将最优条件（3.29）～（3.34）对数线性化，那么首先也需要找到稳态点。为了找到稳态点，我们需要对函数的形式做出假定。我们假定效用函数是对数形式的：

$$u(c_t, L_t)=\log c_t+\frac{\theta}{1-\eta}(L_t^{1-\eta}-1)$$

其中 η 表示劳动供给弹性，θ 表示闲暇在效用函数中的重要程度。生产函数假定是柯布-道格拉斯形式的，$Y_t=A_tK_t^{1-\alpha}(N_tX_t)^{\alpha}$。在真实经济周期理论中，最核心的假定是生产函数中的随机因素——生产率冲击 A_t 可以假定为一阶自回归形式：

$$\log A_t=\rho\log A_{t-1}+\varepsilon_t$$

真实经济周期理论之所以做出这个假定，来自对索洛残差的研究。利用产出、劳动和资本的数据可以计算索洛残差：

$$\log SR_t=\log Y_t-\alpha\log N_t-(1-\alpha)\log K_t$$

这样，索洛残差就可以测量经济中生产率的变动。通过柯布-道格拉斯形式的生产函数，索洛残差还可以表示为：

$$\log SR_t=\log A_t+\alpha\log X_t=\log A_t+\alpha\log X_{t-1}+\alpha\log\gamma_X$$

这样，我们就可以利用索洛残差的数据来估计生产率冲击的形式。参数 ρ 表示生产率冲击的持久程度，ε_t 的标准差记为 σ_ε。

利用条件（3.35）可以得到稳态资本—劳动比为：

$$\frac{k}{N}=\left[\frac{(1-\alpha)A}{\gamma_X/\beta^*-1+\delta_K}\right]^{\frac{1}{\alpha}}$$

所以稳态资本—产出比为：

$$\frac{k}{y}=\frac{k/N}{y/N}=\frac{k/N}{A(k/N)^{1-\alpha}}=\frac{1}{A}(k/N)^{\alpha}$$

类似地，稳态投资—产出比为：

$$\frac{i}{y}=(\gamma_X-1+\delta_K)\frac{k}{y}$$

所以稳态消费—产出比 $c/y=1-i/y$。

不过，我们还需要参数的具体取值，然后代入上面的表达式，即可获得稳态经济变量的具体取值。我们采用表 3-1 中的参数值。

表 3-1

β	σ_C	δ_K	θ	η	γ_X	α	ρ	σ_ε
0.984	1	0.025	3.48	1	1.004	0.667	0.979	0.007 2

下一步我们在这些点周围将经济当事人的最优化条件对数线性化。我们强调将式(3.30)、(3.31)和(3.34)对数线性化。利用对数线性化的三个公式，我们得到：

$$-\eta\hat{L}_t=\hat{\Lambda}_t+\hat{\omega}_t \tag{3.36}$$

$$\hat{A}_t+(1-\alpha)(\hat{k}_t-\hat{N}_t)=\hat{\omega}_t \tag{3.37}$$

$$N\hat{N}_t+L\hat{L}_t=0 \tag{3.38}$$

其中式(3.37)可以看成劳动需求方程。由于 ω_t 表示劳动的影子价格——真实工资，式(3.37)说明真实工资受到生产率和资本—劳动比的正向影响。这类似于完全竞争市场中厂商对劳动的需求和其边际产品相关。式(3.36)和式(3.38)表示劳动供给方程。结合这两个式子，我们得到：

$$\hat{N}_t=\frac{L}{\eta N}(\hat{\Lambda}_t+\hat{\omega}_t)$$

这说明劳动供给与产品价格和劳动价格正相关。这与我们在前一节中看到的劳动的跨期替代是一致的。在劳动生产率（劳动的真实工资）上升后，当事人在这一期增加劳动。

利用这些线性化后的方程，我们就得到了描述经济动态性质的一个线性系统。可以计算这个线性系统的统计特征，我们得到如表 3-2 所示的结果。

表 3-2

	标准差	一阶自相关	与产出的相关系数
Y	1.39	0.72	1.00
C	0.61	0.79	0.94
I	4.09	0.71	0.99
N	0.67	0.71	0.97
Y/N	0.75	0.76	0.98

可以看出，我们前面谈到的经济周期具有的两个基本特性——持久性和共同运动性都在这个基本的真实经济周期模型中体现了出来。这反映在经济变量的一阶自相关和与产出的相关系数都是正的上面。

第五节　真实经济周期模型的扩展

在前面三节我们看到了真实经济周期模型对经济周期现象的解释。不过，这个基本模型还有很多不足之处，新古典宏观经济学家对该基本模型进行了一些扩展，以解释更多的现象。

一、货币模型

标准的真实经济周期模型中没有货币，这样就无法说明现实中货币存量和产出间的正向关系。新古典宏观经济学家试图通过将货币引入标准形式的模型中加以解决。假设交易或金融服务可以比商品和其他服务更快地生产出来，这样这类服务就被企业和家庭所使用，以节约时间。在发生了生产率的正向冲击后，产出增加，这也就同时增加了经济当事人对金融服务的需求。因此，这一模型通过一种逆向因果关系来解释金融服务随着产出的变动而发生的变动，而不是卢卡斯模型中的货币导致产出变动。这种模型认为，内生货币比外生货币与产出联系得更为紧密。

除此之外，真实经济周期理论还分析了能否在我们前面谈到的基本模型中讨论货币与产出波动性之间的关系。例如，可以通过货币数量影响人们交易的方式来在真实经济周期模型中引入货币，或者直接假设人们要购买商品就必须先支付货币，即货币现行约束。但是所有的研究都认为，真实经济周期模型不能得到货币冲击显著影响产出波动性的结论。

因此，由于这些方法都不能在真实经济周期模型中得到货币与产出波动性的显著关系，所以似乎必须脱离瓦尔拉斯范式而允许经济中存在某些名义摩擦。我们可以考虑这样一种情况，经济当事人在购买商品时受到现金先行约束。货币工资在上一期或一期以前制定，制定方式是让其等于预期的市场出清工资。假定商品市场价格灵活。在这样一个经济中，任何没有预料到的货币供给波动都会引起相对工资的改变，从而产生实际效应。

在真实经济周期模型中引入某种名义黏性意义重大。原因有两点。首先，模型的结果显示这些名义黏性很可能是标准真实经济周期模型忽视掉的重要因素。其次，这类模型将凯恩斯主义特征引入真实经济周期分析中，进而为宏观经济学两大思想流派的分歧提供融合的途径，也被某些真实经济周期模型的批评者所接受。

通过将货币引入标准真实经济周期模型中，可以解决货币和产出同时变化的关系，但是以上研究结果也表明，如果不引入名义黏性，真实经济周期模型就无法解释货币供给的变化如何导致实际变量的正向变动。

法玛提出一种引入货币的真实经济周期模型，试图在不借助名义摩擦的条件下解释货币冲击的实际变量效果。① 他将持有货币的动机作为一个（实际）货币余额构造到效用函数中。这并非说货币所具有的交易媒介作用很大，实际上，个体交易者的成本很小。增加1%的消费所获得的效用增加比增加1%的货币余额所增加的效用大百倍。但是，其他交易者需要使用货币意味着使用货币会通过影响价格水平而导致外部性。因此，如果一个交易者持有更多的名义余额，则均衡价格水平必然相应地高于保持相同的实际余额的价格水平。不过，价格的上升降低了其他人持有的名义货币的价值，从而导致他们对

---

① Farmer, Roger E. A. (1997). "Money in a Real Business Cycle Model," *Journal of Money, Credit and Banking*, Vol. 29.

于第一个交易者的行为采取应对措施。

在模型中，持有货币的机会成本低于产出的0.2%，这是因为假设在美国许多企业和家庭使用高利率的支票账户进行消费，而这一账户的利率稍低于财政部证券的利率。在此模型中，效用函数并非在各因素间简单可分，这使得消费的边际效用和劳动的负效用对于实际余额的持有非常敏感（如果家庭持有多余的实际余额，则均衡实际工资增加，从而导致家庭提供更多的劳动）。因此，实际余额的较小增加会导致均衡水平中分配给生产的劳动大幅增加，从而产量大幅增加。

二、劳动市场

在我们的基本模型中，如果要产生劳动供给的高变动性，我们需要很高的劳动供给弹性。同时，在真实经济周期的货币模型中，我们也需要很高的劳动供给弹性以保证厂商对货币冲击的反应较弱。但是，微观调查数据表明，劳动供给弹性不大。为此，新古典宏观经济学家努力寻找这样一种机制，使得单个劳动者不大的劳动供给弹性会产生很大的总量劳动供给弹性。

目前的真实经济周期理论采用的是汉森-罗格森机制。① 在这种机制中，劳动是不可分的。工人要么把所有时间，例如8小时，都用于工作，要么就完全不工作。在这种模型中，总量劳动供给产生很大的供给弹性，而且这个供给弹性不依赖于每个工人的劳动供给弹性。其原因是，在这种机制中，劳动供给量的变化完全依赖于工人进入或者退出劳动力大军，而不能由于每个工人调整一部分劳动时间而改变。因此，由于工人不能选择劳动时间，所以单个工人的劳动供给弹性就与总量劳动供给弹性完全不相关，从而可以在单个劳动者的劳动供给弹性不大的情况下产生很大的总量劳动供给弹性。

汉森-罗格森模型还产生了一个副产品。在真实经济周期模型中，厂商雇用工人，在竞争均衡中没有失业，而汉森-罗格森模型产生了失业。但是这个模型对于劳动参与就是完全工作或者完全不工作的假设并不能完全令人满意。为此，现在真实经济周期理论正在尝试利用搜寻—匹配模型来解释失业的动态性质。这可能是未来的一个主要发展方向。

三、经济波动的国际传导

标准真实经济周期模型中没有国际部门，因此无法解释现实中的贸易方式和国际上的经济相关性。真实经济周期模型的开放经济扩展成功地解释了许多与开放相关的现象，例如，贸易收支逆周期运动、贸易收支与贸易条件（出口商品与进口商品的相对价格）正相关、储蓄和投资在开放经济内正相关。不过，这类模型还有许多不足之处，后继的研究就是针对这些问题进行的。

首先，真实经济周期的开放模型认为不同国家之间的消费相关性比产出大，这与事

---

① Hansen, G. D. (1985). "Indivisible Labor and the Business Cycle," *Journal of Monetary Economics*, Vol. 16; Rogerson, Richard (1988). "Indivisible Labor, Lotteries and Equilibrium," *Journal of Monetary Economics*, Vol. 21.

实相矛盾。带有贸易品的真实经济周期模型通常假设，虽然不同国家之间的技术冲击可能存在相关关系，但是，每个国家经历不同的技术冲击。因此，每个国家的产出也就不同。不过，由于经济当事人可以进入国际资本市场借贷，从而就不再受到国内产出的约束。在这种国际风险分担机制中，消费将会比封闭经济下更为平滑。这样，即使不同国家经济当事人的收入不同，他们的消费还是会近似，所以不同国家间消费的相关性大大高于产出的相关性。其次，贸易条件比真实经济周期模型预测的具有更大的波动性和持久性。

为了解释不同国家间消费的相关性比产出低，所构造的模型要求具有一些特征。首先是闲暇和消费需要在效用中有良好的替代关系，其次是在本国发生的持续生产率冲击能够增加本国劳动的边际产量、减少闲暇。如果闲暇和消费具有良好的替代关系，则本国均衡的消费将比外国的消费增加更多，或减少更少，从而不同国家间消费的联系就会变得较弱。

斯托克曼和德拉斯通过在真实经济周期模型的开放经济版本中引入非贸易品来解释消费现象。① 模型假设有两个国家，生产两种完全专业化的贸易品，并且每个国家还存在一种非贸易品。假设本国的非贸易品部门受到一个正的生产率冲击。本国非贸易品的消费和产出都将上升，同时由于产出上升，本国贸易品的消费也将上升，所以本国的消费比本国产出增长得多。外国对贸易品的消费下降，因此冲击将导致本国和外国的消费沿相反方向运动。当类似的冲击被重复并与贸易品生产率冲击相结合时，国家间的消费相关性就表现为正的，但比产出的相关性低。

外国对贸易品的消费提高了以这些产品计算的实际利率，但（通过跨时替代）增加了外国的产出。因此，两国的产出同向运动。产出表现出国际上的正向传递，尽管消费是负向的。这一冲击也会导致母国的贸易逆差，而这也与现实数据一致。

第六节　小　结

本章讨论了新古典宏观经济学对于经济周期现象的解释。新古典宏观经济学的发展经历了两个阶段，首先是从 1972 年到 1982 年由卢卡斯开创的信息不完全模型。在这个阶段，新古典宏观经济学的理性预期和动态一般均衡都已经具备了雏形，只是由于周期理论的延迟机制和放大机制存在问题，理论结果与实际数据还有一段距离。自 1982 年以来，真实经济周期理论对经济周期做出了另外一种解释。在这种解释中，理性预期和动态随机一般均衡保留了下来，但是经济周期的冲击来源变为实际因素，例如生产率冲击等，同时，经济波动中的延迟机制和放大机制也有了相应的改变。不过，真实经济周期理论的基本模型还是无法对很多现象做出解释，所以，后来的研究者进行了一系列扩展，提高了真实经济周期模型的解释力。

---

① Stockman A. C. andDellas H. (1989). "International Portfolio Nondiversification Exchange Rate Variability," *Journal of International Economics*, Vol. 26.

新古典宏观经济学的理论贡献就在于在经济分析中引入了理性预期概念和动态随机一般均衡方法。不过，新古典宏观经济学在资产价格、货币、多重均衡和开放经济等领域还有很多问题没有解决，需要进一步发展。

思考与练习

1. 在真实经济周期模型中，假设政府支出暂时增加，请说明均衡效果。可以用政府支出的波动来解释经济周期吗？也就是说，当受到政府支出的暂时冲击时，该模型能否解释关键经济周期事实？请详细说明。

2. 假设政府支出的暂时增加会导致全要素生产率的永久性提高。这种暂时性冲击的永久效果可能来自政府支出改善了基础设施并提高了私营企业的生产率。证明这种对政府支出的暂时性冲击可能导致与关键事实相一致的经济周期波动，并说明结果。

3. 在真实经济周期模型中，假设企业受到乐观情绪的感染，它们期望将来全要素生产率会更高。

a. 确定其均衡。

b. 如果这种乐观情绪和悲观情绪导致 GDP 波动，该模型是否可以解释关键的经济周期事实？

c. 假设面对乐观情绪，货币当局希望稳定价格水平。它应该做什么？请详细解释。

4. 假设有一场自然灾害摧毁了部分资本。中央银行的目标是稳定价格水平。鉴于这一目标，中央银行应如何应对自然灾害？

5. 假设中央银行观察到实际 GDP 下降。如果央行认为 GDP 因全要素生产率下降而下降，并且真实经济周期理论是正确的，它将如何应对？

参考文献

Blinder, A. S. and S. Fisher (1981). "Inventories, Rational Expectations and the Business Cycles," *Journal of Monetary Economics*, Vol. 8, 277-304.

Farmer, Roger E. A. (1997). "Money in a Real Business Cycle Model," *Journal of Money, Credit and Banking*, Vol. 29, 568-611.

Hansen, G. D. (1985). " Indivisible Labor and the Business Cycle, " *Journal of Monetary Economics*, Vol. 16, 309-327.

Hicks, John (1933). "Equilibrium and the Cycle," Reprinted in Hicks, John, *Collected Essay On Economic Theory*, Vol. Ⅱ. *Money, Interest And Wages*, Oxford: Basil Blackwell Ltd.

King, R. G. , Charles I. Plosser and Sergio T. Rebelo (1988). "Production, Growth and Business Cycles: the Basic Neoclassical Model," *Journal of Monetary Eco-*

nomics, Vol. 21, 195–232.

King, R. G., Charles I. Plosser and Sergio T. Rebelo (2002). "Production, Growth and Business Cycles: Technical Appendix," *Computational Economics*, Vol. 20, pp. 87–116.

Lucas, Robert E. Jr. (1973). "Some International Evidence on Output-Inflation Tradeoffs," *American Economic Review*, Vol. 63, 326–334.

Lucas, Robert E. Jr. (1975). "An Equilibrium Model of the Business Cycle," *Journal of Political Economy*, Vol. 83, 1113–1144.

Muth, J. F. (1961). "Rational Expectations and the Theory of Price Movements," *Econometrica*, Vol. 29, 315–335.

Phelps, E. (1970). *Microeconomic Foundations of Employment and Inflation Theory*, New York: Norton.

Plosser, C. I. (1989). "Understanding Real Business Cycles," *Journal of Economic Perspectives*, Vol. 3, 51–78.

Rebelo, S. T. (2005). Real Business Cycle Models: Past, Present and Future, Working Paper.

Rogerson, Richard (1988). "Indivisible Labor, Lotteries and Equilibrium," *Journal of Monetary Economics*, Vol. 21, 3–16.

Romer, D. H. (1996). *Advanced Macroeconomics*, New York: McGraw-Hill.

Sargent, T. J. (1979). *Macroeconomic Theory*, New York: Academic Press.

Stadler, G. W. (1994). "Real Business Cycles," *Journal of Economic Literature*, Vol. 32, 1750–1783.

Stockman A. C. and Dellas H. (1989). "International Portfolio Nondiversification Exchange Rate Variability," *Journal of International Economics*, Vol. 26, 271–290.

Taylor, J. (1975). "Monetary Policy During a Transition to Rational Expectations," *Journal of Political Economy*, Vol. 83, 1009–1022.

第4章

传统的凯恩斯宏观经济学

在上一章中，我们讨论了总需求和总供给模型的新古典版本。在这个版本中，市场是出清的，经济遭受的冲击基本上来自技术冲击，但是，这并不能完整地解释经济波动，因此，我们必须放弃市场出清的假设，分析总需求和总供给模型的凯恩斯主义版本。本章首先介绍传统的凯恩斯宏观经济学，下一章重点关注新凯恩斯宏观经济学。

第一节 传统的凯恩斯宏观经济学概述

一般认为，凯恩斯的《就业、利息和货币通论》（以下简称《通论》）的出版是现代宏观经济学诞生的标志。古典经济学是存在于凯恩斯的《通论》之前的思想体系，古典经济学家强调的是自由市场体系中各经济当事人的最优化力量。与此相反，凯恩斯主义理论相信理解经济波动不仅需要研究一般均衡的复杂性，而且应该注意大范围内市场失灵的可能性。

正统凯恩斯主义学派的主要信念如下：

（1）经济是内在不稳定的，易于遭受反复无常的冲击，这些冲击主要是商业信心状态变化之后投资边际效率的变化，即凯恩斯所谓投资者的“动物精神”（animal spirits）的变化造成的。

（2）经济在遭受某种干扰之后，若任凭其自由发展，则需一段较长的时间才可基本恢复到充分就业状态，也就是说，经济不会迅速自我恢复均衡。

（3）总产量和就业水平实质上是由总需求决定的，政府可通过干预来影响总“有效”需求水平，以确保较为迅速地恢复到充分就业水平。

（4）在实施稳定政策时，相对于货币政策而言，财政政策一般更为可取，因为财政政策措施的作用比货币政策措施的作用更直接、更好预测，能更快地影响总需求。

一、有效需求

尽管古典经济学家也认为资本主义市场经济有可能偏离产量和就业的均衡水平，但是他们相信这种干扰只是暂时的，市场机制会迅速有效地运作，使经济恢复到充分就业的均衡状态。如果这种分析是正确的，那么以稳定性政策的形式出现的政府干预也就没有必要了。而在《通论》中，凯恩斯希望弄清楚的是“在任何时间，何者决定一特定经济体系之国民所得，或者（二者几乎是一物的）就业数量”。在他所构建的框架中，“国民收入取决于就业量”，在发展其理论的过程中，凯恩斯试图证明宏观经济的均衡与非自愿失业是一致的。

《通论》的中心命题是有效需求原理，以及产出而非价格变动的调节作用。凯恩斯认为，投资支出远较消费支出更易于发生广泛而突然的波动。这是因为，预期的可变性常常受到“动物精神”的驱动，从而导致预期利润率十分不稳定。正是由于投资决策可能受到非理性的乐观主义或悲观主义情绪的影响，从而引起商业信心的大幅度摆动，使得凯恩斯对于利率调整投资量的有效性持怀疑态度。在将现在和未来联系在一起时，对投资的未来利润率的预期远比利率重要，凯恩斯曾说过，“给定公众的心理，产出和就业水平都依赖于投资量”，“那些决定投资量的因素是最不稳定的，因为它们受到我们对未来的看法的影响，而未来又是我们知之甚少的”。在凯恩斯关于不稳定性的分析中，资本边际效率的“剧烈波动”形成了移动实际总需求的冲击。进一步地，通过边际消费倾向和乘数效应的概念，这种冲击还会带来扩大的影响。

凯恩斯关于利率的解释和古典学派大不相同。凯恩斯认为，利率是一个纯粹的货币现象，取决于公众的流动性偏好（货币需求）与货币当局的货币供给的关系。至于持有货币的原因，除了交易动机之外，还包括谨慎动机和投机动机。其中，投机动机对利率是敏感的。凯恩斯认为，利率不是对推迟现期消费的补偿，而是对放弃流动性或在某一特定时期不储藏货币的补偿。在一个以不确定性为特征的世界里，总有持有现金而不是其他金融资产的投机动机，凯恩斯认为，流动性偏好比储蓄决策对利率更有影响力。因此，在凯恩斯的世界里，利率取决于信心状态和货币供给。如果流动性偏好改变，就会破坏古典模型中关于货币需求函数稳定的假设，这也意味着货币流通速度是易变的。

二、劳动市场

在古典模型中，充分就业是有保证的，因为劳动市场是完全竞争的，并且价格和工资具有完全弹性。与此相反，凯恩斯认为劳动市场并不总能保证是出清的，由于货币工资的刚性，非自愿失业很可能是劳动市场的一个特征。进一步地，凯恩斯认为，即使货币工资是弹性的，也不足以使经济恢复到充分就业。导致货币工资刚性的原因是多样的，我们将在第5章介绍新凯恩斯模型时提供关于这些原因的一些微观基础，包括长期工资合同、效率工资、局内人-局外人解释等。

现在我们首先在假定名义工资刚性的情况下，具体分析需求冲击对产出和就业的影响。假设一个原来处于充分就业均衡的经济，总需求减少了，如果价格是弹性的，而名义工资是刚性的，则在价格下降的情况下，实际工资水平将上升，于是非自愿失业就出现了。为了提高就业水平，必须降低实际工资。这主要有两条途径：或者货币工资相对于价格水平必须降低，或者价格水平相对于名义工资必须上升。凯恩斯更欣赏后者，他提倡扩大总需求以对价格水平产生向上的压力。同时，凯恩斯在理论上和实践上都反对通过削减工资来刺激就业的方法。他指出，工人不会抵制由一般价格水平上升而引起的实际工资降低，因为这仍使相对实际工资维持不变，这是工人们主要关心的。

凯恩斯在《通论》中指出，以削减名义工资的方法来消除失业主要需要通过对利率产生影响而起作用。如果削减工资带来价格水平的降低，则会引起实际货币供给量增加，降低利率，刺激投资。经济将在一个更低的价格水平上恢复充分就业。这里，价格机制使总需求增加，而无须政府的干预。但是，这种所谓的“凯恩斯效应”却会由于两种原因而失灵：第一，阻碍利率下降的“流动性陷阱”的存在；第二，对利率无弹性的投资曲线将阻碍下降的价格通过改变利率来刺激总需求。

凯恩斯认为，在给定货币供给的前提下，允许货币工资下降的政策从理论上说会起到与在给定名义工资下采取货币扩张的政策相同的效果。果真如此的话，则在保证充分就业方面，货币政策就面临着与削减工资政策相同的局限性。但是，物价的剧烈下降还会对商业预期产生不利影响，进而引起总需求的进一步下降，而且严重的通货紧缩通过分配效应对消费倾向产生的影响也是不利的。因此，相较于弹性工资，凯恩斯更倾向于弹性货币政策。

由于价格机制的这些局限性，凯恩斯坚信政府应采取积极措施来消除非自愿失业。否则经济将会实现就业不足的均衡，即市场经济长期维持在低于正常水平的状态，“既无显著倾向趋于复兴，也无显著倾向完全崩溃”。

三、凯恩斯对萨伊定律的反驳

在凯恩斯模型中，产出和就业由有效需求决定，劳动市场的运作不能确保充分就业。利率是在货币市场上决定的，而不是由储蓄和投资决定的。投资的边际效率的变化通过乘数效应引起实际产出的变化，而且最终通过收入的变化，使储蓄调整至与投资相等。在凯恩斯模型中，任何计划投资和计划储蓄之间的不平衡都会导致数量调整而不是利率调整。在凯恩斯就业不足的均衡中，需求创造供给。

四、凯恩斯与货币数量论

在抛弃了萨伊定律和古典的劳动模型之后，凯恩斯不再认为实际产出被预先决定于充分就业水平上。在《通论》中，凯恩斯讨论了多种可能性。如果总供给曲线具有完全弹性，由货币数量增长带来的有效需求的变化将引起产出和就业的增加而不会影响价格水平，直至实现充分就业。但是，在通常的情况下，有效需求的增加“一部分用在增加就业量上，一部分用在提高价格水平上”。因此，当有效需求不足时，货币的扩张导致产出和价格水平的同时上升，一旦与充分就业一致的总产出得以实现，凯恩斯承认“经典学派理论还是对的”，货币扩张将产生“真实的通货膨胀”。

此外，在凯恩斯的模型中，货币中性的观点也被抛弃了。这是因为，货币供给的增加通过降低利率，增加了投资，再经过乘数效应，会起到增加总支出的效果。

凯恩斯模型的另一复杂之处在于，货币数量的变化与有效需求的变化之间的关系是间接的，需要通过利率、投资和乘数大小的作用来决定。因此，在选择引导经济走向充分就业的政策方面，凯恩斯更偏向于财政政策。

第二节　凯恩斯交叉图和 *IS*—*LM* 模型

本节介绍总需求的分析基础 *IS*—*LM* 曲线，并以此为基础获得总需求曲线。

一、凯恩斯交叉图

考虑一个简单的封闭经济模型，其中收入由支出决定。令 I 表示计划投资，$E=C+I+G=$计划支出，$Y=$实际 GDP$=$实际支出。实际支出和计划支出之间的区别在于非意愿存货投资。这是经济趋于均衡点的调整变量。

从行为方程角度，假设消费函数为 $C=C(Y-T)$，投资、政府购买与税收都是常数，分别为 $I=\bar{I}$，$G=\bar{G}$，$T=\bar{T}$。因此，计划支出等于 $E=C(Y-\bar{T})+\bar{I}+\bar{G}$，均衡条件为：

实际支出＝计划支出

$$Y=E$$

这个条件可以在图形中表示出来，如图 4-1 和图 4-2 所示。

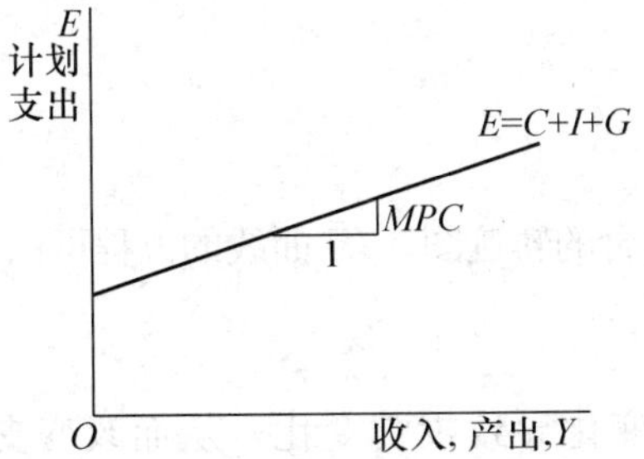

图 4-1　计划支出

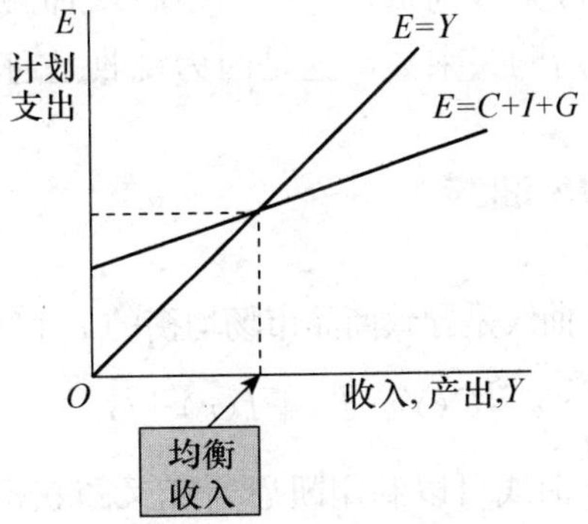

图 4-2　收入的均衡值

利用交叉图，可以考虑政策外生冲击的结果。我们考虑政府购买增加，其变化过程如图 4-3 所示。

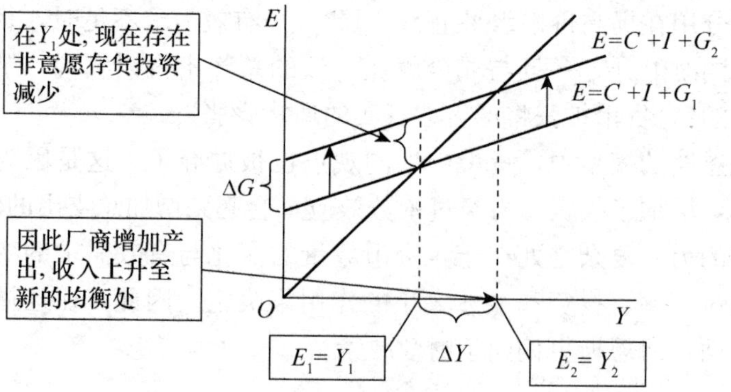

图 4-3　政府购买增加

如果利用均衡条件求解产出改变量，可以得到：

$$\Delta Y=\frac{1}{1-MPC}\times\Delta G$$

这意味着如果 $MPC=0.8$，那么：

$$\begin{aligned}\Delta Y&=\frac{1}{1-MPC}\Delta G\\&=\frac{1}{1-0.8}\Delta G=\frac{1}{0.2}\Delta G=5\Delta G\end{aligned}$$

产出扩大了政府购买变化的 5 倍。这被称为政府购买乘数。这是因为增加的 Y 会导致 C 上升，这进一步提高了 Y，从而进一步提高了 C，如此循环下去，政府购买通过扩大收入，导致了消费和产出的连环上涨。

同理，如果税收变化，产出改变量为：

$$\Delta Y=\frac{-MPC}{1-MPC}\times\Delta T$$

税收乘数为负，是因为税收增加减少了消费，从而拉低了产出。税收乘数的绝对值小于政府购买乘数，这是因为税收是通过消费间接起作用的，而政府购买直接起作用。

二、*IS* 曲线

IS 曲线是导致商品市场均衡的 r 和 Y 的所有组合的轨迹图。*IS* 曲线的方程可以表示为：

$$Y=C(Y-\overline{T})+I(r)+\overline{G}$$

IS 曲线可以利用凯恩斯交叉图获得。当利率变化导致投资变化，从而改变支出曲线时，我们就可以得到不同的均衡产出（见图 4-4）。

IS 曲线斜率为负，是因为利率下降激励厂商增加投资支出①，这提高了总计划支出（E），为了恢复商品市场的均衡，产出（实际支出，Y）必须上升。我们可以利用 *IS—LM*

① 关于投资函数可以进一步参考后面的章节。

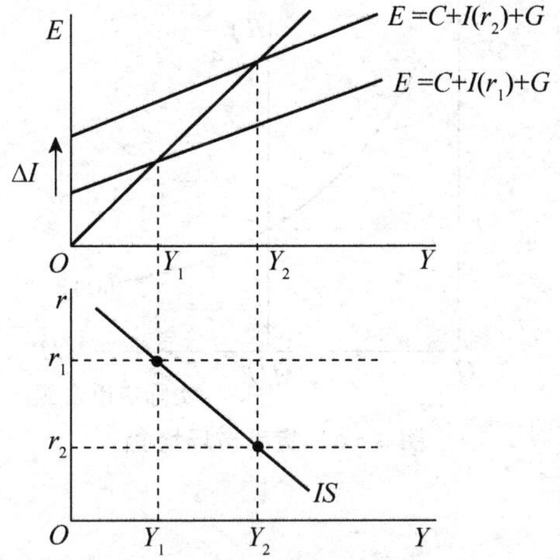

图 4－4　推导 *IS* 曲线

模型分析财政政策（G 和 T）如何影响总需求和产出。为此，我们先利用交叉图分析一下财政政策如何影响 IS 曲线（见图 4－5）。

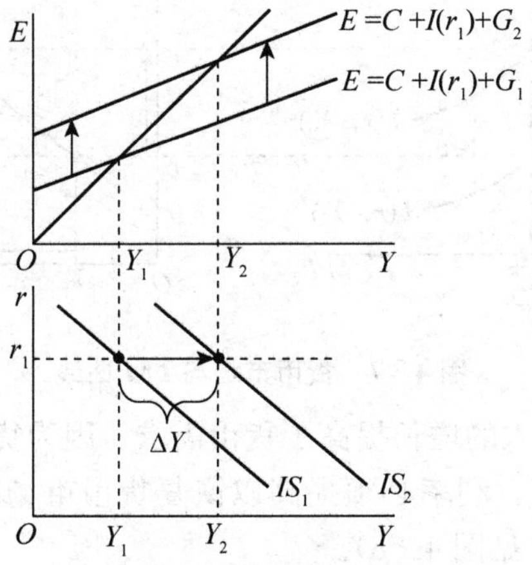

图 4－5　财政政策与 *IS* 曲线

因为财政政策扩张推高了计划支出曲线，所以，同样推高了 IS 曲线。

三、 *LM* 曲线

LM 曲线基于流动性偏好理论。① 这是一个简单的理论，其中利率由货币供给和货币需求决定。利率调整使得货币供给和需求相等。货币需求逆向依赖于利率，这是因为货币持有量正向依赖于资产价格，而资产价格与利率为反向关系，其均衡如图 4－6 所示。

现在让我们将 Y 引入货币需求函数：

$$(M/P)^d = L(r, Y)$$

LM 曲线是使实际货币余额供求平衡的所有 r 和 Y 组合的轨迹图。LM 曲线方程是：

① 关于货币需求函数可以进一步参考第 12 章。

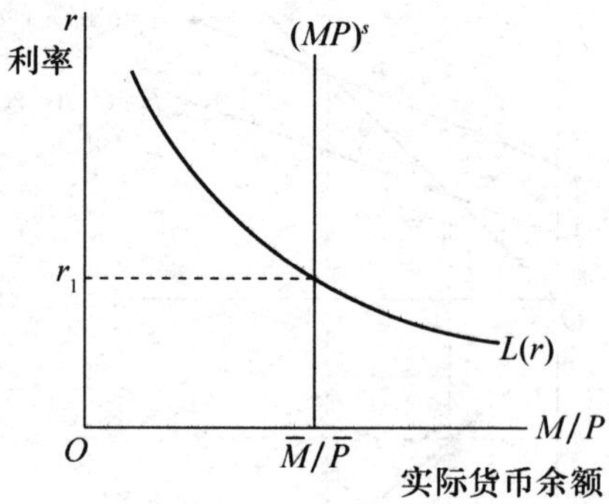

图 4-6 货币市场均衡

$\overline{M}/\overline{P}=L(r, Y)$

其推导过程如图 4-7 所示。

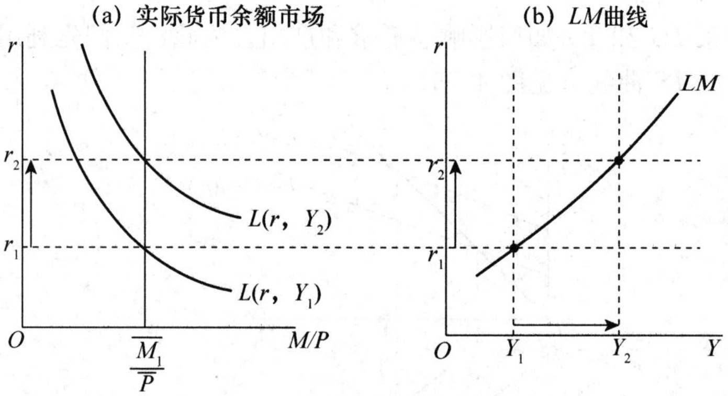

图 4-7 货币市场与 LM 曲线

LM 曲线斜率为正。收入的增长提高了货币需求。因为货币供给是固定的，在现有利率下，货币市场有超额需求。利率必须提高以恢复货币市场的均衡。同时，货币供给量正向影响 LM 曲线的位置（见图 4-8）。

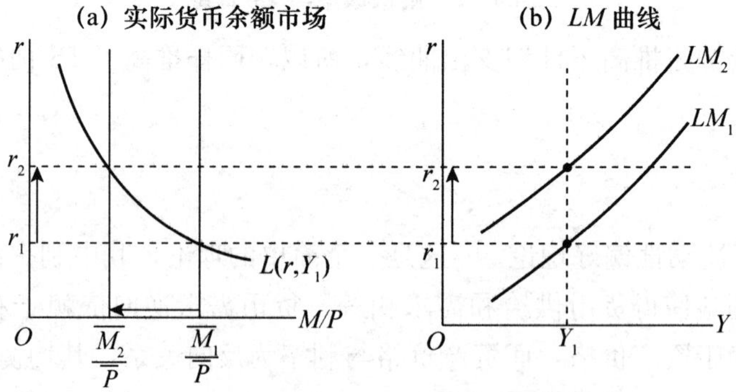

图 4-8 货币政策与 LM 曲线

四、 IS—LM 模型

短期均衡是 r 和 Y 的组合，同时满足商品市场和货币市场的均衡条件：

$$Y=C(Y-\overline{T})+I(r)+\overline{G}$$
$$\overline{M}/\overline{P}=L(r, Y)$$

IS—LM 均衡如图 4－9 所示。

政策制定者可以影响宏观变量。例如，财政政策影响 G 和/或者 T；货币政策影响 M。我们可以利用 IS—LM 模型分析这些政策的结果。

首先考虑政府购买增加，这时候 IS 曲线向右移动，产出上升，同时利率上升（见图 4－10）。

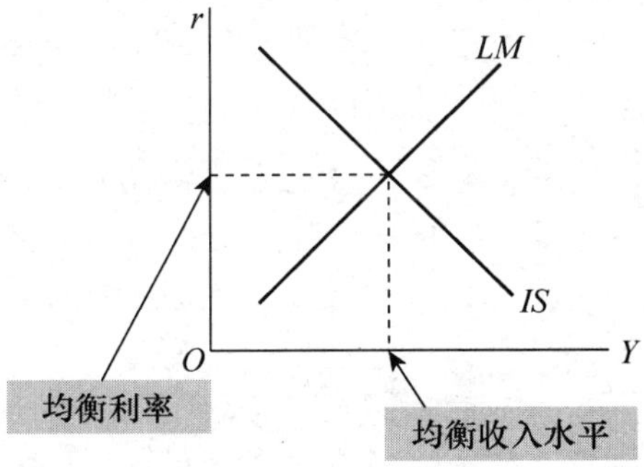

图 4－9　IS—LM 均衡

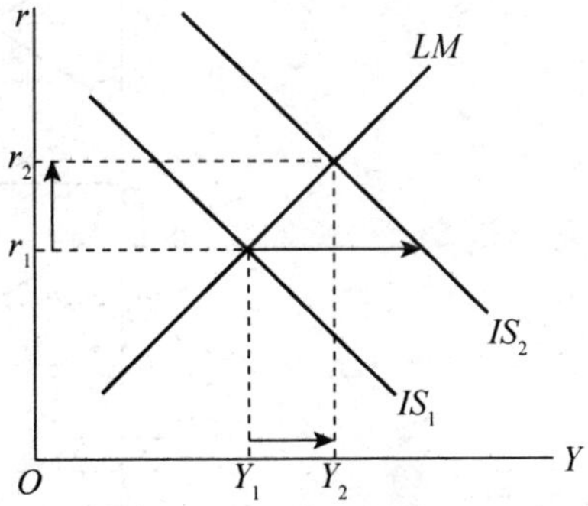

图 4－10　IS—LM 模型中政府购买增加的效果

我们发现存在产出增长量小于凯恩斯交叉图时的情况，这是因为政府购买提高了利率，从而挤出了私人投资，减少了产出增长量，这种情况被称为挤出效应。[①]

其次，考虑货币供给变化。货币供给量增加，使 LM 曲线向右移动，导致产出上升，同时利率下降（见图 4－11）。

在这个过程中，利率下降提高了私人投资，通过投资上升拉动了私人支出，从而提高了总产出。

在真实世界中，货币政策制定者可以调整 M 以应对财政政策的变化，或者反向操作。这样的相互作用可能改变原有政策变化的效果。例如，货币当局可以通过控制货币供给来控制利率，以抵消财政政策的挤出效应，如图 4－12 所示。

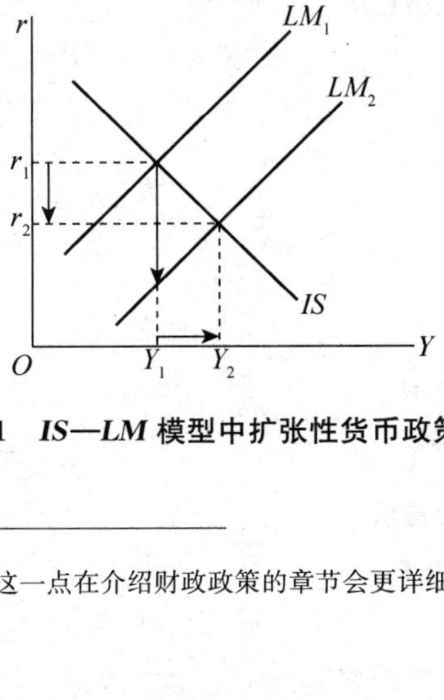

图 4－11　IS—LM 模型中扩张性货币政策的效果

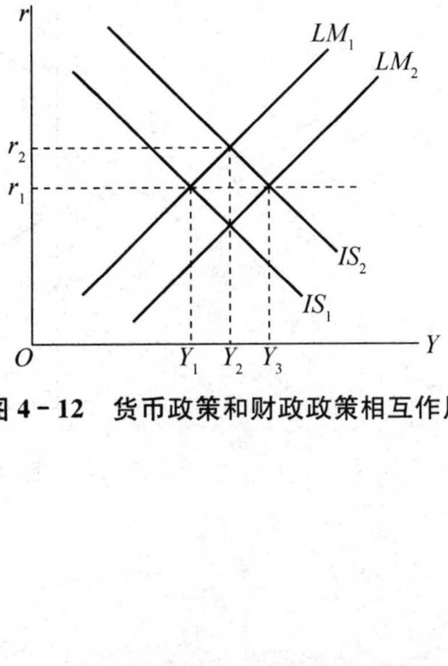

图 4－12　货币政策和财政政策相互作用

① 这一点在介绍财政政策的章节会更详细地加以考虑。

第三节　总需求

到目前为止，我们已经利用 $IS—LM$ 模型分析了短期——假定价格水平固定——的情况。不过，价格总水平 P 的变化可以移动 LM 曲线，从而影响总产出 Y。总需求曲线反映了价格总水平 P 和总产出 Y 之间的关系。其推导过程如图 4-13 所示。

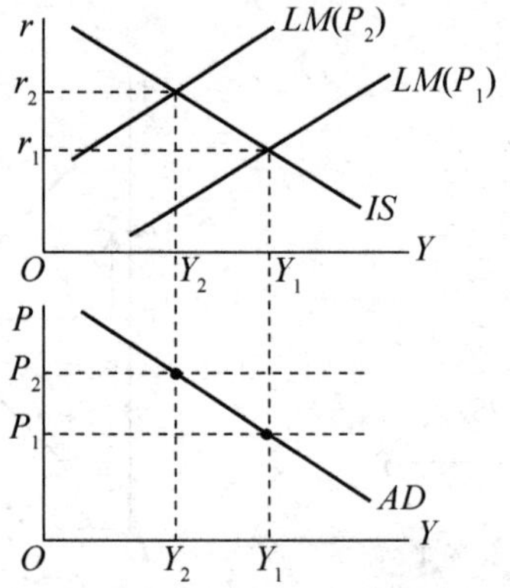

图 4-13　*IS—LM* 和总需求

这个过程背后的逻辑是：价格水平 P 的上升降低了实际货币余额 M/P，随着实际货币供给余额的降低，LM 曲线向左移动，这导致了利率 r 的上升，随着利率的上升，私人投资 I 下降，继而降低了产出 Y。所以，总需求曲线向右下方倾斜是因为货币的利率渠道。如果这个渠道不通畅，总需求曲线就相对平缓；如果私人投资对于利率反应灵敏，总需求曲线就比较陡峭。

总需求曲线的位置取决于货币政策和财政政策。首先来看货币政策。央行可以通过增加货币供给增加总需求。在名义货币供给量上升以后，LM 曲线向右移动，这导致了利率下降，从而提高了投资。因此，在任何一个价格水平上总需求量都上升了，从而导致总需求曲线向右移动。上述过程如图 4-14 所示。

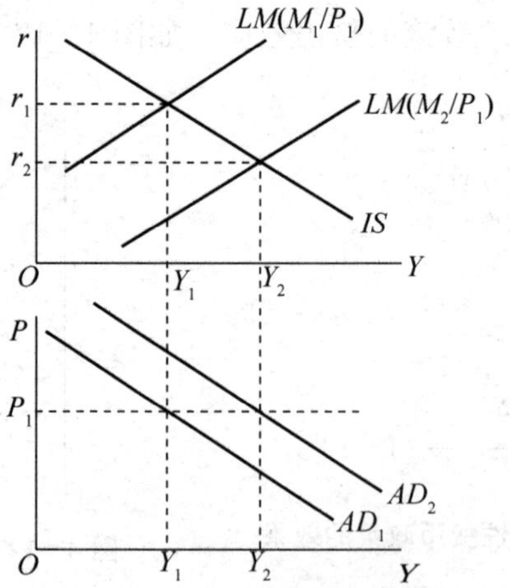

图 4-14　货币政策和总需求

其次考虑财政政策。扩张性财政政策（增加政府支出 G 或者降低税收 T）会增加总需求。这个过程背后的逻辑如下：如果降低税收，税收的下降会提高居民的可支配收入，从而提高消费。伴随着消费的提高，IS 曲线向右移动，从而在每一个价格水平上总需求都会提高，因此，总需求曲线向右移动。如果政府支出提高，那么 IS 曲线向右移动，从而在每一个价格水平上总需求都会提高，因此，总需求曲线向右移动。上述过程如图 4－15 所示。

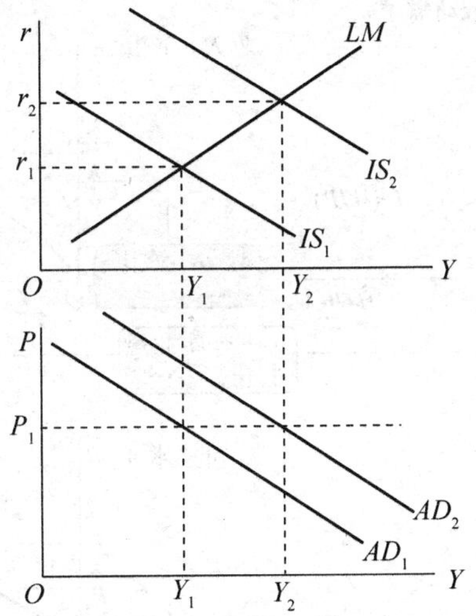

图 4－15　财政政策和总需求

第四节　短期总供给和菲利普斯曲线

一、短期总供给曲线

本节将利用黏性工资和黏性价格两种方法推导总供给曲线。这两个总供给模型都意味着短期内产出正向依赖于价格水平。短期总供给曲线的具体形式为：

$$Y=\bar{Y}+\alpha(P-P^e)\quad \alpha>0$$

其中 Y 表示经济中的实际产出，$\bar{Y}$ 表示潜在产出，即第 2 章获得的古典经济学的总供给曲线对应的产出，这时的产出位于自然率水平。P 表示价格总水平，P^e 表示期望的价格总水平。这个总供给曲线表明产出与价格水平偏离预期水平正相关。

（一）黏性工资模型

假设工人在签订合约的时候采用了名义工资。在这个环境下，厂商和工人协商合约，并且工人需要在他们知道价格水平之前确定名义工资。因此，他们确定的名义工资 w，等于目标实际工资 ω 和期望价格水平的乘积：

$$w=\omega\times P^e\Rightarrow\frac{W}{P}=\omega\times\frac{P^e}{P}$$

如果 $P=P^e$，那么失业和产出位于自然率水平；如果 $P>P^e$，那么实际工资小于目标值，因此厂商雇用更多的工人，产出超过自然率；如果 $P<P^e$，那么实际工资超过目标值，因此厂商雇用更少的工人，产出低于自然率。

在这个假设下，总供给曲线的推导过程如图 4-16 所示。

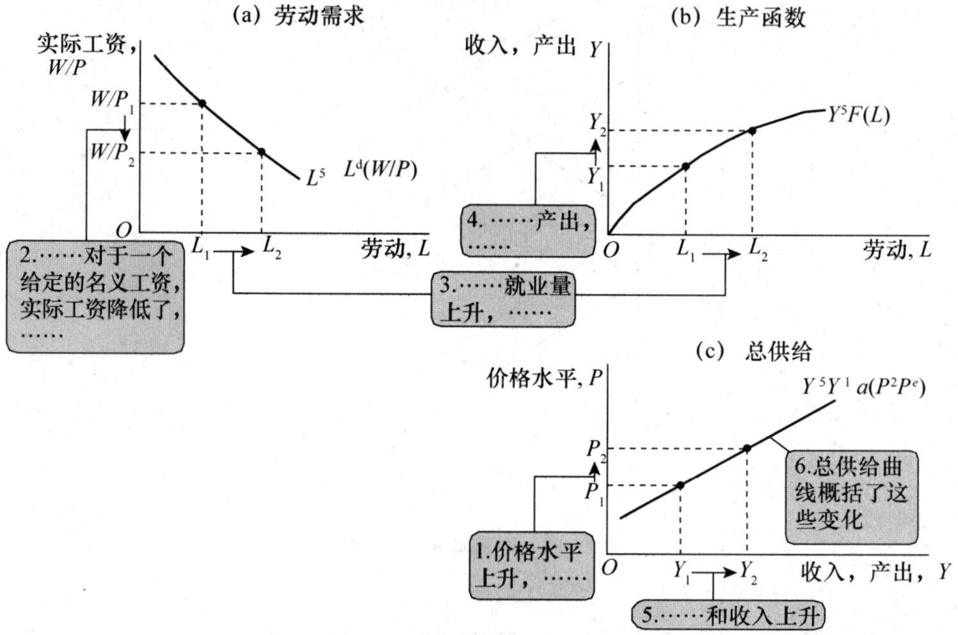

图 4-16 黏性工资与总供给

这个模型意味着实际工资应该是逆周期的，应该在经济周期中和产出变化方向相反：在繁荣时期，当 P 上升时，实际工资应该下降。在衰退中，当 P 下降时，实际工资应该上升。但是这与实际数据不符合，现实中，实际工资是顺周期的。因此，这个理论目前较少使用。

（二）黏性价格模型

这是目前最为主流的宏观经济学总供给模型。价格黏性是指企业不经常调整价格，并不会在需求变动后迅速进行价格调整。由于模型假设厂商设定价格，所以必须放弃古典和新古典模型总供给模型中的完全竞争市场假设，需要企业具有市场势力，例如企业位于垄断竞争环境。①

假设单个厂商的理想价格是：

$$p=P+a(Y-\bar{Y}),\quad a>0$$

其中 p 表示厂商设定的名义价格，P 表示一般价格水平，Y 表示实际产量，$\bar{Y}$ 表示潜在

① 本节利用黏性价格对于总供给曲线的分析直接假设黏性价格的存在性，不考虑存在的原因。对于原因的分析，参见下一章新凯恩斯宏观经济学。

产出。厂商之所以按照这个方式设定价格，是因为：

（1）一般价格水平 P 的上升导致了所有价格的上升，例如企业面临的要素价格。在这种环境中，企业的成本上升，从而需要提高自身产品的名义价格。

（2）随着产量的上升，企业的边际成本上升，这也推高了企业的价格。

假设有两种厂商。价格灵活的厂商如上设定价格。具有价格黏性的厂商，必须在它们知道 P 和 Y 之前设定价格：

$$p=P^e+a(Y^e-\bar{Y}^e)$$

令 s 表示黏性价格厂商的比率。那么，我们可以将价格总水平写作：

$$P=sP^e+(1-s)[P+a(Y-\bar{Y})]$$

整理可得：

$$P=P^e+\frac{(1-s)a}{s}(Y-\bar{Y})$$

当收入高的时候，商品需求较高，灵活价格厂商设定一个高价格。灵活价格厂商的比率越大，s 越小，ΔY 对于 P 的效果越大。最终，通过解出 Y 获得 AS 方程：

$$Y=\bar{Y}+\alpha(P-P^e),\quad \alpha=\frac{s}{(1-s)a}$$

与黏性工资模型相反，黏性价格模型意味着顺周期的实际工资。假设总产出和收入下降，那么，公司将看到其产品的需求下降。黏性价格公司减少产量，因此减少了劳动需求。劳动需求向左移动降低了实际工资。

在理解了总供给曲线后，我们可以将总需求和总供给曲线再次放在一起，来看看会有什么结果（见图 4－17）。假设经济最初位于稳态水平，此时发生了一个正向总需求冲击，总需求曲线从 AD_1 移动到 AD_2。这个总需求冲击将产出推过自然率水平，到达 Y_2，同时价格水平 P_2 超过了人们的预期水平。当人们观察到价格水平上升后，会提高预期价格，从而向上推动短期总供给曲线，这使得经济回到长期均衡点。

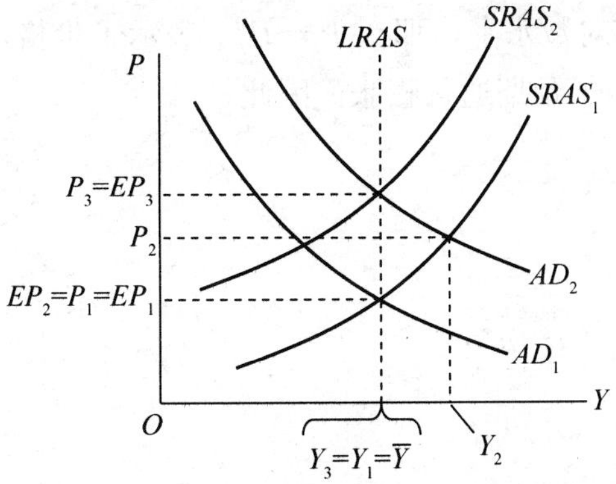

图 4－17　总需求与短期总供给曲线

二、菲利普斯曲线

如果发生了正向总需求冲击，那么经济将会沿着总供给曲线移动到更高的产出和价格水平。更高的产出意味着更低的失业。同时，相对于前一时期更高的价格水平意味着更高的通货膨胀。因此，当发生正向总需求冲击的时候，会导致更低的失业和更高的通货膨胀。这个过程产生了失业和通货膨胀的替代。这个关系我们称之为菲利普斯曲线。菲利普斯曲线实际上是短期总供给曲线的另一面，它表现了经济沿着总供给曲线变化时的通货膨胀与失业的替代关系。

菲利普斯曲线表明 π 依赖于预期通货膨胀 π^e、周期性失业（实际失业率和自然失业率的离差）和供给冲击 v。其形式为：

$$\pi=\pi^e-\beta(u-u^n)+\nu$$

其中 β 是一个大于零的外生参数。

正如前面看到的，我们可以从短期供给曲线中获得菲利普斯曲线。推导过程如下。

首先考虑前面分析的短期总供给曲线：

$$Y=\bar{Y}+\alpha(P-P^e)$$

为了方便获得通货膨胀，整理出价格水平为：

$$P=P^e+1/\alpha(Y-\bar{Y})$$

加上总供给冲击，例如铁矿石价格上涨，得到：

$$P=P^e+1/\alpha(Y-\bar{Y})+\nu$$

为了得到通货膨胀，两边减去上一期的价格水平

$$(P-P_{-1})=(P^e-P_{-1})+1/\alpha(Y-\bar{Y})+\nu$$

如果我们将价格理解为其对数水平，那么 $P-P_{-1}$ 表示了价格水平的变化率，即通货膨胀。同理，P^e-P_{-1} 表示了预期通货膨胀。因此，

$$\pi=\pi^e+1/\alpha(Y-\bar{Y})+\nu$$

利用奥肯定律，有：

$$1/\alpha(Y-\bar{Y})=-\beta(u-u^n)$$

可以得到：

$$\pi=\pi^e-\beta(u-u^n)+\nu$$

通过上面的分析，不难发现短期总供给曲线与菲利普斯曲线是相同的。只不过短期总供给曲线中产出依赖于价格水平的非预期部分，而在菲利普斯曲线中，失业率依赖于

通货膨胀的非预期部分。

菲利普斯曲线表明了通货膨胀产生的原因。在菲利普斯曲线中重要的是通货膨胀预期。一个最简单的情况是适应性预期，即假设人们利用最近观察到的通货膨胀形成他们对于未来通货膨胀的预期。例如，今年的预期通货膨胀等于去年实际通货膨胀率，即 $\pi^e=\pi_{-1}$。那么，菲利普斯曲线变为：

$$\pi=\pi_{-1}-\beta(u-u^n)+\nu$$

在这个形式中，菲利普斯曲线意味着通货膨胀具有惰性。在没有供给冲击和周期性失业的时候，通货膨胀会继续保持目前的速度。这其中的逻辑是过去的通货膨胀影响当前的通货膨胀预期，这又影响人们设定的工资和价格。

除了预期之外，通货膨胀的产生还有两个原因，即供给冲击和需求冲击。成本推进型通货膨胀指通货膨胀来自供给冲击。逆向供给冲击提高生产成本，引起厂商提高价格，“推动”通货膨胀。需求拉动型通货膨胀指通货膨胀来自需求冲击。总需求正向冲击引起失业率下降到自然率水平之下，向上“拉动”通货膨胀。

三、通货膨胀和失业之间的短期替代

在宏观政策制定中，政府需要降低失业和通货膨胀，但是，根据菲利普斯曲线，在短期中，如果预期给定，政策制定者面临 π 和 u 的替代。这个约束如图 4－18 所示。

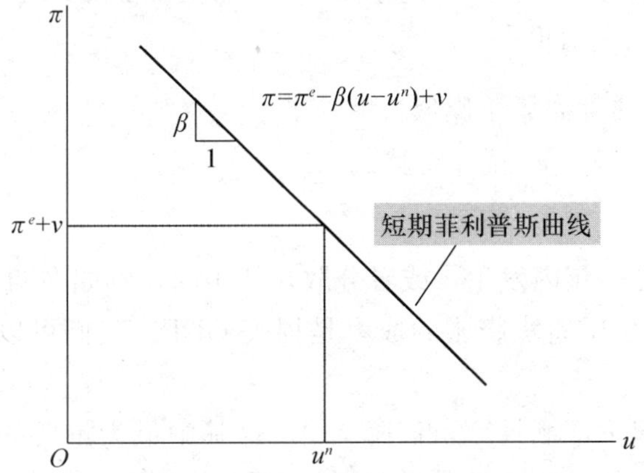

图 4－18　短期菲利普斯曲线

当失业率处在自然率水平时，通货膨胀率依赖于预期通货膨胀率和总供给冲击。参数 β 表示如果失业率改变一单位，那么通货膨胀率的改变量。这个时候，政府可以通过控制财政政策和货币政策操纵总需求曲线来选择不同的失业率和通货膨胀率的组合。这些组合就构成了短期菲利普斯曲线。

不过，在长期中，人们随着时间调整他们的预期，短期替代关系就不再成立。例如，通货膨胀预期上升使短期菲利普斯曲线向上移动（见图 4－19）。因此，在长期中，古典二分法再次成立。政府操纵总需求只能改变价格水平，而经济位于自然率水平上。在长期中，菲利普斯曲线是垂直的。

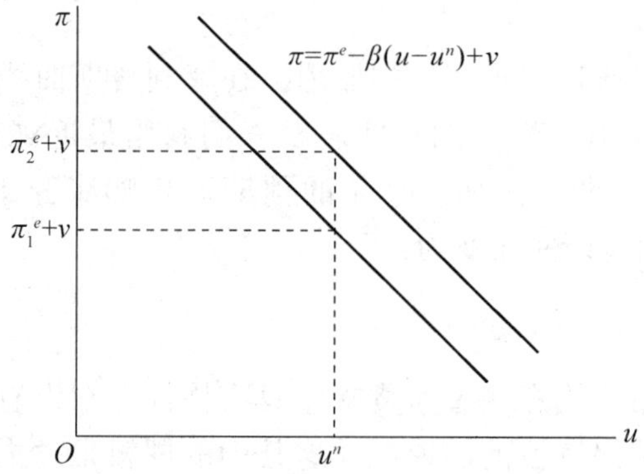

图 4-19　短期菲利普斯曲线的移动

四、反通货膨胀和牺牲率

根据短期菲利普斯曲线，为了降低通货膨胀，政策制定者可以收缩总需求，引起失业上升到自然率水平之上，从而降低通货膨胀。不过，因为这个过程引起了失业上升，就会带来产出的损失。牺牲率测量了为了减少通货膨胀 1 个百分点必须放弃的一年实际 GDP 的百分比。这个牺牲率取决于很多因素，如果给定牺牲率，我们就知道降低通货膨胀的成本是多少。

例如，如果牺牲率为 5，那么一个国家为了将通货膨胀率从 6%降低到 2%，必须损失一年实际 GDP 的 20%。即

$$\begin{aligned}\text{GDP 损失} &= \text{通货膨胀率降低} \times \text{牺牲率}\\ &= 4\% \times 5\\ &= 20\%\end{aligned}$$

当然，这个损失可以在一年内发生，或者分散在几年内，例如在四年内每年损失 GDP 的 5%。在上面的分析中，反通货膨胀的成本是损失 GDP。我们可以利用奥肯法则将这个比率换算成失业率。

不过，在某些情况下，牺牲率可以降为 0，这其中最为重要的情况就是人们的预期形成模式发生变化。例如，经济学假设人们具有理性预期，此时的牺牲率就为零。所谓理性预期是人们在预期的时候利用所有的信息。如果人们利用了所有信息，就会利用这个变量背后的真实模型，因此，变量 x 的理性预期等于其期望：

$$x^e = E[x \mid I]$$

将这个预期形成模式代入菲利普斯曲线，经济当事人会认识到政府改变总需求的后果。所以，菲利普斯曲线可以瞬间移动到经济当事人的新的预期点。这样，如果政府是可信的，当政府宣布政策之后，经济会自动跳跃到相应的新的长期均衡点，从而避免了从短期到长期的调整过程带来的牺牲。因此，在理性预期条件下，牺牲率可以为零。

第五节　凯恩斯模型 AD—AS 的框架

前面各节在假定价格外生给定的条件下解释了传统凯恩斯主义的总需求曲线的由来，并简要叙述了传统凯恩斯主义的短期总供给曲线以及菲利普斯曲线的内容。本节从具体的名义工资刚性的角度，建立完整的 AD—AD 模型，作为之前各节内容的一种一般性扩展。

如果劳动市场中存在着名义工资刚性，那么就意味着在凯恩斯模型中，劳动市场不能通过工资的灵活调整而得以出清。因此，我们必须区分劳动需求 L^D 和劳动供给 L^S。完整的凯恩斯模型表述如下：

$$Y=F(K, L)$$
$$w/p=F_L(K, L^D)$$
$$L^S=L^S\left(\frac{w}{p}\right)$$
$$C=C(Y_D, r)$$
$$I=I(q)$$
$$Y=C+I+G+\delta K$$
$$\frac{M}{p}=m(r, Y)$$

上述模型中的记号与前面各章相同。这里的 q 表示影响投资决策的托宾 q，Y_D 表示可支配收入。

当劳动需求 L^D 和劳动供给 L^S 不相等，且货币工资又不能够灵活调整而使二者匹配时，经济的就业量 L 究竟该如何决定呢？一种通常的做法是假定劳动需求总是得到满足，即存在着超额劳动供给。此时，上面的凯恩斯模型变为：

$$Y=F(K, L) \tag{4.1}$$
$$w/p=F_L(K, L) \tag{4.2}$$
$$C=C(Y-T-\delta K+(q-1)I, r) \tag{4.3}$$
$$I=I(q) \tag{4.4}$$
$$Y=C+I+G+\delta K \tag{4.5}$$
$$\frac{M}{p}=m(r, Y) \tag{4.6}$$

这一系统需要决定的内生变量是 Y、L、C、I、r 和 p。方程（4.1）和（4.2）描述了经济的总供给，而方程（4.3）～(4.6）描述了经济的总需求。我们将会发现，与上一章中讨论的古典模型不同的是，经济的短期总供给并不能够独立于短期的总需求而决定。具体而言，为了得到经济的总供给和总需求，我们考虑上述系统的全微分，然后通过代入消元法将方程（4.1）和（4.5）中除 $\mathrm{d}Y$ 和 $\mathrm{d}p$ 之外的内生变量消掉，可以得到：

$$dY=\frac{F_L^2}{F_{LL}}\frac{dw}{w}-\frac{F_L^2}{F_{LL}}\frac{dp}{p} \tag{AS}$$

$$\left\{1-C_1[1+(q-1)I'q_L+Iq_L]\frac{1}{F_L}+I'q_L\frac{1}{F_L}+[C_1(q-1)I'q_r+C_1Iq_r+C_2+I'q_r]\frac{m_Y}{m_r}\right\}dY$$

$$=-C_1dT+dG+[C_1(q-1)I'q_r+C_1Iq_r+C_2+I'q_r]\frac{1}{m_r}\left(\frac{dM}{p}-\frac{M}{p}\frac{dp}{p}\right)+[\delta(1-C_1)$$

$$+C_1(q-1)(I'q_k-I'q_L\frac{F_K}{F_L})+C_1\left(Iq_K-Iq_L\frac{F_K}{F_L}\right)-I'q_L\frac{F_K}{F_L}+I'q_K]d_K \tag{AD}$$

由此可知，总供给和总需求曲线的斜率分别为：

$$\frac{dp}{dY}=\frac{F_{LL}p}{F_L^2}$$

$$\frac{dp}{dY}=\frac{\left\{1-C_1[1+(q-1)I'q_L+Iq_L]\frac{1}{F_L}+I'q_L\frac{1}{F_L}\right\}m_rp^2}{[C_1(q-1)I'q_r+C_1Iq_r+C_2+I'q_r]M}-\frac{m_Yp^2}{M}$$

$$=-\frac{Jm_rp^2}{HM}-\frac{m_Yp^2}{M}$$

其中 $J\equiv1-C_1[1+(q-1)I'q_L+Iq_L]\frac{1}{F_L}+I'q_L\frac{1}{F_L}$。易知，总供给曲线的斜率为正，从而总供给曲线的图形如图 4－20 中的 AS 所示。

然而，为了确定总需求曲线的斜率，我们需要知道表达式 J 和 H 的符号，这就需要讨论凯恩斯模型确定的初始均衡的稳定性。我们假定，如果总需求超过了总供给，价格水平就会上升；而如果实际余额的需求超过供给，利率就会提高。于是，我们可构造价格和利率关于时间的动态系统如下：

$$\frac{dp}{d\tau}=\alpha(C+I+G+\delta K-F(K,L))$$

$$\frac{dp}{d\tau}=\beta\left(m(r,Y)-\frac{M}{p}\right)$$

其中函数 $\alpha(\cdot)$ 和 $\beta(\cdot)$ 满足：$\alpha'(\cdot)>0$，$\beta'(\cdot)>0$。将上述系统在初始均衡（p^*，r^*）附近做线性展开可得：

$$\frac{d}{d\tau}\begin{pmatrix}p-p^*\\r-r^*\end{pmatrix}=\begin{pmatrix}\alpha'J\frac{w}{p^2}\frac{F_L}{F_{LL}} & \alpha'H\\ \beta'\left(\frac{M}{p^2}-m_Y\frac{w}{p^2}\frac{F_L}{F_{LL}}\right) & \beta'm_r\end{pmatrix}_{(p^*,r^*)}\begin{pmatrix}p-p^*\\r-r^*\end{pmatrix}$$

记上述线性系统的特征根为 λ_1 和 λ_2，则有：

$$\lambda_1+\lambda_2=\alpha'J\frac{w}{p^2}\frac{F_L}{F_{LL}}+\beta'm_r$$

$$\lambda_1\lambda_2=\alpha'J\frac{w}{p^2}\frac{F_L}{F_{LL}}\beta'm_r-\alpha'H\beta'\left(\frac{M}{P^2}-m_Y\frac{w}{p^2}\frac{F_L}{F_{LL}}\right)$$

初始均衡的稳定性要求：$\lambda_1+\lambda_2<0$ 且 $\lambda_1\lambda_2>0$，即

$$\alpha' J\,\frac{w}{p^2}\frac{F_L}{F_{LL}}+\beta' m_r<0$$

$$J-H\,\frac{1}{m_r}\left(\frac{M}{w}\frac{F_{LL}}{F_L}-m_Y\right)>0$$

满足上述条件的一种情形是：

$$J=1-C_1[1+(q-1)I'q_L+Iq_l]\frac{1}{F_L}+I'q_L\,\frac{1}{F_L}>0$$

$$H=C_1(q-1)I'q_r+C_1Iq_r+C_2+I'q_r<0$$

这就是零解的稳定性条件。我们假定可支配收入的利率偏导数不能太大，从而可以保证 $H<0$。为了使上述稳定性条件得到满足，我们进一步假定家庭关于总收入的消费倾向小于 1，即

$$\frac{\partial C}{\partial Y}=C_1[1+(q-1)I'q_L+Iq_L]\frac{1}{F_L}<1$$

在这一假定之下，易知 $J>0$。

有了稳定性的保证，现在我们可以确定总需求曲线 AD 的斜率。由总需求曲线斜率的表达式可知，在系统的均衡稳定的前提下，总需求曲线的斜率为负，如图 4－20 中的曲线 AD 所示。图 4－20 中的总供给和总需求决定了均衡的实际产出和价格水平。需要特别指出的是，凯恩斯模型中的均衡可以是非充分就业的均衡。具体而言，如果某种外生的原因（比如，对于战争的某种预期导致了投资意愿的下降）导致总需求不足，并引起了失业，则失业的工人就应当降低对货币工资的要求。但是，在不完全竞争的劳动市场中，工资的刚性却阻碍了货币工资的向下调整，于是过高的实际工资必将导致劳动需求小于劳动供给，从而在我们假定经济中的就业由劳动市场的需求方决定的前提下，必然存在非自愿失业。此时，劳动市场的就业水平小于充分就业水平，从而实际的产出水平也就是非充分就业的均衡水平。

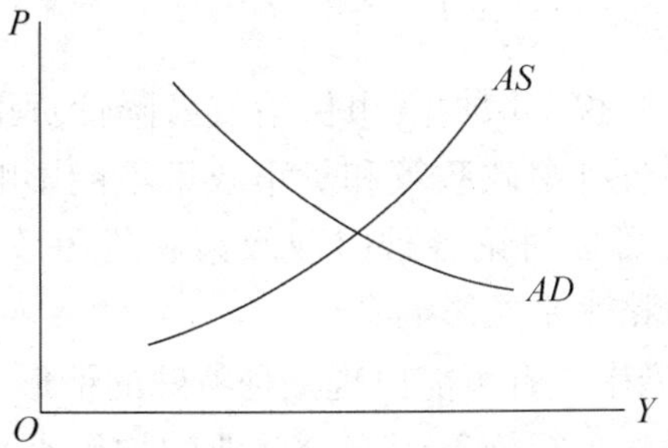

图 4－20　凯恩斯情形的 AS—AD 模型

但是，如果货币工资是灵活的，上述情况就可以通过凯恩斯效应得到改善，从而恢复到经济的充分就业状态。所谓“凯恩斯效应”，指的是货币工资的降低通过压低利率而刺激支出的间接效应。具体而言，过剩的劳动供给导致货币工资的下降，从而降低了厂

商的成本，使得价格水平下降。但是，价格的下降会扰乱原先的资产组合均衡，即价格水平下降相当于增加了实际的货币供给，按照我们对货币需求函数的假定，过剩的货币供给都将转化为非货币形式的金融财富，这必然引起实际利率的下降，而实际利率的下降将会增加家庭的消费和企业的投资，即增加对产品和劳动的总需求，在完全竞争的产品市场中，这会减缓价格水平的下降速度，因而当货币工资下降得比物价快时（即出现不平衡的通货紧缩），就会导致实际工资的下降，并带来就业的增加。货币工资和物价将继续被压低，直至恢复了充分就业和消除了过剩的劳动供给。

当然，除了凯恩斯效应之外，通常的财政政策和货币政策也可以起到刺激总需求从而恢复充分就业的效果。为了清楚地看到这一点，我们可以利用上述的 AS—AD 模型来分析各种财政政策、货币政策以及凯恩斯效应的效果。为此，利用总供给和总需求曲线消去 $\mathrm{d}p$，并令 $\mathrm{d}K=0$ 可得：

$$\left[J-H\frac{1}{m_r}\left(\frac{MF_{LL}}{WF_L}-m_Y\right)\right]\mathrm{d}Y=-C_1\mathrm{d}T+\mathrm{d}G+\frac{H}{m_r}\left(\frac{\mathrm{d}M}{p}-\frac{M}{p}\frac{\mathrm{d}w}{w}\right)$$

在上述方程中，由之前讨论的稳定性条件可知，$\mathrm{d}Y$ 的系数是正的，而方程右端全部是模型给定的外生变量，因此我们可以用 Y 关于 T、G、M 和 w 的偏导数来讨论各种政策的效果，即

$$\frac{\mathrm{d}Y}{\mathrm{d}T}=-\frac{C_1}{J-H\frac{1}{m_r}\left(\frac{MF_{LL}}{WF_L}-m_Y\right)}\leqslant 0$$

$$\frac{\mathrm{d}Y}{\mathrm{d}G}=\frac{1}{J-H\frac{1}{m_r}\left(\frac{MF_{LL}}{WF_L}-m_Y\right)}\geqslant 0$$

$$\frac{\mathrm{d}Y}{\mathrm{d}M}=\frac{H}{m_rp\left[J-H\frac{1}{m_r}\left(\frac{MF_{LL}}{WF_L}-m_Y\right)\right]}\geqslant 0$$

$$\frac{\mathrm{d}Y}{\mathrm{d}w}=-\frac{HM}{m_rpw\left[J-H\frac{1}{m_r}\left(\frac{MF_{LL}}{WF_L}-m_Y\right)\right]}\leqslant 0$$

也就是说，增加政府支出、减税、增加货币供给或者降低货币工资都能够带来刺激产出的效果，这就与古典模型中各种财政政策和货币政策不能影响产出水平的结果形成了鲜明的对照。类似地，我们还可以讨论各种财政政策和货币政策对就业水平、实际消费、实际投资、实际利率以及价格水平的影响。

在上面的 AS—AD 模型中，有可能出现一种特殊的情形，使得凯恩斯认为，即使货币工资是灵活的，经济也无法自行恢复到充分就业的均衡水平。这种特殊情形就是总需求曲线 AD 是一条垂直线，这种情形在 $m_r\to-\infty$ 或 $H=C_1(q-1)I'q_r+C_1lq_r+C_2+I'q_r\to 0$ 时发生。如果 $m_r\to-\infty$，则经济处于所谓的“流动性陷阱”状态，即实际利率的水平相当低，从而非货币形式的金融资产的市场价格相当高，因此对于任意数额的货币供给的增加，家庭都愿意以货币的形式持有；如果 $H=C_1(q-1)I'q_r+C_1Iq_r+C_2+$

$I'q_r \to 0$，则意味着实际利率对实际投资水平和实际消费水平都不能够产生影响，这是通常所说的“投资陷阱”的一种扩展情形。在这种特殊的情形之下，我们有：

$$\frac{d_Y}{d_T}=-\frac{C_1}{J}\leqslant 0,\quad \frac{d_Y}{d_G}=\frac{1}{J}\geqslant 0,\quad \frac{d_Y}{d_M}=0,\quad \frac{d_Y}{d_w}=0$$

也就是说，货币供给量和货币工资的变化不能通过实际利率的调节机制即凯恩斯效应来影响总需求，从而对于经济受到需求冲击之后恢复均衡也就无能为力了。相反地，此时财政政策的效果明显，即税收和政府支出的变化对总需求的影响依然有效。

最后，我们利用大家熟悉的 *IS*—*LM* 系统来阐述凯恩斯模型中出现“流动性陷阱”时产生非充分就业均衡的机制（见图 4－21）。

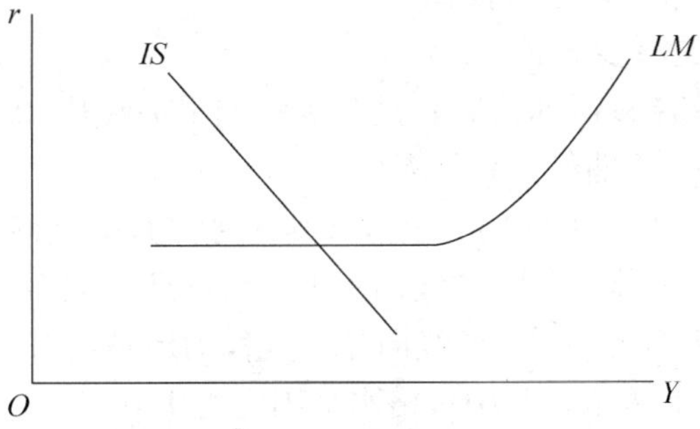

图 4－21　流动性陷阱

由图 4－21 可知，经济处于“流动性陷阱”时，需求的负冲击引起了失业，均衡的恢复需要总需求的上升。此时要么由于货币工资的向下刚性使得经济无法恢复充分就业，要么即使在货币供给改变或者货币工资可以灵活调整的情况下，*LM* 曲线的外移也并不能通过凯恩斯效应带来实际利率的下降，从而提高总需求以恢复充分就业。也就是说，在这样的凯恩斯模型中，实际的产出水平是超定的，即总供给确定的产出水平不能与产品市场和货币市场均衡时 *IS* 和 *LM* 曲线确定的产出水平相一致。

思考与练习

1. 考虑一个适用凯恩斯交叉分析的封闭经济。消费由方程 $C=200+2/3(Y-T)$ 给定。计划投资、政府支出和税收都是 300。

a. 如果 $Y=1\ 500$，计划支出将是多少？存货增加或减少多少？均衡收入高于还是低于 1 500？

b. 均衡收入是多少？（提示：将计划消费、投资和政府支出代入等式 $Y=C+I+G$，然后解出 Y。）

c. 均衡的消费、私人储蓄、公共储蓄和国民储蓄是多少？

d. 当政府支出减少至等于 200 时，均衡收入将减少多少？政府支出乘数是多少？

2. 假定消费函数 $C=200+0.5(Y-T)$ 给定，投资函数为 $I=1\ 000-200r$，其中 r

是利率，G 等于 300，T 等于 200。

a. IS 曲线的数学公式是什么？（提示：将 C、I 和 G 代入等式 $Y=C+I+G$，然后写出以 r 表示的 Y 的函数或以 Y 表示的 r 的函数。）用两种方式表示该等式。

b. IS 曲线的斜率是多少？（提示：IS 曲线的斜率就是以 r 表示的 Y 的函数中 Y 的系数。）

c. 如果 $r=1\%$，I 和 Y 是多少？如果 $r=3\%$，I 和 Y 是多少？如果 $r=5\%$，I 和 Y 是多少？

d. 如果 G 增加，IS 曲线向右上方移动还是左下方移动？

3. 假定货币市场的均衡可以被描述为 $M/P=0.5Y-100r$，M/P 等于 800。

a. 用两种方式写出 LM 曲线，以 r 表示 Y 的函数，以 Y 表示 r 的函数。（提示：LM 曲线仅包含 Y 和 r；将 M/P 替换掉。）

b. LM 曲线的斜率是多少？

c. 如果 $r=1\%$，沿着 LM 曲线，Y 是多少？如果 $r=3\%$，沿着 LM 曲线，Y 是多少？如果 $r=5\%$，沿着 LM 曲线，Y 是多少？

d. 如果 M/P 增加，LM 曲线向左上方移动还是向右下方移动？

e. 如果 M 增加，P 不变，LM 曲线向左上方移动还是向右下方移动？

f. 如果 P 提高，M 不变，LM 曲线向左上方移动还是向右下方移动？

4. 假定经济模型如下所示，其中价格水平固定为 1.0：

$C=0.8(Y-T)$

$T=1\,000$

$I=800-20r$

$G=1\,000$

$Y=C+I+G$

$M^s/P=M^d/P=0.4Y-40r$

$M^s=1\,200$

a. 计算出 IS 曲线的数学公式，其中 Y 是仅关于 r 的式子。（提示：代入 C、I、G、T。）

b. 计算出 LM 曲线的数学公式，其中 Y 是仅关于 r 的式子。（提示：代入 M/P。）

c. 求出短期均衡 Y、r、$Y-T$、C、I、私人储蓄、公共储蓄和国民储蓄的值。请用 $C+I+G=Y$ 及国民储蓄等于 I 来检查你的计算结果是否正确。

d. 如果 G 增加 200，在短期均衡中 Y 会增加多少？政府购买乘数是多少？（提示：用 Y 的变化量除以 G 的变化量。）

e. 假定 G 回到原来的水平 1 000，同时 M^s（货币供给）增加 200，在短期均衡中 Y 会增加多少？货币供给乘数是多少？（提示：用 Y 的变化量除以 M^s 的变化量。）

5. 假定经济中有下列等式：

$C=100+2/3(Y-T)$

$T=600$

$G=500$

$I=800-50/3r$

$M^s/P=M^d/P=0.5Y-50r$

a. 计算出该经济中用数字表示的 IS 曲线，用 G、T、r 来表示 Y。

b. 计算出该经济中用数字表示的 LM 曲线，用 M/P、Y 来表示 C。

c. 假定 $P=1.0$ 和 $M=1\ 200$，求出 Y、r 的均衡值。当 $P=2.0$ 时，Y 和 r 如何改变？通过计算 C、I、G 来检验。

d. 计算出该经济中用数字表示的总需求曲线，用 G、T、M/P 来表示 Y。

6. 假定一个经济可以被这样描述：IS 曲线由 $Y=3\ 600+3G-2T-150r$ 给定，LM 曲线由 $Y=2M/P+100r$（或者 $r=0.01Y-0.02M/P$）给定，该经济的投资函数为 $I=1\ 000-500r$，消费函数为 $C=200+2/3(Y-T)$。该经济的长期均衡产出为 4 000，价格水平 $P=1.0$，$M=1\ 200$。

a. 假定政府支出固定为 1 200，如果政府想使投资水平达到 900 同时产出 Y 达到 4 000，所需的利率水平应该为多少？为了达到两个目标，T 和 M 应该达到什么水平？（提示：用 $C+I+G=Y$ 来检查你的计算结果。）

b. 现在假定政府想要降低税收至 1 000，$G=1\ 200$、$Y=4\ 000$ 时利率为多少？M 和 I 的值应该是多少？私人储蓄、公共储蓄和国民储蓄水平为多少？（提示：用 $C+I+G=Y$ 来检查你的计算结果。）

c. 哪组政策是紧缩的财政政策和宽松的货币政策？哪组政策是宽松的财政政策和紧缩的货币政策？哪个政策组合最能刺激投资？

7. 在解释减税效果时候，有人认为："当人们有更多的钱时，他们可以把更多的钱花在产品和服务上。"

a. 在 IS—LM 模型中，减税是否会改变经济中的货币供给？货币供给的变化是否会使 IS 曲线或 LM 曲线移动？

b. 在 IS—LM 模型中，减税是否会使 IS 曲线或 LM 曲线移动？

c. 基于你在 a 和 b 中的回答，你如何接受上述对于经济的论述？你建议如何修改上述论述，使得其与 IS—LM 模型一致？

8. 两个相同的国家，A 国和 B 国，均可以用凯恩斯交叉模型描述。每个国家的边际消费倾向都是 0.9。国家 A 决定增加 20 亿美元的政府支出，而国家 B 决定减少 20 亿美元的政府税收。哪个国家新的均衡水平更高？

9. 两个相同的国家 α 和 β 在短期中均可以用 IS—LM 模型来描述。两个国家的政府对税收减征同样的量，α 的央行遵循保持货币供给不变的政策，β 的央行遵循保持利率不变的政策。比较 α 和 β 两国税收的减少对收入和利率的影响。

10. 如果通货膨胀是坏的，那么为什么通货紧缩不是好的呢？运用 IS—LM 模型解释通货紧缩是如何引起产出减少的。

11. 假设一个经济体遵循的菲利普斯曲线是 $\pi=\pi^e-0.5(u-0.06)$，$\pi=(P-P_{-1})/P_{-1}$，$\pi^e=(P^e-P_{-1})/P_{-1}$，且自然失业率为 0.06。进一步假设 $\pi^e=\pi_{-1}$，且在第 0 期 $\pi=0.03$，$\pi^e=0.03$。也就是说，这个经济的通货膨胀率稳定在 3%。

a. 假设政府决定不惜一切代价将失业率降低至 0.04，并假定政府将从第 1 期至第 5 期一直遵循这个政策，请给出这 5 期的 π 与 π^e 的表。

b. 假设从第 6 期到第 10 期政府打算将失业率保持在 0.06，请给出这 5 期的 π 与 π^e

的表。是否有理由预期通货膨胀率将返回到0.03?

c. 如果政府坚持在a中的行为，你认为公众是否会根据$\pi^e=\pi_{-1}$持续长期形成预期？为什么?

12. 假设经济最初处于自然率水平，利用总需求与总供给模型（利用向上倾斜的短期总供给曲线），绘图说明政府通过减少支出来产生预算盈余对价格和产出的长期和短期影响。

13. 假设经济最初处于自然失业率状态。

a. 用菲利普斯曲线绘图说明对于未预期到的扩张性货币政策，通货膨胀率和失业率在短期和长期分别是如何变化的。

b. 用菲利普斯曲线绘图说明当人们有理性预期时，对于宣布的可靠的扩张性货币政策，通货膨胀率和失业率在短期和长期分别是如何变化的。

14. 低地国的菲利普斯曲线为$\pi=0.04-0.5(u-0.05)$，π是实际通胀率，u是失业率。高地国的菲利普斯曲线为$\pi=0.08-0.5(u-0.05)$。目前，这两个国家的失业率都为9%。

a. 解释低地国和高地国菲利普斯曲线的相同点。

b. 解释低地国和高地国菲利普斯曲线的不同点。

c. 当这两个国家的政策制定者试图减少短期失业的时候，哪个国家面临更大的权衡?

15. 一个经济体最初在自然率水平达到均衡状态，随后央行增加了货币供给。结合AD—AS模型用图形对短期货币非中性和长期货币中性加以解释。

参考文献

凯恩斯. 就业、利息和货币通论. 北京：商务印书馆，2009.

第5章

新凯恩斯宏观经济学

在过去20多年的时间中，新凯恩斯宏观经济学是宏观经济学家和政策制定者使用的主流理论。在各种教材中，新凯恩斯宏观经济学是理解经济活动和通货膨胀的波动，及其与货币政策和财政政策关系的基本框架。研究人员广泛采用新凯恩斯宏观经济学作为基准模型，用于分析各种宏观经济现象。新凯恩斯主义模型也是各国中央银行和政府机构开发和使用的动态随机一般均衡（DSGE）模型①的核心。

新凯恩斯宏观经济学是具有凯恩斯主义宏观经济学倾向的经济学家面对新古典经济学做出的理论反应。从前面一章可以看出，凯恩斯主义认为，市场经济存在着广泛的非自愿失业，总需求波动是短期经济变化的主要原因。凯恩斯主义非常强调财政政策和货币政策的作用，尤其是货币政策②在矫正经济波动中的作用。为了给这两点理念提供理论基础，凯恩斯主义（以新古典综合派为代表）认为，面对供给数量和需求数量的不平衡，价格是缓慢调整的。在这个假设下，数量就只能在供给或者需求的短边处取得均衡。众多学者（Patinkin，1956；Clower，1965；Leijonhufvud，1968；Barro and Grossman，1971；Benassy，1975；Dreze，1975；Malinvaud，1977）在“非均衡”概念下讨论了数量调整机制。20世纪七八十年代，面对经济中出现的滞胀现象和新古典宏观经济学从经济行为人决策的微观基础和一般均衡框架角度的理论攻击，传统凯恩斯理论出现了危机。新凯恩斯主义经济学家开始强调价格调整的微观基础和理性预期概念基础上的前瞻行为。新凯恩斯宏观经济学在对这些问题进行强调的时候并不是一个具有一致理论的学术团体。总体来看，新凯恩斯宏观经济学中主流群体强调价格调整缓慢的微观机制，在垄断竞争框架下讨论企业的定价问题。另一部分经济学家强调非自愿失业等现象不依赖于价格调

---

① 下一章将介绍一个简化的动态随机一般均衡模型。

② 凯恩斯本人是不是支持货币政策有很大争议。货币政策更多是在弗里德曼对新古典综合理论进行挑战之后大量纳入凯恩斯宏观经济学的。菲利普斯曲线表明了名义变量（通货膨胀）对实际变量（周期性失业）有影响。以此为基础，作为货币现象的通货膨胀就将货币政策逐渐置于政策分析的中心地位。

整迟缓，价格灵活反而可能会导致更大的经济波动。原因是经济波动来自市场失灵，或者说经济存在“协调失灵”，最有代表性的市场失灵来自信息不对称。本章主要从这两个方面对新凯恩斯主义理论进行介绍。由于主流理论更多地强调价格调整的微观基础，本章重点介绍相关理论。

第一节　名义价格调整

一、费希尔和泰勒的模型

在新古典宏观经济学采取灵活价格环境来解释货币政策实际效果的时候，新凯恩斯主义者相信工资和价格黏性是合理的，只是需要在理性预期的条件下寻找到合适的微观基础。为此，他们构造了一系列具有微观基础的工资和价格黏性模型。费希尔（Fischer，1977）和泰勒（Taylor，1980）开始了最早的探索，他们为后来的研究指明了方向。

首先考察费希尔（Fischer，1977）的模型。如布兰查德（Blanchard，1990）所说，这个模型的结构可以描述如下：

$$y=(m-p)+u \tag{5.1}$$

$$y=-(w-p) \tag{5.2}$$

$$w=E_{-1}(p) \tag{5.3}$$

同样，在这个模型中所有变量都是用对数值表示的。式（5.1）表示了总需求。总需求依赖于经济中的真实货币存量和需求冲击 u，为了简化分析过程，假设总需求对于真实货币存量的弹性为1。式（5.2）是总供给方程，同样为了简化分析过程，假设总供给对于真实工资的弹性为－1。式（5.3）是名义工资决定方程，表明名义工资是在上一期决定的，即利用上一期的信息决定一个货币工资从而获得一个稳定的真实工资。这样，就保证了名义工资可以不根据本期的信息变化而变化，从而具有了一期黏性。

可以利用求解理性预期差分方程的标准方法求解这个经济系统。将名义工资代入总供给方程，利用总供给和总需求相等就可以求得均衡条件下的名义工资为 $w=E_{-1}(p)=E_{-1}(m)+E_{-1}(u)$。这说明工资的制定依赖于从上一期对本期名义货币供给量和需求冲击的预期。这样就可以利用总供给方程获得均衡产出为：

$$y=1/2[m-E_{-1}(m)+u-E_{-1}(u)]$$

从中不难看出，只有当货币供给没有被预期到的时候才会影响产出。这与不完全信息模型是类似的。不过，这两类模型在货币冲击的传递渠道上是不同的。不完全信息模型强调的是在不完全信息条件下，厂商误以为由货币供给增加引起的价格总水平上升是对其产品的相对需求上升引起的相对价格上升，从而增加供给量。在工资的一期预先决定模型中，由于工人没有预测到货币供给量上升，从而将工资制定得较低。在本期货币供给量上升，从而价格水平上升，由于名义工资水平是一定的，所以真实工资下降，这样，厂商就增加了供给。这种名义工资黏性强调了传统凯恩斯主义的影响渠道。

下面我们来考察泰勒（Taylor，1980）模型。如布兰查德（Blanchard，1990）所说，这个模型的结构可以描述如下：

$$y=m-p \tag{5.4}$$

$$p=1/2(w+w_{-1}) \tag{5.5}$$

$$w=1/2[p+E_{-1}(p_{+1})]+(1/2)a[E_{-1}(y)+E_{-1}(y_{+1})] \tag{5.6}$$

与前面类似，式（5.4）表示总需求。式（5.5）表示价格总水平方程。在泰勒模型中，工资的制定和费希尔模型有一些差别。在这个模型中，工资不仅是预先制定的，而且会持续两期，也就是在两个时期内都会维持同样的工资水平。同时，不是所有的人同时改变工资，而是一个交错的过程，有一半的工人改变工资，另一半的工人在下一期改变工资。这样，在当前这期中，有一半的工人制定工资，工资水平为 w，而另一半工人的工资还保持在上一期的水平 w_{-1}。加权平均就获得了价格总水平。式（5.6）表示了工资决定方程。工资水平应该随着价格总水平和产出的上升而上升，但由于工资水平需要持续两个时期，所以在工资决定中包含了对于未来一期的预期。

利用式（5.5），工资水平可以写作：

$$w=1/2[w_{-1}+E_{-1}(w_{+1})]+a[E_{-1}(y)+E_{-1}(y_{+1})]$$

这表明工人只在乎相对工资，也就是现在没有调整工资水平的那一部分工人的现有工资和他们调整后的工资水平。

布兰查德（Blanchard，1990）假设名义货币供给满足随机游走，从而获得了这个模型的一个很简单的解：

$$w=kw_{-1}+(1-k)m_{-1}$$

$$p=1/2(w+w_{-1})$$

$$y=(m-p)$$

从中可以看出，没有预期到的货币供给量的增长首先会完全作用在总产出上。这是因为，由于在当期决定工资的那部分工人的工资水平由上一期的货币供给决定，所以本期的货币供给对之没有影响。同时，另一部分工人的工资还维持在上一期的水平。这样，总价格水平就不变，从而货币存量的增加完全作用在产出上。在下一期制定工资的时候，这部分货币存量的增加才会影响工资，但影响程度由参数 $1-k$ 决定，并不会带来完全的影响。同时，由于还有一部分工人的工资不变，所以产出不会完全恢复到原来的均衡水平，是根据参数 $1-k$ 逐渐恢复的。这样，在这个模型中，货币供给的产出效果持续的时间就较长。这是与费希尔模型的一个重要差别，是由工资的交错决定造成的。这说明了交错定价方式相对于同时移动价格的方式的一个优点，这为以后主要研究交错定价奠定了基础。然而，在泰勒模型中，货币供给增加的实际效果在当期立刻达到了最大值，没有延迟，这点与实际数据并不吻合。

这两个模型对于理性预期条件下工资和价格黏性导致名义货币具有实际效果这个论点提供了初步的解答，但还不完善。要保证货币供给冲击具有长期的实际效果需要经济中具有实际黏性，这是货币冲击产生效果的必要条件。所谓实际黏性就是在给定工资

(产品市场价格)的条件下,面对需求的移动,产品市场(劳动市场)的调整主要集中在产量(雇用量)而不是价格上。在这种条件下,价格缓慢调整才会保证产出的持久变化。这方面现在没有统一的理论做出解释,比较好的理论就只有效率工资理论(Akerlof,1982;Shapiro and Stiglitz,1984;Yellen,1984;Katz,1986),货币冲击产生实际效果的充分条件是经济具有名义黏性,即名义工资或者价格的缓慢调整。在上述两个模型中,名义黏性体现在工资制定是提前一期和交错决定的,但这二者还没有一个合理的微观基础。由于名义黏性是名义货币具有实际效果的充分条件,后继的研究都集中于名义黏性的产生原因和具体形式。

二、名义黏性的微观基础

前述模型是直接假设价格黏性的形式。但是,价格黏性的微观基础是什么?价格具备名义黏性的一个必要条件是厂商拥有产品的定价权。如果厂商没有定价权,那么就谈不上厂商面对需求移动调整价格的问题。因此,要讨论名义黏性的原因,就需要放弃完全竞争的市场结构,采用垄断竞争的形式。同时,对于名义黏性的讨论包括静态环境和动态环境两种。前者讨论了在一个时期内厂商为什么面对需求变动不调整价格,后者讨论了厂商在一系列时间点上的价格决策。

先来考察静态环境的名义黏性产生原因。这一般被归结为"菜单成本",也就是在调整价格时厂商面对的调整成本,例如重新印制价格标签等。曼昆(Mankiw,1985)首先提出了这个概念,其他学者(Akerlof and Yellen,1985;Ng,1986;Blanchard and Kiyotaki,1987)对这个问题进行了扩展。这里以布兰查德和清泷信宏(Blanchard and Kiyotaki,1987)为例进行相关的讨论。

在他们的模型中,一共有 n 个厂商提供相互之间略有差异的产品。厂商 i 的需求是相对价格 p_i/p 的减函数,其中 p 表示了市场的价格水平。同时需求是真实货币余额 M/P 的增函数,因为真实货币余额实际上代表了市场的平均需求水平。厂商面临向上倾斜的边际成本曲线。边际收益和边际成本相等决定了每个厂商的均衡产出和价格。在对称均衡条件下,所有厂商要求的价格都是相等的,这时相对价格等于1,然后利用产量可以决定真实货币余额和价格总水平。

这个垄断竞争均衡具有一个外部性。这时候如果有一个厂商轻微降低价格,其结果是两方面的。首先,这会提高对这个厂商所提供产品的需求。其次,这会略微降低价格总水平,从而将每个厂商的需求曲线都向上移动。由于在均衡时,利润对于价格的一阶导数为零,二阶导数小于零,所以,厂商不会有动力降低价格。可是,这时如果所有厂商都轻微降低价格,那么价格总水平就会下降,总需求曲线就会向上移动。这会导致总产量上升。我们知道,垄断竞争条件下的产出小于社会最优(完全竞争)条件下的产出,所以,总产量的上升可以带来福利水平的一阶提高。但这没有厂商行动的微观激励。在这种外部性存在的条件下,如果存在阻碍价格调整的菜单成本,那么就会产生名义价格黏性。我们考虑名义货币存量轻微上升的情形。在给定的价格水平上这会带来需求的上升和产量的提高,这是社会福利的一阶提高。然而,这个时候厂商价格只应该有微弱的调整，这只会给厂商带来二阶的利益。因此，如果有一个大于这个收益的二阶的价格调整成本，那么厂商就不会调整价格。从而真实货币余额上升，产量也随之上升。这样，小的菜单成本（二阶）可以带来大的实际后果（一阶）。

不过，上面的讨论集中于货币的轻微变动。如果货币存量变动巨大，那么厂商调整价格的收益就很大，这时需要多大的菜单成本来阻止价格变动呢？这依赖于厂商的生产技术特征和市场结构。如果厂商的技术使得边际成本曲线很平缓，那么根据边际收益等于边际成本决定的价格就会和货币供给量变化以前的价格相差不多，从而仅仅需要很小的菜单成本就可以减缓价格的变动。如果不能保证这一条件，那么所需要的菜单成本就会很高，菜单成本理论就会遇到很大的困难。另外一个影响因素是需求对于相对价格的弹性。如果这个弹性不大，那么厂商不改变价格的损失就会很小，这时就不需要很大的菜单成本。

菜单成本理论除了需要上述两个条件外还会涉及多均衡问题。在存在菜单成本的条件下，名义货币供给的增加可能导致两个均衡，一个是所有厂商都提高价格，另外一个是所有厂商都不改变价格。这是由于总体价格变动对厂商个体定价有两方面的影响造成的。首先，在价格水平上升的时候，厂商的相对价格下降，这时厂商有动力提高价格。其次，价格水平上升导致真实货币余额下降，从而需求下降，这样，厂商也有降低价格的激励。在需求对于相对价格的弹性大于真实货币余额变动对需求的影响时，第一种效果占主导，这时厂商会提高价格。这种条件被称为“策略互补”，也就是价格总水平的上升促使单个厂商提高价格。在这种情况下货币供给量的增加就可能导致两个均衡。这是因为如果每个厂商都提高价格，那么这对每个厂商都有好处。当然，厂商也可以选择不改变价格。鲍尔和罗默（Ball and Romer，1987）以及罗特博格（Rotemberg，1987）就讨论了这种情况。

这样，通过对于垄断竞争厂商附加价格调整成本限制可以在一定条件下解释为什么厂商面对需求的变动不调整价格。将这个想法推广到动态中去，厂商就不会经常调整价格，而是等到需求条件的变化累积到一定程度后调整价格。目前对于厂商动态价格调整规则的分析包括两种：一种是时间规则，就是厂商在一定的时间后调整价格，而这个时间的决定与经济环境无关，是一个模型参数；另一种是状态规则，即厂商当其价格水平达到一定的状态后调整价格。由于目前理论界对于依状态规则的研究没有成为主流（Moscarini，2004），这里只考虑时间规则。

费希尔（Fischer，1977）和泰勒（Taylor，1980）讨论了最简单的时间规则，他们假设工资调整的时间间隔是一定的，前者是一期，后者是两期。但这两者有时是有区别的，前者所有劳动者同时调整工资，后者是交错调整。我们已经看到，交错调整会使名义冲击产生较长时期的实际效果。这是一个十分优越的地方。不过，调整时间固定似乎是一个先验的假定，还没有比较合理的解释。

现在最流行的时间规则是卡尔沃（Calvo，1983）的随机交错定价模型。卡尔沃模型假定厂商在每一期以一个固定的概率 η 不能调整价格，这可能是由价格调整成本造成的。这样，这个参数就表明了厂商定价的黏性程度，概率越大说明厂商调整价格越困难，概率越小说明厂商能越频繁地调整价格。这个概率是固定的，不依赖于厂商最近一次调整价格的时间，如果厂商在 t 期调整了价格，那么这个价格一直维持到 $t+j$ 期的概率为 η^j，厂商在 j 期第一次调整价格的概率为 $(1-\eta)\eta^{j-1}$。因此，厂商在制定价格后，这个价格可以维持的时间就成为一个随机变量，这个随机变量的期望值为：

$$1(1-\eta)+2(1-\eta)\eta+\cdots+(j+1)(1-\eta)\eta^j+\cdots=\frac{1}{\eta}$$

同样考虑一个类似于布兰查德和清泷信宏（Blanchard and Kiyotaki，1987）模型中的垄断竞争环境。厂商 i 的需求是相对价格 p_i/p 的减函数，其中 p 表示市场的价格水平。在这种环境下，市场的平均价格实际上是上一期价格和本期新制定价格的加权平均，可以表示为 $P_t=\eta P_{t-1}+(1-\eta)P_t^*$。这是因为所有厂商中 η 比率的厂商不改变价格，而其余的厂商制定新的价格。下面我们来考虑一下厂商如何制定新价格。在新凯恩斯模型中，厂商都是前瞻性的，也就是厂商知道价格需要维持一段时间，这个维持的时间满足上面所说的条件。这样，厂商就需要预测未来一段时间的市场价格水平。在这种条件下，厂商的定价可以表示为（Rotemberg，1987）：

$$\begin{aligned}P_t^* &=(1-\beta\eta)\sum_{j=0}^{n}(\beta\eta)^j E_t(\psi_{t+j}+P_t)+x_{pt}\\ &=\beta\eta E_t(P_{t+1}^*)+(1-\beta\eta)(\psi_t+P_t)+x_{pt}-\beta\eta E_t(x_{p,t+1})\end{aligned}$$

其中 β 表示时间贴现率，ψ_t 表示真实边际成本，因此，在对数的环境中，ψ_t+P_t 就表示名义边际成本。因此，厂商的定价是对未来名义边际成本的一个加权平均。这实际上是垄断厂商定价公式的推广。在没有价格调整成本的静态环境中，垄断厂商的最优定价就是当期边际成本的加成。不过，在动态环境中，边际成本的变化对厂商定价的影响并不是固定的。这依赖于边际成本的变化是永久的还是暂时的。如果是永久的变化，那么对定价的影响为：

$$(1-\beta\eta)\sum_{j=0}^{\infty}(\beta\eta)^j=1$$

这表明厂商会成比例地提高价格。而如果变化是暂时的，只影响 t 期的边际成本，那么对厂商价格的影响仅为 $1-\beta\eta$。

假定厂商的真实边际成本与产出缺口正相关，相关性利用参数 h 衡量，那么 $\psi_t=h(y_i-\bar{y}_t)$。因为实际边际成本本质上反映了劳动工资，所以这样的假定实际上没有对劳动市场进行研究。这一点实际上是后来许多争论的来源，目前对于这个假定的合理性还没有定论。将边际成本的表达式代入厂商的定价表达式，并利用市场价格的表达式，可以得到菲利普斯曲线为：

$$\pi_t=\beta E_t(\pi_{t+1})+h\,\frac{(1-\eta)(1-\beta\eta)}{\eta}(y_t-\bar{y}_t)+\frac{1-\eta}{\eta}[x_{pt}-\beta\eta E_t(x_{p,t+1})]$$

在这里面我们会发现在产出缺口前面的参数与价格调整概率和真实边际成本对于产出缺口存在弹性相关。

这种菲利普斯曲线意味着短期内货币具有非中性的实际效果。我们来考察一下在需求变动条件下，真实总产出和名义价格的变化情况。类似于金（King，2000），假定名义总需求的变化遵循一阶自回归，即$Y_t - Y_{t-1} = \rho(Y_{t-1} - Y_{t-2}) + x_{Yt}$。将菲利普斯曲线看成关于价格的二阶期望差分方程，利用萨金特（Sargent，1979）求解期望差分方程的方法，可以获得这个二阶方程的解为：

$$P_t = \theta P_{t-1} + (1-\theta)(1-\beta\theta)\sum_{j=0}^{\infty}(\beta\theta)^j E_t(Y_{t+j} - \bar{y})$$

其中θ表示二阶期望差分方程对应特征方程的较小的根，位于0和1之间。从当期价格和上期价格的联系中可以看出，θ衡量了价格总水平的黏性。我们已经知道，参数η表明了微观价格的黏性程度。这两个量是密切联系的，但又有区别。在这里讨论的模型环境中，θ既和η正相关，也和h负相关。前面的关系容易理解，后面的关系是由于菲利普斯曲线表明，h越大，说明通货膨胀对于产出缺口的反应越大。通货膨胀率高，说明本期价格变化大，与上一期的价格相关性小，所以价格总水平的黏性较小。利用真实产出y_t与名义产出Y_t之间的关系，$y_t = Y_t - P_t$，上面的解可以表示为：

$$y_t - \bar{y} = \theta\frac{1-\beta\rho}{1-\theta\beta\rho}(Y_t - Y_{t-1}) + \theta(y_{t-1} - \bar{y})$$

这表示了名义需求变动通过黏性价格菲利普斯曲线获得的实际产出效果。首先，此式说明了实际产出的变化是逐渐进行的，具有持久性。本期的产出缺口和上一期的产出缺口相关，相关性由θ衡量。其次，由于θ衡量了总体价格的黏性，所有，这个量实际上也衡量了名义收入变化的多大比例是由价格变化导致的，多大的比例是由实际产出的变化导致的。

虽然在随机交错定价模型中，名义需求扰动可以具有实际效果，同时这个效果可以持续比较长的时间，但是这个模型还是有一些结论与现实不符合。鲍尔（Ball，1994）指出，新凯恩斯菲利普斯曲线意味着公开宣布的、可信的通货紧缩会导致繁荣而不是衰退。菲雷尔和穆尔（Fuhrer and Moore，1995）指出，新凯恩斯菲利普斯曲线不能解释通货膨胀的持续性。曼昆（Mankiw，2001）也指出，这种价格调整方式不能解释为什么货币政策冲击对通货膨胀率的影响是滞后的和逐渐的。利用模拟技术不难看出（King，2000），名义收入的变化会导致通货膨胀立刻跳跃到自己的最高反应值，而不是实际数据所表现的先上升到最高值然后下降。这样，利用随机交错定价规则还不能完善地解决名义需求变化对于产出和通货膨胀的动态影响问题。为此，曼昆和雷斯（Mankiw and Reis，2002）提出利用黏性信息模型代替黏性价格模型。

三、黏性信息和理性不注意

黏性信息模型假定关于宏观条件的信息在公众中是缓慢传播的。曼昆和雷斯（Mankiw and Reis，2002）假定在每一期厂商都可以制定价格，但仅仅有一部分厂商更新它们关于经济的信息，并以此信息为基础制定最优的价格。这个比例为λ。信息更新的方式和卡尔沃模型很相似，在每一期，所有厂商都以相同的概率λ更新信息集。这个概率不依赖于这个厂商上次更新信息的时间。

一个在当期更新了信息的厂商制定的最优价格为：

$$P_t^* = P_t + \alpha y_t$$

所有的变量都是对数形式，P_t 表示市场的价格水平，而且曼昆和雷斯假定潜在产出为 0，因此，这个定价公式表明厂商的相对价格 $P_t^* - P_t$ 是产出缺口的函数。这与布兰查德和清泷信宏（Blanchard and Kiyotaki，1987）模型中的垄断竞争厂商的定价是一致的。最近一次更新信息在 $t-j$ 期的厂商利用以前的信息制定价格，即将价格定为 $X_t^j = E_{t-j}P_t^*$。市场的价格总水平是所有厂商价格的加权平均，可以表示为：

$$P_t = \lambda \sum_{j=0}^{\infty} (1-\lambda)^j X_t^j$$

利用上面的定价公式可以得到黏性信息经济中的菲利普斯曲线为：

$$\pi_t = [\alpha\lambda/(1-\lambda)]y_t + \lambda \sum_{j=0}^{\infty} (1-\lambda)^j E_{t-1-j}(\pi_t + \Delta y_t)$$

其中 $\Delta y_t = y_t - y_{t-1}$ 表示产出的增长率。这条菲利普斯曲线表明当前的通货膨胀依赖于过去对于目前通货膨胀和产出增长率的预期。这和新凯恩斯菲利普斯曲线依赖于现在对于未来的预期不同，黏性信息菲利普斯曲线依赖于过去对于现在的预期。这和费希尔（Fischer，1977）模型比较类似，都是依赖于从过去到现在的期望。

黏性信息模型可以很好地克服黏性价格模型不能解释通货膨胀惰性的缺陷。考虑一个名义总需求永久下降的情形。在某一时刻以后，名义总需求永久下降 10 个百分点，并在以后一直保持在这个水平上。图 5-1 表示了在这个条件黏性信息模型和黏性价格模型中的通货膨胀反应。黏性价格模型中的通货膨胀率在总需求下降后立刻降到最低点，然后逐步恢复到均衡水平。而在黏性信息条件下，下降的过程比较缓慢，在降到最低点后逐步恢复到均衡值，这很好地说明了通货膨胀的缓慢变化。

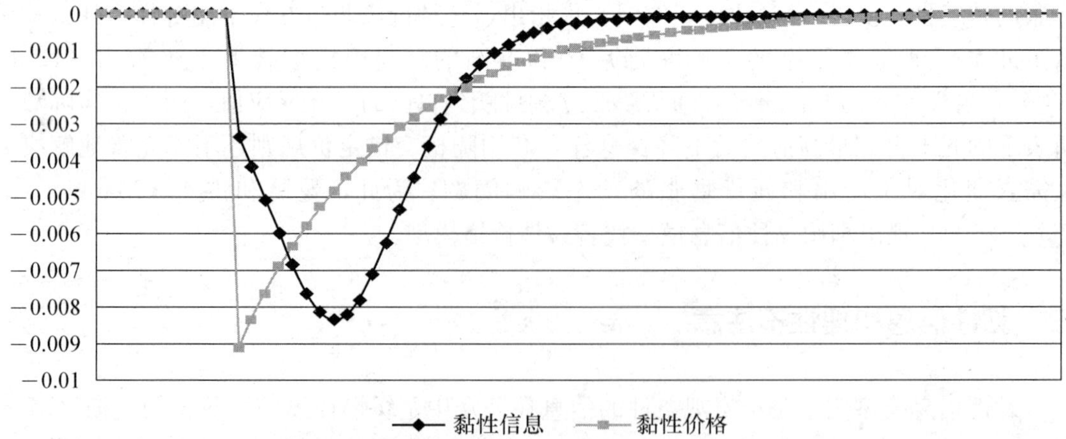

图 5-1　通货膨胀反应

黏性信息模型还有两个缺陷。首先，在这个模型中有一个重要的参数是外生的，即每一时期厂商更新信息集的概率是一个固定的常数。曼昆和雷斯（Mankiw and Reis，2002）并没有为这个假定提供微观基础，他们只是认为获取信息的成本和重新进行最优化的成本导致厂商不会在每个时刻都去更新自己的信息集，所以信息的扩散是缓慢的。为此，雷斯（Reis，2005）通过假定厂商在获取、吸收和处理信息过程中存在成本，得到了厂商不会经常更新信息的结论，并求取了最优的更新长度。在这个模型中，雷斯强调吸收信息中的实际物质成本，但是对于这种成本的性质并没有说明。解决问题的另外一条思路是利用信息论的观点。这种方法假定人们吸收信息的能力是有限的，从而成为一种稀缺资源，其使用就有了机会成本，或者直接假定吸收信息有成本。因此，人们只能在信息流中进行采样，每一次采样后获得经济中的相关信息。这类似于自动控制、电子工程等领域处理电子信号的方式。我们可以利用一个自动控制中的例子做一个类比。要控制一台机器的运行需要了解目前这个机器的工作状况，要了解这台机器的状况就需要对着它及其发出的信号进行提取，这就涉及一个信号提取时间的问题。如果信号提取时间过长，那么机器的运行可能在这期间发生了重大变化，造成严重后果，因此，信号提取时间越短越好。然而，如果信号提取时间短，控制系统就需要处理很多信号。如果控制系统的处理速度较慢，那么上一次的信号还没有处理完目前的信号就来了，而不能处理。所以，控制系统的信号处理能力决定了采样时间的长短。与此相似，人脑处理信息的能力也是有限的，如果信号过多，就会产生混乱，结果什么信息也处理不好。为此，人们一次可以接受的信息量是有限的。企业的决策需要总经理制定，总经理为了解决信息处理能力有限的问题，就不会时时刻刻关注企业的所有经济状态，而是到了一定的时间进行处理，例如每周的例会。这样就产生了利用有限资源的机会成本，类似于雷斯在厂商决策中附加一个吸收信息成本的约束。这种思想是有限理性在宏观经济学中的应用。一些学者（Sims，1997，2003；Woodford，2003b；Moscarini，2004）考察了信息处理能力约束对厂商定价的影响，其中莫斯卡里尼（Moscarini，2004）也考察了厂商最优的信息提取时间规则。本书试图将这两种思路结合起来。通过信息论的方法讨论人们吸收的信息量，从而可以在这个基础上利用雷斯（2005）的信息处理成本概念。这个时候，这个成本的载体——信息——就有了很好的衡量，从而可以构造一个具有牢固微观基础的黏性信息模型。其次，曼昆和雷斯（Mankiw and Reis，2002）仅仅讨论了厂商决策，没有考虑消费者的黏性信息问题，从而不是一个一般均衡模型。为此，曼昆和雷斯（Mankiw and Reis，2006）等构建了一个包含消费者的全面的黏性信息一般均衡模型。

第二节　一个新凯恩斯宏观经济①

本节构建一个兼具生产和消费的鲁滨逊·克鲁索式的自耕农经济，将价格调整机制

① 本节是在新古典宏观经济学基础上构建的包含价格变动调整机制的新凯恩斯模型。与第 3 章的主要区别是企业定价不是灵活的，市场从完全竞争变为垄断竞争。本节数学要求较高，首次阅读可以略过，不影响后面的分析。

纳入新古典宏观经济学框架。经济中的当事人构成一个在区间［0，1］上均匀分布的连续统，利用下标 i 来表示不同的当事人。每个当事人利用他自己的劳动生产一种与其他人的产品有差异的商品，并将之销售，这样，产品市场结构为垄断竞争，利用上标 j 表示不同的产品。当事人 i 在 t 时期的效用函数为：

$$U_{it}=\frac{1}{1-\gamma}C_{it}^{1-\gamma}+\frac{a_m}{1-\gamma_m}\left(\frac{M_{it}}{P_t}\right)^{1-\gamma_m}-\frac{a_n}{1+\gamma_n}N_{it}^{1+\gamma_n}$$

遵循迪克西特和斯蒂格利茨（Dixit and Stiglitz，1977），C_{it} 是当事人 i 消费不同商品的一个 CES 加总，可以表示为：

$$C_{it}=\left[\int_0^1 (C_{it}^j)^{\frac{\varepsilon-1}{\varepsilon}}\mathrm{d}j\right]^{\frac{\varepsilon}{\varepsilon-1}}$$

其中的 C_{it}^j 表示当事人 i 在 t 时期消费当事人 j 生产的产品的数量。参数 ε 表示不同商品之间的替代弹性，其值大于 1。γ 表示风险规避程度，为非负实数。效用函数中的 $\frac{M_{it}}{P_t}$ 表示当事人 i 在 t 时期持有的实际货币余额①，其中 M_{it} 为持有的名义货币总量，P_t 表示对应于总消费 C_{it} 的价格指数。同样遵循迪克西特和斯蒂格利茨（Dixit and Stiglitz，1977），总价格指数可以表示为各种商品价格指数的 CES 加总：

$$P_t=\left[\int_0^1 P_{it}^{1-\varepsilon}\mathrm{d}i\right]^{\frac{1}{1-\varepsilon}}$$

其中，P_{it} 表示商品 i 的价格。因为 $\int_0^1 C_{it}^j P_{jt}\mathrm{d}j=P_tC_{it}$，所以，价格指数 P_t 表示对应于总消费 C_{it} 的价格指数。这样，$\frac{M_{it}}{P_t}$ 就表示名义货币总量 M_{it} 具有的购买力。N_{it} 表示当事人 i 在 t 时期供给的劳动数量，参数 γ_n 表示劳动供给的边际负效用。当事人利用自己的劳动生产产品，生产函数为：

$$Y_{it}=A_tN_{it}$$

其中 Y 表示产出水平，A 是遵循某种随机过程的总生产率乘子，其对数值遵循随机游走。参数 a_m 和 a_n 表示当事人对于货币和劳动的偏好程度。

当事人在每个时期的预算约束为：

$$\int_0^1 C_{it}^j P_{jt}\mathrm{d}j+M_{ij}+\frac{1}{1+i_t^n}B_{it}=P_{it}Y_{it}+B_{it-1}+M_{it-1}$$

当事人生产产品的销售收入是其收入来源之一，同时，当事人还可以利用两种资产储蓄，一种是货币 M，另一种是债券 B。由于没有引入政府，这是私人债券，是不同当事人当自己的收入波动时用来平滑收入的工具。M_{it-1} 和 B_{it-1} 代表了当事人 i 在 t 时期

---

① 这种通过直接将真实货币余额引入效用函数，从而在对经济的一般均衡分析中引入货币的方式被称为 MIU 模型，最早由塞朝斯基（Sidrauski，1967）提出。这种方式可以通过分析交易技术的“购物时间模型”（shopping-time model）为之提供微观基础。

开始时持有的名义货币存量和债券数量。这两个变量的下标为 $t-1$ 是由于这两个变量是预先决定的变量，这就是说，在 t 时期开始时的持有量是由上一期的行动决定的，所以在这一期开始时已经固定了。这种表示方法是遵从金融经济学的传统，当然，在连续时间的情况下就没有这个问题了。债券的销售方法在一期开始的时候以 Q_t 的价格销售，在这一期结束的时候，债券发行人以1元的价格收回债券。这样，B_{it-1} 就表示当事人通过销售债券获得的收入。这样，预算约束的右边就表示当事人的收入。i_t^n 表示在 t 期的名义利率，定义为 $i_t^n=\frac{1-Q_t}{Q_t}$。因此，名义利率与价格满足贴现公式 $Q_t=\frac{1}{1+i_t^n}$。这样，$\frac{1}{1+i_t^n}B_{it}$ 就表示当事人购买 B_{it} 数量债券的支出 Q_tB_{it}。加上当事人在这一期的消费支出 $\int_0^1 C_{it}^jP_{jt}\,\mathrm{d}j$ 和在货币上的储蓄量 M_{it}，预算约束的左边就表示当事人在 t 时期的支出。

这样，当事人就在每期面临这样的预算约束的条件下，追求一生效用的最大化，也就是

$$\max E_0\left\{\sum_{t=0}^{\infty}\beta^t\left[\frac{1}{1-\gamma}C_{it}^{1-\gamma}+\frac{a_m}{1-\gamma_m}\left(\frac{M_{it}}{P_t}\right)^{1-\gamma_m}-\frac{a_n}{1+\gamma_n}N_{it}^{1+\gamma_n}\right]\right\}$$

其中，参数 β 为当事人的时间贴现因子。当事人要选择一生的消费计划、真实货币持有量和劳动供给数量，并为自己的产品制定价格。

这个问题的解决分为以下三步。

第一步，求出在当事人消费支出一定的条件下，对于各种产品的消费量。这是一个消费成本最小化问题。消费者在总消费量为 C_{it} 的条件下，对第 j 种商品的需求 C_{it}^j 使得总支出 $\int_0^1 C_{it}^jP_{jt}\,\mathrm{d}j$ 最小。即问题为：

$$\min_{C_{it}^j}\int_0^1 C_{it}^jP_{jt}\,\mathrm{d}j$$

$$\text{s.t.}\ \left[\int_0^1 (C_{it}^j)^{\frac{\varepsilon-1}{\varepsilon}}\mathrm{d}j\right]^{\frac{\varepsilon}{\varepsilon-1}}\geqslant C_{it}$$

显然，类似于成本最小化问题，这个问题在约束取等号的时候达到最优值。假设拉格朗日乘子为 λ，这个问题的拉格朗日函数为：

$$L(C_{it}^j,\lambda)=\int_0^1 C_{it}^jP_{jt}\,\mathrm{d}j+\lambda\left(C_{it}-\left[\int_0^1 (C_{it}^j)^{\frac{\varepsilon-1}{\varepsilon}}\mathrm{d}j\right]^{\frac{\varepsilon}{\varepsilon-1}}\right)$$

其一阶条件为：

$$P_{jt}=\lambda\left[\int_0^1 (C_{it}^j)^{\frac{\varepsilon-1}{\varepsilon}}\mathrm{d}j\right]^{\frac{1}{\varepsilon-1}}(C_{it}^j)^{-\frac{1}{\varepsilon}}$$

$$\left[\int_0^1 (C_{it}^j)^{\frac{\varepsilon-1}{\varepsilon}}\mathrm{d}j\right]^{\frac{1}{\varepsilon-1}}=C_{it}$$

利用复合商品的定义，可以得到：

$$\lambda=\left[\int_0^1 P_{it}^{1-\varepsilon}\,\mathrm{d}i\right]^{\frac{1}{1-\varepsilon}}=P_t$$

这表明拉格朗日乘子实际上是价格总水平。这是很容易理解的，在成本最小化问题中，拉格朗日乘子表示资源的影子价格，这里的资源就是复合商品消费量，从而拉格朗日乘子表示复合商品的价格，这也同时表明了这个价格定义的合理性。据此，可以得到消费者对于每一种商品的消费量为：

$$C_{it}^j=\left(\frac{P_{jt}}{P_t}\right)^{-\varepsilon}C_{it}$$

可以看出，这个需求量与总消费量和这种产品的价格与总价格的比率——相对价格——有关。

为了获得市场对于每一种商品的需求 Y_{it}，仅仅需要对于单个消费者的需求函数水平加总，即

$$C_t^j=\int_0^1 C_{it}^j\,\mathrm{d}i=\int_0^1\left(\frac{P_{jt}}{P_t}\right)^{-\varepsilon}C_{it}\,\mathrm{d}i=\left(\frac{P_{jt}}{P_t}\right)^{-\varepsilon}C_t$$

其中 C_t 为 t 期的社会总消费量 $\int_0^1 C_{it}\,\mathrm{d}i$ 。当事人 j 就在这个需求曲线下为自己的产品设定价格。

第二步，求取消费者最优的总消费量、真实货币持有量和劳动供给。因为 $\int_0^1 C_{it}^j P_{jt}\,\mathrm{d}j=P_tC_{it}$，所以，当事人的预算约束可以改为：

$$P_tC_{it}+M_{it}+\frac{1}{1+i_t^n}B_{it}=P_{it}Y_{it}+B_{it-1}+M_{it-1}$$

当事人就在这个约束条件下求取一生效用的最大化。建立这个动态规划问题的贝尔曼（Bellman）方程：

$$V\left(\frac{M_{t-1}}{P_t},\ \frac{B_{t-1}}{P_t}\right)=\max\left[\frac{1}{1-\gamma}C_{it}^{1-\gamma}+\frac{a_m}{1-\gamma_m}\left(\frac{M_{it}}{P_t}\right)^{1-\gamma_m}-\frac{a_n}{1+\gamma_n}N_{it}^{1+\gamma_n}\right.$$
$$\left.+E_t\beta V\left(\frac{M_t}{P_{t+1}},\ \frac{B_t}{P_{t+1}}\right)\right]$$

$$\text{s. t. } P_tC_{it}+M_{it}+\frac{1}{1+i_t^n}B_{it}=P_{it}Y_{it}+B_{it-1}+M_{it-1}$$

这个问题的状态变量为$\frac{M_{t-1}}{P_t}$和$\frac{B_{t-1}}{P_t}$，这两个变量实际上表示当事人的财富存量，当事人通过选择劳动供给、总消费量、货币持有量和债券持有量确定下一期的财富存量。

将预算约束代入方程，对于债券持有量的一阶条件为：

$$-\frac{1}{1+i_t^n}C_{it}^{-\gamma}+E_t\left[\beta V_2\left(\frac{M_{it}}{P_{t+1}},\ \frac{B_{it}}{P_{t+1}}\right)\frac{P_t}{P_{t+1}}\right]=0$$

对于货币持有量的一阶条件为：

$$-C_{it}^{-\gamma}+a_m\left(\frac{M_{it}}{P_t}\right)^{-\gamma_m}+E_t\left[\beta V_1\left(\frac{M_{it}}{P_{t+1}},\ \frac{B_{it}}{P_{t+1}}\right)\frac{P_t}{P_{t+1}}\right]=0$$

其中 V_1 和 V_2 表示对函数第一个和第二个变量的偏导数。利用包络定理，可以得到这两个偏导数为：

$$V_1\left(\frac{M_{it}}{P_{t+1}},\ \frac{B_{it}}{P_{t+1}}\right)=V_2\left(\frac{M_{it}}{P_{t+1}},\ \frac{B_{it}}{P_{t+1}}\right)=C_{it}^{-\gamma}$$

利用这个关系式，可以得到消费欧拉方程为：

$$C_{it}^{-\gamma}=E_t\left(\beta C_{it+1}^{-\gamma}R_t\frac{P_t}{P_{t+1}}\right)$$

其中，$R_t=1+i_t^n$，表示名义总利率。当期的消费量依赖于对未来消费量、利率和价格水平的预期。当事人的真实货币持有量能够满足消费：

$$C_{it}^{-\gamma}=a_m\left(\frac{M_t}{P_t}\right)^{-\gamma_m}+E\left(\beta C_{it+1}^{-\gamma}\frac{P_t}{P_{t+1}}\right)$$

这可以进一步表示为：

$$\left(\frac{M_t}{P_t}\right)^{-\gamma_m}=\frac{1}{a_m}\frac{i_t^n}{1+i_t^n}C_{it}^{-\gamma}$$

这表示了货币持有量与当期消费的一个关系。

为了分析的方便，需要将这些最优化条件对数线性化。所谓对数线性化就是将变量替换为其对数值与其稳态水平的对数值之间的离差。

首先考虑最优跨期消费方程 $C_{it}^{-\gamma}=E_t\left(\beta C_{it+1}^{-\gamma}R_t\frac{P_t}{P_{t+1}}\right)$。其对数线性化形式可以表示为：

$$\overline{C}^{-\gamma}(1-\gamma\hat{c}_t)=E_t\left[\beta\overline{C}^{-\gamma}\overline{R}\frac{\overline{P}}{\overline{P}}(1-\gamma\hat{c}_{t+1})(1+\hat{i}_t)(1+\hat{p}_t-\hat{p}_{t+1})\right]$$

其中 $\overline{C}$、$\overline{R}$ 和 $\overline{P}$ 表示消费、利率和价格的稳态水平，$\hat{c}_t$、$\hat{i}_t$ 和 $\hat{p}_t$ 表示 t 时期的消费、利率和价格的对数离差。由于消费的欧拉方程在各个变量处于稳态时也是成立的，所以，我们有：

$$\overline{C}^{-\gamma}=E_t\left(\beta C^{-\gamma}\overline{R}\frac{\overline{r}}{\overline{P}}\right)$$

利用这个关系式简化对于欧拉方程的线性化表达式，我们得到：

$$\hat{c}_t=E_t(\hat{c}_{t+1}-\sigma\hat{i}_t+\sigma\pi_{t+1})$$

表达式中的 σ 为风险规避系数 γ 的倒数。[①] π_{t+1} 为 $t+1$ 时期的通货膨胀率，等于 $\hat{p}_{t+1}-\hat{p}_t$。这是因为 $\hat{p}_{t+1}-\hat{p}_t$ 等于 $\log\frac{P_{t+1}}{P_t}$，而后者在两期价格变化不是太大的情况下近似等于通货膨胀率。[②] 可以利用费雪方程将这个消费欧拉方程的线性化形式进一步简化为：

$$\hat{c}_t=E_t(\hat{c}_{t+1}-\sigma\hat{r}_t)$$

其中 $\hat{r}_t=\hat{i}_t-\pi_{t+1}$，表示实际利率离差。[③] 这个表达式粗看起来和费雪方程不一致，主要体现在费雪方程表示同一期的真实利率等于名义利率减去当期通货膨胀率。这是由本书采用的时间下标方式决定的。由于本书采用了 i_t^n 表示 t 时期结束时债券的名义收益率，P_{t+1} 表示 $t+1$ 时期开始时的价格水平，同时，这两个时点是一个时刻，所以 π_{t+1} 表示了从 t 时期到 $t+1$ 时期的通货膨胀率，$\hat{i}_t$ 表示了从 t 时期到 $t+1$ 时期的利率离差，从而这两个表达式在时间上是一致的。这个问题仅仅存在于离散时间的模型中，在连续时间中，这个问题就自然消失了。这样，我们就得到了消费欧拉方程的线性化形式。这与传统的 IS 曲线非常相似，都表示消费（产出）与利率的负相关关系。所以这也在文献中被称为“新 IS 曲线”。

利用稳态时的消费欧拉方程，我们还可以得到一个副产品。因为我们有 $\bar{C}^{-\gamma}=E_t\left(\beta\bar{C}^{-\gamma}\bar{R}\frac{\bar{P}}{\bar{P}}\right)$，所以 $\bar{R}=\frac{1}{\beta}$。这样，我们就可以利用参数确定稳态的名义利率。同时，这也反映了经济变量与经济参数之间的一个深层次关系。如果我们认为实际经济中很长一段时间（例如，20 年）的平均利率代表了稳态名义利率，那么我们也可以利用稳态名义利率来获得经济中参数的值。这种方法就是“校准”。[④]

第三步，求取当事人在每一期为自己产品所制定的最优价格。这个价格使得当事人在需求曲线和生产函数的约束下使得自己的效用最大化。问题可以表示为：

---

① 有的时候，文献中将这个表达式写作 $\hat{c}_t=E_t(\hat{c}_{t+1}-\sigma\hat{i}_t+\sigma\hat{\pi}_{t+1})$，其中的 $\hat{\pi}_{t+1}$ 表示了通货膨胀率的离差。这两个表达式在实质上类似，主要区别是，在后一种写法中认为在两个不同时期中的价格稳态水平是不一样的。这样，$\hat{p}_{t+1}-\hat{p}_t=\log\frac{P_{t+1}}{P_t}-\log\frac{\bar{P}_{t+1}}{\bar{P}_t}$。利用一阶泰勒展开可以知道 $\pi_{t+1}=\log\frac{P_{t+1}}{P_t}$，$\bar{\pi}_{t+1}=\log\frac{\bar{P}_{t+1}}{\bar{P}_t}$。$\bar{\pi}_{t+1}$ 表示稳态的通货膨胀率。从而 $\hat{p}_{t+1}-\hat{p}_t=\pi_{t+1}-\bar{\pi}_{t+1}$，等式的右面就表示通货膨胀率的离差。这两种表示方法对于经济的均衡产出和通货膨胀率的决定影响不大。因此，为了分析简单，本文假设在所有时期的稳态价格水平相同。

② 为了清楚地看到这一点，我们可以考虑通货膨胀率 π_{t+1} 的定义为$\frac{P_{t+1}-P_t}{P_t}$。那么 $1+\pi_{t+1}=\frac{P_{t+1}}{P_t}$。对这个表达式两边取对数，可以得到 $\log(1+\pi_{t+1})=\log\frac{P_{t+1}}{P_t}$。对于这个表达式的左面在 π_{t+1} 为零的点进行一阶泰勒展开，可以看到左面就近似等于 π_{t+1}，从而 π_{t+1} 近似等于 $\log\frac{P_{t+1}}{P_t}$。

③ 为了更清楚地理解这一点，这里进行一些必要的推导。实际利率可以定义为 $i_t\frac{P_t}{P_{t+1}}$。将这个表达式线性化可以得到 $\hat{r}_t=\hat{i}_t-(\hat{p}_{t+1}-\hat{p}_t)=\hat{i}_t-\pi_{t+1}$。

④ 在校准模型中，当我们利用这种方式获得经济中的参数值以后，我们可以进一步分析这个模型的二阶矩特征检验模型。

$$\max\left\{\frac{1}{1-\gamma}C_{it}^{1-\gamma}+\frac{a_m}{1-\gamma_m}\left(\frac{M_{it}}{P_t}\right)^{1-\gamma_m}-\frac{a_n}{1+\gamma_n}N_{it}^{1+\gamma_n}+E_t\left[\beta V\left(\frac{M_t}{P_{t+1}},\ \frac{B_t}{P_{t+1}}\right)\right]\right\}$$

$$P_tC_{it}+M_{it}+\frac{1}{1+i_t^n}B_{it}=P_{it}Y_{it}+B_{it-1}+M_{it-1}$$

$$\text{s. t. } Y_{it}=\left(\frac{P_{it}}{P_t}\right)^{-\varepsilon}C_t$$

$$Y_{it}=A_tN_{it}$$

将约束条件代入目标函数，目标函数变为：

$$\frac{1}{1-\gamma}\left(\frac{P_{it}}{P_t}Y_{it}+\frac{B_{it-1}-\frac{1}{(1+i_t^n)}B_{it}}{P_t}+\frac{M_{it-1}-M_{it}}{P_t}\right)^{1-\gamma}+\frac{a_m}{1-\gamma_m}\left(\frac{M_{it}}{P_t}\right)^{1-\gamma_m}$$
$$-\frac{a_n}{1+\gamma_n}N_{it}^{1+\gamma_n}+E_t\left[\beta V\left(\frac{M_t}{P_{t+1}},\ \frac{B_t}{P_{t+1}}\right)\right]$$

利用这个表达式对 P_{it} 求导，如果最优价格用 P_{it}^* 表示，其一阶条件为：

$$\frac{P_{it}^*}{P_t}=\frac{\varepsilon}{\varepsilon-1}\ \frac{a_nC_{it}^{\gamma}N_{it}^{\gamma_n}}{A_t}$$

这样，我们就获得了关于当事人最优消费计划、货币持有和价格制定的均衡条件。

在这个自耕农经济中，由于没有政府、投资和对外贸易，所以市场出清条件为总消费等于总产出，即 $Y_t=C_t$，同时，在对称均衡条件下，$C_{it}=C_{jt}=C_j$。C_{it} 与 C_{jt} 相等是对称均衡的定义，而这两者都等于 C_t 是由于其定义为 $\int_0^1 C_{it}\,\mathrm{d}i$，在对称均衡条件下就等于 C_{it}。

将市场均衡条件代入参与者的最优定价函数，就可以得到最优价格为：

$$\left(\frac{P_{it}^*}{P_t}\right)^{1+\varepsilon\gamma_n}=\frac{\varepsilon}{\varepsilon-1}\ \frac{a_n}{A_t^{1+\gamma_n}}Y_t^{\gamma+\gamma_n}$$

对这个表达式取对数，利用小写字母表示变量的对数值，可以得到最优价格的对数水平为：

$$P_{it}=P_t+\alpha y_t-\frac{1+\gamma_n}{1+\varepsilon\gamma_n}a_t+\frac{\log\left(\frac{a_n\varepsilon}{\varepsilon-1}\right)}{1+\varepsilon\gamma_n}$$

其中参数 α 为 $\frac{\gamma+\gamma_n}{1+\varepsilon\gamma_n}$。可以定义自然产出为 $p_{it}=p_t$ 条件下的产出，所以，对数自然产出 y_n 为：

$$y_n=\frac{1+\gamma_n}{\gamma+\gamma_n}a_t-\frac{\log\left(\frac{a_n\varepsilon}{\varepsilon-1}\right)}{\gamma+\gamma_n}$$

可以看到，这个产出随着随机冲击 a_t 的变化而变化。因此，最优价格就可以表示为：

$$p_{it}=p_t+\alpha(y_t-y_n)$$

从这个表达式可以看出，参数 α 衡量了一种商品的价格在产出偏离自然率的条件下对于价格总水平的偏离程度。这就反映了价格的实际黏性。从而，如果在这个模型中引入名义价格黏性，就可以导致货币冲击产生实际效果。

第三节　信息不对称模型[①]

基于信息不对称和不完全合约，格林沃尔德和斯蒂格利茨（Greenwald and Stiglitz，1993）强调了市场不完全如何导致经济波动。模型的主要构成要素有三个：风险厌恶的企业；规避风险的银行导致的信贷配给机制；劳动市场理论，包括效率工资和局内人—局外人模型。这些构建模块应该有助于解释价格灵活性如何导致宏观经济波动和失业。特别是，前两个构建模块将解释为什么经济的小冲击引起产出的巨大变化，而劳动市场理论将解释为什么这些产出的变化导致的劳动需求曲线的变化引致就业波动。

企业规避风险的动机主要来自资本市场不完美。如果企业融资面对着完美的金融市场，莫迪利安尼-米勒定理（MM 定理）意味着企业用股票和债券融资的结构不重要，企业的决策是风险中性的。在资本市场不完美的情况下，企业减少股票融资，债券融资固定的利息支付构成了对企业的行为约束。风险规避企业将对与任何行动（包括不作为）相关的风险敏感。生产本身就有风险：这需要时间，而且未来的商品销售市场不确定。企业往往不确定其行为的后果。一般来说，公司更多地了解现状，而不知道如果它们改变行动会是什么样的事情。

经济环境的变化通常需要企业改变某些行为。例如，企业面对的需求曲线向左移动，则必须改变其收取的价格、销售的数量或其持有的商品库存。如果价格保持不变，则销售数量必须调整，反之亦然。评估应该做什么，需要考虑与这些变化相关的风险和调整成本。

企业的行动受到风险感知的影响。在风险感知中，最重要的影响因素之一就是经济的总体状况。第二个因素是公司的现金（或流动资产）头寸。公司现金状况的变化会影响其维持生产活动所需的借款额。公司的现金状况受到利润的影响，而且由于利润是支付工资之后的剩余，所以价格的微小变化可能对利润产生巨大影响，从而影响公司的流动性，特别是对于高杠杆公司。当然，较低的利润也会对公司的净资产产生不利影响。第三个重要因素是价格水平的变化。由于几乎所有债务都是名义上的，因此这些变化对公司的实际流动性和实际财富产生了很大影响。

当企业是风险规避的时，在经济面对总需求冲击的时候，企业的供给曲线，从而经

① 本节所描述模型主要引用 Greenwald，Bruce and Joseph Stiglitz（1993）．“New and Old Keynesians，” *Journal of Economic Perspectives*，Volume 7，Number 1，Winter，23-44。

济的总供给曲线会大幅度向左移动。此时，生产的风险增加了，企业承担风险的意愿降低了。

为了保持相同的生产水平，需求下降导致利润减少带来的现金流减少，企业必须增加借贷。但债务增加导致未来回报不足以履行这些固定利息支付义务的概率更高。随着公司扩大生产，它必须借更多资金，增加其固定利息支付义务；债务违约的可能性增加。通常情况下，由于现金流量较低（利润较低）而增加借贷的必要性不仅会增加破产的可能性（在任何固定的经济活动水平上），还会增加边际破产成本。一旦考虑到破产成本，企业生产决策的边际收益等于边际成本就需要考虑到这点。随着边际破产成本上升，总供给曲线向左移动。企业愿意生产的数量在每个价格和工资水平上减少，公司对投资的需求可能会明显下降。

风险规避企业面对需求冲击减少总供给会受到信贷配给的放大。当资本市场存在信息不对称，风险规避的银行就会导致信贷配给。在信贷配给发生的时候，信贷不是分配给愿意支付最高利率的人。由于银行必须面对贷款违约的风险，银行等机构开始筛选贷款申请人，并且监督贷款使用。银行的杠杆率很高，大量负债意味着需要支付高额的固定利息。由于逆向选择的存在，当银行提高利率之后，会吸引更多高风险的企业，以至于贷方的预期回报可能随着利率的增加而减少。银行最大化预期回报率，导致了信贷的需求过剩。

风险规避的银行会放大经济的负向冲击。当面对经济的负向冲击的时候，银行感知贷款风险上升。同时，原有贷款的违约率上升降低了银行的净资产。此时，银行承担风险的意愿也下降。银行会将资产组合向安全资产倾斜，持有更多的国库券。在这种情况下，贷款市场均衡会要求利率上升。但是，由于担心逆向选择，银行并不会大幅度提高利率，而是进行更大的信贷配给。在信贷配给情况下，企业很难获得资金。随着自身现金流的下降，企业难以获得外部融资就导致了生产活动进一步收缩，总供给曲线进一步左移，经济进入了下行期。

在经济下行过程中，为什么劳动市场实际工资水平基本稳定？为什么劳动需求减少时企业会解雇工人，而不是削减每个工人的劳动时间？这些问题可能的答案是劳动市场存在着信息不对称，导致效率工资的出现。

效率工资理论认为，生产率往往随着实际工资而增加；结果，企业为了维持高生产率，不愿意削减工资。高工资可能会提高生产率，因为它们会吸引更高质量的工人，或者因为工人会为高工资增加努力；或者因为高工资减少了人工流动，节省了招聘和培训费用。效率工资理论可以用来解释为什么企业即使在工人供应过剩的情况下也不降低工资，也解释了为什么它们避免采用双层工资制度，在这种制度下，新工人的工资低于现有工人。

总体来看，斯蒂格利茨等人的模型强调面对总需求冲击，经济波动的机制不是价格缓慢调整，经济缓慢恢复到充分就业均衡，而是经济存在着大量信息不对称导致的市场失灵。在这种情况下，价格缓慢调整是经济的结果而不是原因。加快价格调整很可能会使经济危机更为严重。

思考与练习

1. 假定在浮动汇率下的小型开放经济中，LM 曲线由 $Y=200r-200+2(M/P)$ 给定，而 IS 曲线为 $Y=400+3G-2T+3NX-200r$，净出口函数为 $NX=200-100e$，其中 e 为汇率。价格水平（P）固定在 1.0，世界利率 $r^*=2.5\%$。

a. 如果 $M=100$，运用 LM 曲线，计算出在小型经济中的均衡收入 Y。

b. 给定上述均衡收入 Y，当 $G=100$，$T=100$ 时，均衡的 NX 一定是多少？

c. 如果达到 b 中计算而得的 NX，均衡汇率 e 必须是多少？

2. 假定在固定汇率下的小型开放经济中，LM 曲线由 $Y=200r-200+2(M/P)$ 给定，而 IS 曲线为 $Y=400+3G-2T+3NX-200r$，净出口函数为 $NX=200-100e$，其中 e 为汇率。价格水平（P）固定在 1.0，世界利率 $r^*=2.0\%$，汇率最初为 10。

a. 当 $M=100$，$G=100$，$T=100$ 时，计算出短期均衡收入 Y 和 NX。最初给定的汇率等于均衡汇率吗？

b. 如果央行为了增加货币供给而购买债券，均衡收入 Y 会增加吗？

3. 假定浮动汇率下的大型开放经济在短期内可由以下方程描述：

$C=0.5(Y-T)$

$T=1\,000$

$I=1\,500-250r$

$G=1\,500$

$NX=1\,000-250e$

$C+I+G+NX=Y$

$M/P=0.5Y-500r$

$M=1\,000$

$CF=500-250r$

$NX=CF$

最后两个等式说明资本净流出 CF 随利率 r 上升而递减，净出口 NX 等于资本净流出。NX 和汇率 e 有关，当 e 上升时 NX 下降。价格水平（P）固定在 1.0。

计算 Y、r、C、I、CF、NX、e、私人储蓄、公共储蓄和外国储蓄的短期均衡值。在这里，外国储蓄定义为负的 NX，请用 $C+I+G=Y$ 检查你的计算结果，同时私人储蓄加上公共储蓄加上外国储蓄等于国内投资。（提示：从 $C+I+G+NX=Y$ 推导出 IS 曲线，然后用 CF 代替 NX，得到 $C+I+G+CF=Y$。结合 LM 曲线，解出 Y、r 和 CF，然后使用 $NX=CF$ 解出 NX，最后利用 NX 与 e 之间的方程求出 e。）

4. 两个小型的开放经济体：一个采用的是浮动汇率，另一个采用的是固定汇率，均可以用蒙代尔-弗莱明模型来描述。它们除了实行的汇率制度不同以外其他条件都一样。两国的政府增加相同量的政府支出，分别比较一下两国在以下几方面会有什么不同：

a. 汇率。

b. 均衡产出。

c. 净出口。

5. Macroland是一个资本自由流动、采用浮动汇率制度的小型开放经济体。它最初的均衡位于产出的自然水平，而且贸易平衡。分别比较短期（价格水平是固定的）和长期（价格水平是变动的）中税收的减少对以下项目带来的影响：

a. 产出。

b. 消费。

c. 投资。

d. 净出口。

e. 汇率。

6. “不可能三角形”指的是一国只能同时实行如下三项政策中的任意两项：资本自由流动、固定汇率和独立的货币政策。指出经济体选择以下组合时所放弃的一项政策，并解释另一项政策不能被实现的原因。

a. 固定汇率和资本自由流动。

b. 独立的货币政策和固定汇率。

c. 独立的货币政策和资本自由流动。

参考文献

Lucas R. E. (1973). “Some International Evidence on Output-inflation Tradeoffs,” *The American Economic Review*, 63 (3): 326-334.

Mankiw N. G. (1985). “Small Menu Costs and Large Business Cycles: A Macroeconomic Model of Monopoly,” *The Quarterly Journal of Economics*, 100 (2): 529-537.

Blanchard O. J., Kiyotaki N. (1987). “Monopolistic Competition and the Effects of Aggregate Demand,” *The American Economic Review*, 647-666.

Ball L., Romer D. (1991). “Sticky Prices as Coordination Failure,” *The American Economic Review*, 539-552.

Rotemberg J. J. (1987). The New Keynesian Microfoundations, NBER Macroeconomics Annual, 2: 69-104.

Fischer S. (1977). “Long-term Contracts, Rational Expectations, and the Optimal Money Supply Rule,” *Journal of Political Economy*, 85 (1): 191-205.

Taylor J. B. (1980). ” Aggregate Dynamics and Staggered Contracts,” *Journal of Political Economy*, 88 (1): 1-23.

第6章

动态随机一般均衡模型简介

本章将说明动态总需求和总供给模型。这个模型基本上采用了前面分析经济周期模型时所用的各种部件，例如消费、投资等构成总需求。不过，这些基本部件将采用全新的组织方式，使我们能够更加深入地了解经济周期的各种事实特征。

该模型的第一个特点是“动态性”。之所以引入动态性，是因为经济学家大多认为经济波动是外生冲击通过经济本身的延迟、放大机制产生的动态序列。前面的分析仅仅讨论了外生冲击到来时均衡点会怎么移动，而无法体现经济周期的动态特征。本章的模型将这个分析更加推进一步，分析冲击到来之后，经济的均衡点如何随着时间的推移而变化，从而产生的结果更类似于真实的经济波动。

另外，为与前面的分析相区分，这里的模型将把政策作为反应函数来处理。① 前面在 $IS—LM$ 模型和 $AS—AD$ 模型中，我们分析了当政府调整货币政策和财政政策时，经济的均衡点如何变化。不过，我们并没有考虑政策是如何设定的，也就是如何随着经济中主要变量的变化而变化。这里，我们将设定这样的规则，进行更为现实的分析，讨论外生冲击如何通过经济中的延迟、放大机制造成了经济波动。

第一节　封闭经济基本模型

在本章，模型的动态性体现在时间下标 t 上，表示某个变量能够确定其取值的时期。例如，如果用 π 表示通货膨胀，那么 π_t 就表示 t 时期的通货膨胀，π_{t-1} 表示 $t-1$ 时期的通货膨胀，π_{t+1} 表示 $t+1$ 时期的通货膨胀。这样，时间下标就可以帮助我们理解模型的动态变化。

---

① 这种反应函数将在后面的财政政策和货币政策的专门讨论中更进一步说明。

一、总需求曲线

动态总需求—总供给模型的第一个基本构件就是总需求曲线。具体形式可以设定为：

$$Y_t=\bar{Y}_t-\alpha(r_t-\rho)+\varepsilon_t$$

其中Y_t表示产品和服务的总产出或者国民总收入；$\bar{Y}_t$表示经济中的自然率产出，即前面章节中索洛模型等增长模型中的稳态收入，或者古典模型中的稳态收入；r_t表示实际利率；ε_t表示随机需求冲击，例如消费者的自主消费或者厂商的自主投资发生了变化；α和ρ是大于零的常数。

这个方程表示经济中的总需求与实际利率成反比。这种关系一般来源于三个渠道。首先，在实际利率上升之后，借款成本上升，获得贷款的难度增大，因此，厂商会减少贷款数量，也就限制了厂商的投资，从而会减少总需求。其次，在利率上升后，储蓄的收益增加，居民有可能增加储蓄，从而会相应地减少消费。最后，在国内实际利率上升后，相对于国外的投资回报率上升，导致外部资本流入，增加对本币的需求，引起本币升值，从而造成净出口下降。① 这三个因素都促使总需求下降。参数α表示总需求对于实际利率的敏感程度。α值越大，总需求对于实际利率的变动就越敏感，即三种渠道的力量就越强。

$\bar{Y}_t$表示经济中的自然率产出，其对总需求Y_t的影响是正向的。这背后的原因是，随着经济的增长，居民的人均收入提高，对经济的总需求也同比例提高。如果不考虑经济增长因素，可以将$\bar{Y}_t$设定为常数，从而方便分析。本章将综合前面的分析，考虑经济增长，从而$\bar{Y}_t$是随着时间变化的。

ε_t表示对总需求产生的冲击，是经济波动的源泉之一。ε_t的来源一般可以概括为三个。首先，经济中的当事人因为种种原因，自发支出发生变化。这种来源可以理解为凯恩斯认为的“动物精神”，即人们的情绪波动。经济主体对于未来经济有信心的时候，会增加支出，而丧失信心的时候，会减少支出。其次，政策变化也是经济波动的源泉之一。在政府增加支出或者减少税收之后，经济中的总需求就随之上升。最后，一些外部因素也会影响一个国家的总需求。例如，在2007年开始的全球金融危机中，西方国家经济不景气直接影响了我国的出口需求，从而影响了我国的总需求。

参数ρ表示“自然利率”。这实际上可以理解为索洛模型等增长模型处于稳态时的资本收益率。参数ρ之所以是自然利率，是因为当总需求冲击为零的时候，如果实际利率等于参数ρ，那么经济体对产出的需求就等于自然率产出。在增长模型中，稳态资本回报率可能发生变化。本章为了分析的简单起见，假定参数ρ为常数。对于这个参数，我们在动态总需求—总供给模型的另一个构件中将会再一次遇到。

---

① 这个对外贸易渠道在后面的开放宏观经济学中会更加清晰地了解到。

二、费雪方程

总需求模型中的利率为实际利率，而我们在日常生活中遇到的利率往往为名义利率，例如，银行的存贷款利率均是名义利率。那么，名义利率和实际利率是怎么联系到一起的?

费雪方程表示，实际利率 r_t 等于名义利率 i_t 减去期望的未来通货膨胀率 $E_t\pi_{t+1}$，即：

$$r_t=i_t-E_t\pi_{t+1}$$

为了说明这个方程背后的推理，可以考虑如下例子。假设某人储蓄了 1 元，一年后到期，名义利率为 i_t，并假设这个人预期未来一年的通货膨胀率为 $E_t\pi_{t+1}$。在这种情况下，明年这 1 元钱的购买力为 $(1+i_t)/(1+E_t\pi_{t+1})$。那么实际利率就可以定义为：

$$1+r_t=(1+i_t)/(1+E_t\pi_{t+1})$$

此时，

$$r_t+r_tE_t\pi_{t+1}=i_t-E_t\pi_{t+1}$$

如果实际利率和未来的通货膨胀率不高，那么，

$$r_tE_t\pi_{t+1}=0$$

所以，我们得到实际利率的近似表达式，即费雪方程：

$$r_t=i_t-E_t\pi_{t+1}$$

我们可以利用本节开始所定义的 t 时期的内涵来说明各个变量的含义。变量 r_t 和 i_t 表示 t 时期决定的回报率，因此，表示在 t 时期获知的 t 时期到 $t+1$ 时期的投资回报率。π_{t+1} 表示 $t+1$ 时期确定的通货膨胀率，即表示的是从 t 时期到 $t+1$ 时期的一般价格水平的上涨。符号 E_t 表示在 t 时期能够预测的变量的取值，因此，$E_t\pi_{t+1}$ 表示在 t 时期能够确定的 $t+1$ 时期的通货膨胀率。所以，从变量的定义可以看出，费雪方程实际上表示的是“事前利率”，即还没有确切知道通货膨胀率时只能够推测的实际利率。如果到 $t+1$ 时期确定了通货膨胀率，那么就可以得到“事后利率”为：

$$r_t=i_t-\pi_{t+1}$$

三、菲利普斯曲线

在介绍了总需求曲线后，下面出现的是动态总需求—总供给模型的另一个主角——菲利普斯曲线。这条曲线背后的决策者是厂商，通过厂商的定价决策表示通货膨胀和产出之间的关系，因此它反映了总供给曲线。这条曲线的形式为：

$$\pi_t=E_{t-1}\pi_t+\phi(Y_t-\bar{Y}_t)+\upsilon_t$$

当期的通货膨胀率 π_t 正向取决于上一期预测的当期通货膨胀率，即 $E_{t-1}\pi_t$。如果厂

商预测下期通货膨胀较高，就会认为自己的成本压力较大，同时，竞争对手的价格也可能提高，所以，自己就会制定一个较高的价格。当所有厂商的定价都较高时，就会产生当期较高的通货膨胀率。如果厂商预测下期通货膨胀率较低，就会认为自己的成本压力较小，竞争对手的价格也较低，从而自己制定一个较低的价格。所有厂商的价格都较低，就会产生当期较低的通货膨胀率。

产出 Y_t 与自然率产出 $\bar{Y}_t$ 之差表示经济周期的状况。如果产出位于自然率水平之上，那么经济处于繁荣状态，资源使用率较高，从而厂商的边际成本上升。为了应对上升的边际成本，厂商会提高价格。如果产出位于自然率水平之下，那么经济处于衰退状态，资源使用率较低，从而厂商的边际成本下降。为了应对下降的边际成本，厂商会降低价格。参数 ϕ 大于零，反映了边际成本对于经济状态变化的敏感度和厂商定价对于边际成本变化的敏感度。

供给冲击 v_t 是一个随机变量。这个变量表示预期通货膨胀与经济周期状况以外的所有影响通货膨胀的因素，例如，由进口原材料价格提高导致的边际成本上升所推动的通货膨胀。近些年，铁矿石进口价格连年攀升，这种输入型通货膨胀就反映在随机变量 v_t 中。

四、预期通货膨胀

在费雪方程和菲利普斯曲线中，我们都发现了预期通货膨胀。“预期”在动态总需求—总供给模型中起到了非常重要的作用。该模型之所以具有动态性，在很大程度上就来自模型中存在的各种变量的“预期值”。因此，如何对于“预期”进行建模就非常重要。

在前面对于新古典模型的介绍中，我们可以看到，经济当事人的预期是以理性的方式形成的，即利用一切可以得到的信息，产生对于未来变量没有趋势性偏离的估计值。在标准的动态总需求—总供给模型中，预期的形成方式同样应该是理性的。不过，这种方式使得模型的求解过程较为复杂。为了更为明确地说明动态总需求—总供给模型的实质含义，本章对于预期的形成方式进行简化。这里不再假设经济当事人利用所有可得信息，而是仅仅利用刚刚观察到的数据作为对未来经济变量的预期。这种预期形成方式被称为“适应性预期”。因此，在费雪方程中，我们有：

$$E_t\pi_{t+1}=\pi_t$$

同样地，在菲利普斯曲线中，我们有：

$$E_{t-1}\pi_t=\pi_{t-1}$$

五、名义利率

为了完成我们的模型，需要说明费雪方程中的名义利率是如何决定的。完成这个任务的一种方法是类似于在 IS—LM 模型中那样，引入货币需求和货币供给，当货币需求等于货币供给的时候，确定均衡利率。在这样的环境中，我们可以假设货币供给是一国中央银行的政策变量，因此可以将其看成模型的外生变量。不过，在后面章节的分析中①，我们可以看到，由于金融市场发展的原因，目前西方主要国家都是采用直接控制利率的方式，而不是通过控制货币供给影响经济。因此，本章将提前采用这种方式。

本章假设中央银行按照如下方式设定名义利率：

$$i_t=\pi_t+\rho+\theta_\pi(\pi_t-\pi_t^*)+\theta_Y(Y_t-\overline{Y}_t)$$

其中 π_t^* 表示一个国家当期的通货膨胀率目标，一般来说，这个变量在一定时期内为常量，在这里之所以会加上时间下标 t，是因为在现实中这个变量也会发生改变，例如，我国 2010 年的通货膨胀率目标为 3%，而 2011 年的通货膨胀率目标为 4%。$\pi_t-\pi_t^*$ 表示当前的通货膨胀率与目标通货膨胀率之间的差异，$Y_t-\overline{Y}_t$ 表示当前产出与自然率产出之间的差异，因此，上面的规则表明中央银行会根据这两种经济状态变量进行名义利率的调整。参数 θ_π 和 θ_Y 是非常重要的政策参数，反映中央银行对通货膨胀率偏离和产出偏离的反应程度。一般假设这两个参数大于零，参数值越大，说明中央银行对经济状态的反应越敏感。参数 ρ 是我们在前面介绍的利率的自然率水平值。

虽然上面的规则反映了中央银行如何设定名义利率，不过，为了更好地理解这个方程，我们可以从实际利率的角度再次观察这个方程。之所以考虑实际利率，是因为虽然中央银行设定了名义利率，但是影响经济的是实际利率，这在总需求方程中得到了很好的体现。根据费雪方程，如果中央银行确定了名义利率，那么实际利率为：

$$r_t=i_t-E_t\pi_{t+1}$$

采用适应性预期，可以得到实际利率为：

$$r_t=i_t-\pi_t$$

根据上面确定名义利率的规则，实际利率为：

$$r_t=\pi_t+\rho+\theta_\pi(\pi_t-\pi_t^*)+\theta_Y(Y_t-\overline{Y}_t)$$

这表明，如果通货膨胀率和产出都位于自然率水平，那么实际利率应该也位于自然率水平。如果通货膨胀率超过了目标值或者产出超过了自然率水平，那么实际利率应该上升。如果通货膨胀率低于目标值或者产出低于自然率水平，那么实际利率就应该下降。

第二节 模型求解

现在我们已经获得了动态总需求—总供给模型，可以概括如下：

$$Y_t=\overline{Y}_t-\alpha(r_t-\rho)+\varepsilon_t \qquad \text{总需求曲线}$$

$$r_t=i_t-E_t\pi_{t+1} \qquad \text{费雪方程}$$

$$\pi_t=E_{t-1}\pi_t+\phi(Y_t-\overline{Y}_t)+v_t \qquad \text{菲利普斯曲线}$$

① 参见后面对于货币政策的分析。

$$E_t\pi_{t+1}=\pi_t \qquad \text{适应性预期}$$

$$i_t=\pi_t+\rho+\theta_\pi(\pi_t-\pi_t^*)+\theta_Y(Y_t-\bar{Y}_t) \qquad \text{货币政策规则}$$

模型的内生变量为产出Y_t、通货膨胀率π_t、名义利率i_t、实际利率r_t和期望通货膨胀率$E_t\pi_{t+1}$。这里$E_{t-1}\pi_t$不是内生变量，因为其等于π_{t-1}，是内生变量在$t-1$时期的取值，但是在t时期的时候已经知道了，所以被称为“前定变量”。

求解上述模型，就是将内生变量变成前定变量、外生变量和参数的函数。上述动态总需求—总供给模型的外生变量包括自然率产出水平$\bar{Y}_t$、目标通货膨胀率π_t^*和外生冲击ε_t与v_t，参数包括ρ、α、ϕ、θ_π和θ_Y。

一、长期均衡

长期均衡就是经济增长中的稳态，是经济围绕其进行波动的状态。当没有外生冲击，且通货膨胀处于稳定状态的时候，经济就处于稳态。

将稳态的定义应用于上面的模型，可以得到内生变量的稳态为：

$$Y_t=\bar{Y}_t$$

$$r_t=\rho$$

$$\pi_t=\pi_t^*$$

$$E_t\pi_{t+1}=\pi_t^*$$

$$i_t=\rho+\pi_t^*$$

因此，这些变量位于其自然率水平上。

动态总需求—总供给模型的稳态就是在前面的古典模型和经济增长模型中看到的经济的稳态。这些稳态具有古典宏观经济学的特征：二分法与货币中性。二分法意味着真实变量和名义变量的决定是相互分离的。我们发现产出、实际利率都是位于自己的自然率水平上，不受名义变量的影响。货币政策只能影响名义变量。例如，如果央行提高了通货膨胀率目标，那么稳态的通货膨胀率、期望通货膨胀率与名义利率都同比例上升。

二、总供给和总需求曲线

本章关心的主要变量是产出和通货膨胀，为此，我们需要将上面的包括5个方程的系统简化为仅仅包含产出和通货膨胀的总需求和总供给曲线。

首先来看总需求曲线。因为总需求曲线包含了实际利率，将费雪方程代入总需求曲线得到：

$$Y_t=\bar{Y}_t-\alpha[(i_t-E_t\pi_{t+1})-\rho]+\varepsilon_t$$

利用适应性预期的定义，可以得到：

$$Y_t=\bar{Y}_t-\alpha[(i_t-\pi_t)-\rho]+\varepsilon_t$$

这里面没有解出的就是名义利率，将利率规则代入其中，我们得到：

$$Y_t=\bar{Y}_t-\alpha\{[\pi_t+\rho+\theta_\pi(\pi_t-\pi_t^*)+\theta_Y(Y_t-\bar{Y}_t)-\pi_t]-\rho\}+\varepsilon_t$$

整理成产出和通货膨胀的关系式，即：

$$Y_t=\bar{Y}_t-\frac{\alpha\theta_\pi}{1+\alpha\theta_Y}(\pi_t-\pi_t^*)+\frac{1}{1+\alpha\theta_Y}\varepsilon_t$$

动态总需求受到外生变量自然率产出水平 $\bar{Y}_t$、目标通货膨胀率 π_t^* 和外生冲击 ε_t 的影响。

这条总需求曲线非常类似于静态总需求曲线，只不过后者反映了总产出与一般价格水平之间的关系，而动态总需求曲线反映了总产出与通货膨胀率之间的关系。同时，我们是在中央银行控制货币供给量这个假设下得到静态总需求曲线的，而对动态总需求的获得我们采用了利率规则。当然，这个区别并不是本质的。

动态总需求曲线（DAD_t）如图 6-1 所示。我们可以发现，动态总需求曲线类似于静态总需求曲线，产出也与通货膨胀率反向变化，从而动态总需求曲线向右下方倾斜。动态总需求曲线之所以向右下方倾斜，是因为在通货膨胀率上升后，中央银行根据利率规则提高了实际利率，从而通过抑制投资、消费和净出口降低了总需求。

同时，总需求曲线的位置受到自然率产出水平 $\bar{Y}_t$、目标通货膨胀率 π_t^* 和外生冲击 ε_t 的影响。当自然率产出提高的时候，总需求曲线向外移动。这是因为随着居民收入的提高，消费水平提高。目标通货膨胀率 π_t^* 和外生冲击 ε_t 的影响可以集中理解为货币政策和财政政策。如果中央银行提高目标通货膨胀率 π_t^*，那么在当前的通货膨胀率下，就会降低实际利率，从而提高投资、消费和净出口，促进总需求的提高。所以，提高目标通货膨胀率 π_t^* 等扩张性的货币政策向外推动总需求，紧缩性货币政策向内推动总需求。外生冲击 ε_t 可以理解为财政政策。如果政府提高支出或者降低税收，就会向外移动总需求。如果政府降低支出或者提高税收，就会向内移动总需求。

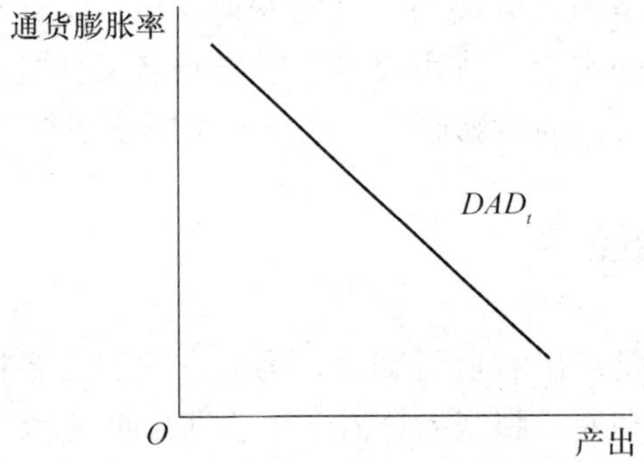

图 6-1　动态总需求曲线

在获得动态总需求曲线之后，就可以分析如何获得动态总供给曲线。对于菲利普斯曲线唯一需要注意的是预期通货膨胀，对预期通货膨胀采用适应性预期的定义，可以得到：

$$\pi_t=\pi_{t-1}+\phi(Y_t-\bar{Y}_t)+v_t$$

动态总供给曲线受到外生变量自然率产出水平 $\bar{Y}_t$、外生冲击 v_t 与前定变量 π_{t-1} 的影响。

动态总供给曲线（DAS_t）如图 6-2 所示。动态总供给曲线向右上方倾斜，这反映了菲利普斯曲线所体现的经济状态与通货膨胀率之间的正向关系。动态总供给曲线的位置由自然率产出水平 $\bar{Y}_t$、外生冲击 v_t 与前定变量 π_{t-1} 决定。当这些变量发生变化的时候，总供给曲线就会随之移动。

在获得了动态总需求和总供给之后，我们就可以将这两条曲线放在一起，得到经济的短期均衡。

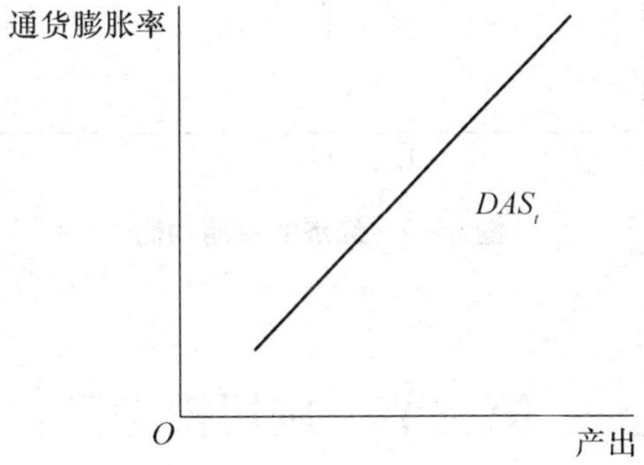

图 6-2

三、短期均衡

一个经济体可以用如下的动态总需求和总供给曲线描述：

$$Y_t=\bar{Y}_t-\frac{\alpha\theta_\pi}{1+\alpha\theta_Y}(\pi_t-\pi_t^*)+\frac{1}{1+\alpha\theta_Y}\varepsilon_t \qquad \text{动态总需求}$$

$$\pi_t=\pi_{t-1}+\phi(Y_t-\bar{Y}_t)+v_t \qquad \text{动态总供给}$$

从中不难看出，模型的内生变量为产出 Y_t 和通货膨胀率 π_t，它们是外生变量自然率产出水平 $\bar{Y}_t$、目标通货膨胀率 π_t^*、外生总需求冲击 ε_t 与外生总供给冲击 v_t 和前定变量 π_{t-1} 的函数。

如果外生变量和前定变量给定，那么动态总需求和总供给曲线的交点就是经济的短期均衡点。这个短期均衡点可以与产期均衡点相同，也可以高于或者低于长期均衡点。这个决定过程可以用图 6-3 表示。动态总需求曲线和动态总供给曲线的交点是 A 点，决定了当期的产出和通货膨胀率。这个产出低于经济的自然率产出水平。

动态总需求曲线和总供给曲线的交点不仅决定产出，也决定通货膨胀率。当期通货膨胀率到了下一期就是上期通货膨胀率，从而决定了下一期的总供给曲线的位置，这样也就决定了下一期的总产出和通货膨胀率。依此类推，经济就产生了动态效果。下一节就利用这种动态关系讨论在经济遇到外生冲击后，内生变量如何随着时间而演化。

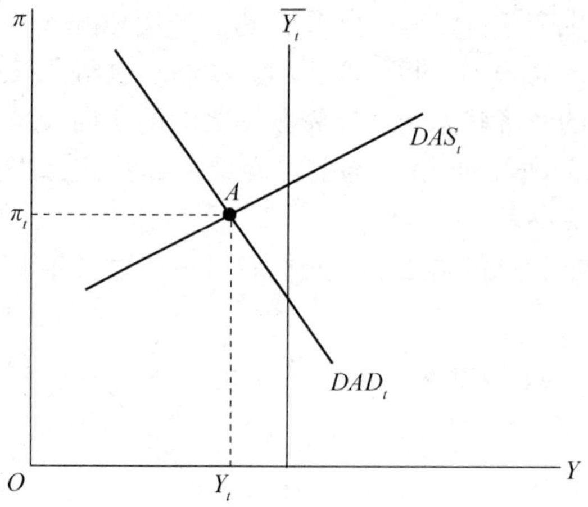

图 6-3 经济的短期均衡

第三节 应用模型

因为在动态总需求—总供给模型中，产出是自然率产出水平 $\bar{Y}_t$、外生总供给冲击 v_t 与外生总需求冲击 ε_t 的函数，下面就利用图形方法分析这些变量的变化如何影响产出和通货膨胀率。

一、自然率产出水平

因为经济增长，自然率产出水平 $\bar{Y}_t$ 会随着时间而变化。我们首先来讨论这种变化如何通过动态总需求和总供给模型影响产出和通货膨胀。图 6-4 说明了自然率产出水平 $\bar{Y}_t$ 如何影响动态总需求和总供给曲线，进而影响产出和通货膨胀率。

在经济的自然率产出水平 $\bar{Y}_t$ 上升后，经济中的总需求曲线向右移动。同时，自然率产出水平 $\bar{Y}_t$ 的上升提高了生产能力，总供给也向右移动。从这两条曲线的方程可以看出，这两条曲线的移动幅度为自然率产出水平 $\bar{Y}_t$ 的变动幅度。如果经济原来处于长期均衡和短期均衡的重合点 A，同时其他条件不变，那么新的均衡点依然位于长期均衡和短期均衡的重合点，只不过现在产出上升了，位于 B 点。移动前后，通货膨胀率都在目标通货膨胀率 π_t^* 上。

二、总供给冲击

假设经济面临总供给冲击，例如进口原材料价格上升。因此，在当期，v_t 上升 1%，然后又回到 0。这种情况下经济的演化情况如图 6-5 所示。

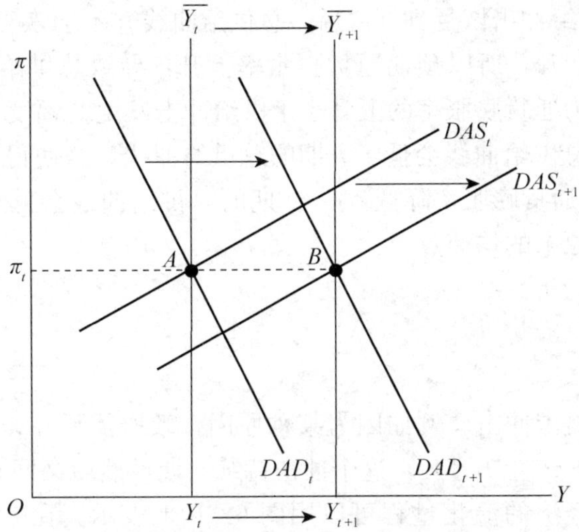

图 6-4 自然率产出水平的影响

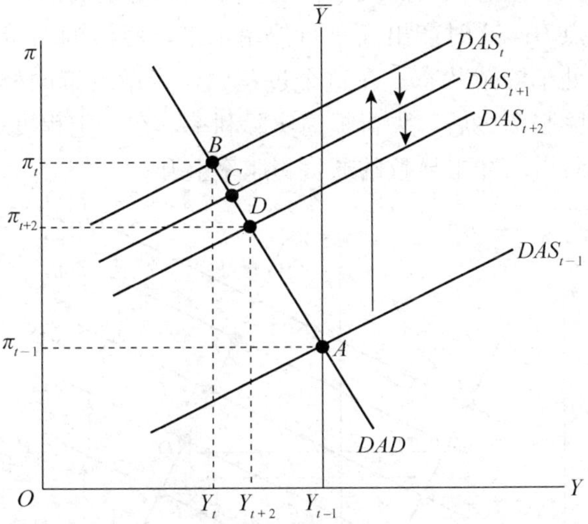

图 6-5 总供给冲击

在 t 期，当冲击发生的时候，动态总供给曲线从 $t-1$ 期的位置 DAS_{t-1} 移动到 t 期的位置 DAS_t。因为 v_t 不体现在动态总需求曲线中，所以总需求曲线不移动。产出和通货膨胀率就从均衡点 A 沿着总需求曲线移动到均衡点 B。这时产出低于自然率水平，经济的通货膨胀率超过了目标通货膨胀率，此时经济处于滞胀状态。这个过程中之所以会发生产出下降，在一定程度上源于中央银行的货币政策。① 当供给冲击引起通货膨胀率高于目标通货膨胀率的时候，中央银行提高实际利率。实际利率的提高抑制了消费、投资和净出口，从而拉低了总需求，降低了总产出。不过，因为产出下降，通货膨胀率的上升也会小于供给冲击发生的幅度。

---

① 这并不能表明中央银行的货币政策是“有害的”。中央银行的货币政策正在逐渐将通货膨胀挤压出经济，只不过代价是经济处于不景气的状态。

在 $t+1$ 期，在供给冲击恢复到 0 之后，总供给曲线并不会恢复到原来的位置。这是因为 t 期通货膨胀率上升，所以预期通货膨胀率上升，导致总供给曲线并不会恢复到原来的位置。不过，因为通货膨胀率的上升小于供给冲击发生的幅度，在 $t+1$ 期，在供给冲击恢复到 0 之后，总供给曲线会低于 t 期的总供给曲线。这使得 $t+1$ 期的通货膨胀率降低。因为 $t+1$ 期的通货膨胀率降低，$t+2$ 期的总供给曲线会低于 $t+1$ 期的总供给曲线，经济慢慢恢复到原来的均衡点 A。

三、总需求冲击

假设经济面临总需求冲击。例如因为某种原因，政府需要在未来连续 5 年提高政府支出。因此，在当期，v_t 上升 1%，这个冲击持续 5 期，然后又回到 0。

在这种情况下，经济的演化过程可以用图 6-6 来表示。在 t 期，当冲击发生的时候，动态总需求曲线从 $t-1$ 期的位置 DAD_{t-1} 移动到 t 期的位置 DAD_t。因为 ε_t 不体现在动态总供给曲线中，所以总供给曲线不移动。产出和通货膨胀率就从均衡点 A 沿着总供给曲线移动到均衡点 B。这时产出高于自然率水平，经济的通货膨胀率超过了目标通货膨胀率。经济此时处于繁荣状态。在这个过程中，货币政策同样发挥了作用。在通货膨胀率超过目标通货膨胀率之后，央行提高实际利率，在一定程度上抵消了总需求冲击，从而抵消掉了部分由总需求冲击导致的通货膨胀率上升。

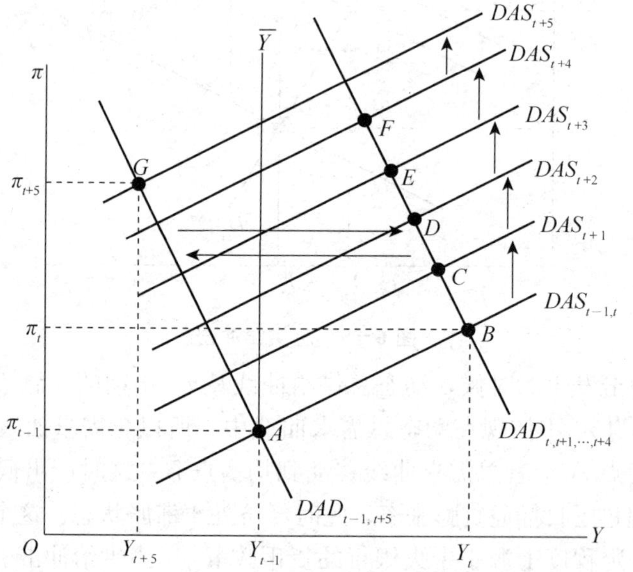

图 6-6

在 $t+1$ 期，因为通货膨胀率上升，所以预期通货膨胀率上升，进而推动总供给曲线从 DAS_t 向上移动到 DAS_{t+1}。因为总需求冲击仍然持续，所以 $t+1$ 期的总需求曲线 DAD_{t+1} 的位置不变，仍然在 DAD_t 的位置。所以，在 $t+1$ 期，经济沿着总需求曲线从 B 点移动到 C 点。依此类推，经济依次移动到 D 点、E 点、F 点。

在 $t+5$ 期，总需求冲击恢复到 0，因此，总需求曲线移动到 DAD_{t-1} 的位置。因为

$t+4$ 期通货膨胀率上升，所以预期通货膨胀率上升，进而推动总供给曲线从 DAS_{t+4} 向上移动到 DAS_{t+5}，因此经济的均衡点从 F 点移动到 G 点。此时，经济开始进入衰退状态，通货膨胀开始被逐渐挤出经济，最终恢复到初始均衡点 A。

第四节 外生冲击结果的代数分析

正如我们在前面几节所看到的，一个经济体可以用如下的动态总需求和总供给曲线描述：

$$Y_t=\bar{Y}_t-\frac{\alpha\theta_\pi}{1+\alpha\theta_Y}(\pi_t-\pi_t^*)+\frac{1}{1+\alpha\theta_Y}\varepsilon_t \qquad \text{动态总需求}$$

$$\pi_t=\pi_{t-1}+\phi(Y_t-\bar{Y}_t)+v_t \qquad \text{动态总供给}$$

经济的均衡点就是这两条曲线的交点：

$$Y_t=\bar{Y}_t-\frac{\alpha\theta_\pi}{1+\alpha\theta_Y+\alpha\phi\theta_\pi}(\pi_{t-1}-\pi_t^*+v_t)+\frac{1}{1+\alpha\theta_Y+\alpha\phi\theta_\pi}\varepsilon_t$$

$$\pi_t=\frac{1+\alpha\theta_Y}{1+\alpha\theta_Y+\alpha\phi\theta_\pi}(\pi_{t-1}+v_t)+\frac{\alpha\phi\theta_\pi}{1+\alpha\theta_Y+\alpha\phi\theta_\pi}(\pi_t^*+\varepsilon_t)$$

前面一节利用图形的方式分析了自然率产出水平、总供给和总需求三类外生冲击因素对经济的影响。本节利用经济均衡点的代数解来分析其具体路径。这种内生变量对于外生变量冲击的反应被称为“脉冲反应函数”。“脉冲”指的是外生冲击，例如在某个时刻外生变量上升或者下降 1%。“反应函数”表明内生变量对于这些外生冲击的反应如何随着时间而变化，因此，这个函数的自变量可以看成时间。

为什么在外生冲击到来之后会产生一个反应函数呢？从经济均衡点的表达式不难发现，这些解实际上是内生变量的差分方程。这些差分方程表明在外生冲击——例如自然率产出水平 $\bar{Y}_t$、目标通货膨胀率 π_t^*、ε_t 与 v_t——变化之后，内生变量如何改变。只要我们能够确定 ρ、α、ϕ、θ_π 和 θ_Y 这些经济中的外生参数和部分外生变量，就可以分析我们感兴趣的外生变量的变化。本节我们主要分析 ε_t 与 v_t 变化的影响。本节确定 ρ、α、ϕ、θ_π 和 θ_Y 这些参数数值的方法与我们在新古典经济学中进行参数校准的方法是一致的，此处不再赘述。

我们假设参数值如下：

$\bar{Y}_t=100$

$\pi_t^*=4$

$\alpha=1.0$

$\rho=2.0$

$\phi=0.25$

$\theta_\pi=0.5$

$\theta_Y=0.5$

这里之所以将自然率产出定为 100，是为了可以将产出波动 $Y_t-\bar{Y}_t$ 看成实际产出距离自然率产出水平的百分比。我们将我国中央银行的通货膨胀目标定为 4%。$\alpha=1.0$ 意味着实际利率上升 1 个百分点，那么总需求相对于自然率产出水平下降 1 个百分点。$\rho=2.0$ 意味着实际利率的自然率水平为 2%。$\phi=0.25$ 意味着产出相对于自然率产出水平上升 1%，那么通货膨胀上升 0.25 个百分点。$\theta_\pi=0.5$ 意味着通货膨胀比目标通货膨胀高 1 个百分点，那么名义利率提高 0.5 个百分点。$\theta_Y=0.5$ 意味着产出比自然率水平高 1 个百分点，那么名义利率提高 0.5 个百分点。

给定这些参数，经济均衡点的动态变化过程的差分方程可以写为：

$$Y_t=100-0.3077(\pi_{t-1}-4)+0.6154\varepsilon_t-0.3077v_t$$
$$\pi_t=0.3076+0.9231\pi_{t-1}+0.0769\varepsilon_t+0.9231v_t$$

首先，假设经济面临总供给冲击，例如进口原材料价格上升。因此，在当期，v_t 上升 1%，然后又回到 0。利用上面的差分方程，可以计算出经济的产出和通货膨胀率（见表 6-1）。

表 6-1 总供给冲击下经济的产出和通货膨胀率

时期	产出	通货膨胀率（%）	时期	产出	通货膨胀率（%）
0	100	4	11	99.861 77	4.414 702
1	99.692 30	4.923 100	12	99.872 40	4.382 812
2	99.715 96	4.852 114	13	99.882 21	4.353 373
3	99.737 80	4.786 586	14	99.891 27	4.326 199
4	99.757 97	4.726 098	15	99.899 63	4.301 114
5	99.776 58	4.670 261	16	99.907 35	4.277 959
6	99.793 76	4.618 718	17	99.914 47	4.256 584
7	99.809 62	4.571 138	18	99.921 05	4.236 852
8	99.824 26	4.527 218	19	99.927 12	4.218 638
9	99.837 78	4.486 675	20	99.932 72	4.201 825
10	99.850 25	4.449 249			

产出和通货膨胀率的变动分别用图形表示为图 6-7 和图 6-8。

从图中不难看出，当发生总供给冲击的时候，产出下降，同时伴随着通货膨胀率上升。之后产出和通货膨胀率慢慢恢复到原来的均衡点。

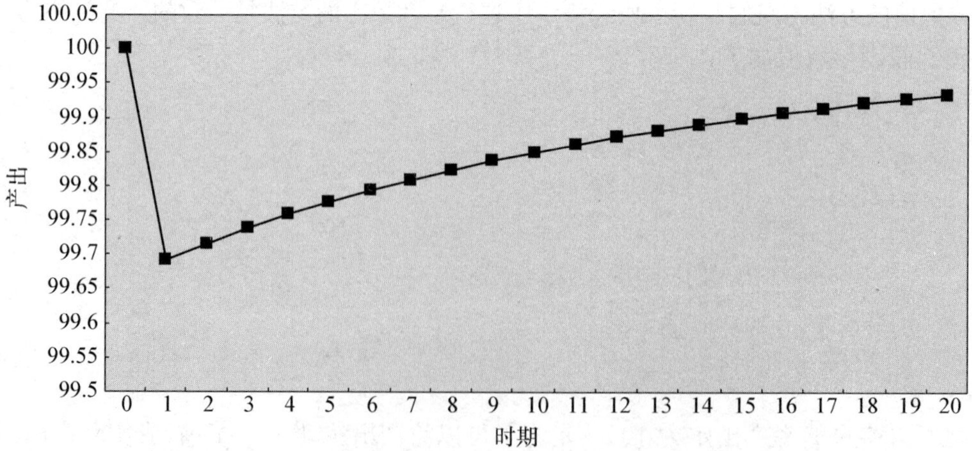

图 6-7 产出对总供给冲击的脉冲反应

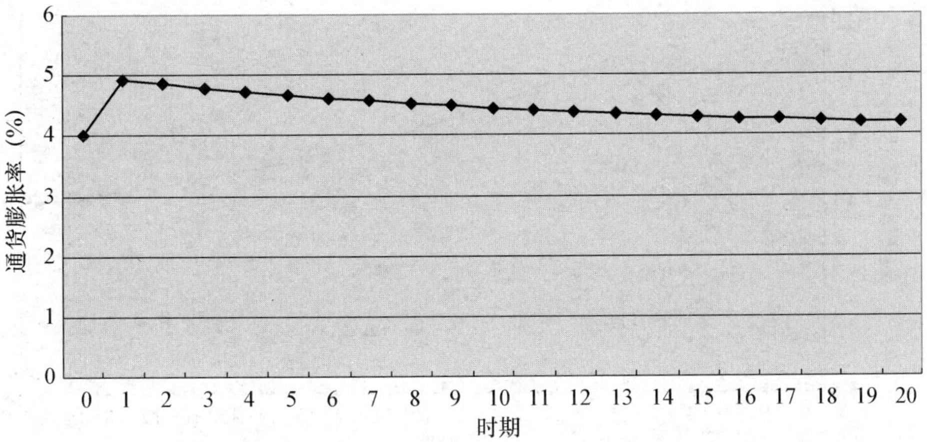

图 6-8　通货膨胀率对总供给冲击的脉冲反应

其次，假设经济面临总需求冲击。假设因为某种原因，政府需要在未来连续 5 年提高政府支出。因此，在当期，v_t 上升 1%，这个冲击持续 5 期，然后又回到 0。利用上面的差分方程，可以计算出经济的产出和通货膨胀率（见表 6-2）。

表 6-2　总需求冲击下经济的产出和通货膨胀率

时期	产出	通货膨胀率（%）	时期	产出	通货膨胀率（%）
0	100	4	11	99.931 99	4.204 016
1	100.615 4	4.076 900	12	99.937 22	4.188 327
2	100.591 7	4.147 886	13	99.942 05	4.173 844
3	100.569 9	4.213 414	14	99.946 51	4.160 476
4	100.549 7	4.273 902	15	99.950 62	4.148 135
5	100.531 1	4.329 739	16	99.954 42	4.136 744
6	99.898 54	4.304 382	17	99.957 92	4.126 228
7	99.906 34	4.280 975	18	99.961 16	4.116 521
8	99.913 54	4.259 368	19	99.964 15	4.107 561
9	99.920 19	4.239 423	20	99.966 90	4.099 289
10	99.926 33	4.221 011			

产出和通货膨胀率的变动分别用图形表示为图 6-9 和图 6-10。

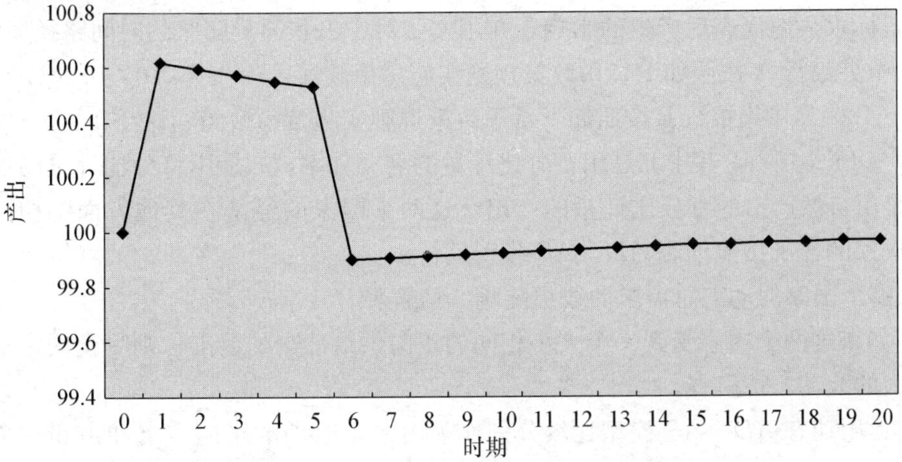

图 6-9　产出对总需求冲击的脉冲反应

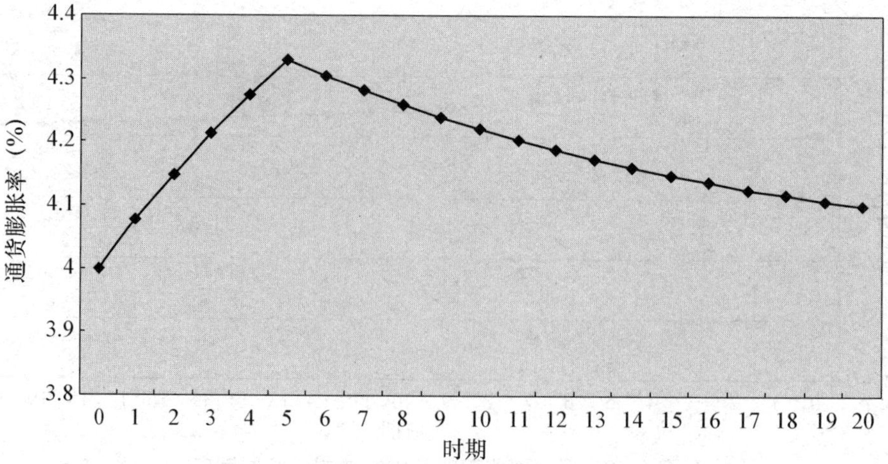

图 6-10　通货膨胀率对总需求冲击的脉冲反应

从图 6-9 和图 6-10 中可以看出，经济在总需求冲击之后的反应与图 6-6 中描绘的情形是一致的。

思考与练习

1. 如果经济最初在长期均衡点上，运用动态 *AD—AS* 模型作图分析持续增长 4 个时期的临时税收（持续 4 个时期的不利的需求冲击）对产出和通货膨胀的影响，并用文字对产出和通货膨胀的时间路径加以解释。

2. 如果经济最初在长期均衡点上，运用动态 *AD—AS* 模型作图分析一次特别的气候模式导致一个时期全球粮食供过于求进而导致粮食价格下降（持续一个时期的不利的供给冲击）对产出和通货膨胀的影响，并用文字对产出和通货膨胀的时间路径加以解释。

3. 如果经济最初在长期均衡点上，运用动态 *AD—AS* 模型作图分析中央银行将通货膨胀目标永久地提高后产生的影响，并用文字对产出和通货膨胀的时间路径加以解释。

4. 中央银行 A 按照如下货币政策规则实施货币政策：$i=\pi+2.0+0.90(\pi-2.0)+0.10(Y-100)$，中央银行 B 按照如下货币政策规则实施货币政策：$i=\pi+2.0+0.10(\pi-2.0)+0.90(Y-100)$，其中 i 是用百分比计量的名义利率，π 是用百分比计量的通货膨胀率，Y 是用自然产出的百分比计量的产出。这两个国家的经济在其他方面都相同，并且这两个国家的经济按照动态 *AD—AS* 模型运行。

a. 哪个国家的动态总需求曲线更陡峭？请解释。

b. 如果这两个国家受到一个大小相同的正向供给冲击的袭击，则哪个国家的产出将经历更大的波动？请解释。

5. 运用动态 *AD—AS* 模型比较分别作为对一个时期的正向需求冲击和一个时期的正向供给冲击的反应的产出和通货膨胀的时间路径。

参考文献

Lucas R. E. (1973). "Some International Evidence on Output-inflation Tradeoffs," *The American Economic Review*, 63 (3): 326-334.

Mankiw N. G. (1985). "Small Menu Costs and Large Business Cycles: A Macroeconomic Model of Monopoly," *The Quarterly Journal of Economics*, 100 (2): 529-537.

Blanchard O. J., Kiyotaki N. (1987). "Monopolistic Competition and the Effects of Aggregate Demand," *The American Economic Review*, 647-666.

Ball L., Romer D. (1991). "Sticky Prices as Coordination Failure," *The American Economic Review*, 539-552.

Rotemberg J. J. (1987). The New Keynesian Microfoundations, NBER Macroeconomics Annual, 2: 69-104.

Fischer S. (1977). "Long-term Contracts, Rational Expectations, and the Optimal Money Supply Rule," *Journal of Political Economy*, 85 (1): 191-205.

Taylor J. B. (1980). "Aggregate Dynamics and Staggered Contracts," *Journal of Political Economy*, 88 (1): 1-23.

第7章

国际部门和开放宏观经济学

随着全球化程度的不断提高，各国的经济联系日益密切。美国、欧盟和日本等国家或地区的经济不断影响着我国，例如，2007年以来的全球金融危机是一个明显的证据。同时，世界各国也在不断关注中国的政策，在这轮金融危机中我国的国内政策对于世界经济复苏起到了良好的推动作用。

本章将介绍开放经济体系中一国经济的基本分析方法。一个经济体主要通过两种渠道与世界经济相联系——国际贸易和国际金融。国际贸易指的是一国的部分商品和劳务出口到外国，同时，国内消费的部分产品是在国外生产后输入的。国际金融是世界性投资者在国际范围内转换资产。这使得一个国家的国内金融市场与世界资本市场密切联系。国际贸易和国际金融活动都改变了前面章节中封闭经济的 *IS—LM* 模型。本章就将关注如何将 *IS—LM* 模型推广到国际领域的分析中。

第一节利用国际收支平衡表描述一个国家与世界经济的联系方式，介绍分析开放经济时常用的一些基本概念。第二节介绍汇率的决定。第三节介绍最基本的开放宏观经济模型，即蒙代尔-弗莱明模型。第四节讨论始于2007年的全球金融危机。

第一节　国际收支和汇率

一、国际收支平衡表

国际收支平衡表是一国居民与世界其他经济体进行交易的记录。国际收支平衡表有两个主要账户：经常账户、资本和金融账户。表7－1是我国的国际收支平衡表的数据。

表 7-1 中国国际收支平衡表

单位：亿元

项目	2018 年	2019 年	2020 年
1. 经常账户	1 882	7 116	18 709
贷方	195 272	202 232	207 187
借方	−193 391	−195 116	−188 478
1. A 货物和服务	6 053	9 173	25 267
贷方	175 694	181 617	187 926
借方	−169 641	−172 444	−162 659
1. A. a 货物	25 359	27 180	35 311
贷方	160 237	164 760	171 737
借方	−134 878	−137 579	−136 426
1. A. b 服务	−19 306	−18 007	−10 044
贷方	15 457	16 858	16 189
借方	−34 763	−34 864	−26 233
1. B 初次收入	−4 038	−2 764	−7 204
贷方	17 745	18 828	16 673
借方	−21 783	−21 592	−23 876
1. B. 1 雇员报酬	535	214	28
贷方	1 193	983	1 016
借方	−657	−769	−988
1. B. 2 投资收益	−4 690	−3 051	−7 340
贷方	16 416	17 722	15 481
借方	−21 106	−20 773	−22 821
1. B. 3 其他初次收入	117	73	108
贷方	137	123	176
借方	−20	−50	−68
1. C 二次收入	−133	706	645
贷方	1 833	1 787	2 588
借方	−1 966	−1 080	−1 943
1. C. 1 个人转移	−25	4	28
贷方	408	278	286
借方	−433	−274	−259
1. C. 2 其他二次收入	−108	702	618
贷方	1 425	1 508	2 302
借方	−1 533	−806	−1 684
2. 资本和金融账户	9 901	1 800	−7 266
2. 1 资本账户	−38	−23	−6
贷方	20	15	11
借方	−58	−38	−17

续表

项目	2018 年	2019 年	2020 年
2.2 金融账户	9 939	1 823	−7 260
资产	−23 873	−18 009	−42 918
负债	33 812	19 831	35 657
2.2.1 非储备性质的金融账户	10 976	461	−5 383
资产	−22 836	−19 370	−41 040
负债	33 812	19 831	35 657
2.2.1.1 直接投资	5 987	3 457	6 938
2.2.1.2 证券投资	6 966	4 003	5 912
2.2.1.3 金融衍生工具	−415	−165	−800
2.2.1.4 其他投资	−1 563	−6 834	−17 433
2.2.2 储备资产	−1 037	1 362	−1 878
2.2.2.1 货币黄金	0	0	0
2.2.2.2 特别提款权	2	−34	7
2.2.2.3 在国际货币基金组织的储备头寸	−47	−1	−132
2.2.2.4 外汇储备	−992	1 397	−1 753
2.2.2.5 其他储备资产	0	0	0
3. 净误差与遗漏	−11 783	−8 916	−11 443

经常账户包括货物和服务、初次收入以及二次收入。货物指经济所有权在我国居民与非居民之间发生转移的货物交易。服务包括加工服务，维护和维修服务，运输，旅行，建设，保险和养老金服务，金融服务，知识产权使用费，电信、计算机和信息服务，其他商业服务，个人、文化和娱乐服务以及别处未提及的政府服务。初次收入指由于提供劳务、金融资产和出租自然资源而获得的回报，包括雇员报酬、投资收益和其他初次收入三部分。二次收入指居民与非居民之间的经常转移，包括现金和实物。

资本和金融账户包括资本账户和金融账户。资本账户指居民与非居民之间的资本转移，以及居民与非居民之间非生产非金融资产的取得和处置。金融账户指发生在居民与非居民之间、涉及金融资产与负债的各类交易。

国际收支平衡表采用复式记账法，由于统计资料来源和时点不同等原因，会形成经常账户与资本和金融账户不平衡，形成统计残差项，称为净误差与遗漏。

国际收支核算的基本原则是在任何交易中，一国居民付出款项就是该国国际收支中的亏损项目。因此，就中国而言，进口化妆品、购买美国的资产和在瑞士银行存款都是亏损项目。与此相反，向国外出口服装、玩具等就是盈余项目。

如果出口超过进口加上对外国人的净转移支付，即如果从货物和服务贸易以及转移支付中所得到的收入超过为这些项目进行的支出，那么经常项目就会出现盈余。

货物和服务的流入或流出并不是贸易中唯一重要的方面。我们需要为进口支付多少，以及因出口获得了多少收入是非常重要的。从这方面看，对外贸易中重要的是名义数额，而在考虑国内产出的时候，实际价值才是重要的。当进口品变得相对昂贵时，即使实际的净出口数量没有变化，对中国而言也花费得更多。近年来中国的铁矿石进口正是出现了上述情况。贸易条件是出口品与进口品的价格比。当进口品价格上涨时，我们说贸易条件恶化了。

无论是因为进口品数量增加还是因为进口价格上升，使得中国的进口额大于出口额，中国都必须向外国借款以支付差额。这些借款被称为资本流入。这是资本和金融账户的一个组成部分。资本和金融账户包括买卖股票、债券与土地等资产。当中国从出售股票、债券、银行存款以及其他资产中所得的收入超过中国购买国外资产的支付时，中国的资本和金融账户出现盈余——净资本流入。

综合上面的分析，经常账户与资本和金融账户的关系是：

经常账户赤字＋净资本流入＝0

这个关系式意味着，如果一个国家没有资产可以出售，或者没有外国投资者愿意购买一个国家的资产，或者没有外汇储备，则其无论如何都必须实现经常账户的平衡。

资本和金融账户（也称资本项目）经常分为两个部分：（1）一国私人领域的交易；（2）官方储备交易，即央行的外汇交易活动。经常账户赤字可能由居民私人出售资产或者向国外借款弥补，或者由政府提供资金弥补，政府可减少其外汇储备，在外汇市场上出售外币。反之，如果出现盈余，私人领域可以利用其收到的外汇收入，偿还债务或者购买海外资产；另一个办法是中央银行购买私人领域赚得的外国货币，增加中央银行的储备。

官方外汇储备的增加也被称为国际收支盈余。上面的分析可以概括如下：

国际收支盈余＝官方外汇储备的增加

＝经常账户盈余＋净私人资本流入①

综合这两个方面，开放宏观经济的联系如图 7－1 所示。

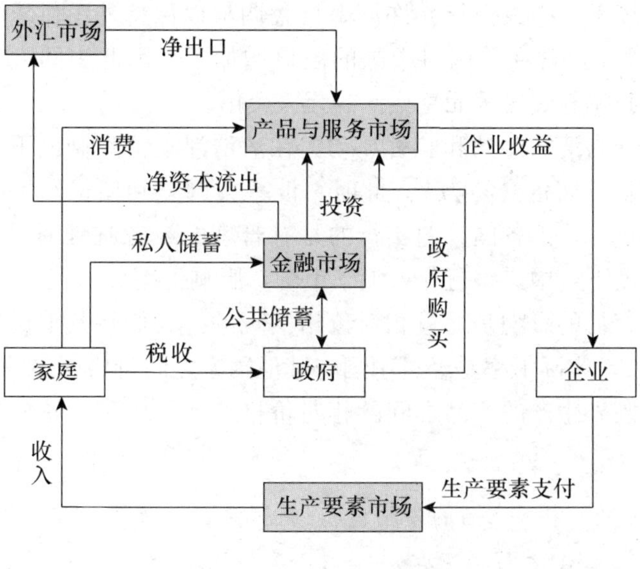

图 7－1　开放宏观经济

① 这里的净私人资本流入指的是所有不经过央行外汇市场干预的资本流动，例如在国外兴建大使馆。

净出口和净资本流出在汇率市场相互影响。如果将注意力放在中央银行如何通过其官方交易为国际收支盈余与赤字融资上，我们就需要关注汇率。

二、汇率

汇率是指两个国家的货币之间的比价。例如，2021 年 1 月，美元和人民币的比价平均为 1∶6.5。同其他价格一样，汇率也会波动。

汇率是在外汇市场决定的。在外汇市场上，人民币和其他货币进行交易。外汇市场并不固定在一个地方，它是一个全球性的市场。全世界各国的银行建立了一个相互连通的网络，能够实现全球连接，24 小时开放。

目前的汇率制度分为固定汇率制度和浮动汇率制度。

在固定汇率制度下，外国央行随时准备按照以人民币表示的固定价格，买卖它们的通货。在第二次世界大战结束以后到 20 世纪 70 年代早期，西方主要国家采用固定汇率制度。例如，在 20 世纪 60 年代，联邦德国中央银行以 1 美元兑换 4 马克的比价，无限制地交易美元。法国中央银行以 1 美元兑换 4.90 法郎的比价，无限制地交易美元。

在固定汇率制度下，中央银行会不断干预外汇市场，即在外汇市场上买卖外汇。固定汇率的操作类似其他的价格支持方案。当市场的私人供求一定时，中央银行必须弥补超额需求或者吸收超额供给。为了保证外汇价格——汇率——维持不变，就必须持有外汇，用来兑换本国货币。如果一个国家没有足够的外汇储备，那么就无法继续干预，需要接受货币价格波动。在 1997 年的亚洲金融危机期间，泰国等东南亚国家就经历了这个过程。

在浮动汇率制度下，中央银行允许汇率自我调整以保持外币供求平衡。例如，如果 1 美元兑换 6 元人民币，现在美国对中国的出口增加了，因此中国人对于美元的需求上升，则汇率可以自我调整到 1 美元兑换 6.5 元人民币。

浮动汇率制度分为清洁浮动和肮脏浮动。在清洁浮动汇率制度下，中央银行不干预外汇市场，因此，官方储备交易为 0。此时，汇率会调整到使得经常账户与资本和金融账户之和为零。不过，目前各国普遍实行的是有管理的或者肮脏的浮动汇率制度。在有管理的浮动汇率制度下，中央银行介入汇率市场，影响汇率。

汇率对于对外贸易的影响是通过相对价格实现的。我们将其他国家统称为外国，具有一个价格水平 P_w。实际汇率是经过中国与其他国家之间价格调整的汇率水平，衡量了中国生产的产品与国外生产的产品之间的相对价格。如果中国的价格为 P，名义汇率为 E，那么实际汇率为：

$$\text{实际汇率}(e)=\text{中国产品的外国价格}/\text{外国产品的外国价格}=EP/P_w$$

汇率如何影响进口和出口呢？我们可以把进口和出口合并成一个指标——净出口，定义为出口减去进口。净出口可以看成国外居民对于中国产品的净需求，因此必然受到相对价格和收入的影响。从价格角度看，净出口与实际汇率成反比。如果实际汇率高，说明中国产品相对较贵，因此，外国人会较少购买中国的产品。从收入角度看，外国居民收入越高，收入效应导致的净出口就越多，而中国居民收入越高，收入效应导致的净出口就越少。

第二节　汇率的决定

一、长期汇率

一国政府或中央银行在一段时期内能固定其货币价值，也就是固定其汇率。但在长期中，两国之间的汇率取决于各自国家中货币的购买力。例如，在中国购买一个汉堡包花费 10 元人民币，而在美国购买一个汉堡包花费 1 美元，那么我们应该相信汇率是 1 元人民币能兑换 0.1 美元。这就是购买力平价理论。当一单位本国货币能在本国或者外国购买到同样一篮子商品的时候，两国货币就处于购买力平价状态。实际汇率就测定了一国货币相对于他国货币的购买力。

如果实际汇率为 1，那么两种货币处于购买力平价状态。我们可以期望，在长期中汇率市场使得汇率水平趋向于购买力平价。如果处在购买力平价的位置，我们可以期望名义汇率为：

$$E=\frac{P_w}{P}$$

此时，名义汇率的百分比变化 $\Delta E/E$ 可以表示为：

$$\frac{\Delta E}{E}=\frac{\Delta P_w}{P_w}-\frac{\Delta P}{P}$$

即名义汇率的变化取决于两国的相对通货膨胀率。

不过，在长期中，购买力平价理论真的成立吗？购买力平价理论仅仅在长期中粗略成立，其无法完全成立的原因在于：(1) 各国居民消费的商品并不同质；(2) 商品在国家间运输会有很多障碍，例如存在运输成本、关税等；(3) 有很多商品是无法贸易的，例如土地。

二、短期汇率

在浮动汇率体系下，汇率经常变动。是什么因素引起了一国汇率在短期内上升或者下降呢？我们利用供给和需求分析工具说明浮动汇率体系下汇率的决定问题。

为了简便起见，这里的供给和需求分析关注名义汇率。如果像下一节那样，我们假设国内外价格水平是不变的，那么此处对于名义汇率的分析也适用于实际汇率。

名义汇率是货币的价格，例如人民币的价格。对于货币，发挥作用的是外汇市场。图 7－2 表示了对于人民币的供给和需求。横轴表示人民币供给或者需求的数量，纵轴表示以其他国家货币衡量的人民币的价格，或者说名义汇率。人民币的供给曲线表示了在每一个名义汇率水平上，居民愿意供给的人民币数量。当用其他国家表示的价格变高的时候，人们更愿意向市场供给人民币，因此，人民币的供给曲线向右上方倾斜。人民币的需求曲线表示在每一个汇率水平上人们愿意在外汇市场上购买的人民币数量。当人民币相对于其他国家货币变贵的时候，人们较少购买人民币，因此，人民币的需求曲线向下倾斜。均衡点位于 E，此时人民币的供给数量等于需求数量。实际上这个均衡点反映了国际收支平衡，即：

经常账户赤字＋净资本流入＝0

人民币的需求曲线之所以出现是因为外国居民需要进口中国的商品和购买中国的资产，需要将外币换成人民币。人民币的供给曲线之所以出现是因为中国居民需要进口外国的商品、购买外国的资产，需要将人民币换成外币。

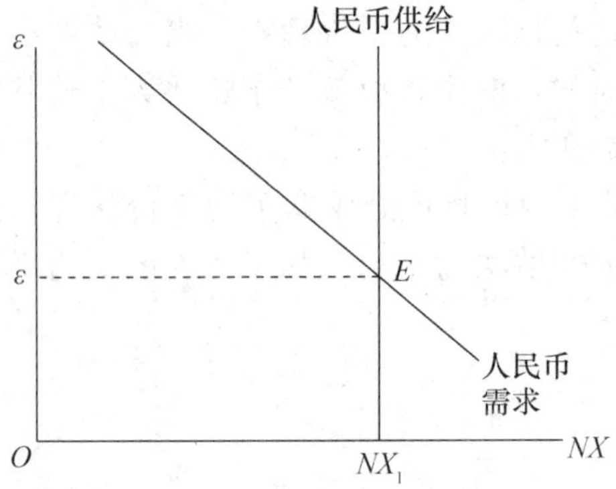

图 7－2　汇率决定

当人民币的供给曲线和需求曲线发生移动的时候，人民币的汇率就会发生变化。例如，假设世界居民的偏好从日本海产品转移到中国海产品，那么中国的出口就会增加，对于人民币的需求上升，人民币汇率上升，本币升值（见图 7－3）。

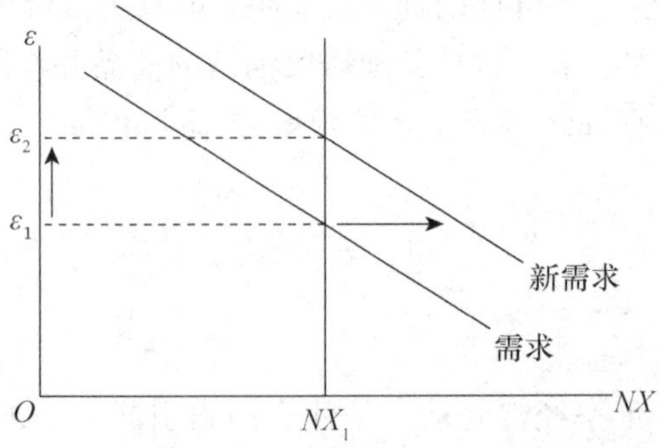

图 7－3　汇率变动

如果国内产出增加，那么中国居民的收入上升。此时，对于进口的需求就会上升。国内居民就需要将人民币换成外币，人民币在外汇市场上的供给就会增加，从而使得汇率下降，人民币贬值。如果外国产出增加，那么外国居民收入上升。此时，对于中国产品的需求就会增加，对于人民币的需求增加，人民币汇率上升，人民币升值。

如果国内实际利率上升，那么中国资产相对于国外资产就更有吸引力，导致外国资金涌入，对于人民币的需求增加，从而使得人民币升值。如果外国实际利率上升，那么中国资产相对于外国资产的吸引力变小，中国居民希望购买外国资产，导致人民币供给增加，从而使得人民币贬值。

第三节 蒙代尔-弗莱明模型

蒙代尔-弗莱明模型是 *IS—LM* 模型在开放条件下的推广。假设本国为一个开放经济体系中的“小国”，即不能影响世界价格；同时，国内外价格水平不变，因此，名义利率等于实际利率。

一、基本模型

相比于封闭经济的 *IS—LM* 模型，蒙代尔-弗莱明模型多出了一个国际部门。在这个经济中，除了国内产品市场和货币市场之外，多出了一个汇率市场，该市场使得国际收支平衡。产品市场上总支出和总收入的均衡由 *IS* 曲线表示，货币市场上货币需求与货币供给的均衡由 *LM* 曲线表示。汇率市场促成的国际收支平衡由 *BP* 曲线表示。因此，蒙代尔-弗莱明模型也被称为 *IS—LM—BP* 模型。同时，因为国际部门的影响，蒙代尔-弗莱明模型中的 *IS* 曲线和 *LM* 曲线也与封闭经济中的不尽相同。下面依次对这三条曲线加以说明。

首先，从产品市场来看，由于净出口的影响，经济中的实际总支出可以表示为：

$$AE=C+I+G+NX$$

其中 C、I、G 和 NX 分别表示国内经济的私人消费、私人投资、政府购买和净出口的实际数值。利用前面对于消费、投资和净出口行为的分析，可以知道：

$$C=C(Y_d)$$
$$I=I(r)$$
$$G=G_0$$
$$NX=NX(Y, Y_w, e)$$

其中，Y_d 表示可支配收入，Y 表示国内总收入，Y_w 表示国外收入，e 表示实际汇率。

其次，在开放经济体系中，货币供给量会受到外汇储备变动的影响。当面临着净出口盈余时，本币会有升值压力，如果央行干预外汇市场，购买外汇，就会增加外汇储备，同时增加市场上的本币供给，增加了货币供给量。同理，如果央行减少外汇储备，回收本币，就减少了货币供给量。①

最后，来考察国际收支。国际盈余 *BP* 等于净出口 *NX* 加上资本和金融账户盈余

① 这个过程在后面关于货币供给过程的分析中将会更加明了。

CF。因为资本和金融账户包括买卖股票、债券与土地等资产，所以资本和金融账户受到国内外相对收益率的影响。如果国内资产的收益率高于国外资产的收益率，那么资本就会流向国内；反之，资本就会流向国外。如果用 i 表示国内利率，i_w 表示国际利率，显然，资本和金融账户盈余正向相关于国内外利率差，即：

$$CF=CF(i-i_w)$$

因此，

$$BP=NX(Y,Y_w,e)+CF(i-i_w)$$

基于上述三方面的分析，我们可以把蒙代尔-弗莱明模型简单表示为产品市场、货币市场均衡和国际收支平衡。其中：

产品市场：$Y=C(Y_d)+I(r)+G_0+NX(Y,Y_w,e)$

货币市场：$L(Y,r)=M_s/P$

国际资产市场：$NX(Y,Y_w,e)+CF(i-i_w)=0$

与封闭条件下的 IS—LM 模型相比，在开放条件下，IS 曲线的位置受到实际汇率的影响，当实际汇率下降时，净出口增加，在 Y 和 r 的平面内，IS 曲线向右上方移动。LM 曲线的位置与中央银行的外汇储备密切相关，通常情况下，外汇储备的增加会导致 LM 曲线向右下方移动。BP 曲线与汇率和国外的利率相关，当本币贬值时，BP 曲线向右下方移动；当国外利率升高时，情况正好相反。

二、固定汇率制度下的政策冲击

假设一国采用固定汇率制度，那么由于假定国内外价格不变，因此实际汇率与名义汇率相同，也处于固定水平。假设资本可以流动，但是不能完全流动，所以，BP 曲线在 Y 和 r 的平面内向右上方倾斜（见图 7-4）。

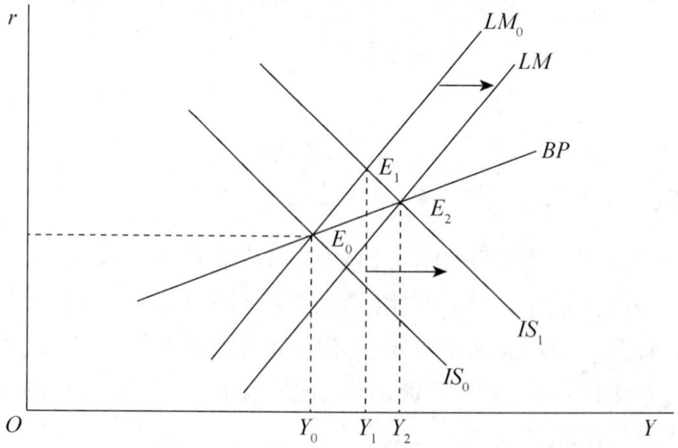

图 7-4 资本流动性弱条件下的财政政策

首先分析财政扩张的影响。假设经济最初在 E_0 点处于产品市场、货币市场和国际收支的平衡点。假设政府对于当前的就业水平不满意，提高政府开支，导致 IS 曲线从 IS_0 移动到 IS_1，产品市场和货币市场在 E_1 点达到均衡。但是，此时国际收支处于盈余状态，即 $BP>0$。不过，这种状态不能长期维持。此时，货币有升值的压力。中央银行需要针对货币升值压力，增加人民币供给，从而提高外汇储备。如果中央银行采用完全对冲的方法，例如售出持有的国债，那么可以抵消这部分货币供给。如果没有进行对冲，那么货币供给量增加，LM 曲线向右下方移动，直到国际收支恢复平衡为止，如达到图中的 E_2 点。

因此，如果没有相应的对冲操作，扩张的财政政策导致收入增加，引起进口上升，净出口下降，同时，收入上升导致的利率上升引起国际资本流入，从而国际收支处于盈余状态。此时，需要央行扩大货币供给，降低利率，抵消国际资本流入，使得国际收支处于平衡状态。

如果资本完全流动，分析的逻辑与上面完全相同。此时的区别在于，资本完全流动意味着国内外利率需要完全一致，否则资本将不停涌进。因此，BP 曲线是一条位于国际利率处的水平线，即 $r=r_w$。财政扩张导致了利率上升，国际资本涌入，对本币的需求上升。为了维持固定汇率，央行增加外汇储备，扩大货币供给，推动 LM 曲线向右移动，直到经济恢复到均衡利率水平为止。此时，央行是不能进行有效对冲操作的，因此只要不增加货币供给，利率不恢复到均衡利率水平，国外资本涌入就不会停止。

综合上面的分析，在固定汇率制度下，财政政策是有效的，资本流动性越强，政策的效果就越明显。

现在考察货币政策的效果。假设因为某种原因，中央银行增加了货币供给，从而导致 LM 曲线向右下方移动，那么结果如图 7－5 所示。

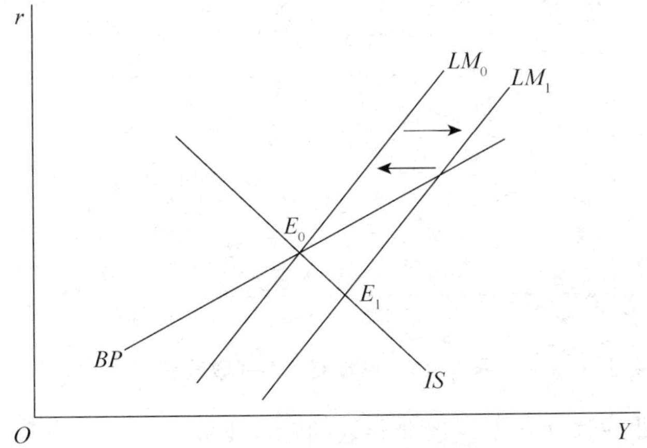

图 7－5 资本流动下的货币政策

货币供给增加导致 LM 曲线从 LM_0 移动到 LM_1，此时产品市场和货币市场处于均衡，经济位于 E_1 点。因为利率下降，国内投资上升，从而导致国内收入上升。国内收入上升，引发进口增加，从而净出口减少。同时，因为利率下降，国际资本外流，导致净资本流入减少。净出口和净资本流入减少导致国际收支处于赤字状态。此时，汇率市场失衡，本币有贬值的压力。为了维持固定汇率制度，央行需要减少外汇储备，从而减少货币供给量，将经济拉回到原来的均衡点 E_0。

如果资本是完全流动的，经济变动过程与上面的分析逻辑完全相同，只不过此时 BP 曲线是一条位于国际利率处的水平线，经济调整速度会更加迅速。随着货币供给的增加，利率下降，国际资本迅速外流，为了维持汇率稳定，外汇储备迅速减少。这个过程使得国内货币供给迅速减少，利率也就迅速回升到均衡点。

综上所述，在固定汇率制度下，货币政策“基本上”是无效的。

三、浮动汇率制度下的汇率冲击

如果汇率是浮动的，那么类似于上一小节的分析，汇率会随着供求的变化做出调整，使得国际收支平衡。

首先还是来考虑财政政策的效果。依然假设资本不完全流动。假设因为某种原因，政府提高了支出，导致 IS 曲线从 IS_0 向右移动到 IS_1。此时，经济的收入上升，导致货币需求增加，推高了利率。因为收入上升，进口需求增加，从而净出口减少。利率的上升引起国际资本流入，资本净流入增加。这两个影响结合在一起，使得国际收支出现盈余。从而本币有升值的压力，因为是浮动汇率制度，央行不干预，本币升值。这使得外国商品变贵，进口需求减少，从而净出口曲线在 Y 和 r 的平面内发生移动，净出口减少。此时，BP 向左上方移动，最终实现经济的均衡，如图 7－6 所示。

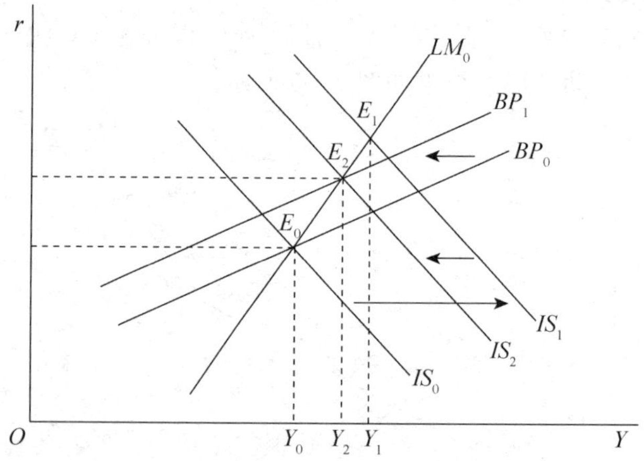

图 7－6　资本流动下财政政策

当然，净出口曲线移动并不仅仅会导致国际收支曲线向左上方移动，也会使 IS 曲线移动。因为净出口曲线向下移动，所以，IS 曲线向左下方移动，例如移动到 IS_2。因此，正如图 7－6 所表示的，E_1 点并不是最终的均衡点，最终的均衡点可能位于 E_2 点。

在资本完全流动条件下，BP 曲线是一条位于国际利率处的水平线。如果政府采取扩张性财政政策，对于经济的分析在逻辑上与上面的分析完全相同。不过，因为此时 BP 曲线是一条水平线，只要 E_2 点对应的利率高于国际利率，国外资本就会不停流入，对于本币的需求增加，本币升值，导致净出口减少，从而使得 IS 曲线不停向左移动，直到回到最初的状态，如图 7－7 所示。

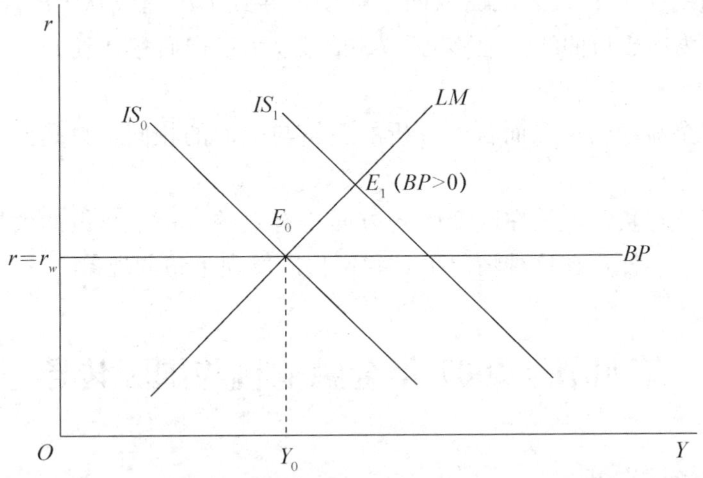

图 7-7　资本完全流动下的财政政策

综合上述两方面的分析，在浮动汇率制度下，财政政策是否有效取决于资本流动性。资本流动性越弱，财政政策的效应就越强；反之，资本流动性越强，财政政策的效应就越弱。特别地，当资本具有完全流动性时，财政政策对收入所产生的效应为零。此外，也可以注意到，财政扩张产生了超调现象。财政扩张最初导致收入、利率以及汇率朝着某一方向调整，而后又发生相反的调整，并且前者的效应超过了后者的效应，从而使得财政扩张所产生的效应具有超调特征。

接下来考察浮动汇率条件下货币扩张产生的影响。在这种情况下，货币供给扩张所产生的影响由图 7-8 表示。

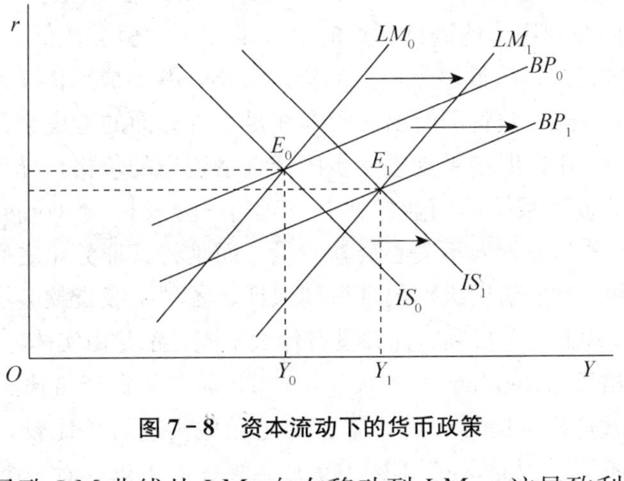

图 7-8　资本流动下的货币政策

货币供给增加导致 LM 曲线从 LM_0 向右移动到 LM_1，这导致利率下降，从而国内投资上升，收入上升。随着收入的上升，净出口减少。① 因为利率下降，国际资本流出，净资本流入减少。结合这两个效应，国际收支出现赤字，这导致本币贬值，从而净出口

① 这是因为国内收入上升导致净出口减少，因此，在 Y 和 r 的平面内，不会引起净出口函数的移动，仅仅会引起净出口数量的减少。

增加。净出口曲线在 Y 和 r 的平面内向上移动，导致 BP 曲线从 BP_0 向右下方移动到 BP_1。同时，因为净出口曲线向上移动，IS 曲线从 IS_0 向右移动到 IS_1。经济在 E_2 点达到新的均衡。

对于资本完全流动的情况而言，分析的逻辑与上面的相同，只是此时 BP 曲线为一条水平线。

在浮动汇率下，货币政策在改变收入方面是有效的。货币政策的效果随着资本流动性的增强而变大。同样，在这种情况下，我们再次发现了超调现象。

第四节　2007 年金融危机与国际传导

一、以往金融危机分析

2007 年以来，美国次贷危机引发了全球金融恐慌和经济衰退。面对引发次贷危机的独特的金融资产，例如信用违约互换（CDS）和担保债务凭证（CDO），宏观经济学者的第一感觉是这次危机来自金融衍生品本身，是金融机构过度使用资产证券化工具和信用风险转移工具、监管机构措施不严的结果。所以，解决危机需要控制金融衍生工具的过度发展，改进监管部门的监管手段。例如，部分学者认为 2000 年以来，在美国低利率和股市并不繁荣的刺激下，投资者开始寻找可以提供高风险的资产，银行等金融机构开始寻找新的盈利点。因此，可以同时满足二者的抵押贷款证券化高速发展。抵押贷款证券化分散了来自房地产投资的风险，但也产生了系统性风险。结构投资主体（SIV）的期限错配严重。SIV 投资的是长期资产，而其融资方式则是短期债务。当融资出现问题时，就必须抛售资产。而在利用市值进行计算的会计准则下，就会压低其他 SIV 的资产价格，导致其他 SIV 的抛售行为，压低整个市场的资产价格，并形成恐慌。此时所有人都开始担心其他交易者的对手风险，监管部门出于资本充足率等方面的考虑会介入金融系统，谨慎性监管措施开始发挥作用，但结果是进一步压低金融资产的价格，导致崩溃。在这个过程中起到核心作用的是金融系统的商业模式——发行—分发模式（originate and distribute）。在这种商业模式下，贷款发行人不关心贷款质量，而是将其证券化之后销售出去，从管理费中获得收入。这种贷款的信用级别很难得到保证，各种次级贷款会层出不穷。随着研究的深入，大家逐渐发现此次危机和以往并没有什么不同，都是由实体经济因素引起的。

莱因哈德和罗格夫（Reinhart and Rogoff，2008a）从资产价格、公债和真实经济增长等角度将此次金融危机与历史上一些著名的金融危机进行了比较，发现此次金融危机与以前并没有什么不同。因此，我们需要考虑金融危机历史，看一下以往的金融危机具有哪些共同的特点。

莱因哈德和罗格夫（Reinhart and Rogoff，2008d）发现，1900—2008 年间 66 个主要国家大约发生过 5 次全球性危机。第一次主要的金融危机发生在 1907 年，发源地是纽约。第二次主要的金融危机伴随着第一次世界大战。第三次全球性危机就是 1929 年的大萧条，这也是最为严重的一次危机。从 20 世纪 40 年代后期一直到 20 世纪 70 年代早期，世界都处于相对平稳状态，没有爆发全球性危机。在这段平静期后，第四次全球性危机开始爆发。这次危机的起因是布雷顿森林体系的崩溃和油价大幅攀升，许多发达国家的金融机构因此陷入困境。这个过程延续到20世纪80年代，全球大宗商品价格暴跌和美国不稳定的利率水平导致了拉美和非洲的银行与主权债务危机。1984年，美国的储蓄和贷款危机开始。在此之后，斯堪的纳维亚国家经历了第二次世界大战之后最严重的金融危机。1992年，日本资产泡沫破裂，进入了长达10年的金融危机。此时，随着苏联的解体，东欧国家纷纷面临银行部门的各种问题。在20世纪90年代后半期，新兴市场国家面临了一连串的金融危机，先是1994—1995年墨西哥和阿根廷的银行危机，然后是1997—1998年著名的亚洲金融危机，这次危机也将俄罗斯和哥伦比亚拖入其中。阿根廷2001年的危机和乌拉圭2002年的危机为这大约持续了30年的纷乱画上了句号。在简短的平静期后，我们又需要面对2007年夏天爆发的美国次贷危机。

在这幅总的图景之外，可以参考莱因哈德和罗格夫（Reinhart and Rogoff，2008d）进一步考察的不同国家债务危机和金融危机的比率（见表7-2）。该比率的计算方法是，用债务危机或者金融危机发生的年数除以1800年以来的年数，如果独立得更早，就从独立日算起。从表7-2中不难看出，金融危机发生的比率小于债务危机发生的比率，这可能是因为在债务危机发生的时候各债务方更容易进行协商，从而容易在萌芽时期加以解决。这些数据给人们总的印象就是，金融危机是一个非常普遍的现象。

表7-2　债务和金融危机

国家	自独立或者1800年以来债务违约或者重新协商的年份比率（%）	自独立或者1800年以来金融危机的年份比率（%）
非洲		
阿尔及利亚	13.3	6.4
安哥拉	59.4	17.6
中非共和国	53.2	38.8
科特迪瓦	48.9	8.2
埃及	3.4	5.6
肯尼亚	13.6	19.6
毛里求斯	0	2.4
摩洛哥	15.7	3.8
尼日利亚	21.3	10.2
南非	5.2	6.3
突尼斯	9.6	9.6
赞比亚	27.9	2.2
津巴布韦	40.5	27.3
亚洲		
中国	13.0	9.1
印度	11.7	8.6
印度尼西亚	15.5	13.3

续表

国家	自独立或者 1800 年以来债务违约或者重新协商的年份比率（%）	自独立或者 1800 年以来金融危机的年份比率（%）
日本	5.3	8.1
韩国	0	17.2
马来西亚	0	17.3
缅甸	8.5	13.1
菲律宾	16.4	19
新加坡	0	2.3
斯里兰卡	6.8	8.2
泰国	0	6.7
欧洲		
奥地利	17.4	1.9
比利时	0	7.3
丹麦	0	7.2
芬兰	0	8.7
法国	0	11.5
德国	13.0	6.2
希腊	50.6	4.4
匈牙利	37.1	6.6
意大利	3.4	8.7
荷兰	6.3	1.9
挪威	0	15.7
波兰	32.6	5.6
葡萄牙	10.6	2.4
罗马尼亚	23.3	7.8
俄罗斯	39.1	1.0
西班牙	23.7	8.1
瑞典	0	4.8
土耳其	15.5	2.4
英国	0	9.2
美洲		
阿根廷	32.5	8.8
玻利维亚	22.0	4.3
巴西	25.4	9.1
智利	27.5	5.3
哥伦比亚	36.2	3.7
哥斯达黎加	38.2	2.7

续表

国家	自独立或者1800年以来债务违约或者重新协商的年份比率（%）	自独立或者1800年以来金融危机的年份比率（%）
多米尼加共和国	29.0	1.2
厄瓜多尔	58.2	5.6
萨尔瓦多	26.3	1.1
危地马拉	34.4	1.6
洪都拉斯	64.0	1.1
墨西哥	44.6	9.7
尼加拉瓜	45.2	5.4
巴拿马	27.9	1.9
巴拉圭	23.0	3.1
秘鲁	40.3	4.3
乌拉圭	12.8	3.1
委内瑞拉	38.4	6.2
加拿大	0	8.5
美国	0	13.0
大洋洲		
澳大利亚	0	5.7
新西兰	0	4.0

资料来源：Reinhart and Rogoff（2008d）。

莱因哈德和罗格夫（Reinhart and Rogoff，2008d）还提供了表7－3作为金融危机广泛性的又一个证明。从中可以看出，在第二次世界大战之后发达国家和大的新兴市场国家发生危机的数量下降了，但是金融危机还没有得到避免。表7－2和表7－3表明，尽管在主权债务违约方面各国存在巨大差异，但金融危机对于发达国家和发展中国家来说没有太大区别，发生机会基本相同。

表7－3 金融危机的频率

国家	自独立或者1800年以来金融危机的数量	自独立或者1945年以来金融危机的数量
非洲		
阿尔及利亚	1	1
安哥拉	1	1
中非共和国	2	2
科特迪瓦	1	1
埃及	3	2
肯尼亚	2	2
毛里求斯	1	1
摩洛哥	1	1
尼日利亚	1	1
南非	6	2

续表

国家	自独立或者1800年以来金融危机的数量	自独立或者1945年以来金融危机的数量
突尼斯	1	1
赞比亚	1	1
津巴布韦	1	1
亚洲		
中国	10	1
印度	6	1
印度尼西亚	3	3
日本	8	2
韩国	3	3
马来西亚	2	2
缅甸	1	1
菲律宾	2	2
新加坡	1	1
斯里兰卡	1	1
泰国	2	2
欧洲		
奥地利	3	1
比利时	10	1
丹麦	10	1
芬兰	5	1
法国	15	1
德国	8	2
希腊	2	1
匈牙利	2	2
意大利	11	1
荷兰	4	1
挪威	6	1
波兰	1	1
葡萄牙	5	0
罗马尼亚	1	1
俄罗斯	2	2
西班牙	8	2
瑞典	5	1
土耳其	2	2
英国	12	4
美洲		
阿根廷	9	4
玻利维亚	3	3
巴西	11	3
智利	7	2
哥伦比亚	2	2
哥斯达黎加	2	2

续表

国家	自独立或者1800年以来金融危机的数量	自独立或者1945年以来金融危机的数量
多米尼加共和国	2	2
厄瓜多尔	2	2
萨尔瓦多	2	2
危地马拉	3	2
洪都拉斯	1	1
墨西哥	7	2
尼加拉瓜	1	1
巴拿马	1	1
巴拉圭	2	1
秘鲁	3	1
乌拉圭	5	2
委内瑞拉	2	2
加拿大	8	1
美国	13	2
大洋洲		
澳大利亚	3	2
新西兰	1	1

资料来源：Reinhart and Rogoff (2008d)。

下面来看一下这些在经济史中常见的银行危机具有哪些共同特征。这里关注的焦点是国际资本流动、信贷和资产价格。莱因哈德和罗格夫（Reinhart and Rogoff，2008d）通过实证研究发现，资本流动条件下的金融危机发生概率大于无资本流动条件下的金融危机发生概率，61%的国家（地区）在资本大量流入时期发生金融危机的概率大于无资本流动条件下发生金融危机的概率。同时，一般来说，资本大量流入之前是信贷繁荣，而大部分信贷过度繁荣导致了危机。在这个过程中起到关键作用的是资产价格。莱因哈德和罗格夫（Reinhart and Rogoff，2008d）提供了表7-4来概述房价周期和金融危机的发生时间。可以看出，房价周期无论是在发达国家（地区）还是在发展中国家（地区）都是4～6年，同时，房价下跌的幅度在发达国家（地区）和发展中国家（地区）之间也没有很大区别。这些事实又强烈支持了金融危机在所有国家（地区）都是具有同等可能性的这一观点。

表7-4 实际房价周期和金融危机

国家（地区）	危机时期	顶峰	谷底	持续下降期（年）	下降幅度（%）
发达经济：5大危机					
芬兰	1991年	1989年第二季度	1995年第四季度	6	−50.4
日本	1992年	1991年第一季度	进行中	进行中	−40.2
挪威	1987年	1987年第二季度	1993年第一季度	5	−41.5
西班牙	1977年	1978年	1982年	4	−33.3
瑞典	1991年	1990年第二季度	1994年第四季度	4	−31.7

亚洲危机：6 大危机					
中国香港	1997 年	1997 年第二季度	2003 年第二季度	6	−58.9
印度尼西亚	1997 年	1994 年第一季度	1999 年第一季度	5	−49.9
马来西亚	1997 年	1996 年	1999 年	3	−19.0
菲律宾	1997 年	1997 年第二季度	2004 年第三季度	7	−53.0
韩国	1997 年		2001 年第二季度	4	−20.4
泰国	1997 年	1995 年第三季度	1999 年第四季度	4	−19.9
其他新兴市场国家					
阿根廷	2001 年	1999 年	2003 年	4	−25.5
哥伦比亚	1998 年	1997 年第一季度	2003 年第二季度	6	−51.2
历史记录					
挪威	1898 年	1899 年	1905 年	6	−25.5
美国	1929 年	1925 年	1932 年	7	−12.6
当前情况					
匈牙利	2008 年	2006 年	进行中	进行中	−11.3
冰岛	2007 年	2007 年 11 月	进行中	进行中	−9.2
爱尔兰	2007 年	2006 年 10 月	进行中	进行中	−18.9
西班牙	2007 年	2007 年第一季度	进行中	进行中	−3.1
英国	2007 年	2007 年 10 月	进行中	进行中	−12.1
美国	2007 年	2005 年 12 月	进行中	进行中	−16.6

注：表中“进行中”指 2008 年仍处于金融危机中；“当前情况”指 2008 年的情况。
资料来源：Reinhart and Rogoff (2008d)。

除了发生时期的一致性外，莱因哈德和罗格夫（Reinhart and Rogoff，2008d）还发现，金融危机发生后对于一国 GDP、政府收入和政府债务的影响在发达国家（地区）和新兴市场国家（地区）之间也是类似的。

博德等人（Bordo et al.，2000）也发现，在过去的 120 年间，金融危机在 1973 年之后频率增加了，但是深度和持续长度都没有不同，从而都是类似的。

基于这些观察，博里奥（Borio，2008）认为，所有的危机都是在经济繁荣时期过度承担风险和扩张资产负债表的结果。资金最终使用者和提供者之间的信息不对称、风险感知时间维度上的测量困难、激励机制、金融系统内部和金融系统与实体经济之间的正反馈四个因素是金融危机的共同基础。2008 年这次危机也不例外，在经济繁荣时期信贷标准开始下降，金融系统过度承担风险。同时这四个因素也说明了特质性因素在这次危机中起到的作用。这些特质性因素是这些共同因素的具体表现形式。新的金融衍生品不仅使风险难以评估，而且更重要的是让人们相信现在和过去不同了，导致各机构超额承担风险。

金融危机进一步引起经济危机的主要原因是其导致了总需求下降，从而导致经济产出下降。

上述说明的是金融危机的一般特征和其对于宏观经济的影响。下面，我们利用这些知识来考察一下 2007 年以来席卷全球的美国次贷危机。

二、美国次贷危机

2007 年以来，美国次贷危机引发了全球金融恐慌和经济衰退。通过前文的分析，我们发现，这次危机也具备了前面讨论的金融危机的基本特征，即资产价格下跌和金融机构倒闭。下面我们就依据这个框架来详细看一下此次的金融危机。

首先，我们来考察美国的房地产市场数据。图 7－9 展示了美国 20 个大城市房地产市场的价格指数的年度数据（2000 年价格指数为 100）。可以看出，在 2007 年之前，美国的房屋价格上涨，导致了资产泡沫。在 2007 年，资产泡沫破裂，房屋价格开始下跌。

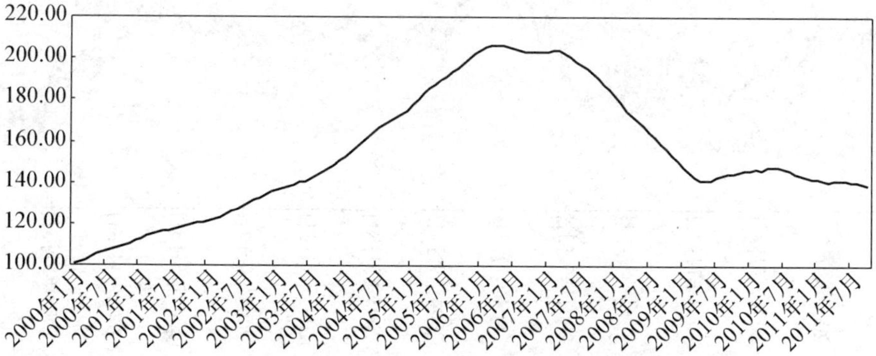

图 7－9　美国 20 个大城市房地产价格指数

资料来源：Case-Shiller Home Price Indices。

随着房屋价格的下跌，大量购房者发现自己欠银行的房贷比房屋的价值还要高。因此，这些贷款人选择了不还贷款，任由银行收走房屋。商业银行收到房屋之后，为了防止资产贬值，竞相出售房屋，导致房屋价格进一步下降。

随着银行贷款坏账率的上升，美国商业银行的清偿能力和流动性大幅降低，导致了商业银行大规模倒闭。图 7－10 描述了美国商业银行倒闭的情况。

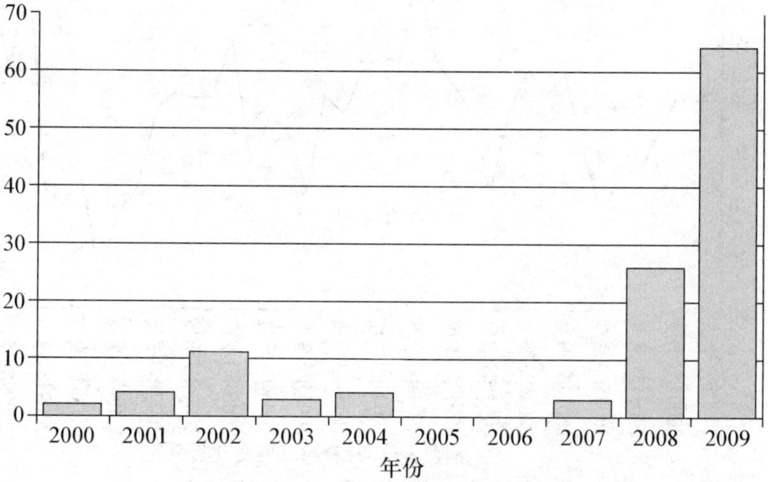

图 7－10　美国商业银行倒闭数量

资料来源：美国联邦存款保险公司网站。

随着商业银行的大量倒闭，依赖于商业银行运行的企业就遇到了麻烦，这些企业无法获得正常运行所需要的短期现金流。出于对这些企业的担心，股票市场发生了剧烈波动，股价在 2007 年之后大幅下跌（见图 7－11）。

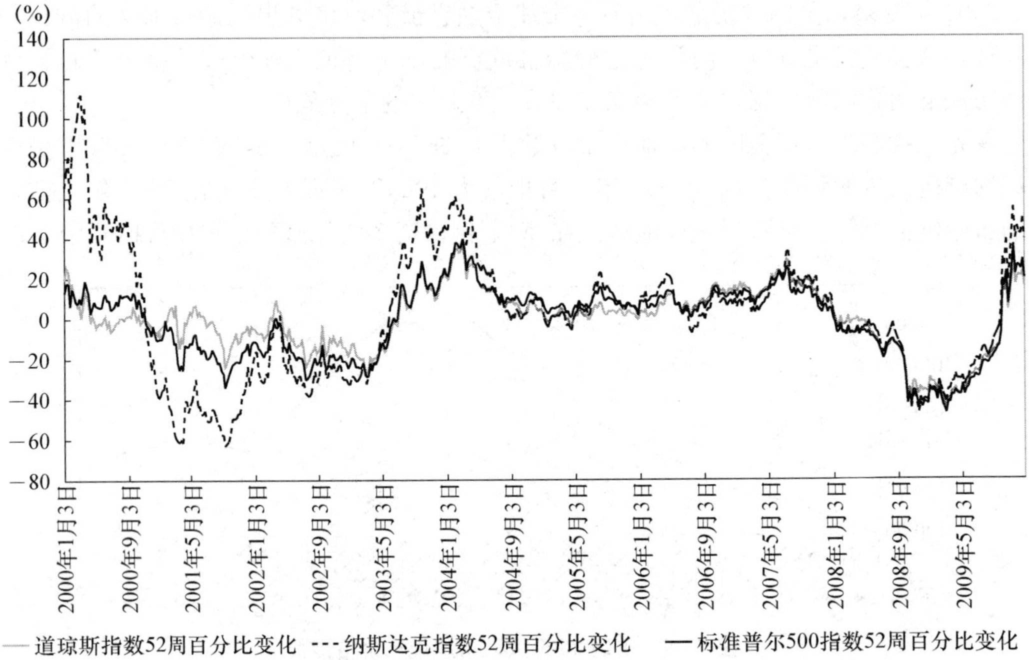

图 7－11　美国股票价格指数的百分比变化

资料来源：雅虎财经。

上面描述的资产价格下降和金融机构倒闭正是我们看到的金融危机的典型症状。在这种冲击下，消费者的信心大幅度下降。图 7－12 表明，消费者信心相对于 4 个季度前

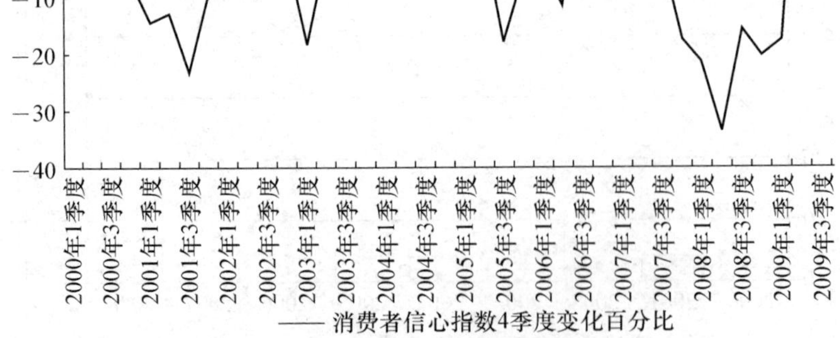

图 7－12　美国消费者信心指数

资料来源：University of Michigan Survey Research Center。

的百分比变化率在2007年之后转负，表明消费者信心大幅下降。

随着消费者信心的下降，消费和投资相应下滑。这二者的下滑导致了总需求降低，进而导致了美国产出下降。随着产出的下降，对于劳动的需求减少，美国的失业率开始大幅度攀升（见图7-13）。

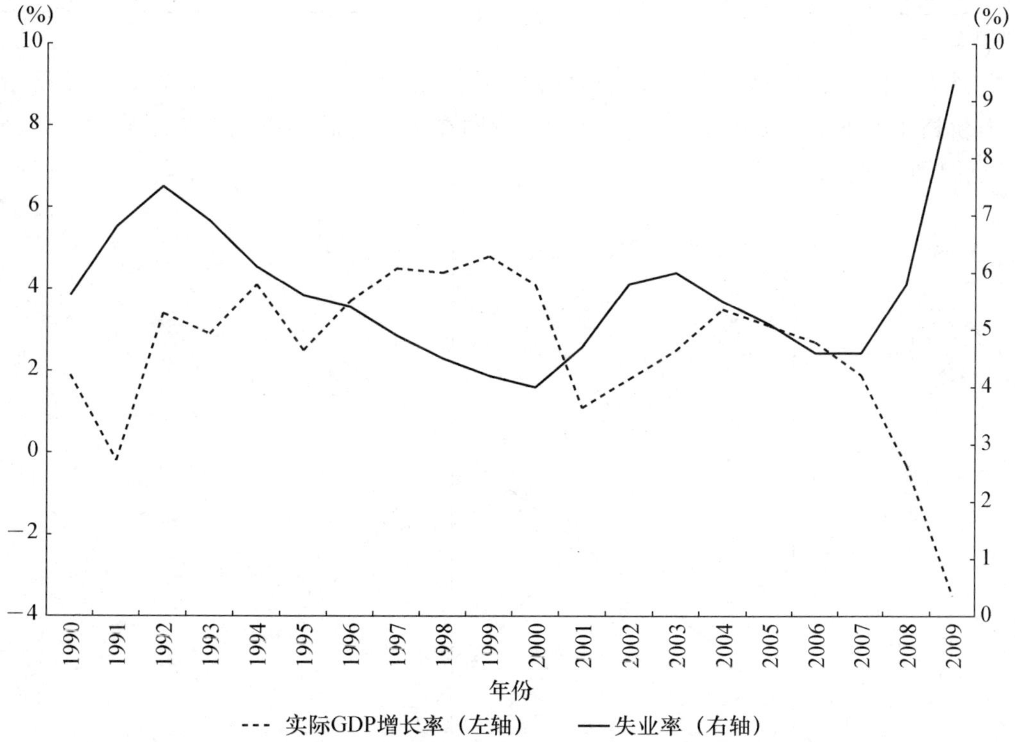

图7-13 美国实际GDP增长率和失业率

总的来看，2007年以来席卷全球的金融危机体现了金融冲击如何影响宏观经济。

三、金融危机的国际传导

发端自美国的金融危机主要通过两个渠道对其他国家产生影响。第一，美国经济下滑后减少对其他国家的进口；第二，持有美国次贷衍生品的外国金融机构被迫减记资产，导致信贷紧缩。不同国家受到影响的渠道的重要性不尽相同。我国金融机构持有的美国次贷相关资产占金融机构总资产的比重很小，所以这个渠道的影响不大。但出口下滑对我国的影响巨大。根据国家统计局的数据，2007年我国对外贸易依存度高达64.5%。而从2008年11月起我国的外贸形势就开始呈现下滑态势，在2009年趋势更加明显（见表7-5）。外贸下滑影响了我国经济的正常发展。我国的经济增长速度自2007年第四季度达到13.8%的峰值后逐季下降，2008年第四季度降为6.8%，2009年第一季度同比增长6.1%。

表 7-5 我国进出口增速（%）

指标	2008年11月	2008年12月	2009年1月	2009年2月	2009年3月	2009年4月
进出口总值增速	−9.1	−11.1	−29.1	−24.9	−20.9	−22.8
出口总值增速	−2.2	−2.8	−17.5	−25.7	−17.2	−22.6
进口总值增速	−18	−21.3	−43.1	24.1	−25.2	−23.0

资料来源：中国海关总署网站。

在外需下降后，我国的总需求曲线向左移动，导致产出小于潜在产出，在经济下滑的同时价格水平下降（见图 7-14）。因此，我国在短期内需要拉动总需求曲线，使经济从 B 点回到 A 点。

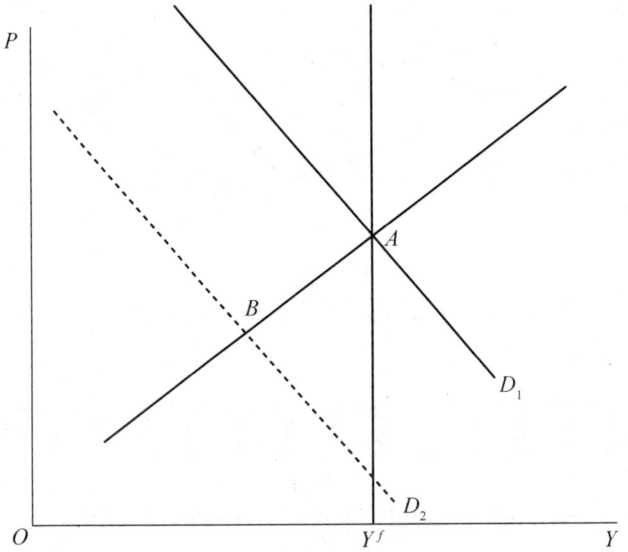

图 7-14 总需求影响

第五节 新开放宏观经济学

本节将前面的封闭经济分析推广到开放经济的环境中。在本章，我们了解了蒙代尔-弗莱明模型。这是一个先验模型，没有明晰的微观基础。这使得模型的某些结论充满了争议，在进行政策分析的时候并不稳健。本节提供了新开放宏观经济学的基本模型，这个模型将不完美竞争与名义刚性引入了开放环境下的动态随机一般均衡环境。在模型中，生产者将在垄断竞争的市场环境中提供产品。这个环境会使模型产生一些不同于蒙代尔-弗莱明模型的结论，因此，这个模型不能简单理解为仅仅为蒙代尔-弗莱明模型提供了微观基础。这里的模型主要来自奥伯斯特费尔德和罗格夫（Obstfeld and Rogoff，1995），并进行了相应的简化。①

① 这里的分析主要参考了马克（Mark，2000）的第 9 章。

一、模型的基本环境

我们假设有两个国家，本国是中国，外国是美国，所有外国变量用上标星号来表示。在这两个国家中的是许多充满了［0，1］区间连续统的自耕农家庭。[①] 在这个连续统中，n 比例的家庭位于本国，$1-n$ 比例的家庭位于外国。用 z 表示本国的经济当事人，z^* 表示外国的经济当事人。如果适用于所有当事人，用 u 表示。

用 $c_t(z)$ 表示经济当事人消费的本国商品，$c_t(z^*)$ 表示经济当事人消费的外国商品。消费者消费所有种类的商品，其商品篮子为常替代弹性（CES）指数形式：

$$C_t=\left[\int_0^1 c_t(u)^{\frac{\theta-1}{\theta}}\mathrm{d}u\right]^{\frac{\theta}{\theta-1}}=\left[\int_0^n c_t(z)^{\frac{\theta-1}{\theta}}\mathrm{d}z+\int_{1-n}^1 c_t(z^*)^{\frac{\theta-1}{\theta}}\mathrm{d}z^*\right]^{\frac{\theta}{\theta-1}}$$

其中 θ 表示两种商品之间的替代弹性，$\theta>1$。令 $y_t(z)$ 表示 t 时期产品 z 的产量，M_t 表示国内人均货币存量[②]，P_t 表示国内价格水平。经济当事人的终身效用为：

$$U_t=\sum_{j=0}^{\infty}\beta^j\left[\ln C_{t+j}+\frac{\gamma}{1-\varepsilon}\left(\frac{M_{t+j}}{P_{t+j}}\right)^{1-\varepsilon}-\frac{\rho}{2}y_{t+j}^2(z)\right]$$

这个效用函数非常类似于第 1 章拉姆齐模型中的消费者效用函数，其中 $0<\beta<1$ 是主观贴现因子。这个函数的一个特色之处是实际货币余额 $\frac{M_{t+j}}{P_{t+j}}$ 进入了效用函数。这是为了在分析经济波动的时候能够引入货币冲击。另一个特色之处是 $-\frac{\rho}{2}y_{t+j}^2(z)$，这一项表示消费者劳动的负效用。在拉姆齐模型中没有这一项是因为在增长中我们考虑的是趋势项，而经济波动的主要产生机制是劳动的跨期替代，所以，为了分析经济波动，就需要引入消费者的劳动时间。

令 $p_t(z)$ 表示商品 z 的本币价格，$p_t^*(z)$ 表示商品 z 的外币价格，S_t 表示名义汇率。我们假设，生产者在生产的时候利用本国货币定价。[③] 那么根据一价定律，我们有：

$$p_t(u)=S_t p_t^*(u)$$

利用微观经济学的知识，由于消费者的商品篮子是 CES 形式的，所以，其价格指数可以定义为：

$$P_t=\left[\int_0^1 p_t(u)^{1-\theta}\mathrm{d}u\right]^{\frac{1}{1-\theta}}=\left\{\int_0^n p_t(z)^{1-\theta}\mathrm{d}z+\int_{1-n}^1[S_t p_t^*(z^*)]^{1-\theta}\mathrm{d}z^*\right\}^{\frac{1}{1-\theta}}$$

同时，消费者对商品 z 和 z^* 的需求为：

$$c_t(z)=\left[\frac{p_t(z)}{P_t}\right]^{-\theta}C_t$$

---

① 自耕农的含义是每个家庭都利用自己的劳动生产一种不同的商品，但是消费所有种类的商品。

② 在我们的模型环境中，M_t 也是一个国家的总货币存量。

③ 这是一个非常关键的假设，如果违反这个假设，那么模型的结论将会发生较大变化。

$$c_t(z^*)=\left[\frac{S_t p_t^*(z^*)}{P_t}\right]^{-\theta}C_t$$

同理，外国家庭的终身效用函数为：

$$U_t^*=\sum_{j=0}^{\infty}\beta^j\left[\ln C_{t+j}^*+\frac{\gamma}{1-\varepsilon}\left(\frac{M_{t+j}^*}{P_{t+j}^*}\right)^{1-\varepsilon}-\frac{\rho}{2}(y_{t+j}^*)^2 z^*\right]$$

其消费和价格指数为：

$$C_t^*=\left[\int_0^n c_t^*(z)^{\frac{\theta-1}{\theta}}\mathrm{d}z+\int_{1-n}^1 c_t^*(z^*)^{\frac{\theta-1}{\theta}}\mathrm{d}z^*\right]^{\frac{\theta}{\theta-1}}$$

$$P_t^*=\left[\int_0^n\left[\frac{p_t(z)}{S_t}\right]^{1-\theta}\mathrm{d}z+\int_{1-n}^1[p_t^*(z^*)]^{1-\theta}\mathrm{d}z^*\right]^{\frac{1}{1-\theta}}$$

对商品的需求为：

$$c_t^*(z)=\left[\frac{p_t(z)}{S_t P_t^*}\right]^{-\theta}C_t^*$$

$$c_t^*(z^*)=\left[\frac{p_t^*(z^*)}{P_t^*}\right]^{-\theta}C_t^*$$

由于这个经济在偏好和生产技术方面都是对称的，所以，对于国内企业来说，我们有：

$$y_t(z)=y_t(z')p_t(z)=p_t(z')$$

其中 $0<z<z'<n$。对于外国企业，同样有：

$$y_t^*(z^*)=y_t^*(z^{*\prime})p_t^*(z^*)=p_t^*(z^{*\prime})$$

其中 $n<z^*<z^{*\prime}<1$。

这意味着国内和国外的价格水平可以简化为：

$$P_t=\{np_t(z)^{1-\theta}+(1-n)[S_t p_t^*(z^*)]^{1-\theta}\}^{\frac{1}{1-\theta}}$$

$$P_t^*=\left\{n\left[\frac{p_t(z)}{S_t}\right]^{1-\theta}+(1-n)[p_t^*(z^*)]^{1-\theta}\right\}^{\frac{1}{1-\theta}}$$

对于这个 CES 价格指数，一价定律成立，即 $P_t=S_tP_t^*$。

开放经济的另一个方面是资产市场。我们假设经济当事人发行贴现债券。这个债券在国际市场上流通。债券用国内组合商品 C_t 来衡量，r_t 表示 t 时期到 $t+1$ 时期的实际利率。总名义利率可以利用费雪方程来表示：

$$1+i_t=\frac{P_{t+1}}{P_t}(1+r_t)$$

同时，通过利率平价条件与国外利率相联系：

$$1+i_t=\frac{S_{t+1}}{S_t}(1+i_t^*)$$

令 B_t 表示国内居民持有的债券存量，B_t^* 表示外国居民持有的债券存量。因为债券是居民发行的，所以总净供给量为零，于是我们有 $nB_t+(1-n)B_t^*=0$。因此，国内外债券持有量满足：

$$B_t^*=-\frac{n}{1-n}B_t$$

在我们的模型中，政府通过货币创造和税收为支出融资。$g(u)$ 表示政府购买的商品 u。政府购买也服从类似的 CES 形式：

$$G_t=\left[\int_0^1 g_t(u)^{\frac{\theta-1}{\theta}}\mathrm{d}u\right]^{\frac{\theta}{\theta-1}}$$

$$G_t^*=\left[\int_0^1 g_t^*(u)^{\frac{\theta-1}{\theta}}\mathrm{d}u\right]^{\frac{\theta}{\theta-1}}$$

因此，政府对于商品的需求可以表示为：

$$g_t(z)=\left[\frac{p_t(z)}{P_t}\right]^{-\theta}G_t$$

$$g_t(z^*)=\left[\frac{S_tp_t^*(z^*)}{P_t}\right]^{-\theta}G_t$$

由于政府通过发行货币和税收融资，政府的预算约束为：

$$G_t=T_t+\frac{M_t-M_{t-1}}{P_t}$$

$$G_t^*=T_t^*+\frac{M_t^*-M_{t-1}^*}{P_t^*}$$

在讨论了私人消费需求和政府购买需求之后，我们可以获得总需求。世界平均私人消费需求和政府购买需求等于：

$$C_t^w=nC_t+(1-n)C_t^*$$

$$G_t^w=nG_t+(1-n)G_t^*$$

因此，$C_t^w+G_t^w$ 就是世界总需求。在这个环境下，每种商品的总需求为：

$$y_t^d(z)=\left[\frac{p_t(z)}{P_t}\right]^{-\theta}(C_t^w+G_t^w)$$

$$y_t^{d*}(z^*)=\left[\frac{p_t^*(z^*)}{P_t^*}\right]^{-\theta}(C_t^w+G_t^w)$$

到目前为止，我们对于需求的分析建立在假设 C_t 或者 G_t 给定的条件下。下面，我们需要讨论这些变量是如何决定的。为了得到这些变量，可以借助第 1 章拉姆齐模型的方法。

在我们当前的环境下，消费者的财富来自上一期的利息收入和货币积累，加上当期销售产品所得，减去购买消费品的支出和税收。因此，预算约束可以写为：

$$P_tB_t+M_t=(1+r_{t-1})P_{t-1}B_{t-1}+M_{t-1}+p_t(z)y_t(z)-P_tC_t-T_t$$
$$P_t^*B_t^*+M_t^*=(1+r_{t-1}^*)P_{t-1}^*B_{t-1}^*+M_{t-1}^*+p_t^*(z^*)y_t^*(z^*)-P_t^*C_t^*-T_t^*$$

我们当前的目的是获得 C_t，所以需要消除 $p_t(z)$。因为在短期模型中，产出是由需求决定的，因此，利用单个产品的总需求条件可以得到：

$$p_t(z)y_t(z)=P_ty_t(z)^{\frac{\theta-1}{\theta}}(C_t^w+G_t^w)^{\frac{1}{\theta}}$$

同时，利用条件 $B_t^*=-\frac{n}{1-n}B_t$，可以得到：

$$C_t=(1+r_{t-1})B_{t-1}-B_t-\frac{M_t-M_{t-1}}{P_t}-T_t+y_t(z)^{\frac{\theta-1}{\theta}}(C_t^w+G_t^w)^{\frac{1}{\theta}}$$

$$C_t^*=-(1+r_{t-1}^*)\frac{n}{1-n}B_{t-1}+\frac{n}{1-n}B_t-\frac{M_t^*-M_{t-1}^*}{P_t^*}-T_t^*+y_t^*(z^*)^{\frac{\theta-1}{\theta}}(C_t^w+G_t^w)^{\frac{1}{\theta}}$$

对于国内外家庭的最优化问题，利用第 1 章介绍的动态规划技术，可以得到欧拉方程：

$$C_{t+1}=\beta(1+r_t)C_t$$
$$C_{t+1}^*=\beta(1+r_t^*)C_t^*$$

最优货币持有量的欧拉方程为：

$$\frac{M_t}{P_t}=\left[\frac{\gamma(1+i_t)}{i_t}C_t\right]^{\frac{1}{\varepsilon}}$$
$$\frac{M_t^*}{P_t^*}=\left[\frac{\gamma(1+i_t^*)}{i_t^*}C_t^*\right]^{\frac{1}{\varepsilon}}$$

最优劳动供给的欧拉方程为：

$$[y_t(z)]^{\frac{\theta+1}{\theta}}=\frac{\theta-1}{\rho\theta}(C_t)^{-1}(C_t^w+G_t^w)^{\frac{1}{\theta}}$$
$$[y_t^*(z^*)]^{\frac{\theta+1}{\theta}}=\frac{\theta-1}{\rho\theta}(C_t^*)^{-1}(C_t^w+G_t^w)^{\frac{1}{\theta}}$$

将政府约束代入私人约束，得到：

$$C_t=(1+r_{t-1})B_{t-1}-B_t-G_t+\frac{p_t(z)y_t(z)}{P_t}$$
$$C_t^*=-(1+r_{t-1}^*)\frac{n}{1-n}B_{t-1}+\frac{n}{1-n}B_t-G_t^*+\frac{p_t^*(z^*)y_t^*(z^*)}{P_t^*}$$

为了分析各种冲击对经济的影响，我们采用第 3 章介绍的对数线性化方法在稳态点附近将欧拉方程线性化。为了完成这个工作，我们首先讨论这个模型的稳态点。

二、稳态点

在第 1 章，我们定义了模型的稳态是指一种在其中各种经济变量都以不变速率增长的状态。在此状态下，经济的增长路径就称为“平衡增长路径”。在一般的经济波动模型中，稳态就是在本章前面定义的模型均衡点。因为当前的模型是一个动态模型，这个均衡是一个时间序列。稳态是一种特殊的均衡，可以理解为各个变量的值在长期中保持不变。①

如果变量的值保持不变，一种情况是政府控制的货币和税收在每一期都相同。在这种情况下，政府的预算约束就成了 $G=T$ 和 $G^*=T^*$。

此时，根据消费的欧拉方程，我们有国内外的实际利率等于：

$$r=\frac{1-\beta}{\beta}$$

此时，稳态预算约束为：

$$C=rB-G+\frac{p(z)y(z)}{P}$$

$$C^*=-r\frac{n}{1-n}B-G^*+\frac{p^*(z^*)y^*(z^*)}{P^*}$$

根据这些方程，可以确定这个经济的稳态。为了分析经济如何到达这个稳态点，我们考虑另外一个稳态点，即 0 稳态。此时，我们假设没有国际借贷，没有政府支出，即 $B_0=G_0=G_0^*=0$。根据预算约束，这时有 $C_0=\frac{p_0(z)y_0(z)}{P_0}$。因为这个时候没有国际借贷，因而要求国际贸易是平衡的，即 $C_0=y_0(z)$。这就意味着 $P_0=p_0(z)$。国外经济满足 $C_0^*=y_0^*(z^*)$ 和 $P_0^*=p_0^*(z^*)$。同时，根据一价定律，我们有 $P_0=S_0P_0^*$ 和 $p_0(z)=S_0p_0^*(z^*)$。

在 0 稳态，世界需求为：

$$C_o^w=nC_0+(1-n)C_0^*=ny_0(z)+(1-n)y_0^*(z^*)$$

代入劳动的欧拉方程，可以得到每种商品的产量为：

$$[y_0(z)]^{\frac{2\theta+1}{\theta}}=\frac{\theta-1}{\rho\theta}[ny_0(z)+(1-n)y_0^*(z^*)]^{\frac{1}{\theta}}$$

$$[y_0^*(z^*)]^{\frac{2\theta+1}{\theta}}=\frac{\theta-1}{\rho\theta}[ny_0(z)+(1-n)y_0^*(z^*)]^{\frac{1}{\theta}}$$

这表明，0 稳态时国内外的产出和消费均相等：

$$y_0(z)=y_0^*(z^*)=\frac{\theta-1^{\frac{1}{2}}}{\rho\theta}=C_0=C_0^*$$

名义利率和实际利率都等于 $(1+i)/i=1/(1-\beta)$。这意味着 0 稳态时货币需求为：

$$\frac{M_0}{P_0}=\frac{M_0^*}{P_0^*}=\left[\frac{\gamma y_0(z)}{1-\beta}\right]^{1/\varepsilon}$$

---

① 如果模型是一个包含增长的波动模型，那么稳态就和第 1 章的定义相同。

从而根据一价定律，可以知道名义汇率为：

$$S_0=\frac{M_0}{M_0^*}$$

三、对数线性化

为了分析模型受到冲击的时候如何从 0 稳态向其他稳态收敛，我们采用第 3 章的对数线性化技术将欧拉方程和约束条件等在 0 稳态点附近线性化。

首先，我们线性化私人约束。回忆一下，私人约束为：

$$C_t=(1+r_{t-1})B_{t-1}-B_t-G_t+\frac{p_t(z)y_t(z)}{P_t}$$

$$C_t^*=-(1+r_{t-1}^*)\frac{n}{1-n}B_{t-1}+\frac{n}{1-n}B_t-G_t^*+\frac{p_t^*(z^*)y_t^*(z^*)}{P_t^*}$$

假设此时 $B_{t-1}=B_0=0$，那么约束变为：

$$C_t=\frac{p_t(z)y_t(z)}{P_t}-B_t-G_t$$

$$C_t^*=\frac{p_t^*(z^*)y_t^*(z^*)}{P_t^*}+\frac{n}{1-n}B_t-G_t^*$$

通过 B_t，两个约束可以合并为：

$$C_t^w=n\frac{p_t(z)y_t(z)}{P_t}+(1-n)\frac{p_t^*(z^*)y_t^*(z^*)}{P_t^*}-G_t^w$$

在 0 稳态点线性化为：

$$\hat{C}_t^w=n[\hat{p}_t(z)+\hat{y}_t(z)-\hat{P}_t]+(1-n)[\hat{p}_t^*(z^*)+\hat{y}_t^*(z^*)-\hat{P}_t^*]-\hat{g}_w$$

其中 $\hat{g}_w=\frac{G_t^w}{C_0^w}$。对于一价定律和国内外价格水平可以得到：

$$\hat{S}_t=\hat{P}_t-\hat{P}_t^*$$

$$\hat{P}_t=n\hat{p}_t(z)+(1-n)[\hat{S}_t+\hat{p}_t^*(z^*)]$$

$$\hat{P}_t^*=n[\hat{p}_t(z)-\hat{S}_t]+(1-n)\hat{p}_t^*(z^*)$$

对数线性化商品的世界需求函数为：

$$\hat{y}_t(z)=\theta[\hat{P}_t-\hat{p}_t(z)]+\hat{C}_t^w+\hat{g}_t^w$$

$$\hat{y}_t^*(z^*)=\theta[\hat{P}_t^*-\hat{p}_t^*(z^*)]+\hat{C}_t^w+\hat{g}_t^w$$

对数线性化劳动供给函数为：

$$(1+\theta)\hat{y}_t(z)=-\theta\hat{C}_t+\hat{C}_t^w+\hat{g}_t^w$$

$$(1+\theta)\hat{y}_t^*(z^*)=-\theta\hat{C}_t^*+\hat{C}_t^w+\hat{g}_t^w$$

对数线性化消费的欧拉方程为：

$$\hat{C}_{t+1}=\hat{C}_t+(1-\beta)\hat{r}_t$$

$$\hat{C}^*_{t+1}=\hat{C}^*_t+(1-\beta)\hat{r}^*_t$$

对数线性化货币需求的欧拉方程为

$$\hat{M}_t-\hat{P}_t=\frac{1}{\varepsilon}\left[\hat{C}_t-\beta\left(\hat{r}_t+\frac{\hat{P}_{t+1}-\hat{P}_t}{1-\beta}\right)\right]$$

$$\hat{M}^*_t-\hat{P}^*_t=\frac{1}{\varepsilon}\left[\hat{C}^*_t-\beta\left(\hat{r}^*_t+\frac{\hat{P}^*_{t+1}-\hat{P}^*_t}{1-\beta}\right)\right]$$

四、长期反应

经济从 0 稳态开始。我们考虑货币冲击和政府支出冲击之后新的稳态。对于任何变量 X，$\hat{X}=\ln(X/X_0)$，其中 X 是新的稳态值。将前面的对数线性化方程放在一起：

$$\hat{C}^w=n[\hat{p}(z)+\hat{y}(z)-\hat{P}]+(1-n)[\hat{p}(z)+\hat{y}(z)-\hat{P}]-\hat{g}^w$$

$$\hat{y}(z)=\theta[\hat{P}-\hat{p}(z)]+\hat{C}^w+\hat{g}^w$$

$$\hat{y}^*(z^*)=\theta[\hat{P}^*-\hat{p}^*(z^*)]+\hat{C}^w+\hat{g}^w$$

$$(1+\theta)\hat{y}(z)=-\theta\hat{C}+\hat{C}^w+\hat{g}^w$$

$$(1+\theta)\hat{y}^*(z^*)=-\theta\hat{C}^*+\hat{C}^w+\hat{g}^w$$

对数线性化预算约束为：

$$\hat{C}=r\hat{b}+\hat{p}(z)+\hat{y}(z)-\hat{P}-\hat{g}$$

$$\hat{C}^*=-\left(\frac{n}{1-n}\right)r\hat{b}^*+\hat{p}^*(z^*)+\hat{y}^*(z^*)-\hat{P}^*-\hat{g}^*$$

其中 $\hat{b}=\frac{B}{C_0^w}$。上述一共 7 个方程，求解 7 个未知量 $\hat{y}$、$\hat{y}^*$、$\hat{p}(z^*)-\hat{P}$、$\hat{p}^*(z^*)-\hat{P}^*$、$\hat{C}$、$\hat{C}^*$ 和 $\hat{C}^w$。利用求解线性方程组的方法，稳态变为：

$$\hat{C}=\frac{1}{2\theta}[(1+\theta)r\hat{b}+(1-n)\hat{g}^*-(1-n+\theta)\hat{g}]$$

$$\hat{C}^*=\frac{1}{2\theta}\left[-\frac{n(1+\theta)}{(1-n)}r\hat{b}+n\hat{g}-(n+\theta)\hat{g}^*\right]$$

$$\hat{C}^w=-\frac{\hat{g}^w}{2}$$

$$\hat{y}(z)=\frac{1}{1+\theta}\left[\frac{\hat{g}^w}{2}-\theta\hat{C}\right]$$

$$\hat{y}^*(z^*)=\frac{1}{1+\theta}\left[\frac{\hat{g}^w}{2}-\theta\hat{C}^*\right]$$

$$\hat{p}(z)-\hat{P}=\frac{1}{2\theta}[(1-n)(\hat{g}^*-\hat{g})+r\hat{b}]$$

$$\hat{p}^*(z^*)-\hat{P}^*=\frac{n}{(1-n)2\theta}[(1-n)(\hat{g}-\hat{g}^*)-r\hat{b}]$$

从中可以看出，如果国内增加政府支出，那么通过政府预算，需要提高税收，从而会降低国内消费。但是因为政府支出是世界总需求的一部分，因而会提高国内和国外产出。随着国外产出的上升，国外的消费上升。

我们将以进口品价格衡量的出口品价格称为贸易条件。为了分析贸易条件的变化，利用一价定律可以得到：

$$\hat{p}(z)-[\hat{S}+\hat{p}^*(z^*)]=\frac{1}{\theta}(\hat{y}^*-\hat{y})=\frac{1}{1+\theta}(\hat{C}-\hat{C}^*)$$

此时，稳态价格变为：

$$\hat{P}=\hat{M}-\frac{1}{\varepsilon}\hat{C}$$

$$\hat{P}^*=\hat{M}^*-\frac{1}{\varepsilon}\hat{C}^*$$

根据一价定律，汇率的长期变化为：

$$\hat{S}=\hat{M}-\hat{M}^*-\frac{1}{\varepsilon}(\hat{C}-\hat{C}^*)$$

五、黏性价格条件下的短期调整

我们采用新凯恩斯的标准假设，企业在短期内价格是黏性的。具体来说，我们假设企业提前一期利用本国货币确定 $p_t(z)$ 和 $p_t^*(z^*)$。在这个设定中，考虑三期就足够了。在 $t-1$ 期，经济在 0 稳态。在 t 期，经济受到冲击，变量 X 做出短期反应 $\hat{X}$。在 $t+1$ 期，我们在新的稳态，长期调整是 $\hat{X}_{t+1}=\hat{X}\simeq\ln(X/X_0)$。

根据一价定律和国内外价格水平可以得到的线性化方程为：

$$\hat{S}_t=\hat{P}_t-\hat{P}_t^*$$

$$\hat{P}_t=n\hat{p}_t(z)+(1-n)[\hat{S}_t+\hat{p}_t^*(z^*)]$$

$$\hat{P}_t^*=n[\hat{p}_t(z)-\hat{S}_t]+(1-n)\hat{p}_t^*(z^*)$$

因为价格是提前一期固定的，所以得到：

$$\hat{P}_t=(1-n)\hat{S}_t$$

$$\hat{P}_t^*=-n\hat{S}_t$$

将其代入世界需求函数，得到产出为：

$$\hat{y}_t(z)=\theta(1-n)\hat{S}_t+\hat{C}_t^w+\hat{g}_t^w$$

$$\hat{y}_t^*(z^*)=-\theta n\hat{S}_t+\hat{C}_t^w+\hat{g}_t^w$$

此时消费和货币需求的欧拉方程为：

$$\hat{C}_{t+1}=\hat{C}_t+(1-\beta)\hat{r}_t$$
$$\hat{C}^*_{t+1}=\hat{C}^*_t+(1-\beta)\hat{r}^*_t$$
$$\hat{M}_t-\hat{P}_t=\frac{1}{\varepsilon}\left[\hat{C}_t-\beta\left(\hat{r}_t+\frac{\hat{P}-\hat{P}_t}{1-\beta}\right)\right]$$
$$\hat{M}^*_t-\hat{P}^*_t=\frac{1}{\varepsilon}\left[\hat{C}^*_t-\beta\left(\hat{r}^*_t+\frac{\hat{P}^*-\hat{P}^*_t}{1-\beta}\right)\right]$$

此时，经常账户的反应为：

$$\hat{b}_t=\hat{y}_t(z)-(1-n)\hat{S}_t-\hat{C}_t-\hat{g}_t$$
$$\hat{b}^*_t=\hat{y}^*_t(z^*)+n\hat{S}_t-\hat{C}^*_t-\hat{g}^*_t=-\frac{n}{1-n}\hat{b}_t$$

为了简化分析，我们假设没有政府支出冲击，仅仅有货币冲击。因此，对于所有 t，$G_t=0$。此时，可以得到：

$$\hat{C}-\hat{C}^*=\hat{C}_t-\hat{C}^*_t$$
$$\hat{M}_t-\hat{M}^*_t-\hat{S}_t=\frac{1}{\varepsilon}(\hat{C}_t-\hat{C}^*_t)-\frac{\beta}{\varepsilon(1-\beta)}(\hat{S}-\hat{S}_t)$$

将前面求出的 $\hat{S}=\hat{M}-\hat{M}^*-\frac{1}{\varepsilon}(\hat{C}-\hat{C}^*)$ 代入上式，得到：

$$\hat{S}_t=\hat{M}_t-\hat{M}^*_t-\frac{1}{\varepsilon}(\hat{C}_t-\hat{C}^*_t)$$

这还不是最终的解，因为这还依赖于 $\hat{C}_t-\hat{C}^*_t$。为了得到解，可以利用在 t 期，财富调整一定等于 $t+1$ 期。因为 $t+1$ 期达到了长期均衡 $\hat{b}$，所以，利用消费者的约束可以得到：

$$\hat{C}-\hat{C}^*=\frac{1+\theta}{2\theta}\frac{r\hat{b}}{1-n}$$

这意味着：

$$\hat{C}-\hat{C}^*=\frac{(\theta^2-1)r}{r(1+\theta)+2\theta}\hat{S}$$

这样就可以得到：

$$\hat{S}=\frac{\varepsilon[r(1+\theta)+2\theta]}{r(\theta^2-1)+\varepsilon[r(1+\theta)+2\theta]}(\hat{M}_t-\hat{M}^*_t)$$
$$\hat{C}_t-\hat{C}^*_t=\frac{\varepsilon[r(\theta^2-1)]}{r(\theta^2-1)+\varepsilon[r(1+\theta)+2\theta]}(\hat{M}_t-\hat{M}^*_t)$$

此时，经常账户的解为：

$$\hat{b}=\frac{2\theta\varepsilon(1-n)(\theta-1)}{r(\theta^2-1)+\varepsilon[r(1+\theta)+2\theta]}(\hat{M}_t-\hat{M}^*_t)$$

贸易条件的稳态为：

$$\hat{p}(z)-\hat{p}^{*}(z^{*})-\hat{S}=\frac{\varepsilon r(\theta-1)}{r(\theta^{2}-1)+\varepsilon[r(1+\theta)+2\theta]}(\hat{M}_{t}-\hat{M}_{t}^{*})$$

我们发现货币不是中性的。在长期中，国内货币提高了居民的财富，从而提高了经常账户盈余，改善了贸易条件。

为了看清楚货币对国内消费和产出的影响，我们考虑世界需求。因为从消费的欧拉方程中可以发现世界需求为：

$$\hat{C}_{t}^{w}=-(1-\beta)\hat{r}_{t}$$

利用货币需求函数可以发现：

$$\hat{C}_{t}+\frac{\beta}{\varepsilon(1-\beta)}\hat{C}-\left(\varepsilon+\frac{\beta}{1-\beta}\right)[\hat{M}_{t}-(1-n)\hat{S}_{t}]=\beta\hat{r}_{t}$$

$$\hat{C}_{t}^{*}+\frac{\beta}{\varepsilon(1-\beta)}\hat{C}^{*}-\left(\varepsilon+\frac{\beta}{1-\beta}\right)[\hat{M}_{t}^{*}-(1-n)\hat{S}_{t}]=\beta\hat{r}_{t}$$

这意味着：

$$\beta\hat{r}_{t}=\hat{C}_{t}^{w}-\left(\varepsilon+\frac{\beta}{1-\beta}\right)\hat{M}_{t}^{w}$$

这时出现了实际利率的流动性效应：

$$\hat{r}_{t}=-\left(\varepsilon+\frac{\beta}{1-\beta}\right)\hat{M}_{t}^{w}$$

本国货币降低了实际利率，提高了世界平均消费，从而国内产出和消费上升。由于国内产出部分落在国内消费、部分落在国外消费上，因而会提高外国产出，同时提高国外消费价格。但是，由于短期内价格不能调整，这会导致外国货币实际升值，从而间接起到价格上涨的效果。这个时候，外国产出也有可能下降。由于利率下降，外国消费者会提高消费，从而使得消费在产出之上，这需要向国内消费者发行债券。为了偿还这些债券，在新的稳态中，外国经济当事人需要更加努力工作，同时消费更少。①

思考与练习

1. 由于预算赤字，一个人必须从他的可支配收入中减去他未来税收义务的现值。这种情况意味着进行统计分析时，预算赤字应该从可支配收入中减去。也就是说，我们应该用：$C=a+b[Y-T-(G-T)]$ 或者 $a+b(Y-G)$ 替代 $C=a+b(Y-T)$。

a. 利用这个假设公式以及更进一步的关系式：

$I=I$

① 货币政策的国际传导机制非常依赖于企业的定价方式，前文对这点已经进行了强调。

$G=G$

$T=T$

$Y=C+I+G$

写出 Y 作为 a、I、G 和 T 的函数的平衡等式。

b. 如果 $b=0.5$，那么 I、G 和 T 的乘数分别是多少？

2. 比较传统的政府债务观和李嘉图等价的观点，请分析债务融资的税收削减对下列各项的影响：

a. 国民储蓄。

b. 目前的消费。

c. 实际利率。

3. 许多人关心美国政府的预算赤字。请提出至少三个预算赤字可能产生的不利经济影响和三个预算赤字可能产生的益处。

4. 请对税收削减如何既影响总需求又影响总供给加以解释。

5. 用图形说明传统政府债务观关于债务融资的税收削减的短期影响：

a. 用 *IS—LM* 模型说明在一个封闭的经济中，在短期税收削减对利率和产出的影响

b. 用蒙代尔-弗莱明模型说明在一个汇率浮动的小型开放经济中，在短期税收削减对汇率和产出的影响。

6. 用总需求—总供给模型说明传统的政府债务观点，用图形比较债务融资的税收削减对下列两项的长期和短期影响：

a. 产出。

b. 价格。

参考文献

Obstfeld M.，Rogoff K.（1995）．“Exchange rate dynamics redux,” *Journal of political economy*，103（3）：624－660.

Nelson C. Mark.（2000）．*International Macroeconomics and Finance：Theory and Econometric Methods*，Oxford：Blackwell Publishers.

PART ONE

| 第Ⅱ部分 |

2 政策分析

第8章
财政政策

本章考察财政政策及其宏观效果。为了分析的方便，第一节首先定义政府预算的有关概念。在此基础上，第二节从三个渠道考察财政政策对宏观经济的影响。政府的财政政策不可避免地会产生赤字，第三节讨论赤字对宏观经济的影响。

第一节　政府预算：事实

为了分析财政政策的经济效果，本节仔细考察政府预算的不同组成部分及其趋势。政府预算包括三个主要组成部分：政府支出、财政收入和财政预算。

一、政府支出

政府支出是政府在一定时期的总花费，是一个流量值。可以将政府支出分为三类：政府购买、转移支付和净利息支付。这种分类的依据是财政支出是否以商品和服务的交换为标准。

政府购买支出是政府对于当前时期生产的商品和服务的花费。政府购买可以分为政府消费和政府投资。政府消费是政府对于当前时期能完成消费的商品的购买，例如购买办公用品、支付公务员工资等。政府投资是政府对于投资品的购买，例如修建学校、公路等基础设施。

转移支付支出是政府对于公民的一种支付，不过与政府购买不同，政府转移支付不需要公民为这些费用提供产品或者劳务。比较常见的转移支付包括社会保障支出、失业保险等。

净利息支付是政府对于持有国债的经济当事人的利息支出减去政府获得的利息收入。

政府支出的规模可以用总支出占 GDP 的比重衡量。在我国，政府支出占 GDP 的比重发生了很大变化。从表 8-1 中可以看出，我国财政支出占 GDP 的比重在改革开放后经历了先下降后上升的过程。近些年财政支出年均增长较快，财政支出占 GDP 的比重保持在较高水平。

表 8-1 我国财政支出比重

年份	财政支出（亿元）	财政支出同比增长（%）	财政支出占 GDP 比重（%）
1978	1 122.09	33.0	30.74
1980	1 228.83	−4.1	27.00
1985	2 004.25	17.8	22.17
1990	3 083.59	9.2	16.42
1991	3 386.62	9.8	15.47
1992	3 742.20	10.5	13.83
1993	4 642.30	24.1	13.07
1994	5 792.62	24.8	11.95
1995	6 823.72	17.8	11.16
1996	7 937.55	16.3	11.09
1997	9 233.56	16.3	11.62
1998	10 798.18	16.9	12.72
1999	13 187.67	22.1	14.62
2000	15 886.50	20.5	15.92
2001	18 902.58	19.0	17.14
2002	22 053.15	16.7	18.23
2003	24 649.95	11.8	18.05
2004	28 486.89	15.6	17.73
2005	33 930.28	19.1	18.25
2006	40 422.73	19.1	18.57
2007	49 781.35	23.2	18.57
2008	62 592.66	25.7	19.76
2009	76 299.93	21.9	22.08
2010	89 874.16	17.8	21.98
2011	109 247.79	21.6	22.57
2012	125 952.97	15.3	23.58
2013	140 212.10	11.3	23.84
2014	151 785.56	8.3	23.86
2015	175 877.77	13.2	25.53
2016	187 755.21	6.3	25.15
2017	203 085.49	7.6	24.41
2018	220 904.13	8.7	24.03
2019	238 859.37	8.1	24.11

资料来源：《中国统计年鉴（2020）》。

财政支出占GDP比重的这种变化趋势与我国改革开放的进程是密不可分的。在改革开放之前，我国实行的是“统收统支”制度，国家就是中国所有企业的总企业家。因此，财政支出占GDP的比重自然较高。改革的过程就是逐渐调动起千千万万经济当事人的积极性，从而是一个决策权逐渐分散的过程，自然就会伴随着财政支出占GDP的比重下滑。从1998年起，我国财政支出比重上升与我国的宏观经济调整是密不可分的。在1997年亚洲金融危机之后，为了使经济稳定增长，我国出台了较大规模的财政刺激政策。在2007年全球金融危机之后，4万亿元投资计划的出台进一步扩大了财政支出的比重。同时，随着我国国民收入的提高，对于医疗、教育、卫生等财政支出的需求上升，未来我国财政支出占GDP的比重会进一步上升。

表8－2是2019年我国财政支出结构。可以发现，当前的财政支出结构受到了我国面临的主要社会、经济问题的影响。在我国财政支出中占据较大比重的支出为一般公共服务支出。一般公共服务支出是指政府提供基本公共管理与服务的支出，包括人大事务、政协事务、政府办公厅（室）及相关机构事务、发展与改革事务、统计信息事务、财政事务、税收事务、审计事务、海关事务、人力资源事务、纪检监察事务、人口与计划生育事务、商贸事务、知识产权事务、工商行政管理事务、国土资源事务、海洋管理事务、测绘事务、地震事务、气象事务、民族事务、宗教事务、港澳台侨事务、档案事务、共产党事务、民主党派事务及工商联事务、群众团体事务、彩票事务等。总体来看，这是政府购买资源、提供公共服务的支出，是主要的购买性支出。另一个占据较大比重的支出是教育支出。教育支出指政府教育事务支出，包括教育行政管理、学前教育、小学教育、初中教育、普通高中教育、普通高等教育、初等职业教育、中专教育、技校教育、职业高中教育、高等职业教育、广播电视教育、留学生教育、特殊教育、干部继续教育、教育机关服务等。这项支出反映了我国近些年在教育事业方面的巨大投入。在未来一些年份，随着我国人口老龄化和农村水利的兴起，在社会保障与就业、医疗卫生、农村水事务上的投入会继续加大。

表8－2 2019年我国财政支出结构

项目	国家财政支出（亿元）	中央（亿元）	地方（亿元）	各项支出比重（%）
合计	238 858.37	35 115.15	203 743.22	100.00
一般公共服务支出	20 344.66	1 985.16	18 359.50	8.52
外交支出	617.50	615.39	2.11	0.26
国防支出	12 122.10	11 896.56	225.54	5.08
公共安全支出	13 901.93	1 839.45	12 062.48	5.82
教育支出	34 796.94	1 835.88	32 961.06	14.57
科学技术支出	9 470.79	3 516.18	5 954.61	3.97
文化旅游体育与传媒支出	4 086.31	308.84	3 777.47	1.71
社会保障和就业支出	29 379.08	1 231.53	28 147.55	12.30
卫生健康支出	16 665.34	247.72	16 417.62	6.98
节能环保支出	7 390.20	421.19	6 969.01	3.09

续表

项目	国家财政支出（亿元）	中央（亿元）	地方（亿元）	各项支出比重（%）
城乡社区支出	24 895.24	91.61	24 803.63	10.42
农林水支出	22 862.80	532.34	22 330.46	9.57
交通运输支出	11 817.55	1 422.32	10 395.23	4.95
资源勘探信息等支出	4 914.40	355.26	4 559.14	2.06
商业服务业等支出	1 239.70	82.42	1 157.28	0.52
金融支出	1 615.36	943.72	671.64	0.68
援助其他地区支出	471.31	—	471.31	0.20
自然资源海洋气象等支出	2 182.70	314.17	1 868.53	0.91
住房保障支出	6 401.19	561.84	5 839.35	2.68
粮油物资储备支出	1 897.11	1 204.05	693.06	0.79
灾害防治及应急管理支出	1 529.20	465.65	1 063.55	0.64
债务付息支出	8 442.53	4 566.62	3 875.91	3.53
债务发行费用支出	65.64	45.02	20.62	0.03
其他支出	1 748.79	632.23	1 116.56	0.73

资料来源：《中国统计年鉴（2020）》。

二、财政收入

财政收入通常分为税收和其他收入两大类。这种分类的依据是国家在获得收入中凭借的身份。税收是国家凭借政治权力占有的收入，其他收入中各个类别凭借的是不同的身份。

政府收入的规模可以利用总收入占 GDP 的比重衡量。在我国，政府财政收入占我国 GDP 的比重发生了很大变化。从表 8－3 可以看出，我国财政收入占 GDP 的比重在改革开放后经历了先下降后上升的过程。

表 8－3 我国财政收入

年份	财政收入（亿元）	中央（亿元）	地方（亿元）	比重（%）		占 GDP 的比重（%）
				中央占比	地方占比	
1978	1 132.26	175.77	956.49	15.5	84.5	31.02
1980	1 159.93	284.45	875.48	24.5	75.5	25.48
1985	2 004.82	769.63	1 235.19	38.4	61.6	22.18
1990	2 937.10	992.42	1 944.68	33.8	66.2	15.64
1991	3 149.48	938.25	2 211.23	29.8	70.2	14.38
1992	3 483.37	979.51	2 503.86	28.1	71.9	12.87
1993	4 348.95	957.51	3 391.44	22.0	78.0	12.24
1994	5 218.10	2 906.50	2 311.60	55.7	44.3	10.77
1995	6 242.20	3 256.62	2 985.58	52.2	47.8	10.21

续表

年份	财政收入（亿元）	中央（亿元）	地方（亿元）	比重（%）		占GDP的比重（%）
				中央占比	地方占比	
1996	7 407.99	3 661.07	3 746.92	49.4	50.6	10.35
1997	8 651.14	4 226.92	4 424.22	48.9	51.1	10.89
1998	9 875.95	4 892.00	4 983.95	49.5	50.5	11.63
1999	11 444.08	5 849.21	5 594.87	51.1	48.9	12.69
2000	13 395.23	6 989.17	6 406.06	52.2	47.8	13.43
2001	16 386.04	8 582.74	7 803.30	52.4	47.6	14.86
2002	18 903.64	10 388.64	8 515.00	55.0	45.0	15.62
2003	21 715.25	11 865.27	9 849.98	54.6	45.4	15.90
2004	26 396.47	14 503.10	11 893.37	54.9	45.1	16.42
2005	31 649.29	16 548.53	15 100.76	52.3	47.7	17.03
2006	38 760.20	20 456.62	18 303.58	52.8	47.2	17.81
2007	51 321.78	27 749.16	23 572.62	54.1	45.9	19.15
2008	61 330.35	32 680.56	28 649.79	53.3	46.7	19.36
2009	68 518.30	35 915.71	32 602.59	52.4	47.6	19.82
2010	83 101.51	42 488.47	40 613.04	51.1	48.9	20.32
2011	103 874.43	51 327.32	52 547.11	49.4	50.6	21.46
2012	117 253.52	56 175.23	61 078.29	47.9	52.1	21.95
2013	129 209.64	60 198.48	69 011.16	46.6	53.4	21.97
2014	140 370.03	64 493.45	75 876.58	45.9	54.1	22.07
2015	152 269.23	69 267.19	83 002.04	45.5	54.5	22.10
2016	159 604.97	72 365.62	87 239.35	45.3	54.7	21.38
2017	172 592.77	81 123.36	91 469.41	47.0	53.0	20.74
2018	183 359.84	85 456.46	97 903.38	46.6	53.4	19.95
2019	190 390.08	89 309.47	101 080.61	46.9	53.1	19.21

资料来源：《中国统计年鉴（2020）》。

表8-4表示了我国2019年不同类别的财政收入。从中可以看出，税收收入是我国财政收入的主要来源，非税收入所占比重较小。这也是世界各国的主要情况。因此，接下来主要关注我国的各种税收收入。

表8-4　我国财政收入结构（亿元）

项目	国家财政收入	中央	地方
合计	190 390.08	89 309.47	101 080.61
税收收入	158 000.46	81 020.33	76 980.13
国内增值税	62 347.36	31 160.46	31 186.90
国内消费税	12 564.44	12 564.44	—
进口货物增值税	15 123.49	15 123.49	—

续表

项目	国家财政收入	中央	地方
进口消费品消费税	688.85	688.85	—
出口货物退增值税	−16 480.76	−16 480.76	—
出口消费品退消费税	−22.43	−22.43	—
企业所得税	37 303.77	23 786.02	13 517.75
个人所得税	10 388.53	6 234.19	4 154.34
资源税	1 821.64	53.12	1 768.52
城市维护建设税	4 820.57	206.13	4 614.44
房产税	2 988.43	—	2 988.43
印花税	2 462.96	1 229.38	1 233.58
其中：证券交易印花税	1 229.38	1 229.38	—
城镇土地使用税	2 195.41	—	2 195.41
土地增值税	6 465.14	—	6 465.14
车船税	880.95	—	880.95
船舶吨税	50.26	50.26	—
车辆购置税	3 498.26	3 498.26	—
关税	2 889.13	2 889.13	—
耕地占用税	1 389.84	—	1 389.84
契税	6 212.86	—	6 212.86
烟叶税	111.03	—	111.03
环境保护税	221.16	—	221.16
其他税收收入	79.57	39.79	39.78
非税收入	32 389.62	8 289.14	24 100.48
专项收入	7 134.16	284.23	6 849.93
行政事业性收费收入	3 888.07	404.69	3 483.38
罚没收入	3 062.09	132.78	2 929.31
国有资本经营收入	7 720.52	6 659.03	1 061.49
国有资源（资产）有偿使用收入	8 061.01	717.00	7 344.01
其他收入	2 523.77	91.41	2 432.36

资料来源：《中国统计年鉴（2020）》。

表 8－5 反映了我国历年来税收收入中不同税种的收入情况。从中可以看出，国内增值税和企业所得税是我国的主要税收来源。这两大税收来源恰好反映了税收中两种不同的课税对象，即商品课税和所得课税。商品课税泛指所有以商品为征税对象的税收，例如增值税、消费税、关税等。这种税收也被称为流转税。增值税的课税对象就是商品价值的增加额。所得课税是以所有所得额为课税对象的税种的总称，在我国主要包括企业所得税和个人所得税。

表 8-5 我国不同税种的收入情况（亿元）

年份	合计	国内增值税	国内消费税	营业税	企业所得税	个人所得税	关税
1978	519.28	—	—	—	—	—	28.76
1980	571.70	—	—	—	—	—	33.53
1985	2 040.79	147.70	—	211.07	696.06	—	205.21
1990	2 821.86	400.00	—	515.75	716.00	—	159.01
1991	2 990.17	406.36	—	564.00	731.13	—	187.28
1992	3 296.91	705.93	—	658.67	720.78	—	212.75
1993	4 255.30	1 081.48	—	966.09	678.60	—	256.47
1994	5 126.88	2 308.34	487.40	670.02	708.49	—	272.68
1995	6 038.04	2 602.33	541.48	865.56	878.44	—	291.83
1996	6 909.82	2 962.81	620.23	1 052.57	968.48	—	301.84
1997	8 234.04	3 283.92	678.70	1 324.27	963.18	—	319.49
1998	9 262.80	3 628.46	814.93	1 575.08	925.54	—	313.04
1999	10 682.58	3 881.87	820.66	1 668.56	811.41	413.66	562.23
2000	12 581.51	4 553.17	858.29	1 868.78	999.63	659.64	750.48
2001	15 301.38	5 357.13	929.99	2 064.09	2 630.87	995.26	840.52
2002	17 636.45	6 178.39	1 046.32	2 450.33	3 082.79	1 211.78	704.27
2003	20 017.31	7 236.54	1 182.26	2 844.45	2 919.51	1 418.03	923.13
2004	24 165.68	9 017.94	1 501.90	3 581.97	3 957.33	1 737.06	1 043.77
2005	28 778.54	10 792.11	1 633.81	4 232.46	5 343.92	2 094.91	1 066.17
2006	34 804.35	12 784.81	1 885.69	5 128.71	7 039.60	2 453.71	1 141.78
2007	45 621.97	15 470.23	2 206.83	6 582.17	8 779.25	3 185.58	1 432.57
2008	54 223.79	17 996.94	2 568.27	7 626.39	11 175.63	3 722.31	1 769.95
2009	59 521.59	18 481.22	4 761.22	9 013.98	11 536.84	3 949.35	1 483.81
2010	73 210.79	21 093.48	6 071.55	11 157.91	12 843.54	4 837.27	2 027.83
2011	89 738.39	24 266.63	6 936.21	13 679.00	16 769.64	6 054.11	2 559.12
2012	100 614.28	26 415.51	7 875.58	15 747.64	19 654.53	5 820.28	2 783.93
2013	110 530.70	28 810.13	8 231.32	17 233.02	22 427.20	6 531.53	2 630.61
2014	119 175.31	30 855.36	8 907.12	17 781.73	24 642.19	7 376.61	2 843.41
2015	124 922.20	31 109.47	10 542.16	19 312.84	27 133.87	8 617.27	2 560.84
2016	130 360.73	40 712.08	10 217.23	11 501.88	28 851.36	10 088.98	2 603.75
2017	144 369.87	56 378.18	10 225.09	—	32 117.29	11 966.37	2 997.85
2018	156 402.86	61 530.77	10 631.75	—	35 323.71	13 871.97	2 847.78
2019	158 000.46	62 347.36	12 564.44	—	37 303.77	10 388.53	2 889.13

资料来源：《中国统计年鉴（2020）》。

三、中央政府和省级政府的财政预算

前面分析了我国总的财政收入和支出情况。从财政体制上，可以将我国的财政预算分为中央政府部分和省级政府部分。1994 年，我国实行了分税制改革。中央政府和省级政府划分了各自的支出和收入范围。

中央财政支出包括：国防费，武警经费，外交和援外支出，中央行政管理费，中央统管的基本建设投资，中央直属企业的技术改造和新产品试制费，地质勘探费，由中央安排的支农支出，由中央负担的国内外债务的还本付息支出，中央本级负担的公检法支出和文化、教育、卫生、科学等各项事业费支出。

地方财政支出包括：地方行政管理费，公检法经费，民兵事业费，地方统筹安排的基本建设投资，地方企业的改造和新产品试制经费，支农支出，城市维护和建设经费，地方文化、教育、卫生等各项事业费，价格补贴及其他支出。

中央固定收入包括：关税，海关代征消费税和增值税，消费税，铁道部门、各保险公司总公司等集中缴纳的收入（包括增值税、所得税、利润和城市维护建设税），未纳入共享范围的中央企业所得税、中央企业上缴的利润等。

地方固定收入包括：增值税（不含铁道部门、各银行总行、各保险公司总公司集中缴纳的增值税），地方企业上缴利润，城镇土地使用税，城市维护建设税（不含铁道部门、各银行总行、各保险公司总公司集中缴纳的部分），房产税，车船使用税，印花税，农业特产税，耕地占用税，契税，遗产和赠与税，土地增值税，国有土地有偿使用收入。

共享收入包括：增值税（中央和地方的分成比率为 75：25）；纳入共享范围的企业所得税和个人所得税（中央和地方的分成比率为 60：40）；资源税按照不同的资源品种划分，海洋石油资源税为中央收入，其余资源税为地方收入等。

第二节　政府支出、税收与宏观经济

财政政策如何影响经济表现？一般来说，政府支出和税收决策通过三个渠道影响总产出、就业和价格水平。这三个渠道是总需求、资本量和经济激励。

一、财政政策和总需求

财政政策可以通过影响经济的总支出即经济的总需求来影响总体经济的表现。在凯恩斯主义的分析框架中，财政政策通过影响 *IS* 曲线的位置，影响总需求曲线，从而影响总产出和价格水平。

首先考虑政府增加购买支出或者减少税收。这将影响 *IS* 曲线，使之向右移动，从而提高总产出。这个过程可以理解为在政府提高支出后，总收入增加，居民提高消费，产生了乘数效应。不过，在这个过程中，因为居民收入提高，对于货币的需求上升。如果货币供给不变，那么人们就会抛售证券以获得货币，从而证券价格下降，利率上升（见图 8－1）。因为私人投资和利率呈反向关系，在利率上升后私人投资下降。这样，在政府支出增加的时候，会对私人投资产生挤出效应。这种效应取决于货币需求对于利率的敏感程度和投资对于利率的敏感程度。如果货币需求对于利率非常敏感，对于利率的微小变化就会有较大的货币需求变化，那么就会抵消掉收入导致的货币需求变化，从而缩小挤出效应。如果投资对于利率不敏感，那么挤出效应也就较小。如果政府减少购买支出或者提高税收，一切与上面的情况相反。

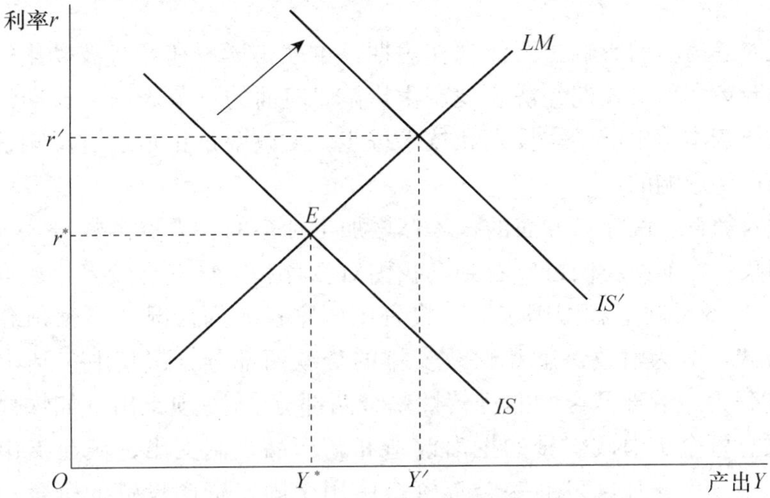

图 8-1 政府增加购买支出或减少税收的影响

在凯恩斯主义的理论框架中，财政政策能够通过影响总需求对经济产生影响，因此可以用财政政策来调整总需求，对抗经济周期。不过，在现实中，因为缺乏灵活性和具有较长的时滞，财政政策在熨平经济周期方面的作用受到限制。

在现实中，财政预算有很多目的，例如为公民提供公共物品，因此很多支出项目是确定的，调整起来具有一定的困难。同样，因为税法的约束，调整税收也有很多困难。因此，一般情况下，财政政策的调整非常不灵活。另一个限制财政政策发挥作用的因素就是时滞。①

为了规避财政政策的不灵活性和时滞问题，可以在财政预算中加入自动稳定器。自动稳定器是财政预算中的一些条款，这些条款会使财政政策具有逆周期性。在 GDP 下降之后，自动稳定器使得财政支出上升，而税收下降。比较典型的自动稳定器包括失业保险和个人所得税。

当经济步入衰退的时候，失业率上升，失业人数增加。此时，失业保险发挥作用，失业者获得了一些收入，从而可以进行消费。在这种情况下，经济的总支出相对于没有失业保险的情况上升，可以对经济起到一定的刺激作用。在经济复苏之后，失业保险随之降低，避免了对经济"火上浇油"。

虽然失业保险是一个比较明显的自动稳定器，但从对经济的作用方面来说，更为重要的自动稳定器是个人所得税。当经济过热的时候，人们的收入上升。在累进税率下，个人所得税征收额上升，从而降低人们的消费支出，对经济起到了减缓的作用。当经济步入衰退的时候，人们的收入下降。此时，个人所得税征收额下降，可以提高人们的消费支出，对经济起到了刺激作用。

① 这个问题对于货币政策也适用，是一个一般性的政策问题。

二、资本形成

财政政策对总需求的影响主要体现在短期，也就是体现在经济波动中。下面，我们来看一下财政政策如何对长期经济表现产生影响。前面的章节表明，长期经济增长的源泉是劳动、物质资本等生产要素投入和技术进步。财政政策正是通过影响这两类因素对长期经济增长产生影响的。

政府通过对教育、医疗等方面的投入，增加了社会的人力资本数量，为未来的经济增长提供了源泉。在前面我们可以看到，我国对教育和医疗支出较多，这有利于未来的经济增长。表 8－6 反映了我国固定资产投资中国家投入的情况。国家预算资金是国家投入的主要方式，分为财政拨款和财政安排的贷款两部分。这其中包括中央财政的基本建设基金（分为经营性基金和非经营性基金两部分）、专项支出（如煤代油专项等）、收回再贷、贴息资金、财政安排的挖潜改造和新产品试制支出、城建支出、商业部门简易建筑支出、不发达地区发展基金等资金中用于固定资产投资的资金；地方财政中由国家统筹安排的资金等。由于我国财政有预算外资金，因此自筹部分包括预算外资金。

表 8－6　我国固定资产投资的来源构成（%）

年份	国家预算资金	国内贷款	利用外资	自筹和其他资金
2010	4.7	15.2	1.6	78.5
2011	4.3	13.4	1.5	80.9
2012	4.6	12.6	1.1	81.7
2013	4.5	12.1	0.9	82.5
2014	4.9	12.0	0.7	82.3
2015	5.3	10.5	0.5	83.8
2016	5.9	10.9	0.4	82.9
2017	6.1	11.3	0.3	82.3

资料来源：《中国统计年鉴（2018）》。

三、财政政策的经济激励效应

财政政策可以通过影响经济当事人的行为回报影响其行为。在这之中，财政补贴和税收政策是比较典型的经济激励。这里，主要以个人所得税为例说明财政政策的激励效应。

个人所得税通过影响劳动者的报酬影响其供给行为。因为工资变动有收入效应和替代效应，为了分析的方便，需要将税率区分为平均税率和边际税率。平均税率是一个经济主体的税收额除以其税前收入。边际税率是经济主体额外获得 1 元所需要支付的税收额比率。假设一个国家的个人所得税方案为 10 000 元以下的收入部分不征税，10 000 元以上的收入部分税率为25%。那么一个收入为18 000元的人的应税收入为8 000元，需要缴纳的税收额为2 000元。其平均税率就是2 000除以18 000，为11.1%。在这种情况下，边际税率为25%，如表8-7所示。

表8-7　平均税率和边际税率

收入（元）	收入—10 000（元）	税收（元）	平均税率（%）	边际税率（%）
18 000	8 000	2 000	11.1	25
50 000	40 000	10 000	20.0	25
100 000	90 000	22 500	22.5	25

通过平均税率和边际税率，我们有一个一般性的结论。如果边际税率不变，平均税率上升增加任何税前实际工资水平上的劳动供给；如果平均税率不变，边际税率上升降低任何税前实际工资水平上的劳动供给。

这个结论背后的经济学道理比较容易理解。在边际税率不变的情况下，平均税率的变化是纯粹的收入效应，如果闲暇是正常品，平均税率上升导致收入下降，收入效应导致闲暇的消费下降，从而劳动供给增加。在平均税率不变的情况下，边际税率的变化是纯粹的替代效应，边际税率上升的替代效应导致闲暇的消费上升，从而劳动供给减少。下面通过数值的例子进一步解释这个结论。

首先，考虑边际税率不变、平均税率上升的情况。假设边际税率仍然为25%，起征点降到8 000元。那么，收入为18 000元的经济主体需要缴纳2 500元的税款。平均税率为13.9%。此时，经济主体与原来相比财富减少500元。因为这纯粹是财富减少，实际工资不变，所以，经济主体减少闲暇的消费，增加劳动供给。

其次，考虑平均税率不变、边际税率上升的情况。假设边际税率从25%上升到40%，同时，个人所得税起征点上升为13 000元。此时，收入为18 000元的经济主体的应税收入为5 000元，需要缴纳税款2 000元，平均税率仍然为11.1%。因为平均税率不变，所以经济主体的财富没有变化，此时没有收入效应。不过，边际税率的上升降低了经济主体每小时劳动的税后报酬。假设其税前工资为每小时20元。在25%的税率下，其税后收入为每小时15元。在40%的税率下，其税后收入为每小时12元。相比于从前，税后收入下降了3元。在纯粹的替代效应的作用下，闲暇消费增加，劳动供给减少。

总的来说，因为税收影响经济激励，因而会改变经济主体的行为。这就为政府财政政策的介入提供了空间。不过，这种介入需要满足某些规则。

如果福利经济学第一定理成立，那么没有税收的市场是运行得最为完美的。在税收介入后，经济主体的行为发生改变，社会福利下降，税收就可能导致市场扭曲。既然政府运行需要资金，税收就是不可避免的。为此，从经济角度看，政府的税收最好能保持税率平滑。如果政府希望在未来一段时期内将税率维持在20%，那么最好一直保持，而不是一半时间为30%，一半时间为10%。这样，可以相对地降低福利损失。

第三节　赤字：李嘉图等价还是非李嘉图等价

一、预算赤字

在每一期，由于种种原因，财政支出与财政收入并不一定相等。当财政支出超过财政收入时，就将产生预算赤字（即财政赤字）；当财政收入超过财政支出时，就将产生预算盈余（即财政盈余）。

除了上面定义的预算赤字外，为了更有经济意义，可以进一步定义基本预算赤字。基本预算赤字与预算赤字的区别在于其政府支出不包括净利息支付。基本预算赤字可以衡量政府财政的可持续性。如果基本预算赤字为零，那么政府当前的收入足以支撑当期的花费。如果基本预算赤字大于零，那么政府当前的收入无法支撑当期的花费。

正如第二节所讲的，政府的财政预算中包含了自动稳定器。自动稳定器会随着GDP的波动而自动导致政府支出与税收的变动。当经济过热的时候，支出减少，税收增加，从而赤字减少。当经济衰退的时候，政府支出增加，税收减少，从而赤字增加。因此，赤字会随着经济的波动而波动。为了更准确地分析政府的赤字状况，部分宏观经济学家认为应该采用充分就业赤字来衡量经济在充分就业水平上运行所产生的赤字。

我国历年的预算赤字见表 8－8。

表 8－8　我国历年预算赤字

年份	财政收入（亿元）	财政支出（亿元）	预算赤字（亿元）	预算赤字占GDP的比重（%）
1978	1 132.26	1 122.09	−10.17	−0.28
1980	1 159.93	1 228.83	68.90	1.51
1985	2 004.82	2 004.25	−0.57	−0.01
1990	2 937.10	3 083.59	146.49	0.78
1991	3 149.48	3 386.62	237.14	1.08
1992	3 483.37	3 742.20	258.83	0.96
1993	4 348.95	4 642.30	293.35	0.83
1994	5 218.10	5 792.62	574.52	1.19
1995	6 242.20	6 823.72	581.52	0.95
1996	7 407.99	7 937.55	529.56	0.74
1997	8 651.14	9 233.56	582.42	0.73
1998	9 875.95	10 798.18	922.23	1.09
1999	11 444.08	13 187.67	1 743.59	1.93
2000	13 395.23	15 886.50	2 491.27	2.50

续表

年份	财政收入（亿元）	财政支出（亿元）	预算赤字（亿元）	预算赤字占GDP的比重（%）
2001	16 386.04	18 902.68	2 516.54	2.28
2002	18 903.64	22 053.15	3 149.51	2.60
2003	21 715.25	24 649.95	2 934.70	2.15
2004	26 396.47	28 486.89	2 090.42	1.30
2005	31 649.29	33 930.28	2 280.99	1.23
2006	38 760.20	40 422.73	1 662.53	0.76
2007	51 321.78	49 781.35	−1 540.43	−0.57
2008	61 330.35	62 592.66	1 262.31	0.40
2009	68 518.30	76 299.93	7 781.63	2.25
2010	83 101.51	89 874.16	6 772.65	1.66
2011	103 874.43	109 247.79	5 373.36	1.11
2012	117 253.52	125 952.97	8 699.45	1.63
2013	129 209.64	140 212.10	11 002.50	1.87
2014	140 370.03	151 785.56	11 415.50	1.79
2015	152 269.23	175 877.77	23 608.54	3.43
2016	159 604.97	187 755.21	28 150.24	3.77
2017	172 592.77	203 085.49	30 492.72	3.66
2018	183 359.84	220 904.13	37 544.29	4.08
2019	190 390.08	238 858.37	48 468.29	4.89

资料来源：《中国统计年鉴（2020）》。

二、预算赤字与储蓄：李嘉图等价

预算赤字对于经济有较大影响。许多经济学家认为预算赤字会降低国民储蓄。正如在开放宏观经济学中所分析的，在这种情况下，一个经济体将会减少国内资本积累或者减少国外资产积累。这意味着未来的生活水准将会降低。一方面，资本减少将降低未来的生产能力；另一方面，国外资产减少意味着未来的公众将会增加对国外的利息支付，也会降低公众的生活水平。

这个观点的关键是预算赤字会降低国民储蓄。对于这个问题，一少部分宏观经济学家认为预算赤字不会对国民储蓄产生影响，因此，上面的观点是错误的。这个论点被称为“李嘉图等价”。下面我们来详细看一下这个论点的逻辑。

为了说明这个论点，回忆一下国民储蓄的定义为：

$$S=Y-C-G$$

其中，S 表示国民储蓄，Y 表示国民收入，C 表示消费，G 表示政府支出。从中不难看出，如果政府购买增加，税收不变，这将会引起赤字上升，这种赤字上升必然降低国民储蓄。因此，这里需要关注的是，政府购买不变，由税收减少或者转移支付增加引起的赤字上升是否会降低国民储蓄。李嘉图等价定理认为这不会对国民储蓄产生影响。

假设政府维持当前和未来的支出不变，利用总量税的方式每人减税 100 元。如果因为减税，居民提高了消费，那么储蓄就将下降。如果这种减税不影响居民消费，那么储蓄就不会发生变化。

税收削减提高了居民的收入，为什么没有提高其消费呢？问题的关键是，居民会预见到，如果当前政府支出和未来的政府支出不变，那么现在的税收削减一定伴随着未来的税收增加，因此，现在必须储蓄以在未来支付税收。如果政府不改变支出计划，政府减税 100 元就需要发行 100 元的债券为支出融资。假定债券的期限为 1 年，利率为 r。一年后，政府需要支付本金 100 元、利息 $100r$ 元。为了这部分支出，政府就需要收税 $100(1+r)$ 元。因此，虽然税收削减提高了当前收入，但是被未来增加的税收所抵消，从而不改变消费者当前和未来的消费能力，也就不能影响其消费行为。

上面的论证隐含假设了当前的政府借款会在当代人剩余的寿命中偿还。如果当前税收削减的受益人不需要在当代归还，而是由其后代归还，那么税收削减是否会提高消费呢？

在理论上，这个问题的答案依然是"不会"。为了分析的简单起见，我们假设每代人的数量都是一样的，当前一代人的总量税为每人削减 100 元。因为政府支出不变，政府发行了 100 元的债券为支出融资。不过，与前面不一样的是，当前一代人不需要归还这部分资金，而是由其子孙后代来偿还，我们假设，最后需要偿还的价值为 $100(1+R)$ 元。$1+R$ 表示当前的 1 元在偿还期的实际价值。

在这样的环境中，看起来当前一代人应该增加消费。但是，如果当前一代人关注未来子孙的福利，依然不会增加消费。当前人预见到其子孙将要归还 $100(1+R)$ 元，如果其在乎子孙的福利，就会在自己这一代储蓄 100 元。这样，子孙就可以继承 $100(1+R)$ 元，正好用来支付税收。通过这种继承，当前一代和未来子孙的消费计划都不会改变。

不过，当前一代人应该这么做吗？如果当前一代人消费更多，就不会留下足够的遗产给子孙，那么子孙就必须减少消费。这样，当前一代人实际上是"吃子孙饭"，以未来一代人的消费为代价来增加自己的消费。不过，如果当前一代人希望这么做，就可以这样做，不必等到减税的时候来这么做。如果他没有这么做，说明当代人会满足自己和子孙的消费分配，那么也就没有必要在减税的时候改变这种分配。

上面的分析可以推广到多期情况。如果税收支付者能够意识到当前的减税将会由未来的税收增加所递补，就不会改变当前的消费计划。这样，由税收削减所导致的赤字不会降低国民储蓄。

三、对李嘉图等价的偏离

虽然上面的分析在逻辑上表明李嘉图等价是十分稳健的，但是，在现实中，数据表明李嘉图等价定理是可以被违背的。宏观经济学家从四个角度解释了为什么会偏离李嘉图等价定理。

第一个因素是“流动性约束”。前面的分析假设消费者能够预见到未来，从而统筹消费计划。然而，消费者在消费的时候经常会遇到“流动性约束”，即无法找到贷款人来借到足够支持自己消费的金额，因此，消费往往取决于当前的流动性。这样，急于消费的人就会利用税收削减提高了当前支付能力的机会扩大消费。

第二个因素是消费者的“短视”。前面的分析假设公众理解当前的税收削减需要他们用未来更多的税收来支付。但是，消费者可能没有这么高瞻远瞩从而能够统筹未来的消费。他们可能采取的策略是按收入的固定比例消费，将剩余的部分储蓄起来。如果是这样的行为，税收削减提高了当前的可支配收入，消费者就可能提高消费。

第三个因素是消费者不留下遗产。在这种情况下，当前一代的消费者与其子孙就没有联系，那么税收的削减就会提高其消费。为什么消费者会不留下遗产呢？消费者可能观察到了长期的经济增长，因此预期自己的子孙将会比自己享受更高的生活水平，所以不留下遗产。

第四个因素是税收可能不是我们前面假设的总量税形式。在理论上，李嘉图等价定理仅仅对于总量税是成立的，即不论消费者的收入是多少，政府都削减一个固定量的税收，例如100元。这样就不会对消费者产生激励效应，使得其改变行为。如果不是采取总量税，那么就会改变相对价格，从而影响消费者的选择行为。如果降低利息税，那么消费者就可能提高储蓄。

思考与练习

1. 假定在经济体中 LM 曲线由 $Y=2\,000r-2\,000+2(M/P)$ 给定，IS 曲线由 $Y=8\,000-2\,000r+u$ 给定，这里 u 是冲击，一半时间为 $+200$，一半时间为 -200。价格水平（P）固定在1.0上。产出的自然率水平是4 000。政府想将产出尽可能保持在4 000，且并不关心其他变量。考虑下列两个政策规则：

（1）使货币供给量 $M=1\,000$，并保持这个数值。

（2）每天操纵 M，使利率稳定在2%。

a. 在规则（1）下，当 $u=+200$ 时，Y 是多少？当 $u=-200$ 时，Y 是多少？

b. 在规则（2）下，当 $u=+200$ 时，Y 是多少？当 $u=-200$ 时，Y 是多少？

c. 哪种规则会使产出更接近4 000？

2. 假定在经济体中 LM 曲线由 $Y=2\,000r-2\,000+2(M/P)+u$ 给出，这里 u 是冲击，一半时间为 $+200$，一半时间为 -200，IS 曲线由 $Y=8\,000-2\,000r$ 给出。价格水平（P）固定在1.0上。产出的自然率水平是4 000。政府想将产出尽可能保持在4 000，且并不关心其他变量。考虑下列两个政策规则：

（1）使货币供给量 $M=1\,000$，并保持这个数值。

（2）每天操纵 M，使利率稳定在2%。

a. 在规则（1）下，当 $u=+200$ 时，Y 是多少？当 $u=-200$ 时，Y 是多少？

b. 在规则（2）下，当 $u=+200$ 时，Y 是多少？当 $u=-200$ 时，Y 是多少？

c. 哪种规则会使产出更接近 4 000？

3. π 代表通货膨胀率，π^e 代表预期通货膨胀率，都以百分数计算。u 代表失业率，u^n 代表失业率的自然率水平。假设短期菲利普斯曲线 $u=u^n-\alpha(\pi-E\pi)$ 在一特定经济中适用，中央银行的损失函数是 $L(u,\pi)=u+\gamma\pi^2$。如果中央银行在 $E\pi$ 固定，理性私人部门在知道这些的情况下使损失函数最小化，则预期通货膨胀率为 π，且这也会是政府选择的通货膨胀率。

a. 假定 $\alpha=0.5$，$\gamma=0.05$。预期和实际的通货膨胀率会是多少？

b. 假定 $\alpha=0.5$，$\gamma=0.50$。在这种情况下，与 a 中的情况相比中央银行是更多地厌恶通货膨胀还是更少地厌恶通货膨胀？当 $\gamma=0.50$ 时，预期和实际的通货膨胀率是多少？为什么它们与 a 中的不一样？

4. 请判断：（1）以下政策是货币政策还是财政政策；（2）以下政策是积极政策还是消极政策；（3）以下政策是按规则实施的政策还是斟酌处置的政策。

a. 中央银行允许货币供给稳定在每年 4%的增速上。

b. 政府遵循保持每年支出等于收入的政策。

c. 中央银行根据对未来 5 年产出和通货膨胀率的预期，运用判断来调整货币供给。

d. 政府保持税收政策不变并根据法律上通过的支出项目允许政府支出变动。

e. 中央银行根据以失业率对其自然率水平的偏离程度为基础的算式来调整货币供给。

5. 两个基本相同的国家 Fixland 和 Flexland 的中央银行都追求低通货膨胀和低失业。两个国家在失业和未预期到的通货膨胀之间都面临短期取舍。

两个国家的私人主体都理性地形成预期，且明白央行有在低通货膨胀政策上失信的激励。起初，两个国家的通货膨胀率和失业率相同，Fixland 的中央银行做出可信的承诺，其将按低通货膨胀的规则实施政策。Flexland 的中央银行也打算遵从低通货膨胀政策，但央行保留斟酌处置的权利。

a. 你认为哪个国家的通货膨胀率更低？

b. 你认为哪个国家的失业率更低？

6. 假定经济初始处于长期均衡状态，自然失业率为 6%，通货膨胀率为 10%。假定如菲利普斯曲线描述的那样存在通货膨胀和失业的短期取舍。画出菲利普斯曲线来表示为什么期待低通货膨胀和低失业的中央银行宣布将通货膨胀率降到 3%，却有激励违背约定，以及如果人们根据 3%的通货膨胀率预期确定工资和价格，中央银行在预期形成之后又会斟酌处置来改变货币政策。

参考文献

Barro, Robert. J. (1974). "Are Government Bonds Net Wealth?" *The Journal of Political Economy*, 82 (6): 1095-1117.

Barro, Robert J. , and Charles J. Redlick. (2009). "Macroeconomic Effects from Government Purchases and Taxes," NBER Working Paper, 15369.

Blanchard, Olivier, and Roberto Perotti (2002). "An Empirical Characterization of the Dynamic Effects of Changes in Government Spending and Taxes on Output," *Quarterly Journal of Economics*, 117 (4): 1329-68.

Christiano, Lawrence, Martin Eichenbaum, and Sergio Rebelo (2009). "When Is the Government Spending Multiplier Large?" NBER Working Paper, 15394.

Hall, Robert E. (2009). "By How Much Does GDP Rise If the Government Buys More Output?" *Brookings Papers on Economic Activity*, Fall 2009, 183-231.

Romer, Christina D. , and David H. Romer (2007). "The Macroeconomic Effects of Tax Changes: Estimates Based on a New Measure of Fiscal Shocks," NBER Working Paper, 13264.

Taylor, John B. (1993). "Discretion versus Policy Rules in Practice," *Carnegie-Rochester Conference Series on Public Policy*, 39 (1): 195-214.

第9章

货币政策

在前面的 $IS—LM$ 模型和 $AD—AS$ 模型中，我们已经看到货币供给量的变化是如何影响宏观经济的。因为货币供给的变化对于产出、通货膨胀率都是极为重要的，因此货币政策备受关注。本章着重讨论一国中央银行如何控制货币供给量、如何设计合适的货币政策。

为了便于后面的分析，在深入讨论中央银行的货币政策之前，先来看一下当前各国货币制度的一些共同特征。

货币制度是市场经济存在的必要条件之一，是帮助人们表现商品的经济价值、为彼此间进行交易提供便利的一种安排。市场经济存在的基础是，由于存在比较优势，各个经济主体可以进行专业化生产。不过，要真正实现专业化带来的利益，需要不同主体之间进行交换，从而满足自身的多方面需求。如果没有货币，这种交换过程就是非常困难的。例如，假设张三生产弓箭，李四生产粮食。如果李四正好需要弓箭去打猎，而张三需要粮食，那么双方就可以进行物物交换。如果李四不需要弓箭，那么张三为了获得李四的粮食就需要寻找别的人去交易李四需要的商品。在这种情况下，经济的交易成本上升，效率就下降了。所以，一个发展健全的货币制度对于经济的平稳运行是必不可少的。不过，发展不健全的货币制度也会产生很大的副作用，例如，造成严重的通货膨胀和经济衰退。

因为其重要性，从原始社会开始，货币制度就一直处于非正式的演化过程中。在现代社会中，大多数国家都已制定了法律，设置了专门的机构，例如各国的中央银行，来规定各自的货币制度。20 世纪人类最伟大的发明之一就是不可兑换货币，自从布雷顿森林体系解体以来，不可兑换货币全面介入人们的生活。现代宏观经济学一个主要的领域——货币经济学——就是分析这些关于货币的法律和规则修正是如何影响宏观经济的运行状况的。

因为货币是用于交换的工具，因此，货币制度必须确定两个方面：第一，支付方式；

第二，计价单位，也就是商品标签上和合同中数字的含义。

在大多数货币制度中，都有一种物品被选定为普遍接受的支付手段。在历史上，因为种种原因，黄金或者白银被作为首选。现在，人们使用国家法律规定的不可兑换货币进行支付和计价。例如，在中国，人民币是唯一合法的支付方式。为了简便起见，人们都熟悉人民币的价值，利用人民币计价，而不会采用其他货币计价。

政府发行的纸币和硬币加在一起称为通货。随着金融体系的发展，在大量的交易中，通货的支付手段功能被其他方式所取代，例如银行支票、信用卡、各种电子货币等。不过，所有的交易都要以政府允许的不可兑换货币计价。① 在通货之外，某些时候人们还以其他方式进行支付和计价。例如，在第二次世界大战的战俘营中，通用的计价和支付工具是香烟。在解放战争时期，我国某些地方也以各种稻米作为计价和支付工具。因为现代社会中支付手段非常多，所以，货币这一术语的概念是模糊的。我们将各种不同的支付手段称为不同类型的货币。

根据货币的流动性原则，以存款及其信用工具转换为现金所需的时间和成本为标准，可以对货币层次进行划分。各国中央银行为了便于进行宏观经济运行监测和货币政策操作，按照不同的统计口径确定不同的货币供应量。流动性最强的第一个层次被称为现金或者通货，一般用 M0 表示，指的是政府授权发行的不兑现的银行券和辅币，是一国的法偿货币。第二个层次被称为狭义货币，是流通中现金与商业银行活期存款的总和。因为这个层次的货币以商业银行的活期存款为支撑，存款人可随时利用签发支票等方式进行转让或者流通，具有支付手段和流通手段两种职能，所以也是货币的一种形态。狭义货币一般用 M1 来表示，在我国，M1＝M0（流通中货币）＋企业活期存款＋机关团体部队存款＋农村存款。在狭义货币之后的货币形态被统称为广义货币。例如，一种广义货币（M2）被定义为狭义货币（M1）加商业银行定期存款。这是因为，由于各种定期存款一般都可以提前支取转化为现实购买力，把它算作货币，可以更全面地反映货币流通状况，便于分析和控制市场金融活动。依此类推，储蓄存款、可转让定期存单、易转手的短期债券等作为具有通货性质的准货币，也可按其流动性状况被囊括进来，通常用 M2、M3 等作为代号进行分类统计，代号依次递增的准货币在流动性上依次递减。各国中央银行对这些分类指标的规定有所不同，广义货币分类指标的多少在一国经济、金融发展的不同时期也不尽相同。中国中央银行目前采用的分类方法如下：M2＝M1＋城乡居民储蓄存款＋企业存款中具有定期性质的存款＋信托类存款＋其他存款。

货币供给就是各种支付手段的供给。这对于经济的产出和价格总水平都是至关重要的。下面就来考察中央银行是如何控制货币供给的。

第一节　中央银行如何控制货币供给

在本节的分析中，我们假定货币供给量为通货（CU）加上存款（D）。我们在这里

---

① 随着电子货币的出现，现在许多商品开始用各种电子货币计价，例如 Q 币等。电子货币类似于银行券，是一种私人货币，反映了货币的某种内生属性。

不区分不同的存款，所以不区分 M1 和 M2。因此，货币供给 M 就定义为：

$$M=CU+D$$

因为银行存款是货币供给的关键部分，所以必须考虑中央银行决策对于银行存款数量的影响。本节的关键概念是部分准备金制度，在这种制度下，商业银行在收到存款之后，必须留出一定比例，存在中央银行或者持有现金，称为准备金。准备金的主要用途是，它是商业银行为应付客户提取存款而设置的。它由两部分组成：一部分是自存准备金，即库存现金；另一部分是法定准备金，即根据银行法，商业银行将其存款按中央银行规定的比率转存中央银行的部分。① 中央银行要求的存款准备金占其存款总额的比例称为存款准备金率。商业银行或存款机构在货币当局规定必须缴纳的法定准备金之外，保留的一部分准备金，称为超额准备金。超额准备金占全部存款的比率为超额准备金率，商业银行保留超额准备金主要是为了应付意外的大额提现、结清存款或利用更好的投资机会。本节主要讨论部分准备金制度下货币的创造过程和中央银行如何控制货币创造。

一、货币乘数

基础货币，或者称高能货币，是由通货（纸币和硬币）和商业银行在中央银行的存款构成的。中央银行控制货币供给量的主要渠道就是控制基础货币。

基础货币与货币存量之间通过货币乘数相联系。正如本节开始所定义的，货币供给 M 就定义为：

$$M=CU+D$$

基础货币（H）由通货和准备金（RE）构成：

$$H=CU+RE$$

货币乘数（mm）表示一单位基础货币能够产生几个单位的货币存量，即：

$$mm=\frac{M}{H}$$

利用货币存量和基础货币的定义，货币乘数可以表示为：

$$mm=\frac{CU+D}{CU+RE}$$

分子和分母同时除以银行存款，可以得到：

$$mm=\frac{\frac{CU}{D}+1}{\frac{CU}{D}+\frac{RE}{D}}=\frac{cu+1}{cu+re}$$

① 商业银行持有法定准备金的形式在不同国家和不同时期是不同的，例如，可以仅仅是商业银行在中央银行的存款，也可以包含商业银行的库存现金。

其中 cu（即 CU/D）表示通货—存款比率，re（即 RE/D）表示准备金率。从这个表达式可以看出，准备金率越小，货币乘数就越大；同时，通货—存款比率越小，货币乘数就越大。

上述过程看起来仅仅是数学推导，经济学含义并不明显。实际上，这个过程是由中央银行、商业银行和公众共同完成的。如果中央银行向商业银行注入准备金，那么商业银行可以利用这部分准备金支撑更多的存款。例如，如果法定准备金率是20%，那么中央银行向商业银行注入1元，商业银行就可以利用这1元准备金支撑5元的存款。如果商业银行还持有额外的超额准备金，那么这个放大比率就会变小。例如，在法定准备金以外，商业银行还持有5%的超额准备金，那么中央银行向商业银行新提供1元准备金，只能支撑4元的存款。同时，公众越愿意持有存款，基础货币注入的放大效果就越好。假设中央银行向公众注入现金1元，如果公众持有现金，那么货币存量仅仅能增加1元；如果公众将这1元存入商业银行，那么在20%法定准备金率的条件下，货币存量增加5元。

图9-1是中国的货币乘数。该数值的波动显示了商业银行和公众行为的变化。

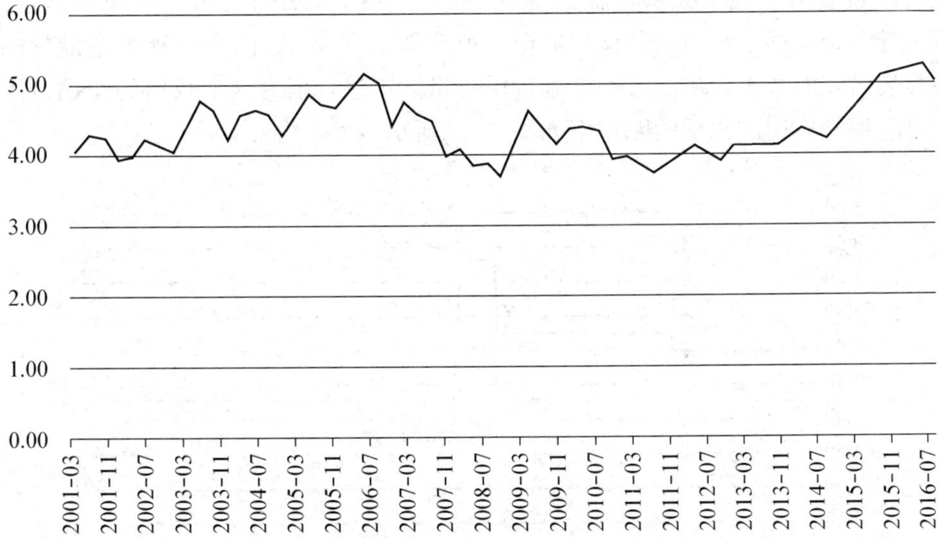

图9-1 我国货币乘数

通货—存款比率是影响货币乘数的一个重要因素，主要受到公众支付习惯的影响。如果公众喜欢用现金支付，那么通货—存款比率就高；如果公众喜欢用信用卡、支票等方式支付，那么通货—存款比率就低。随着我国居民支付习惯的改变，通货—存款比率逐渐降低，在一定程度上推高了货币乘数。

二、控制货币的工具

中央银行控制货币供给量的渠道有两个：基础货币和货币乘数。控制基础货币的工具主要有公开市场业务、贴现率；控制货币乘数的主要工具有法定准备金率。

公开市场业务（也称公开市场操作）是指中央银行买卖政府债券。公开市场业务改变基础货币的过程可以通过中央银行的资产负债表说明。假设中央银行在市场上购买了 100 万元政府债券，在资产负债表上，这计入中央银行的政府债券账目下。中央银行对这 100 万元政府债券的支付方式是向卖者开出 100 万元的“支票”。卖方接收到这张支票后，将之存入商业银行。商业银行要求中央银行将这 100 万元计入自己在中央银行的准备金账户，从而商业银行的准备金增加 100 万元，即基础货币增加了 100 万元。

在公开市场上，中央银行除了购买政府债券，还可以交易外汇，这就是银行的资产负债表中的其他资产。因此，在效果上，外汇业务也同样影响基础货币。我们在前面的开放部门分析中已经看到了这个过程。在我国，中央银行通过收取自己的债券——央票——的市场交易也可以达到同样的目的。

如果商业银行缺乏准备金，可以从银行间市场上向其他商业银行借款，也可以从中央银行借款，这个借款的成本就是贴现率。从其他商业银行借款的成本是银行间市场利率。一些商业银行持有多余的准备金，可以按照一定的利率借给其他商业银行。中央银行通过收取贴现率提供贷款给商业银行，以提供基础货币。贴现率是中央银行向为应付准备金短期不足而向其借款的银行所收取的利率。① 因为贴现率是借款的价格，所以会影响借款的数量，从而影响基础货币存量。不过，因为这个政策的作用范围较小，所以主要起信号作用。我国的贴现率如图 9－2 所示。

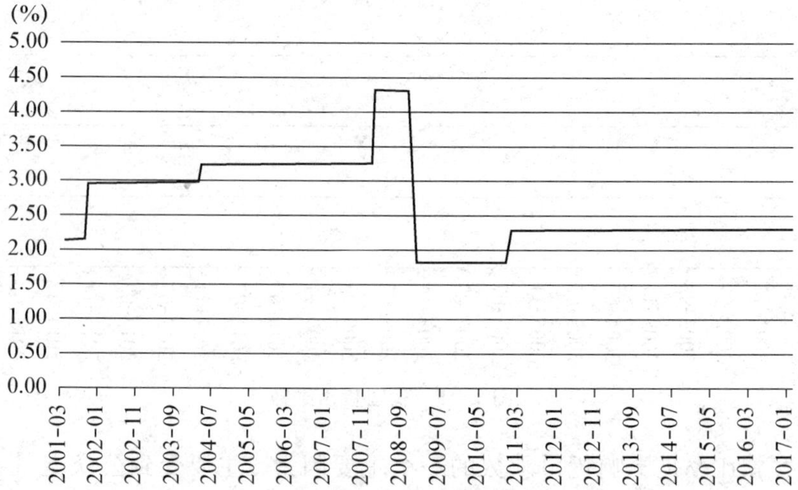

图 9－2　我国的贴现率

从前面的货币乘数公式很容易看出，中央银行可以通过降低法定准备金率来扩大货币乘数，在不改变基础货币的情况下，增加货币供给量。我国的法定准备金率如图 9－3 所示。

---

① 在现实中，中央银行还承担“最后贷款人”的职责，即当金融体系陷入流动性不足的时候，向金融系统注入资金，这时也会调整贴现率。

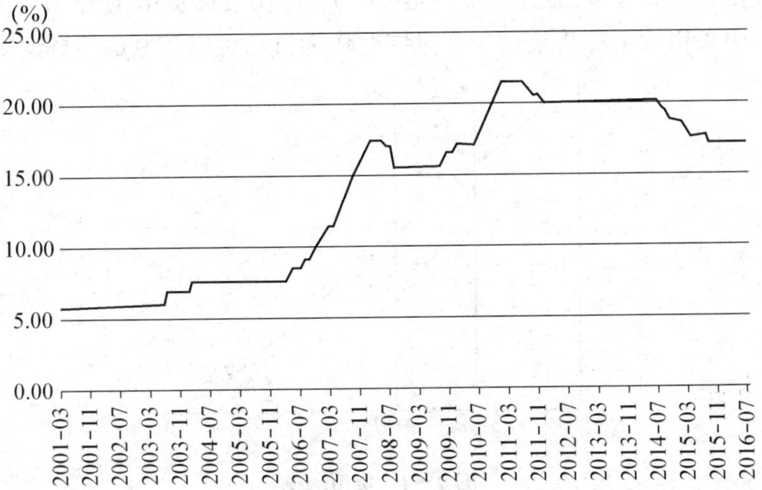

图 9-3 我国的法定准备金率

第二节 货币存量还是利率

对于中央银行的货币政策，需要区分不同的概念：货币政策工具、操作目标、中间目标和最终目标。

货币政策工具是中央银行能直接控制的变量，例如上一节看到中央银行控制法定准备金率、调整贴现率和进行公开市场操作。操作目标是中央银行通过政策工具控制的变量，例如通过调整贴现率，影响商业银行从中央银行借入的准备金数量。这里，借入的准备金就是操作目标。中间目标是操作目标影响的经济变量，这些变量与最终的政策目标如经济增长率、通货膨胀率有较紧密的关系。例如，中央银行可以将货币数量或者市场利率作为中间目标。

不同国家会根据自己的经济情况，设计不同的货币政策执行程序。本节一般性地讨论什么因素决定了货币政策执行程序的选择。为了分析的简单起见，我们假设中央银行可以直接控制货币存量或者市场利率。问题是：中央银行在这二者之间应该如何选择？

一、对于货币存量和利率的控制

这里我们希望说明一个一般性观点：中央银行不能同时把利率和货币存量作为其可供自己选择的目标变量。这个观点的意思是，这两个变量是相互制约、彼此影响的，而不是独立的。

如图 9-4 所示，假设中央银行希望将利率定在 i^* 水平上，将货币供给量定在 M^* 水平上。中央银行需要面对 LL 所示的货币需求曲线。中央银行能够控制货币供给函数，但是不能移动货币需求函数。因此，中央银行只能沿着货币需求曲线确定利率和货币供给的组合点。在利率 i^*，只能有货币供给 $M_0/\bar{P}_0$；在目标货币供给 $M^*/\bar{P}_0$，只能有利率 i_0。因此，中央银行不能将这两个变量同时作为自己可以控制的目标变量。

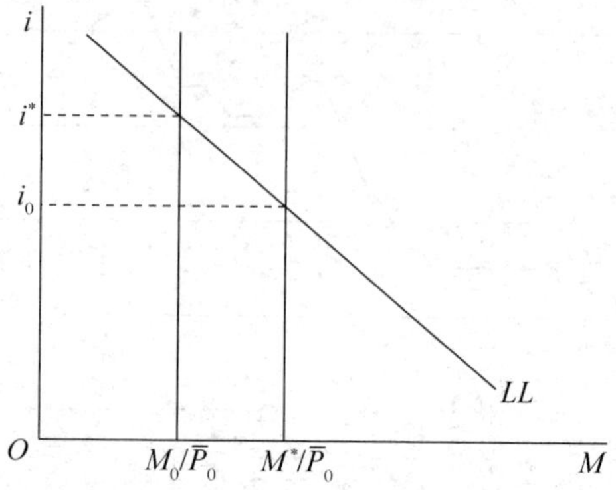

图 9-4　货币均衡

这个观点意味着，当一国中央银行将利率定在某个给定的水平，并且使其保持不变的时候，就无法控制货币供给量了。中央银行将供给所有需要的货币数量。如果中央银行不能同时独立达到货币存量目标和利率目标，应该选择哪个变量？

二、货币存量目标还是利率目标

这里假设，中央银行希望经济达到一个特定的产出水平，减少产出的波动性。假设 IS 和 LM 曲线如图 9-5 所示。这时候经济位于充分就业均衡点 E。

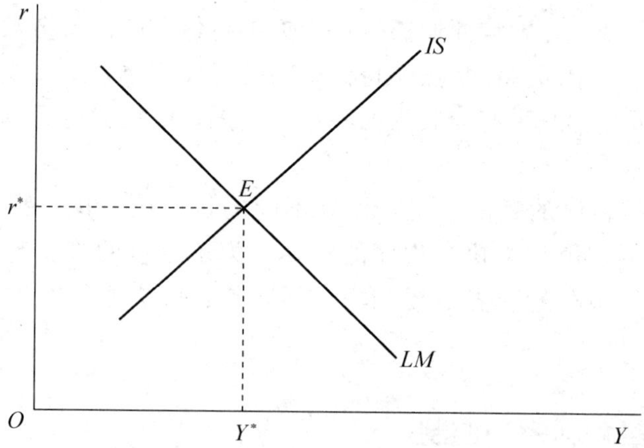

图 9-5　市场均衡

政策产生的问题在于 IS 和 LM 曲线的移动不可预测。当它们移动时，产出达到一个与充分就业水平不同的产量。首先分析因为某种原因，人们的货币需求曲线发生移动，即 LM 曲线移动的情况。这时，如图 9-6 所示，固定利率使得产出水平可以稳定在充分就业水平 r^*，而固定货币供给将会带来产出波动。这是因为在货币需求曲线移动之后，固定货币供给量将会引起利率变化，从而在 IS 曲线上引起投资量的变动，进而引起产出变动。此时固定利率的政策中和了货币需求的移动。

如果因为某种原因，例如自主消费和自主投资发生了变化，经济中的消费函数或者投资函数发生移动，那么如图 9-7 所示，固定货币存量就比固定利率更有效果。这是因为固定货币供给量中和了一部分产出的移动，而固定利率放大了这种移动的效果。

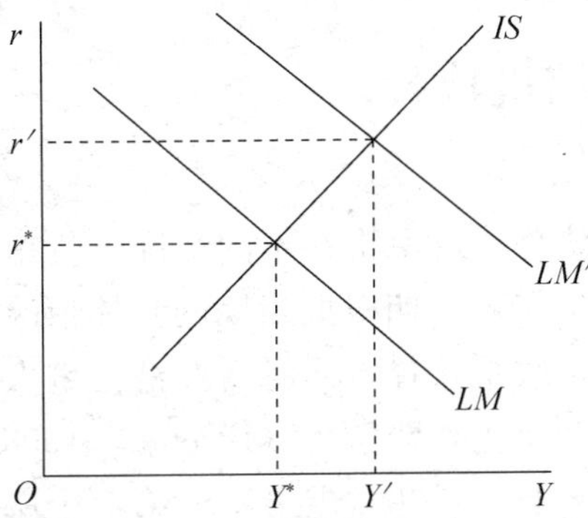

图 9-6 LM 曲线移动

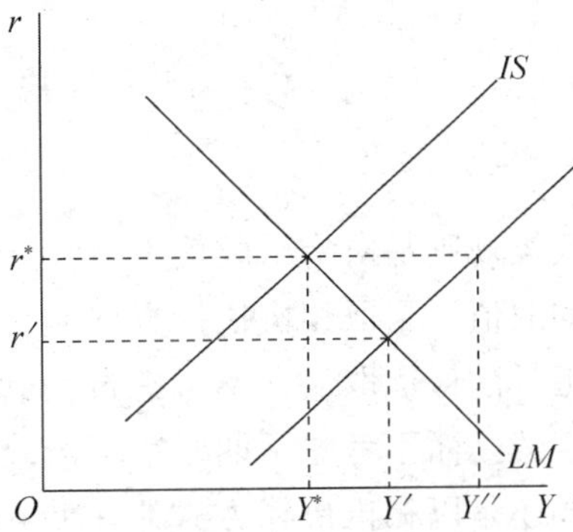

图 9-7 IS 曲线移动

总之，如果经济中的波动主要来自金融市场，那么就应该采取盯住利率的政策；如果经济中的波动主要来自产品市场，那么就应该采取盯住货币供给量的政策。随着 20 世纪后半期金融创新大量涌现，金融市场波动得越来越剧烈，这促使西方主要发达经济体采取了盯住利率的政策。

当然，利率并不是万能的工具。信用配给就使得利率是一种不可靠的货币政策指示器。当公众和企业不能以现行的利率想借多少就借多少的时候，就发生了信用配给。之所以发生信用配给，是因为贷款人担心愿意借款的人没有能力偿还。如果发生信用配给，利率就不能充分体现货币政策对投资和总需求的影响。

现在西方主要经济体的货币政策除了盯住利率以外，也关注非金融部门总债务的增长，即关注政府、家庭和非金融企业的债务增长率。因此，可以说目前中央银行也关注信用目标。我国中央银行从 2011 年开始公布社会融资总量作为货币政策的参考。近年来，我国金融总量快速扩张，金融结构多元发展，金融产品和融资工具不断创新，证券、保险类机构对实体经济的资金支持加大，商业银行表外业务对贷款表现出明显的替代效应。新增人民币贷款已不能完整反映金融与经济的关系，也不能全面反映实体经济的融资总量。社会融资总量是指一定时期内（每月、每季或每年）实体经济从金融体系获得的全部资金总额。这里的金融体系为整体金融的概念，从机构看，包括银行、证券、保险等金融机构；从市场看，包括信贷市场、债券市场、股票市场、保险市场以及中间业务市场等。社会融资总量的内涵主要体现在三个方面。一是金融机构通过资金运用对实体经济提供的全部资金支持，即金融机构资产的综合运用，主要包括人民币各项贷款、外币各项贷款、信托贷款、委托贷款、金融机构持有的企业债券、保险公司的赔偿和投资性房地产等。二是实体经济利用规范的金融工具在正规金融市场通过金融机构服务所获得的直接融资，主要包括银行承兑汇票、非金融企业股票筹资及企业债券的净发行等。三是其他融资，主要包括小额贷款公司贷款、贷款公司贷款、产业基金投资等。因此：

$$\text{社会融资总量}=\text{人民币各项贷款}+\text{外币各项贷款}+\text{委托贷款}+\text{信托贷款}+\text{企业债券}+\text{保险公司赔偿}+\text{保险公司投资性房地产}+\text{银行承兑汇票}+\text{非金融企业股票}+\text{其他}$$

第三节　规则还是相机抉择

货币政策规则是对货币政策工具设定的一个系统公式，说明在不同情况下货币政策工具变量的取值。采取相机抉择方式制定货币政策是在每一期根据当期的具体情况选择货币政策工具的最优取值，不考虑过去和未来的货币政策选择，同时将经济当事人的预期看成给定的，而不考虑预期根据货币政策的变化而变化。费希尔（Fischer，1990）将以规则方式还是以相机抉择方式制定货币政策的讨论区分为两个层次。① 第一个层次是在一般水平上讨论规则还是相机抉择的问题。这是在一般原理上讨论规则和相机抉择的相互优劣。第二个层次是讨论一些具体的例子。例如，货币供给应该以这种方式变动还是应该以另外一种方式变动。本节的讨论集中在第一个层次上。目前宏观经济学家普遍认为规则好于相机抉择，这是因为如下两个原因。②

一、规则作为管理期望的手段

采取规则的形式执行货币政策有利于社会公众理解货币政策，从而有利于中央银行“管理”社会公众的预期，从而使得货币政策执行更加有效。

自从经济学中的“理性预期”革命以后，经济当事人的预期成为内生变量。最优化模型中的经济当事人都是前瞻性的（forward looking），他们对于未来市场条件的预期成为当前行为的重要决定因素。金（King，2000）在总结现阶段宏观经济学分析基本框架的时候提出目前对于宏观经济的理解可以利用三个方程来概括。③ 首先是前瞻性的 IS 曲线：

$$y_t=E_t y_{t+1}-s(r_t-r)+x_{dt}$$

当前的真实支出 y_t 依赖于期望的未来真实支出水平 $E_t y_{t+1}$ 和真实利率 r_t。同时方程包括一个总需求冲击 x_{dt}。在给定内生变量 $E_t y_{t+1}$ 和 r_t 后，正向冲击提高真实支出水平。正参数 s 表示了利率对于真实支出的影响程度。正参数 r 代表了在没有产出增长趋势和需求冲击条件下的均衡利率。其次是费雪方程：

① Fisher，S.（1990）. “Rules Versus Discretion in Monetary Policy，” in B. M. Friedman，and F. H. Hahn，eds.，*Handbook of Monetary Economics*，Amsterdam：Elsevier North-Holland.

② 进一步的分析可以参考 Woodford，Michael（2003）. *Interest and Prices：Foundations of a Theory of Monetary Policy*，Princeton：Princeton University Press.

③ King，Robert G.（2000）. “The New IS-LM Model：Language，Logic，and Limits，” *Federal Reserve Bank of Richmond Economic Quarterly*，Vol. 86-3：45-103.

$$R_t = r_t + E_t\pi_{t+1}$$

它表示名义利率 R_t 等于真实利率 r_t 和预期通货膨胀率 $E_t\pi_{t+1}$ 之和。最后是期望菲利普斯曲线：

$$\pi_t = \beta E_t\pi_{t+1} + \varphi(y_t - \bar{Y}_t) + x_{\pi t}$$

它表示当前的通货膨胀率 π_t 依赖于预期的未来通货膨胀率 $E_t\pi_{t+1}$、当前产出 y_t 与自然率产出 $\bar{Y}_t$ 的缺口和通货膨胀冲击 $x_{\pi t}$。要进行货币政策分析，只需要添加表示货币政策的货币政策工具变量的时间路径，就可以结合上述三个方程获得产出、利率和通货膨胀的时间路径。不难看出，在这样一个具有代表性的系统中，当事人对于未来产出和通货膨胀率的预期在模型中起到了十分关键的作用。

同时，在实践中，各主要国家的中央银行都在力图减少对于通过金融市场和金融中介机构开展的资金流动进行直接干预。这一方面是因为金融创新已经使金融系统变得十分复杂，直接的干预很难再取得有效的成果；另一方面是因为这种直接干预必然会改变各个经济部门使用资金的相对成本，继而干扰资金的流向，降低资源配置效率。各国的中央银行大多通过公开市场业务控制某些短期利率。不过，短期利率仅仅代表了短期内的借贷成本，它的变动对于人们的支出水平影响不是很大。例如，美联储主要控制了隔夜市场的利率水平。这样的利率只是表示了一个晚上的借贷成本，而对于普通人的消费决策和投资决策没有很大的影响。中央银行要通过控制短期利率来影响总支出，其行动的效果在很大程度上依赖于这些行动对于其他金融市场价格例如长期利率和股票价格的影响。在一定程度上，这些价格可以通过利率期限结构和套利条件与当期的短期利率水平发生联系。不过，在更大的程度上，是人们对于未来一段时间的短期利率水平的预期决定了这些变量的水平。这在利率期限结构理论中表现得很明显。

因此，理论和实践两方面都说明，货币政策的有效性在很大程度上取决于经济当事人对于未来市场条件的期望。经济当事人获得更多的关于中央银行政策意图和行动的信息就会帮助他们更好地预测未来的市场条件，从而可以配合中央银行的行动，提高货币政策的效果。在某种程度上，通过人们的预期，市场可以起到中央银行的作用。如果人们了解了中央银行的意图，就会根据这些信息来预测市场条件，从而改变一些金融资产的价格，并改变真实支出水平，中央银行仅仅需要根据自己的意图进行轻微的调整，从而减少市场的波动性。如果人们没有这些预期，中央银行进行大幅度的短期利率调整可能也无法改变市场中的长期利率和股票价格水平。因此，增加中央银行决策过程的透明性可以更好地管理经济当事人的预期，从而提高货币政策的执行效果。

一个最容易想到的增加中央银行决策透明性的方法是发布大量公告，详细解释中央银行在制定政策过程中的种种考虑。不过，这并不是最有效的方式。从上面的论述不难看出，塑造预期最有效的方式是让公众了解中央银行在未来的行动规则，从而可以知道其在未来的行动，而不是详细了解为什么在当前这个阶段采取这个行动。根本一点是使中央银行的行动具有可预测性，这样更有利于公众的合作。

为了达到这一点，一个有效的方式就是采取货币规则的形式。货币规则就是中央银行的一个行动策略，即根据信息做出系统性的反应。这类似于交通规则。交通规则要求

“红灯停、绿灯行”。这就表示当红色信号灯亮起的时候，行人和机动车都需要停下来；当绿色信号灯亮起的时候，行人和机动车都可以继续前进。这就是根据信号灯的信息做出系统性的反应。所谓系统性，就是保持一贯性。若红灯亮起时有的时候采取停止的行动，有的时候采取通过的行动，那么这就不是系统性的反应。公众了解了这个货币政策规则以后，就会根据目前的信息推测中央银行的反应。中央银行要做的就是以出版物的形式说明当前的政策是通过把这个系统性的规则应用于当前的特殊情况而获得的，并说明中央银行对于未来市场条件的预测。这样，公众就可以将这个规则应用到这些信息上，推测中央银行的行为。

总之，采取货币规则的形式可以使公众更好地预测中央银行的行为，从而管理公众对于未来市场条件的预期，进而增强货币政策的有效性。

二、避免通货膨胀偏差

中央银行具有一个关于自身经济系统的合理模型并用其设计货币政策，同时公众正确地预期到了中央银行的行为，这一切并不能保证这项政策获得良好的效果。基德兰德和普雷斯科特（Kydland and Prescott，1977）首先指出了这一点。① 其原因是前面提到的盲目使用最优控制技术。正如前面所说的，最优控制技术适用的条件是系统的状态根据控制者的行为机械式地演化，也就是说，如果知道了系统的当前状态和控制变量的行为，那么可以精确地预测系统在下一个时期的状态。而我们已经知道在货币系统中，货币政策的结果不仅取决于货币政策工具变量的历史，还依赖于经济当事人对于未来政策的预期。由于在利用最优控制获取“最优”的货币政策工具路径的时候需要将当事人的预期看成是给定的，所以就没有考虑预期随着货币政策工具本身的变化而变化，从而导致通货膨胀偏差的产生。这是动态不一致性在货币政策设计领域的应用。所谓动态不一致性就是利用当前信息设计的关于控制变量的最优路径在未来的时刻看来不是最优的。这里利用费希尔（Fisher，1986）的讨论说明这个问题。②

为了分析货币政策效果，首先需要说明政策的目标函数。假设中央银行的单期损失函数为：

$$L=a\pi^2+(y-ky^*)^2,\quad a>0,\ k>1$$

其中 π 和 y 分别表示通货膨胀率和真实产出，y^* 表示自然率产出。这是一个二次损失函数，通货膨胀和产出缺口都会给政策制定者带来损失。这里要注意的是，真实产出的目标值为 ky^*，同时，在这里的参数条件下，这个目标值高于自然率产出。对于这样的真实产出目标，理论界提供了一些解释。首先，由于工资税等原因，劳动市场会产生一些扭曲，从而经济的效率降低，均衡产出下降。为了弥补这个损失，需要提高产出目标才能改善社会福利。另一个原因来自经济中具有垄断势力的部门。垄断会带来产出的效率

---

① Kydland, F. E. and E. C. Prescott (1977). “Rules Rather than Discretion: The Inconsistency of Optimal Plans,” *Journal of Political Economy*, Vol. 85, pp. 473-491.

② Fisher, S. (1986). “Time Consistent Monetary and Fiscal Policy: A Survey,” Mimeo.

降低。对于这个问题的最有效的解决方式是消除垄断，不过，这在许多情况下是不可行的。一个次优解是利用高产出目标来弥补这部分损失。第三个原因来自政治压力。在西方国家中，政党为了在竞选中能够多拉选票，就会尽量提高产出水平，增加就业。

有了目标函数后，下面需要说明经济体系的结构方程。假设经济中的期望菲利普斯曲线为 $y=y^*+b(\pi-\pi^e)$。这表明当期产出等于自然率产出与未预期到的通货膨胀的产出效果之和。参数 b 表示一单位未预期到的通货膨胀率 $\pi-\pi^e$ 会带来几个单位的产出变动。这是一个正数，表示短期总供给曲线向右上方倾斜。

为了分析的简便，假设通货膨胀率是中央银行的货币政策工具，也就是中央银行可以直接控制通货膨胀率。这在实践中是不准确的，不过不会影响问题的实质（Walsh，2003）。下面我们讨论中央银行采用相机抉择的方式制定货币政策，也就是中央银行以菲利普斯曲线为约束条件，将经济当事人的通货膨胀预期看成是给定的，求使得损失函数最小的通货膨胀率。

将约束条件代入目标函数，这个最优化问题的一阶条件为：

$$2a\pi+2b^2(\pi-\pi^e)+2(1-k)by^*=0$$

这样，就可以获得相机抉择条件下的最优通货膨胀率为：

$$\pi=(a+b^2)^{-1}b[(k-1)y^*+b\pi^e]$$

在理性预期条件下，公众可以准确预测到中央银行制定的通货膨胀率，所以实际发生的通货膨胀率为：

$$\pi_d=a^{-1}b(k-1)y^*$$

这个通货膨胀率随着参数 b 的增大而增大。这是因为参数 b 反映了通货膨胀提高的收益。由于目标产出高于自然率产出，所以，中央银行有动力提高真实产出。在中央银行将公众的预期通货膨胀率看成给定的条件下，通货膨胀率每提高一个百分点，产出就会比自然率产出提高 b 个百分点。同时，相机抉择条件下的均衡通货膨胀率与参数 a 反向变化。这是因为参数 a 反映了通货膨胀率提高带来的损失。这是由中央银行的损失函数所反映的。

相机抉择条件下的均衡通货膨胀率意味着中央银行的损失为：

$$L_d=(k-1)^2y^{*2}(1+a^{-1}b^2)$$

这个损失完全可以通过遵循货币政策规则来降低。例如，假设中央银行遵循通货膨胀率为零的货币规则，那么经济的产出等于自然率产出。损失值为 $(k-1)^2y^{*2}$。这样，在相机抉择条件下产生了正的通货膨胀率，而这是无效率的。那么，这种情况为什么会发生呢?

发生通货膨胀率偏差的根本原因在于，采用相机抉择的方式制定货币政策时将经济当事人的预期看成是固定的。这样，中央银行就有激励提高通货膨胀率，从而提高产出，通过产出和通货膨胀率在目标函数中的替代关系降低损失值。然而，公众的预期并不是固定不变的参数，在中央银行提高通货膨胀率后，人们的预期也会随之上升。这样，在中央银行进行下一期决策的时候就不得不面对更高的通货膨胀率预期。因此，中央银行在每一期需要解决的决策问题都不同，动态不一致性就产生了。在这个中央银行与公众的博弈中，一个理性预期均衡就是上面提到的中央银行和公众都选择通货膨胀率 π_d。而如果中央银行采取规则的形式，那么公众就可以根据中央银行选择的通货膨胀率选择自己的预期，从而使得产出保持在自然率水平。由于产出一定会保持在自然率水平上，因而中央银行的最优选择就是零通货膨胀率，从而遭受最小的损失。因此，货币政策规则实际上包含了未来市场条件的时间路径，从而，可以帮助人们形成对于未来稳定的预期，减少损失值。在本节的例子中，这个市场条件就是在每一时期坚持零通货膨胀率。

总之，由于可以更好地管理经济当事人的预期和消除利用最优控制技术获得货币政策时产生的问题，采取货币规则的形式制定货币政策优于采取相机抉择的方式制定货币政策。同时，在实践中，目前各主要国家也都采取了规则的形式制定货币政策，例如目前流行的通货膨胀目标规则，并取得了较好的效果（Woodford，2003a）。

第四节　货币政策和财政政策相互作用

一、货币政策反应函数

无论是确定货币供给还是设定利率，中央银行的最终目的都是保持稳定的较低通货膨胀率和较小的实际 GDP 波动。世界各国中央银行都有一个目标通货膨胀率，例如，2011 年我国的目标通货膨胀率为 4%。中央银行希望实际的通货膨胀率围绕目标通货膨胀率波动，并且波动幅度越小越好。目前，在西方主要经济体中，通货膨胀目标制越来越被中央银行家所接受。同时，中央银行同样关注实际 GDP 和失业的波动。在长期中，潜在 GDP 和自然失业率与货币政策关系非常微弱，但是，在短期内，货币政策对于 GDP 和失业率有实际效果。因此，中央银行也希望将经济周期的波动维持在较低的水平，将现实中的 GDP 与潜在 GDP 之间的差距维持得尽可能小。令 $\hat{Y}$ 表示现实中的 GDP 与潜在 GDP 偏离的百分比。中央银行希望 $\hat{Y}$ 尽可能接近零。

那么，中央银行为了实现通货膨胀和稳定产出的长期目标，应该如何设定货币供给或者设定利率？采取规则的方式制定货币政策越来越为宏观经济学家所接受。上一节讨论了为什么采用规则，这里我们考察一个常用的具体的货币政策规则。一个政策规则就是描述中央银行如何根据经济变量相应地设定货币供给或者利率的函数。最常见的中央银行设定利率的货币政策规则是泰勒规则，例如：

$$R=\pi+\beta\hat{Y}+\delta(\pi-\pi^*)+R^f$$

其中 R 表示央行设定的短期利率。参数 β 和 δ 都大于零，表示当实际 GDP 或者通货膨胀率变化时，中央银行的利率 R 设定将发生多大的变化。变量 $\hat{Y}$ 表示现实中的 GDP 与潜在 GDP 偏离的百分比，π^* 表示目标通货膨胀率，π 表示通货膨胀率，R^f 表示长期均衡实际利率。①

① 这个水平值可以用索洛模型中的稳态实际利率代表。

假定 $\beta=0.5$，$\delta=0.5$，$\pi^*=0.02$，$R^f=0.02$。货币政策规则为：

$$R=\pi+0.5\hat{Y}+0.5(\pi-\pi^*)+0.02$$

这样，如果现实中的GDP超过潜在GDP 1个百分点，货币政策规则表明中央银行会将短期利率提高0.5%。反之，如果现实中的GDP低于潜在GDP，中央银行将根据规则降低利率。如果通货膨胀率上升1个百分点，那么中央银行将提高利率1.5个百分点。这里，中央银行提高利率水平的幅度超过通货膨胀率的变动的原因是，当通货膨胀率上升时，中央银行试图提高实际利率给经济降温，并降低通货膨胀压力。

从前面的例子中看出，设定利率似乎是一个很简单的事情。不过，在现实中，设定利率的困难之一是实际利率会发生变化。如果中央银行不随着这一变化而调整利率设定，那么就会对通货膨胀率和实际GDP造成负面影响。实际利率发生变动的一个重要原因是财政政策的变动。根据关于经济增长的分析，政府预算赤字下降会降低实际利率。这时，货币政策需要考虑到财政政策的作用，如果不改变政策规则，就可能设定一个过高的利率。

二、货币政策与财政政策的相互作用

图9-8显示了利率和通货膨胀率之间的关系。纵坐标为名义利率，横坐标为通货膨胀率。货币政策规则曲线表示，当通货膨胀率超过目标通货膨胀率的时候，需要提高利率。虚线表示的45°线是给定实际利率下的费雪方程，即名义利率和实际利率的关系。虚线表示的实际利率为2%。在 A 点，经济处于均衡状态，实际利率等于长期均衡值，通货膨胀位于2%的水平上。

假设因为财政政策的变动，均衡的实际利率下降了1个百分点，即沿着45°虚线从2%下降到1%（见图9-9）。如果货币政策规则不随之改变，实际利率线的左移将导致通货膨胀率下降到 B 点。此时，通货膨胀率偏离了我们的目标。因此，政策规则线也需要同时右移1个百分点。在这种情况下，均衡点在 C 点，依然保持在2%的通货膨胀目标水平上。因此，中央银行需要关注财政政策对于经济的影响，从而调整货币政策规则曲线。

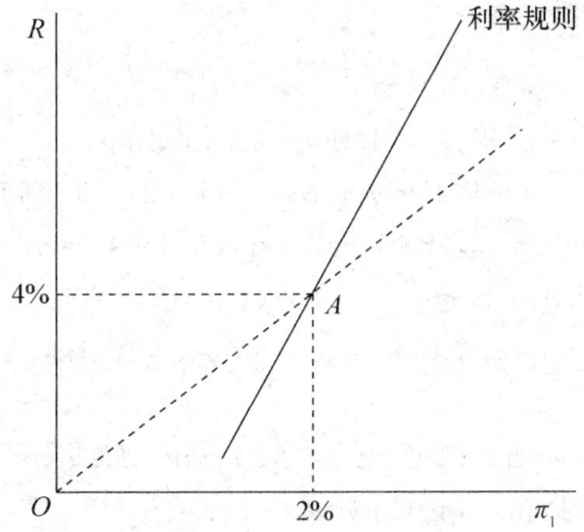

图9-8 利率规则

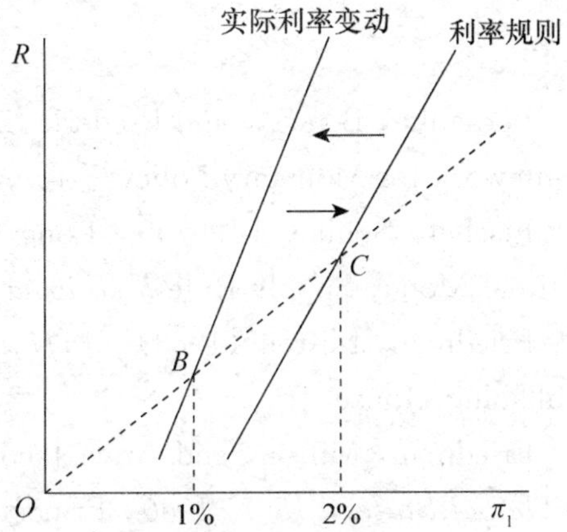

图9-9 利率规则移动

思考与练习

1. 假定经济模型如下所示，其中价格水平固定为 1.0：

$C=0.8(Y-T)$

$T=1\ 000$

$I=800-20r$

$G=1\ 000$

$Y=C+I+G$

$M^s/P=M^d/P=0.4Y-40r$

$M^s=1\ 200$

假定 M^s（货币供给）增加 200，在短期均衡中 Y 会增加多少？货币供给乘数（Y 的变化量除以 M^s 的变化量）是多少？

2. 两个相同的国家 α 和 β 在短期中均可以用 IS—LM 模型来描述。两个国家的政府对税收减征同样的量，α 的央行遵循保持货币供给不变的政策，β 的央行遵循保持利率不变的政策。比较 α 和 β 两国税收的减少对收入和利率的影响。

3. 假设经济最初处于自然失业率状态。

a. 用菲利普斯曲线绘图说明对于未预期到的扩张性货币政策，通货膨胀率和失业率在短期和长期分别是如何变化的。

b. 用菲利普斯曲线绘图说明当人们有理性预期时，对于宣布的可靠的扩张性货币政策，通货膨胀率和失业率在短期和长期分别是如何变化的。

4. 在 2007 年全球金融危机之后，部分国家中央银行开始对超额准备金支付利息，请问这将如何影响货币供给？

参考文献

Bernanke, Ben S., and Frederic S. Mishkin (1997). “Inflation Targeting: A New Framework for Monetary Policy?” *Journal of Economic Perspectives*, 11 (2): 97-116.

Fischer, Stanley (1997). “Long-Term Contracts, Rational Expectations, and the Optimal Money Supply Rule,” *Journal of Political Economy*, 85 (1): 191-205.

Friedman, Milton (1963). *Inflation: Causes and Consequences*, New York: Asia Publishing House.

Friedman, Milton, and Anna Jacobson Schwartz (1963). *A Monetary History of the United States, 1867-1960*, Princeton, NJ: Princeton University Press.

McCallum, Bennett T. (1981). “Price Level Determinacy with an Interest Rate Policy Rule and Rational Expectations,” *Journal of Monetary Economics*, 8 (3): 319-29.

Stokey, Nancy L. (2003). "'Rules vs. Discretion' after Twenty-Five Years," in *NBER Macroeconomics Annual* 2002, Vol. 17, edited by Mark Gertler and Kenneth Rogoff; specifically the "Discussion" of the paper on pp. 62-64.

Taylor, John B. (1993). "Discretion versus Policy Rules in Practice," *Carnegie-Rochester Conference Series on Public Policy*, 39 (1): 195-214.

Woodford, Michael (2003). *Interest and Prices: Foundations of a Theory of Monetary Policy*, Princeton: Princeton University Press.

第 10 章

第三种宏观政策之宏观审慎监管

在 2007 年次贷危机之后，国际学术界对宏观政策体系进行反思，认为传统的货币政策和财政政策在目前的金融体系下，无法有效地阻止系统性金融风险的发生，甚至有可能放大金融风险。因此，前面章节所讲的传统的货币政策和财政政策就不能有效地避免金融危机和经济危机。在这种情况下，学术界提出需要利用宏观审慎监管政策来补充货币政策和财政政策，从而形成宏观政策的三元体系。本章的主要目的是介绍目前学术界对宏观审慎政策的一些思考。由于这种政策提出的时间尚短，很多内容还没有形成比较统一的认识，因此，本章是对宏观审慎监管的初步介绍，很多内容以后可能会发生变化。

本章第一节介绍宏观审慎监管的相关概念和理论。宏观审慎监管是从微观审慎监管中发展而来的，是对微观审慎监管的替代。第一节主要对这两个概念进行讨论，然后通过一些基本模型说明为什么需要宏观审慎监管，需要什么样的宏观审慎监管。第二节在第一节的基础上，说明现实中可以采用的宏观审慎监管政策。

第一节　相关概念和理论

许多观察家认为，2007 年开始的金融危机之前的监管框架是有缺陷的，因为其在本质上主要是“微观审慎”（Crockett，2000；Borio，Furfine，and Lowe，2001；Borio，2003；Kashyap and Stein，2004；Kashyap，Rajan，and Stein，2008；Brunnermeier，Crockett，Goodhart，Persaud，and Shin，2009；Bank of England，2009；French et al.，2010）。微观审慎思路中的监管是局部均衡的概念，目的是组织单个金融机构成本高昂的破产。与之相反，“宏观审慎”思路认识到一般均衡效应的重要性，寻求保卫整个金融系统。在这次危机之后，在理论界和政策制定者之间似乎达成了一个共识，金融监管需要向宏观审慎方向转变。例如，美联储前主席伯南克（Bernanke，2008）指出：

对于监管者而言，一个重要的问题是什么是他们合适的视野。在我们当前安全和稳健的监管系统下，监管者（supervisors）经常孤立地关注某个金融机构的财务状况。另一种不同的方法，称为系统性或者宏观审慎监管，拓宽了政策制定者和监管者（regulators and supervisors）的任务，包括考虑潜在的系统性风险和脆弱性。

一、微观审慎监管

对银行传统的微观审慎监管基于下列逻辑。银行利用具有政府保险的存款来融资。虽然存款保险具有阻止挤兑的效果，但它也创造了银行管理者承担超额风险的动机，因为它们知道损失将由纳税人承担。资本监管的目的是强迫银行内部化损失，因而可以裱糊存款保险资金，减轻道德风险。因此，如果存款保险人承担损失的概率降到足够低的水平，则微观审慎监管就完成了它的任务。

具体来说，考虑一个拥有 100 元资产的银行，融资方式是有保险的存款和一定量的资本。假设监管者能够每个季度考核一次银行。进一步假设银行资产的波动性是一个季度内以 0.5%的概率资产价值下降 6%。如果政策目标是降低银行破产（资本耗尽，发生了存款保险基金损失）的概率，则通过要求银行持有等于资产的 6%的资本金进行损失缓冲，就可以达到这个目的。可以注意到在这个设定中，资本缓冲的结构并不重要，可以是普通股、优先股或者次级债，只要这些工具不是明确或者隐含保险的就可以，也就是说，只要这些资产在坏的情形下会遭受损失就可以。

现有资本监管的一个重要要素是假设银行会迅速采取措施恢复损失情形下的资本比率。回到我们的例子，假设银行初始资本为 6 元，但是在下一个季度损失了 2 元，因此资本降到了 4 元。如果资产波动性不变，为了将接下来一个季度的破产可能性维持在 0.5%，需要将资本比率变回到 6%。这可以通过下列两种方法完成：到市场募集 2 元资本，或者保持资本不变，将资产收缩到 66.7 元(4/66.7=6%)。

对于微观审慎监管的批评可以理解如下。当一个微观审慎导向的监管者推动一个深陷麻烦的银行恢复其资本比率的时候，这个监管者不在乎是通过调整分子还是分母来完成这个任务，也就是说，不在乎是通过募集新资本还是削减资产。无论通过哪种方式，银行破产的概率都回到了可以容忍的水平，这才是微观审慎管理者关心的全部内容。

如果我们仅仅考虑一个由于个体原因而陷入麻烦的单一银行，这种无差异的方法是有意义的。如果银行选择收缩资产，可能是通过削减贷款，则其他银行会填补这个空缺。实际上，这个案例里面的资产收缩是一个健康的达尔文过程的一部分，市场份额从弱的机构转移给更加强的机构。不过，如果一大批金融机构都陷入困难，那么这些机构同时削减资产就可能对经济产生损害。

二、宏观审慎监管

利用简洁的术语，可以将金融监管的宏观审慎监管思路概括为当多家金融机构遭遇一个共同的冲击时，努力控制由这个原因导致的资产负债表超额收缩所伴随的社会成本。

为了给宏观审慎监管提供一个有竞争力的环境，必须回答两个问题。第一，当许多金融机构同时收缩资产的时候，对社会会产生什么成本？第二，为什么单个企业不能内部化这些成本？也就是说，为什么它们在遇到坏的冲击时所采取的措施不是募集新的资本，而是削减资产？或者换一种说法，为什么它们不事先构建足够大的缓冲资本，以保证它们可以抵御冲击，从而不需要募集资本或者削减资产？

广义的资产削减有两个主要成本——信贷紧缩效应和火线销售效应。如果银行通过削减新的贷款的方式缩减资产，运营的企业就会发现信贷更为昂贵了，从而减少投资和劳动力雇佣量，对经济产生收缩效应。如果大量的银行通过处理相同的非流动性证券（想一下有毒的资产抵押证券）来缩减资产，这些证券的价格就会大幅下降，出现施莱费尔和维什尼描述的"火线销售"。更进一步，火线销售效应和信贷紧缩效应是紧密联系的(Diamond and Rajan，2009；Shleifer and Vishny，2010；Stein，2010a)。如果有毒的资金抵押证券价格下降到可以为潜在的购买者提供 20%的回报率（风险调整之后的），这将会使新贷款的收益率达到 20%，因为从中介的观点来看，它们既可以选择发放新的贷款，也可以购买压力之下的证券，这两种资产的期望回报率会相等。换句话说，在市场均衡的时候，火线销售的真实成本通过进一步深化信贷紧缩来展现。艾娃施娜和沙尔夫斯泰因（Ivashina and Scharfstein，2010）提供了在最近的危机中贷款收缩程度的证据。

当然，为了创造一个需要监管的环境，我们不得不解释为什么金融部门内部 20%的回报率——远远高于外部的回报率，例如国债回报率——不会吸引足够多的私人资本消除回报率差。一旦危机开始，资本非流动性的一个原因就是迈尔斯（Myers，1977）识别的债务悬置问题。一旦一家银行陷入麻烦，其债务价值就会损失，这家银行就不愿意募集新的资本来为投资融资，即使这些投资具有正的净现值。这是因为其所创造的盈利将被更多的次级债务所有者拿去。给定这个问题，按照股东利益行事的银行倾向于通过缩减资产而不是募集资本来修复受损的资本比率，即使后者从社会的角度看更好。

如果是这样，为什么银行不在好的时候积累足够多的缓冲资本呢？此时债务悬置不是一个问题，因此，它们能在坏的时候吸收损失，而不会导致缩减资产或者在压力下募集新的资本。毕竟，这样的策略将允许它们在危机到来的时候抓住获利空间。斯坦（Stein，2010a）对这个问题进行了考虑，他扩展了火线销售模型来考虑银行对于资本结构的初始选择。他表明，如果短期债务是比股票便宜的一种融资方式，银行倾向于持有超出社会最优水平的债务：虽然银行获得了便宜融资的好处，但它们不会内部化其所有成本。具体来说，当银行 A 持有更多的债务时，它不考虑如下事实：通过这个做法，它降低了和银行 B 持有的相同资产的抵押价值——因为在危机发生的时候，A 火线销售这些资产降低了 B 变现这些资产的价值。

总之，一个基于火线销售和信贷紧缩的模型表明金融机构有如下很强的动机：(1) 一旦危机发生，缩减资产而不是再资本化；(2) 以稀薄的资本缓冲来运营，这导致了最终发生危机和系统性资产负债表缩减的可能性提高。因此，资本监管的宏观审慎思路需要针对这两个倾向进行反制。将这些记在心中后，我们将在下一节考虑宏观审慎工具箱的具体内容。

不过，在这之前，我们需要强调的是，与传统观点形成鲜明对比的是，这套理论不依赖于存款保险。换句话说，在基于火线销售的危机模型中，即使不存在政府的存款保险，也存在超出社会最优的资产负债表收缩和监管的依据。这意味着在宏观审慎监管中有一个很强的假设，即宏观审慎监管不仅仅适用于被保险的存款接受者。更加一般的观点是，监管者需要关注所有渠道，通过这些渠道，金融机构——被保险的和没有被保险的——可能引起损失。

三、一个研究宏观审慎工具的一般均衡框架

为了探索火线销售的含义，我们需要一个模型。因为没有一个标准模型能够同时理性化标准的资本监管工具和流动性要求，更不用说涵盖火线销售的可能性，所以这个工作具有很大的挑战性。幸运的是，古德哈特等（Goodhart，Tsomocos and Vardoulakis，2010）和古德哈特等（Goodhart，Osorio and Tsomocos，2010）的工作包含了分析这些问题所需要的基本模块。我们将讨论如何组织这些模块来分析上述问题。给定所有这些要素，一个完整的模型将会相当复杂。因此，本书不是依赖于当前的各种具体研究，而是综合了这类模型的主要部件，探讨这种方法对于宏观审慎监管的含义。幸运的是，将这些部件组合到一起的直觉和相互作用方式相对清晰。

（一）基本设定

这些模型包括六个主要的主体：三类家庭、两类金融机构和一个被动的中央银行。我们需要异质性以产生交易和风险承担的动机与收益。有两种资产提供效用：住房（耐用品）和土豆（非耐用品）。主要的直觉可以体现在两期内：第一期发生交易，第二期存在着不确定性。但是，未来的发展方向是一个完全的世代交叠模型，允许更好地考察不同冲击的动态效果。

第一类家庭（R）禀赋充裕，拥有住房，在两期都运行。第二类家庭（P）仅仅拥有土豆，在两期都运行。第三类家庭（F）仅仅在第二期进入市场，禀赋是土豆；运行这种家庭的原因在后面说明。

禀赋的差异激发了交易。R 家庭需要销售房屋来为土豆的消费融资，P 家庭需要借款来买房子。在最初的时期，P 和 R 的交易仅仅是因为禀赋差异，不会产生错误。

在第二个时期存在少量的不确定性，一个好的结果是房价上升，一个坏的结果是房价下降。房价下降的状态很少，但是为研究危机提供了一个简单的方式。

新家庭 F 在第二期出现是因为如果家庭的种类不变，房屋贷款的违约就不存在实际意义，原因在于，违约的借款者将会在结束后再次拥有房屋。因此，如果不存在另一类买者，分析将不会太有趣。

金融系统包括一家银行和一家非银行金融机构（N），这两家机构都是风险规避的。银行相对来说具有较高的资本和较强的风险规避动机。风险规避意味着导致违约的其他摩擦都是不令人欢迎的，金融机构有动机规避这些摩擦。

银行进行所有的家庭关心的借贷和存款发行行为。银行发放两种贷款。一种是提供给贫困家庭的长期贷款，用来购买房屋。另一种是提供给富裕家庭的短期过桥贷款，用

来购买消费品，提供这种贷款是因为在购买消费品和获得销售房屋收入之间存在时间错配。在一些模型的变体中，允许银行在持有长期贷款和进行贷款证券化之间做出选择。银行面临着账面上存续贷款的资本金要求，风险权重依赖于贷款的期望风险。银行也可以投资现金，这不会提供收益，但是提供了在房价下跌时多样化的好处。

银行利用富裕家庭的长期存款和中央银行借款来进行融资。中央银行为商业银行提供不可能违约的短期债务。这是一个简化假定，即这种融资的供给者被认为将会缩短贷款的期限从而在风险凸显的时候保证贷款的归还。更加一般地来看，中央银行表示作为这个经济潜在融资源泉的其他金融系统。

有很多种方式来表示影子银行和非银行金融机构持有的资产。一种方式假设非银行金融机构是纯粹的投机者。在这种情况下，它们购买有关房屋的衍生证券，比如从商业银行购买担保债务凭证（CDO），其中 CDO 的支付依赖于房价。银行愿意加入其中是因为销售 CDO 能够部分降低房价下跌的风险。

另一种方式假设非银行金融机构购买银行部门证券化的贷款。在这种情况下，影子银行直接卷入家庭信贷的扩张。可以通过允许影子银行同时具有购买衍生品和证券化的贷款的权力使得环境更加复杂。给定非银行金融机构的资产负债选择，产生了对下面描述的监管方式的有趣的替代反应。

在所有上述非银行金融机构投资选择的方式下，它们都通过与银行的回购协议进行融资。这种融资安排保证非银行金融机构的损失影响银行，最终反馈给家庭。

（二）一般结果

在这个框架下家庭的选择相当简单。R 家庭销售富余的房屋给 P 家庭。P 家庭购买房屋的能力依赖于从金融部门获得贷款的能力。因此，这个环境导致的数量结果依赖于非银行金融机构是否购买证券化的贷款，这样做直接扩张了金融系统的放贷能力。不过，在本质上，这两种结果是类似的。

当非银行金融机构购买证券化的贷款时，其高风险承担意愿导致银行大幅度进行证券化。银行将会从中央银行以较低的成本融资，然后利用这些融资扩张房贷，并将这些房贷证券化之后销售给非银行金融机构。限制这个趋势的重要考虑是回购协议的违约风险。银行会对短期过桥贷款和更有风险的长期贷款进行权衡。

如果影子银行仅仅购买衍生债券，这个力量很弱。在这种情况下，银行销售 CDO 给非银行金融机构，这为银行提供了对冲，使得银行进一步扩张房贷。

在本质上，银行使得三种贷款：房贷、过桥贷款和回购协议（这有效地使银行间贷款证券化）的边际收益相等。房贷和过桥贷款通过存款和资本的组合来融资（其中过桥贷款比房贷需要的资本更少）。可以通过引入管制改变这些权衡。

在第二期存在两种状态。模型参数和禀赋的设定使得房价更可能上升，从而没有违约。在其他情况下，房价下降，所有金融不稳定的源泉都出现了。

在这个模型中市场是不完全的，R 家庭和 P 家庭在第一期没有完整的债券可以交易来对冲第二期的风险。这意味着当违约发生时，将会存在非效率。作为一个简化，任何一家发生违约的机构都会存在名声成本，这个成本是在做出违约决策的时候需要考虑的。

在危机的状态中，房屋所有者对抵押贷款违约。当违约发生时，附属在房屋上的资产价值下降，流向非银行金融机构的现金流下降。这导致非银行金融机构对回购协议违约，将抵押品归还给银行。

随着银行间的违约，存在三种可能的溢出效应。第一，银行的损失使它减少对家庭的贷款。因为银行需要用一些股权来弥补抵押贷款的损失，所以会减少贷款。因此，需要正常融资的家庭（信用风险不变）将会发现借款成本变化了。这种贷款供给量的减少可以被称为信贷紧缩。

第二，银行间市场的违约给银行留下了违约导致的抵押品。这些损失可能导致银行对长期存款进行部分违约。银行在违约时承担了违约成本，但存款者不得不削减消费。这意味着因为银行系统的问题，一些没有对任何负债违约的家庭遭受了损失。

另外，当银行在销售其所拥有的房屋时，房价会依赖于愿意购买房屋的消费者的土豆数量（如果没有违约，在所有时期土豆的总供给量都和房屋价格有关）。这意味着土豆的价格会上升，富裕的家庭只能购买更少的土豆。不过，这种相对价格的变化是一个稳健的结果，是任何模型中房价下降的结果。

第三，在银行间市场违约之后，银行为了偿付存款不得不销售其他资产。如果它们销售了房屋贷款，那么土豆的相对价格将会进一步上升。第二轮房价的下降降低了房屋作为抵押品的价值，这产生了另一次溢出。这个第二轮的销售可以解释成施莱费尔和维什尼（Shleifer and Vishny，2010b）意义上的火线销售：销售是被迫的，因为银行需要遵守存款合约，同时，非银行金融机构崩溃导致房价遭受下降压力。

如果影子银行仅限于购买 CDO，那么火线销售的含义有一点人们设定的方面。在这种情况下，银行会对从事的对冲进行积极的管理，如果削减对冲，也会压低房价。

总的来说，这个框架的复杂性有几个好处。第一，提供了一个系统性的方式来研究不同经济当事人之间的各种联系。宏观审慎监管的基础正是在一个共同的冲击击中经济之后涌现出来的一般均衡方面的联系。没有一个一般均衡模型，就不可能真正讨论宏观审慎监管的工具箱。

第二，提供了一个模型化的方法来思考信贷紧缩和火线销售的效果。具体来说，火线销售反映了违约的连锁效应，在自然的买者受到了存款合约的伤害之后，银行还不得不倾销资产。这正符合施莱费尔和维什尼定义的火线销售。

第三，这个框架允许引入能够减少金融系统问题的活动。因此，监管政策就能够追寻这些从银行到非银行或者反向的活动，同时可以不减少这种活动。因此我们能够保持逻辑一致性地分析影子银行系统伴随的风险。

（三）监管的含义

这个模型中不存在监管导致帕累托改进。因此，使得房价下跌更少的监管导致了处于好的状态的房屋所有者的境况变坏。不过，这提醒了我们在现实中监管既有成本，也有收益。实际上，仅仅当监管能够限制企业做出它们喜欢的选择的时候，监管才是必要和有趣的。不幸的是，这表明对于监管的定量分析要求具体关于这些成本和收益的知识，而这些知识是相对有限的。

不过，这个模型产生了一些关于监管工具箱的有益看法。首先和最重要的是，因为伴随着房价下跌有三种潜在的非效率，从直觉上我们需要三个工具来减少这些问题。这意味着我们不应该希望仅仅包括资本和单一流动性要求的监管组合是限制房价下跌的最有效的方式。恰恰相反，模型提供了一些关于不同工具有效性的观点。除去限制资本和流动性，这个框架可以用来研究限制非银行金融机构的规则，这些规则使得非银行金融机构在回购中承担更多的资本金（也就是说，面临更低的抵押率）。

这里有一些关于监管变化的一般性结果。资本要求有两个直接效应。第一，如果其他因素相同，拥有更多资本的银行可以有更多的对房价下降导致损失的缓冲。这些缓冲在房价下降中保护了长期存款持有人。第二，在资本要求提高之后，存在银行在初始时期对提供贷款数量的一个内生性反应。因为贷款需要更多的资本金要求，银行就不愿意提供这些贷款。另外，通过与非银行金融结构的相互作用，还存在一个间接效应。例如，一旦银行贷款减少，那么对冲的动机也会减弱。类似地，如果非银行金融机构正在购买证券化的贷款，这个动机就会增强。后面两个效应将会强化房价下跌的后果。增加资本的要求对于偿付存款者能力的效应是模糊的。

抵押率的变化改变了银行间贷款的运行方式。当非银行金融机构被迫在证券化家庭贷款中加入更多的自有资本时，它们将会减少这种行为。这意味着，当房价下跌到来的时候，银行间违约的规模必然缩小，溢出效应下降。

存在两种潜在的流动性要求。一种在银行资产负债表的资产方，我们称为流动性 A，使得银行在资产方持有更少的房贷。其他情况相同，当银行间违约发生的时候，流动性 A 管制银行，使其有更大的现金池能够用于支付存款。这减少了潜在火线销售的溢出。

流动性管理也可以在银行资产负债表的负债方，我们称为流动性 L 规则。在这种情况下，监管将会限制银行使用短期融资的数量，迫使银行更多地依赖长期融资。抵押贷款的数量将会上升，同时证券化（或者对冲）将会下降。因为银行对于非银行的暴露较少，房价下跌引起长期存款者的损失就会较少。

随着模型的发展，最需要优先分析的是不同监管规则之间的相互作用。模型结构表明，成对的或者三元的监管将会比单一监管产生更大的稳定性。不过现在表明哪些组合是最有效和最稳健的还为时尚早。

第二节　宏观审慎监管政策

上一节讨论了宏观审慎监管的基本问题和相关的政策含义。本节主要讨论具体的监管政策。

首先要注意，如果监管的目标是在不利的环境下阻止金融企业超额缩减它们的资产负债表，一个简单的会计恒等式意味着对我们思考的很多约束。具体来说，当银行面临着一个耗尽资本的冲击时，仅仅有两种方式阻止它缩减资产：（1）可以通过募集新资本代替原有损失的部分；（2）可以令资本与资产的比率下降。我们将要讨论的许多工具仅仅是在这两个方向上帮助调整的不同机制。我们首先讨论与资本有关的建议，然后拓宽到以前不在监管工具箱中的一些选择。

一、时变资本要求

对于资产收缩问题的一个吸引人的反应是转向一个时变的资本要求框架，要求银行在好的时候持有比坏的时候更高的资本比率。在这样一个规则下，银行可以在不利的冲击到来的时候取出一部分缓冲资金继续运营，减少收缩资产的压力。卡什亚普和斯坦（Kashyap and Stein，2004）认为时变的资本要求是最优的框架，如果社会计划者的福利函数加权了：

（1）保护存款保险基金的微观审慎目标；

（2）在危机时期维持信用创造的宏观审慎目标。

关注了上述两个目标的计划者需要愿意容忍在坏的时期更高的银行破产的可能性，这时银行资本稀缺，信用攻击变紧。

设计这种框架的一个挑战是，在坏的时期，管制资本仅要求对于银行经常不是紧约束。随着资产的风险上升，市场会比监管者施加更严格的检验，拒绝为资本水平较低的机构融资。实际上，在 2010 年第一季度，美国最大的四家银行的层级 1 普通股与风险加权资产的平均比值为 8.2%，层级 1 总资本（包括优先股）与风险加权资产的平均比值为 10.7%。这都超过了危机前的监管标准——要求层级 1 总资本风险加权资产的比值为 6%，这是资本充足的标志。因此，即使美国经济在 2010 年早期正在深度金融危机中挣扎时，其监管约束也不是紧的。

这种模式意味着为了达到有意义的时变资本比率，在好的时期的最低监管要求必须大幅超过在坏的时期市场施加的标准。这意味着，如果市场在坏的时期对股权资产比率设定的标准是 8%，我们希望银行能够吸收例如 4%的资产损失而不产生收缩的压力，那么在好的时期股权资产比率至少是 12%。4%的资产损失没有这次危机中主要银行的损失大，估计美国银行从 2007 年到 2010 年的累计信贷损失是资产的 7%。利用这个数据，好的时期股权与资产比值的标准应该是 15%。无论怎么说，这都是一个很高的数值，远远高于从微观审慎监管角度计算出的数值，这些计算仅仅考虑了避免完全破产。

二、高质量资本

传统来说，监管者给予最多关注的资本比率是层级 1 总资本与风险加权资产之比。除了普通股以外，层级 1 总资本包括优先股。这意味着，股票和优先股在满足资本要求时是采用相同的方式。从微观审慎的观点来看，这完全没有问题。如果唯一关注的是避免银行破产导致的存款保险人的损失，普通股和优先股都在优先级上比存款保险人级别低，将会提供所需要的损失保护。

不过，在金融危机中，很多投资者和监管者讨论银行资本的“质量”，以及普通股为何是比优先股质量更高的资本形式。这个区别很难从微观审慎损失吸收的角度理解，这是自然地从宏观审慎方法中导出的结果，宏观审慎方法较少关注静态破产场景，更多关注使陷入麻烦的机构动态再资本化，并在未来保持活力。普通股比优先股对再资本化过程更加友好，这是因为其级别更低，较少受到前面提及的债务悬置问题的困扰。

为了看清楚这一点，考虑两家银行，A 和 B。开始的时候两家银行都有 100 元资产和 6 元资本。但是 A 的资本完全是普通股，B 的资本是 2 元股票、4 元优先股。现在假设两家银行都损失了 3 元。为了避免收缩资产，它们需要募集新的资本。假设它们通过发行股票的方式募资。这对于 B 银行更难——全部的普通股都已经损失了，优先股以票面价值的大幅折扣进行交易——对于 B 的新股东将会主要帮助更有优先级的优先股投资者摆脱困境。

这个逻辑意味着，给定促进遇到麻烦的银行快速再资本化这个目标，监管者应该要求大多数资本都由普通股构成。实际上，我们可以认为所有的层级 1 资本都应该是普通股，或者是按照合约保证可以在坏的状态下变成股票，大多数更高优先级的证券，例如优先股，在大多数情况下不予考虑。

三、矫正措施盯住资本金额，不是资本比率

当监管者非常警觉的时候，低于资本门槛的银行可能会受到一系列惩罚（例如，限制红利），直到其恢复资本比率。快速监管干预的原则无疑是好的，但是干预的形式更加重要。如果通过惩罚使得银行修复资本比率，可能导致银行不是通过提高分子（资本），而是降低分母（资产）来达到要求。更好的方法是创造激励让银行募集新资本。

执行这个政策的一种方式是让资本比率要求参考当前和过去资产的最大值。假设一家银行在 t 年有资产 100 元，资本 8 元，并假设资本的门槛是 6%。现在假设银行在 $t+1$ 年损失了 4 元，因此在 $t+1$ 年年底仅有 4 元资本。一般来说，监管者将会要求资本比率回到 6%，这会导致资产收缩到 66.67 元。在另一种方法下，银行仅仅在参照 t 年或者 $t+1$ 年资产最大值时的资本比率恢复到 6%才能免受惩罚。因为 t 年资产是 100 元，不能追溯减少，银行只能募集 2 元资本——这可以避免收缩资产。

一个关于这种货币金额基础的矫正措施原理的例子来自监管资本评估程序（SCAP），这是美国大银行在 2009 年接受的“压力测试”。SCAP 的结果是，对每一家进行测试的银行，通过发行股票或者销售资产，确定了需要募集的新股权资本的金额。对于其中的一些银行来说，金额是非常庞大的——例如，美洲银行需要募集 335 亿美元。在这个案例中，未能募集资本的银行被要求接受财政部的注资，这将会对经理人员的报酬产生严格的限制。令人印象深刻的是，在 SCAP 结果公布的几周内，银行通过普通股募集了 600 亿美元，到了 2009 年底，这个数字攀升到了 1 250 亿美元。

这个案例表明了强有力的监管将会产生良好的效果。实际上，通过严格监管和不给银行选择空间，监管者使得银行募集资本变得容易了。这是因为不存在相机抉择后，伴随股票发行的逆向选择问题消失了。如果银行能选择是否发行股票，发行股票这个抉择就反映了管理者相信股票被高估了，因此发行股票会降低股价（Myers and Majluf, 1984）。但是如果没有选择，就没有了信息含量，也就不会对股价产生影响。我们希望这个经验能够为未来的监管政策所吸收。

四、或有资本

货币基础的矫正措施等于强迫银行在陷入麻烦的时候匆忙进行再资本化。一个与之紧密相关的思想是，将再资本化与某种或有工具预连线，在某种预先设定的合同条款被触发后，这种工具会自动增加一家银行的股权。可以考虑两种或有资本工具。第一种有时被称为“逆向可转债”或者“或有可转债”，银行发行一种债券，在银行监管资本或者股市价值低于某个门槛值后，自动转化为股权（Flannery，2005；French et al.，2010）。例如，在 2009 年，劳埃德银行发行了 75 亿英镑或有可转债，当劳埃德银行的层级 1 资本低于 5%的时候会自动变为股权。

第二种或有资本是“资本保险”，银行购买一个保险，在坏的状态下获得支付（Kashyap，Rajan，and Stein，2008）。为了防止保险人违约，这个保险需要完全抵押。例如，银行可以和养老金签约购买保险政策，在未来 5 年银行股票价格指数低于某一个特定值的时候，养老金支付 20 亿美元。在开始的时候，养老金将 20 亿美元交给托管方；如果坏的状态在 5 年内不出现，20 亿美元交给养老金，如果出现，20 亿美元交给银行。

这些设计有一个共同的动机。假设银行将股权资本看成一种昂贵的融资，换句话说，存在着一种或者多种对莫迪利亚尼-米勒（Modigliani and Miller，1958）条件的违反，使得银行不愿意承担大量的预防性股权。从原理上看，监管能够要求银行保持非常大的资本缓冲。不过，开发一种融资协议，在这种协议下，仅仅在坏的状态下持有更多的资本——这个时候资本价值最大——是有效率的。

如果这些或有资本的形式是这样一个好主意，为什么很少看到呢？一个简单的答案是，它们需要被算作监管资本要求。考虑下面的方法。在好的时候银行资本要求被设定在一个非常高的水平，比如说 20%。然后给予银行一种选择，它们可以用股权满足全部资本要求，或者它们可以用逆向可转债满足 10%，只要在合同中约定在完美定义的坏状态下保证变成资本。逆向可转债可能被看成比直接债务成本更高——这就是为什么如果不算作监管资本，银行将不会使用它——但是如果它比股权便宜，这将会是一个有效率的收益。

最后，需要指出的是，在或有资本与改革高管薪酬、制定关键雇员的奖金延迟支付之间存在紧密的联系。例如，弗伦奇等（French et al.，2010）建议将高级经理总薪酬中较大的比例在几年后支付。这种延迟支付薪酬将不会采用股权的形式，而是采用一个固定的量。同时，如果公司破产或者受到了政府特别援助，经理将会损失这部分延迟收益。

从结构上看，这种延迟支付建议类似卡什亚普等（Kashyap，Rajan，and Stein，2008）的资本保险计划，关键的区别是延迟计划要求企业经理——而不是，例如，养老金——成为保险提供者。这种方式的优点是这些延迟支付的薪金不仅创造了一种额外的或有资本缓冲，还改善了企业内的激励。具体来说，通过使得内部人承受下侧风险，而不享受任何上侧收益，将经理的财富与纳税人和其他信用提供者联系在一起，同时在这样做的过程中，防止了“头我赢，尾你输”的风险承担激励，这种激励是传统的与股票或者利润相关的薪金计划产生的。

五、债务期限监管

美国次贷危机的一个重要教训是监管者未能充分关注短期债和长期债的区别。美国银行的总负债结构中大量的负债是短期的：或者是存款，或者是“批发”融资，后者包括商业票据和回购。虽然存款一般是被保险的，不会在出现麻烦端倪的时候就发生挤兑，但批发融资不是这样。实际上，批发融资挤兑——拒绝回购或者商业票据的发行者滚动贷款——在倒闭中扮演了重要的角色（Shin，2009；Gorton and Metrick，2010；Duffie，2010）。

管制金融企业利用短期债券进行融资——超越监管总杠杆率——基于两个观察。第一，短期贷款提供者的防挤兑能力导致利用短期债券进行融资比长期债券的情况更加脆弱（Diamond and Dybvig，1983）。很难想象如果北岩银行（Northern Rock）、贝尔斯登（Bear Stearns）、雷曼兄弟（Lehman Brothers）利用长期债券融资还会面临这些问题。第二，在所有市场都存在火线销售的情况下，债务期限的选择存在外部性。在危机中，选择主要进行短期融资的企业不能内部化下列情况，如果这家企业不能滚动债务而不得不销售资产，将会对其他持有类似资产且其资产价值下降的企业产生火线销售成本。因此短期融资的数量会超过社会最优数量，这就需要监管（Stein，2010a）。

六、监管影子银行系统

超额短期融资的火线销售风险不仅来自上面的未保险存款者，更来自任何金融中介，它们的资产选择和融资结构的组合将会放大系统性的火线销售问题。对这个原理的狭义解释将会认为，监管需要覆盖巨大的、系统重要性非银行金融机构，例如贝尔斯登和雷曼兄弟等，这些机构不从被保险的存款机构融资，而是从受到批发金融挤兑的机构融资。虽然这点现在被广为接受，但这个原理有更为广阔的含义。从信用创造和宏观经济影响的观点看，这次危机的一些最有破坏性的方面不仅仅来自单个大型企业的问题，也来自整个市场的崩溃——资产抵押债券市场的崩溃。

“传统”的资产抵押债券——基于信用卡、汽车和学生贷款——市场在此次危机前平均每个季度新发行 500 亿～700 亿美元（到 2007 年总共发行了 2 380 亿美元）债券。不过，在 2008 年最后一个季度，随着雷曼兄弟公司的倒闭，这种债券的发行额降到了 20 亿美元。这种市场的消失代表了对消费者信贷供给的减少。

购买分层资产抵押债券的投资者经常依赖短期借款。在过去主要隶属于商业银行的“特别投资主体”或者“通道”持有了分层资产抵押债券，这些债券的期限仅仅是几天或者几个星期。对冲基金和经纪商利用回购协议对持有的资产抵押债券融资，这些协议经常是隔夜抵押借贷。作为一个整体，这些持有资产抵押债券，并且利用短期债务融资的不同投资者经常被称为影子银行系统。此外，正如戈顿（Gorton，2010），戈顿和迈特里克（Gorton and Metrick，2010）以及科维茨、梁和苏亚雷斯（Covitz，Liang，and Suarez，2009）所强调的，资产抵押债券市场的崩溃体现了经典银行挤兑的核心要素，也就是资产抵押证券的投资者不能滚动短期融资。

短期借款从资产抵押债券市场撤出的一个主要表现是回购协议中的“剃头率”。当一个投资者在回购市场借款的时候，被要求承担一部分本金，这被称为“剃头率”。次贷危机前，高等级资产抵押债券的抵押率非常低，经常在 2%左右。这意味着，一个对冲基金想购买 10 亿美元 AAA 级与汽车信贷有关的资产抵押债券，仅仅需要 2 000 万美元的自有资本，其余资金都可以在隔夜回购市场中借入，通常贷款者是货币市场基金。

在危机中期，剃头率火速蹿升。即使是与次贷无关的消费者信贷资产抵押债券的剃头率也上升到了 50%。从持有 10 亿美元这种债券的对冲基金的角度来看，突然间就仅能借 5 亿美元，需要自有资本 5 亿美元。如果对冲基金没有足够的现金，就要被迫清空这些债券。这些清空活动会对价格水平和波动性产生影响，这又会进一步证实回购市场贷款者的忧虑，因为对它们的保护依赖于抵押品的价值。换句话说，对资产抵押债券市场的扰动，可以看成是一种自有资本螺旋。

从宏观审慎的角度看，仅仅关注最大的金融机构而忽视其余系统的潜在脆弱性是一个错误。那么应该采取什么具体步骤呢？一个有用的原理是努力对一种给定的信用暴露施加相似的资本标准，不管谁最终持有这些暴露——银行、经纪商、对冲基金或者特殊目的载体。这个任务并不容易，但是一个有帮助的工具是对资产抵押债券剃头率的广义监管。

考虑信用暴露是消费贷款的情况。如果这种贷款是银行发行的，将会受到资本要求的限制。现在假设银行证券化了这个贷款，使其成为一部分消费资产抵押债券，投资者持有不同的层级。我们头脑中想象的监管是，无论谁持有消费资产抵押债券的哪个层级，都被要求维持一个该层级的最小剃头率——剃头率依赖层级的优先性、潜在抵押品的质量，等等。这种要求并不是一个新概念，并不难执行；实际上，这非常类似于现在适用在普通股上的自有资金要求。

如果这些要求结构设计良好，将会有两个好处。第一，能够帮助统一不同主体之间的监管，从而降低贷款活动走向影子银行部门的动机。第二，对这些终结在影子银行的资产，剃头率监管能帮助减少上面描述的非稳定化动态过程。如果剃头率最初是 2%，然后在危机中跳跃到 50%，这将会促使资产抵押债券的持有者销售债券。如果剃头率在危机前就处于较高的水平，这种强迫销售机制和它释放的恶性循环将会减轻。注意，通过贴现窗口和紧急贷款机制，现在中央银行已经能够准确地确认各种资产抵押债券的审慎的剃头率。

虽然我们已经关注了对火线销售外部性的监管，但资产抵押债券市场的问题超越了火线销售。汉森和桑德拉姆（Hanson and Sunderam，2010）表明，通过“分层”，较大比例的潜在抵押品都被变为了 AAA 级证券，这会降低投资者获得购买资产信息的动机——因为 AAA 级证券风险很低，导致获取信息的回报很小。当情况变坏从而更加需要分析证券的现金流的时候，缺乏信息的投资者会使得证券市场更加脆弱。这意味着监管者需要考虑证券化的结构，特别是从抵押品池子中生产出来的 AAA 级证券的数量。当前我国正在进行资产证券化，这点是需要注意的。

思考与练习

1. 如何防止银行挤兑?

2. 解释什么是道德风险。为什么存款保险和“大而不倒”的教条会引发道德风险问题?

3. 说明在以下每种情况下如何产生道德风险:

a. 母亲答应女儿在下学年将帮助她完成家庭作业，但前提是女儿在完成家庭作业方面有困难。

b. 个人房屋的全部价值均因火灾而受到保险。

c. 任命一个人来管理一个团队的投资组合。

d. c中的同一个人被任命来管理投资组合，并且政府保证该组合中的所有投资者每年将获得5%的回报。也就是说，如果投资组合的收益在给定年份内下降到5%以下，政府将弥补差额。

参考文献

Adrian, Tobias, Karin Kimbrough, and Dina Marchioni (2010). “The Federal Reserve's Commercial Paper Funding Facility,” Federal Reserve Bank of New York Staff Report 423.

Adrian, Tobias, Emanuel Moench, and Hyun Song Shin (2010a). “Financial Intermediation, Asset Prices and Macroeconomic Dynamics,” Federal Reserve Bank of New York Staff Report 422.

Adrian, Tobias, Emanuel Moench, and Hyun Song Shin (2010b). “Macro Risk Premium and Intermediary Balance Sheet Quantities,” Federal Reserve Bank of New York Staff Report 428.

Adrian, Tobias, and Hyun Song Shin (2009). “Prices and Quantities in the Monetary Policy Transmission Mechanism,” *International Journal of Central Banking*, 5 (4): 131-142.

Bernanke, Ben S. (2002). “Asset-Price ‘Bubbles’ and Monetary Policy,” Speech Delivered at the New York Chapter of the National Association for Business Economics, New York, NY, October 15.

Bernanke, Ben S., Mark Gertler, and Simon Gilchrist (1999). “The Financial Accelerator in a Quantitative Business Cycle Framework,” Chap. 21 in *Handbook of Macroeconomics*, Vol. 1C, J. B. Taylor and M. Woodford (ed.). Amsterdam: Elsevier.

Geanakoplos, John (2010). “The Leverage Cycle,” in *NBER Macroeconomics An-*

nual 2009, D. Acemoglu, K. Rogoff, and M. Woodford (ed.), 1-65. Chicago: University of Chicago Press.

Gorton, Gary B., and Andrew Metrick (2009). "Haircuts," NBER Working Paper 15273.

Kiyotaki, Nobuhiro, and John Moore (1997). "Credit Cycles," *Journal of Political Economy*, 105 (2): 211-248.

Sarkar, Asani. 2009. "Liquidity Risk, Credit Risk, and the Federal Reserve's Responses to the Crisis," *Financial Markets and Portfolio Management*, 23 (4): 335-348.

Zigrand, Jean-Pierre, Hyun Song Shin, and Jon Danielsson (2010). "Risk Appetite and Endogenous Risk," Financial Markets Group Discussion Paper 647.

第11章

增长政策

宏观经济学之所以重要，是因为各种宏观经济事件每天都在以各种方式影响着我们的日常生活。任何一个严肃的宏观经济学家都应当对发生在我们日常生活中的这些经济事件给出合理的解释，这是各种宏观经济理论的主要目的之一。与此同时，也应当基于各种理论积极地设计一些旨在改进人类经济福利并且行之有效的宏观经济政策。

宏观经济学研究的主要目的，就在于尽可能全面系统地理解经济的运行方式、实际经济对于特定的经济政策的反应方式以及可能造成经济不稳定的来自需求和供给两个方面的各种外来冲击。而由一整套关于经济运行方式的观点所构成，并按照一定的逻辑框架（或者模型）组织起来的宏观经济理论，就成为设计和实施各种经济政策的基础。

在第8章和第9章中，我们详细介绍了基于总需求管理的财政政策和货币政策，以及这些政策在具体的实施层面可供选择的各种工具。与需求管理政策相对应，在20世纪70年代西方国家出现所谓“滞胀”局面时，也出现过一股偏向于经济自由主义的风潮，被称为“供给学派革命”，特别为美国时任总统里根所信奉。供给学派反对凯恩斯主义需求管理的理论和政策，强调经济的供给方面，认为并不是需求决定供给，而是供给会创造自己的需求（萨伊定律）。因此，相应的政策建议主要是降低税率，从而促进储蓄和投资，刺激工作和经营的积极性，提高生产率，并最终消除通货膨胀。

我们知道，宏观经济学中一个至关重要的概念是时间。从时间的维度来看，宏观经济学的问题可以划分为长期增长与短期波动。在本书前面介绍宏观经济学的基本理论时，我们遵循的是从长期到短期的思路，到目前为止，我们所介绍的政策分析方面的内容基本上都基于短期波动模型的需求方或供给方，尚未直接涉及长期的增长理论模型。这其实也符合常见的宏观经济学教材中所体现出来的这样一种观点，即在如下两者之间存在着完美的两分法：(1) 宏观经济政策（预算赤字、税收、货币供给等），其主要目的是稳定经济；(2) 长期经济增长，或者假定为外生的，或者假定为仅依赖于经济的结构特征（知识产权保护、市场结构、市场流动性，等等）。因此，尽管学术界一致认为增长需要宏观经济（或价格）的稳定，但是传统的宏观经济理论仍然没有明确地探讨宏观政策与长期增长之间的联系。实际上，除了旨在熨平经济周期的各种短期政策之外，最近许多国家和地区都试图在进行某种"恰当"的所谓"增长的诊断"（growth diagnostics），即分析那些最有可能阻碍增长的因素以及如何去确定适当的促进增长的各种改革措施及其执行的顺序。正是基于此，在论述宏观经济政策的最后一章中，我们将简要地介绍与长期增长相关的政策，并将其统称为"增长政策"。需要指出的是，本章介绍的内容大多是基于已有的现代经济增长模型所进行的各种实证检验的结果，更多地表现为提出问题以供启发和思考的形式，因而还是相当简略的。①

第一节　竞争与增长

我们从本书前面的增长模型（特别是各种的生增长模型）中看到，创新是长期增长的最重要源泉，而创新的回报来自垄断利润，这一利润的出现是因为竞争对手暂时还不能够模仿创新。因此，为了鼓励创新，促进增长，通过合适的（国际）专利保护体系来保护知识产权是至关重要的。自熊彼特以来，经济学家就认为，这样的分析意味着增长和竞争之间存在着此消彼长的关系，而现实中各种严厉的反托拉斯法将会减少攫取垄断利润的机会，这就降低了创新的回报，从而降低创新的数量，并导致长期增长率的下降。

但是，对于熊彼特的这种此消彼长的关系，在现实中却很难找到令人信服的证据。事实上，历史学家和计量经济学家获得的是某种相反的证据，即那些竞争更激烈的团体和产业倾向于比那些竞争不激烈的组织增长得更快。产品市场竞争（通过相同产业中竞争者的数量、市场份额或利润指标的倒数来度量）和企业内或产业内的生产率增长是正相关的。这一经验根据与如下观点更加一致，即产品市场竞争对于增长是有利的，因为竞争促使企业为了生存而创新。而最近的证据表明，增长与竞争之间似乎存在着一种倒U形的关系（参见图 11－1）。那么，我们又该如何解释这种倒U形的模式呢？为什么熊彼特的此消彼长关系在较高的竞争水平上又出现了呢？

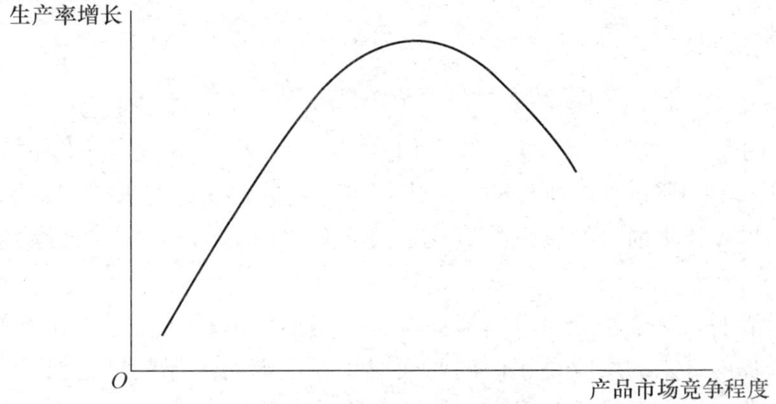

图 11－1　竞争与增长

① 更详细的讨论见本章内容的主要参考文献：Aghion and Howitt (2009). *Economics of Growth*, Cambridge, MA: MIT Press，以及本章所列的参考文献。

此外，也有研究表明，企业水平的生产率增长与企业的相关部门中新企业进入的比例之间存在着密切关系，那些较先进的企业对于新进入者所带来的更激烈的竞争具有正向的反应，而那些落后的企业却具有负向的反应。那么，我们又能从这一现象中得出什么样的政策含义？

关于竞争与增长之间的关系，阿吉翁等（Aghion，Bloom，and Colleague，2005）利用1970—1994年间伦敦股票交易所名单中的英国企业的企业水平的面板数据集进行的检验证实了图11-1所示的结果。关于竞争的度量，利用企业水平的核算数据来计算，而创新的产出来自国民经济研究局（NBER）的专利数据库，通过引用率加权的专利来度量。

竞争的度量是勒纳指数（LI），或价格成本边际。LI本身的定义是运营利润减去折旧和资本的金融成本，然后再除以销售额：

$$LI=\frac{\text{运营利润}-\text{金融成本}}{\text{销售额}}$$

最后在产业内的企业之间进行平均。

然后，阿吉翁等（Aghion，Bloom，and Colleague，2005）估计了如下方程：

$$E[P_{jt}|c_{jt},x_{jt}]=e^{g(c_{jt})+x_{jt}}$$

其中 p_{it} 是专利的度量，c_{jt} 是产业 j 在时刻 t 的竞争的度量，而 x_{jt} 是时间和产业虚拟变量的一个完整集合。

估计结果显示，竞争和创新之间存在着倒U形的关系，并且，如果我们将产业的集合限定为并驾齐驱程度的中位数之上的那些企业，则与我们考虑整个产业样本相比，竞争和创新之间的倒U形曲线的向上倾斜的那一部分还要更陡峭一些。

关于进入与增长之间的关系，阿吉翁等（Aghion，Blundell，Griffith，and Prantl，2006）考察了进入威胁对于英国制造企业的TFP增长的影响，他们使用的是1980—1993年间166个不同的四位数产业中超过32 000个关于企业的年度观测值的面板数据。他们估计的方程是：

$$Y_{ijt}=\alpha+\beta E_{jt}+\gamma d_{it}+\delta E_{jt}*d_{it}+\eta_i+\tau_t+\delta_{ijt}$$

其中 Y_{ijt} 表示时刻 t、产业 j 中企业 i 的TFP增长；η 和 τ 是企业和年份的固定效应；E_{jt} 表示产业的进入率，通过外国所有的工厂中英国产业的就业份额来度量；d_{jt} 表示企业与相应产业中的世界技术前沿的接近程度，通过企业水平和前沿水平的劳动生产率之比的对数来度量。

估计结果表明，对于相应部门中那些接近技术前沿的程度高于中间值的企业，生产率增长对于增加的进入的反应是正向的，而对于相应部门中那些接近技术前沿的程度低于中间值的企业，生产率增长对于增加的进入的反应是负向的，如图11-2所示。

那么，蕴含在这些经验结果背后的政策含义究竟是什么呢？

首先，相关的实证结果直接反对如下理念，即已有的国家级科研机构是最适合做出前沿创新的，或者应当由它们来负责挑选申请公共资金的新研究项目。结合我国的现实，

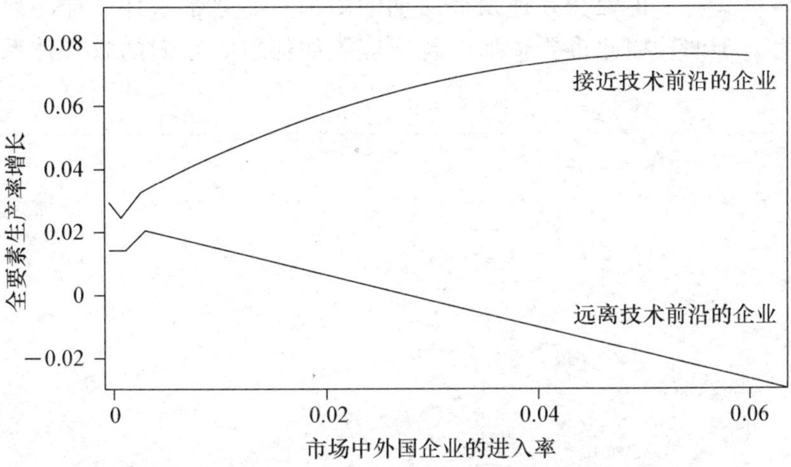

图 11－2　进入率、生产率增长与前沿距离

这一含义的直接提醒是，在改革开放以来相当长的时间里，也许忽视进入的问题并不会带来很大的影响，因为当时我国的产业水平仍然远远落后于世界上其他发达国家中的同行；但是，现在我国的一些产业已经接近世界技术前沿，为了促进增长，就需要开放它们的市场。其次，国内经济的竞争和进入政策应当伴随一些补充性的政策，这些补充性政策有助于工人和资本从受害于这些竞争和进入政策的落后部门转移到受惠于这些竞争和进入政策的先进部门。

第二节　教育投资

教育对于增长而言重要吗？哪一种教育投资最重要？如何最好地将公共基金在初等、中等和高等教育之间进行配置？这些都是政府最关心的问题。如果参照国外的经验，举例来说，对比 1999—2000 年间美国和欧盟的情况可以看到，美国的年龄在 25～64 岁之间的人口中，37.3%获得了高等教育文凭，而欧洲人口的这一数据是 23.8%。这种教育程度的对比是高等教育投资状况的一种反映，美国 GDP 的 3%投资于高等教育，而欧盟只有 1.4%。那么，欧盟在高等教育方面的这种投资的短缺是导致其增长大幅度缩水的原因吗？

图 11－3 描绘的分别是，在主要投资于初等教育和中等教育的国家（上图）以及主要投资于高等教育的国家（下图），增长如何依赖于各国与世界前沿生产率之间的差距。比较这两个图可以发现，那些接近世界生产率前沿并且在高等教育方面投资较多的国家（这些国家位于下图的右端）明显好于那些也接近生产率前沿却在高等教育方面投资较少的国家。但是，对于那些远离生产率前沿的国家（这些国家位于上图的右端）来说，投资高等教育却没有带来多大的区别（比较一下那些位于上图左端和下图左端的国家的增长率）。

那么，为什么对于较发达的国家（或者地区）来说，投资高等教育更能够促进增长？这一经验事实对于正处在高速发展时期的中国，能够带来什么样的启发？更一般地，如果教育对于增长如此重要，那么各国应该如何组织它们的教育体系，从而最大化经济增长？

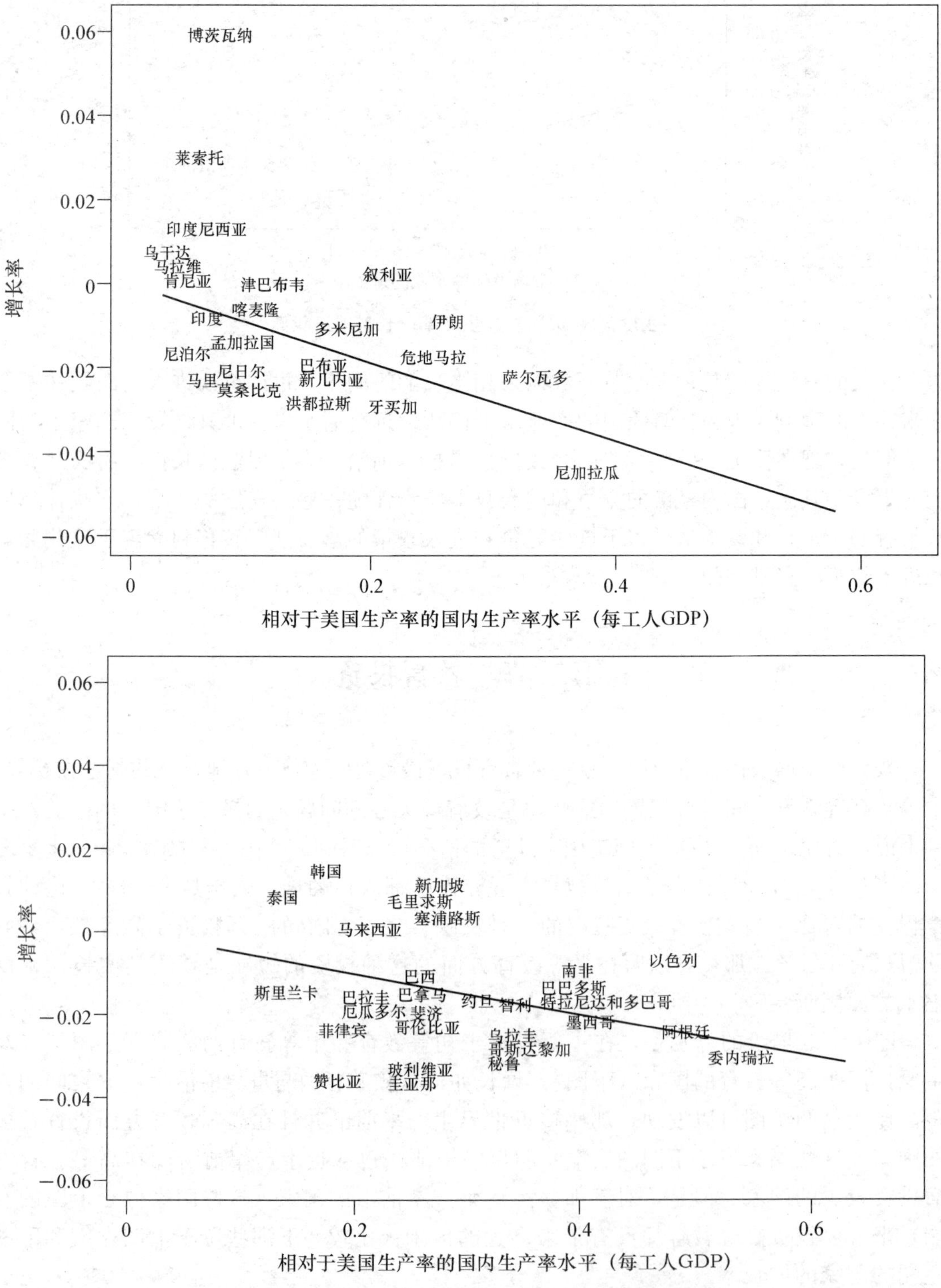

图 11-3　低水平和高水平教育国家的增长与发展水平

我们在本书前面介绍的增长模型，可以部分地提供这些问题的答案。第一类模型强调了资本的积累。在这类方法中，新古典模型的代表是作为索洛模型的一种扩展的（Mankiw，Romer and Weil，1992），其将人力资本作为另一种可累积的生产要素，特别地，通过抵消物质资本积累的报酬递减效应，人力资本的积累可以缓解经济向稳态收敛的趋势；而 AK 模型的代表正是我们在前面介绍过的卢卡斯模型（Lucas，1988），其中人力资本的积累速度与已有的人力资本存量成比例，这就可以导致正的长期增长率。在这两个模型中，无论是在稳态的转移路径上，还是在稳态中，增长率都是依赖于人力资本的积累，而不是人力资本的存量。

基于曼昆等（Mankiw，Romer and Weil，1992）模型所预言的人均 GDP 与物质资本和人力资本强度之间的正相关关系，班吉纳和迪弗洛（Banerjee and Duflo，2005）用所谓的"发展核算"（development accounting）来分析人均 GDP 的跨国差异的决定因素，具体而言，假定总量生产函数具有如下形式：

$$Y=k^{\alpha}H^{\beta}(AL)^{1-\alpha-\beta}$$

其中的增长率为 n，A 的增长率为 g，物质资本和人力资本以速率 δ 折旧，于是我们有：

$$Y/L=A(K/Y)\frac{\alpha}{1-\alpha-\beta}(H/Y)\frac{\beta}{1-\alpha-\beta}=AX$$

稳态中的物质资本强度可利用稳态的性质来计算：

$$K/Y=\frac{I_K/Y}{\delta+n+g}$$

其中 l_k/Y 表示物质资本的投资强度；同时，

$$H/Y=\frac{I_H/Y}{\delta+n+g}$$

表示 I_H/Y 人力资本的投资强度。

曼昆等（Mankiw，Romer and Weil，1992）利用如下比率来度量跨国收入差异中可通过物质资本和人力资本的投资强度来解释的比例：

$$\frac{\mathrm{Cov}(\log Y/L, \log X)}{\mathrm{Var}(\log Y/L)}$$

其中 Cov（logY/L，log$X$）表示跨国的 logY/L 和 log X 之间的协方差，而 Var（logY/L）表示跨国的 Y/L 的方差。他们发现，这一比率等于 78%。

第二类方法可以回溯到尼尔森和费尔普斯（Nelson and Phelps，1966）及后来的相关经验研究本哈比和施皮格尔（Benhabib and Spiegel，1994），他们将增长解释为由人力资本的存量所驱动，而这又会影响一个国家的创新或者赶超其他更发达国家的能力。例如，将人力资本的存量（可通过教育开支数量或者学校数量来度量）与技术进步的过程联系在一起，这种方法有助于回答如下问题，即怎样正确地设计教育开支政策来最大化增长？

尼尔森和费尔普斯（Nelson and Phelps，1964）将增长考虑为由各种促进生产率的改革所产生，这些改革的到达率依赖于人力资本的存量。具体来说，尼尔森和费尔普斯将世界经济描绘为这样一种情形，即对于任一给定的国家，生产率的增长遵循如下形式的方程：

$$\dot{A}=f(H)(\bar{A}-A)$$

其中 $\bar{A}$ 仍然表示前沿技术（这一变量本身以外生的速率随着时间增长），H 表示这一国家的当前人力资本存量。因此，较高的人力资本存量使得此国较容易赶上技术前沿，从而促进增长。

本哈比和施皮格尔（Benhabib and Spiegel，1994）检验了尼尔森-费尔普斯模型的一种简单扩展形式，其中人力资本不仅使适应更高级的技术更加便利，而且使前沿的创新更加容易，并遵循如下形式的动态方程：

$$\dot{A}=f(H)(\bar{A}-A)+g(H)\gamma A$$

其中上式的第二项描述的是增长的创新成分。

利用人均 GDP 的对数在 1965—1985 年间的增长作为 1965—1985 年之间所有年份的人力资本存量的对数的总和的线性函数的跨国回归，本哈比和施皮格尔发现，h 和 g 之间存在显著的正相关关系。确切地说，本哈比和施皮格尔运行的是如下回归方程：

$$\begin{aligned}\ln y_\tau-\ln y_0=&\ln A_\tau-\ln A_0\\&+\alpha(\ln K_\tau-\ln K_0)\\&+\beta(\ln L_\tau-\ln L_0)\\&+\gamma\left(\frac{1}{\tau}\sum_{t=0}^{r}\ln H_t\right)\\&+\ln\varepsilon_\tau-\ln\varepsilon_0\end{aligned}$$

并且得到了正且显著的 γ。这就意味着人力资本存量与产出的增长之间是正相关的。进一步地，本哈比和施皮格尔发现，国家落后于世界技术前沿越远，则相关系数越大，这就说明增长当中的赶超效应是占主导的。

不幸的是，克鲁格和林达尔（Krueger and Lindahl，2001）发现，如果将回归局限于 OECD 国家，则增长和人力资本存量之间的相关系数的显著性就消失了。关于这一结果的一种解释是，人力资本存量仅仅对于赶超是重要的，但是对于前沿创新却不是。另一种解释是，上述回归过于关注总量，从而告诉我们的只是一个不完整的故事。

试图超越本哈比和施皮格尔的回归方法的一个尝试最近由哈努谢克和沃斯曼（Hanushek and Woessmann，2007）给出，他们认为，对于增长而言，花费于教育的数量并不重要，重要的是教育的质量。利用考试的分数作为教育质量的一种总度量，哈努谢克和沃斯曼发现，1960—2000 年间的平均增长率与这一时期内教育的平均质量之间存在着显著的正相关关系。

不过，对于这一经验问题的讨论并未结束。特别地，阿吉翁和豪伊特（Aghion and Howitt，2009）指出，通过将总的教育开支或者教育程度分解为不同的类型或层次（例如，分解为初等、中等和高等教育，或者本科和研究生教育）和采用增长理论中适宜制度的思想，使得不同类型的教育开支或教育程度与国家或地区的技术前沿距离相互影响，则即使将分析局限于 OECD 国家，教育开支和增长之间的显著相关性仍然存在。

那么，上述这些理论和实证层面的思考和结果，对于我们的政策分析有什么启示呢？首先，基于资本积累的模型预言增长率的跨国差异必然和人力资本积累率的差异有关。同时，这种模型也可以进行发展回归以及产生低发展水平的陷阱。其次，强调人力资本存量与创新过程之间相互影响的熊彼特模型对于政策建议也有潜在的影响。虽然将教育投资看成一个整体时，相关实证研究对于 OECD 国家间的比较并不能够得出太多有意义的结论，但是，一旦区分模仿与前沿创新，并且将生产率增长的这两种来源与教育体系中的不同阶段相联系，则即使对于 OECD 国家，我们也能够得到相关的政策建议。具体来说，生产率远离技术前沿的国家（或地区）应当更加强调初等/中等教育，而接近技术前沿的国家（或地区）应当更加强调高等教育。因此，只要其他国家在技术上远远落后于美国，则各国将重点放在初等/中等教育上就是没有问题的，在这一阶段，其他各国主要依赖于模仿，这是主要的增长之源。但是，随着我国一些相关行业已接近技术前沿，模仿的可能性正在消失，从而投资于更多的高等教育以鼓励创新就将逐渐变得紧迫起来。类似地，当我们考虑各省市之间的差异时，如果某个省份接近当前的技术前沿，则更多地投资于研究型教育而不是两年制学院教育就可以更多地促进增长。

最近一些国外的研究工作考察了增长和大学管理之间的关系，从而扩展了上述分析。阿吉翁等（Aghion et al.，2007）根据美国的数据进行实证研究后指出，更发达的州的增长也更多地受益于拥有更多的自治大学，这里的自治性要么通过此州中私立大学的比例来度量，要么通过一个评估公立大学可以独立决策（雇佣、招生、工资等）而没有州的干预的指标来度量。他们还指出，研究型教育的资金与自治性是策略互补的，即在拥有更多的自治大学的州中，研究型教育的资金也是更加促进增长的。这一结果对于我们思考本国的教育体系中公立与私立的比例这一问题，也具有很强的借鉴意义。

第三节　金融发展与增长

我们在本书前面介绍的所有基本框架都意味着经济增长取决于一种或另一种投资。按照新古典理论或者 AK 模型，带动经济增长的是物质资本和人力资本的投资，而按照产品多样化或者熊彼特的理论，带动经济增长的是以科研的形式出现的技术投资。

然而，这些理论都没有分析企业在为这些带动了增长的投资进行融资时可能面临的困难，这些理论也都完全没有提到银行或者其他金融中介在解决这些困难时可能发挥的作用。基本理论在这些方面的沉默也是可以理解的，因为基本理论框架关注的是增长过程的根本机制，而金融不过是一种类似于润滑剂的东西，可以减少摩擦，从而使得机器正常运转。因此，在介绍基本框架时暂时不掺杂金融摩擦方面的复杂因素可以让我们更清晰地看到增长的根本机制。

当然，为了看到金融在增长过程中发挥的作用，我们就必须超越这些理想化的模型，而将摩擦的因素考虑进来。一旦我们这样做了之后，就会发现金融市场和金融中介其实具有重要的作用，尽管这种作用在不同的国家之间差异很大。例如，与那些由于糟糕的贷款甚至诈骗的缘故，银行更有可能浪费储蓄者财富的国家相比，在一个具备了高效且值得信任的银行体系的国家中，如果人们愿意储蓄更多，则投资者也就会获得更多的资源。银行在风险合并（risk pooling）方面也是有益的。也就是说，通过从许多人处收集储蓄，并将储蓄投资于各种各样的项目，银行将使小规模的储蓄者也能够享受到大数定律的好处，从而获得一个相对安全的回报率；那些坏项目的损失一般会被好项目的获益所抵消。此外，运转良好的银行体系还会将储蓄导向那些最有效率的用途。最后，可能也是最重要的，通过监控投资者并确保他们高效率地使用贷款，而不是用于私人消费或者其他欺骗最终借款人的行为，银行还可以缓和代理人问题。这对正处在高速发展时期的中国，尤其具有明确的参考含义。当然，这里提到的银行的多数功能也可以通过股票市场、私人的股份制企业或者风险资本家等渠道来实现，所有这些渠道都有助于鉴别和管理那些好的投资项目并为其融资。

作为这一问题的权威综述，莱文（Levine，2005）总结如下："总的来说，现有的研究表明：（1）银行和市场的功能更好的国家增长得较快；（2）共时性偏差（simultaneity bias）似乎不能得出这样的结论；（3）金融体系的良好功能缓解了阻碍企业和产业扩张的外部融资约束，这是表明金融发展和增长相关的一种机制。"

因此，在了解了我们在本书前面介绍的那些无摩擦的基本框架之后，如果希望更细致地理解经济增长过程，需要引入的复杂因素之一就是金融发展。基于现代增长理论的既有研究成果，大致可进行如下讨论：首先，如果在熊彼特增长框架中引入金融约束，则可明确地说明，通过引导储蓄和缓和代理人问题的方式向创新者提供外部金融服务的金融中介，可以促进增长。来自跨国和跨产业数据的经验证据证实了增长应当随着金融的发展而加快这一预言。具体地，这涉及两种不同的情形：银行提供筛选服务来鉴别好的项目，或者银行提供事后的监控来保证借款人难以携款潜逃。其次，可以在简单的AK模型中引入信用约束来分析信用约束、财富不平等和增长之间的关系。

基于上述理论思考，关于金融和增长的绝大多数实证研究关注的是下述方程的跨国回归或者面板回归：

$$g_i=\beta_0+\beta_1 Findev_i+\beta_2 X_i+u_i$$

其中 g_i 表示国家 i 在相应时期或子时期（subperiod）内的平均增长率，$Findev_i$ 表示国家的金融发展水平（时期初的水平或整个时期内的平均水平），X_i 是控制变量（各种政策变量、教育、政治稳定性、初始的人均收入等）组成的向量，u_i 是噪声项。

正如莱文的综述所指出的，关于金融和增长的经验研究可按照以下几个方面来区分：（1）文章考察的是跨国数据，还是跨产业的数据，或者跨地区的数据，又或企业水平的数据；（2）$Findev_i$ 是如何度量的，利用的是银行信用与GDP之比，还是股票市场发展的指标，或者这一变量还与衡量产业的外部金融依赖程度的某个变量是相互影响的；（3）文章考察的是截面数据还是面板数据；（4）是否使用了关于金融发展的工具变量。

举例来说，金和莱文（King and Levine，1993a）考察了1960—1989年间77个国家

的大样本。按照前面设定的方程，他们做的是人均 GDP 的平均增长或 TFP 的平均增长关于金融发展以及一系列控制变量的回归。控制变量包括初始的人均收入、教育的度量、政治稳定性的指标以及政策变量。金融发展通过三种可能的方式来度量：（1）金融体系的流动负债与 GDP 之比；（2）商业银行的信用与银行信用加上中央银行的国内资产之比（与其他的度量相比，这一度量的表现往往较差）；（3）私有企业的信用与 GDP 之比。以上每一个度量都使用 1960—1989 年间的平均值。金和莱文的跨国回归结果表明，生产率增长与之前设定的度量金融发展的各种指标之间存在着较大且显著的相关性。

拉詹与津加莱斯（Rajan and Zingales，1998）则在更加微观的经济水平上进行了开创性的研究。他们将国家 i 中产业 k 的价值增值的平均增长关于以下这些变量进行回归：（1）国家的和产业的虚拟变量；（2）产业 k 在国家 i 的整个制造业中的份额；（3）国家 i 的金融发展（通过股市的股本与国内信用之和与 GDP 之比来度量）与产业 k 对于外部金融的依赖程度（通过非内部融资的资本成本在美国的相同产业中所占比例来度量）之间的交互项。这里的基本思想是，企业在美国并不会受到金融约束，从而关于外部依赖性的这一度量可以看作是独立于金融发展的，而仅仅依赖于技术因素。拉詹和津加莱斯并没有将金融发展独立地包括进来，因为这种方法将会产生国家虚拟变量之间的共线性。利用 42 个国家 36 个产业的样本，拉詹和津加莱斯发现，外部金融与它们的金融发展度量之间的相互影响的系数在 1%的水平上是正且高度显著的，这就提供了强有力的证据来支持如下结论：在那些严重依赖于外部金融的产业中，高度的金融发展对于增长是有促进作用的。

利用拉詹和津加莱斯的方法，贝克（Beck，1998）使用跨国/跨产业的数据来考察金融发展和美国相应产业中的企业的平均规模（再一次地，这依赖于隐含的假定，即不是金融市场的摩擦，而仅仅是技术因素，决定了美国企业的这一平均规模）之间的相互作用对于生产率增长的影响。他们发现，在那些由较高比例的小企业组成的产业中，高度的金融发展对于增长有促进作用。

综上所述，如果将金融约束引入熊彼特的增长框架，并且利用现有的来自跨国和跨产业数据的经验证据，可以证实生产率增长与金融发展的各种指标之间存在着显著的相关性，这也就从某种角度验证了增长应当随着金融的发展而加快的预言。

在下一节中，我们将再次考虑金融约束，不过届时将分析宏观经济波动性与增长之间的相互作用，以及逆周期的财政政策在促进增长方面的潜在作用。

第四节　波动性与增长

对经济增长与经济周期分别进行讨论的做法由来已久。例如，初级宏观经济学教材中的乘数—加速数模型分析总产出围绕着某种外生趋势的波动，而哈罗德-多马模型和新古典增长模型则在忽略经济周期波动的情况下分析总产出长期的确定性增长路径。正如卡尔多在 20 世纪 50 年代中期指出的，“作为一个纯粹的周期模型，乘数—加速数模型与现实世界中的周期性波动几乎没有相似之处，现实的情况是，接连不断的繁荣期将产出不断地带到更高的水平。”

20 世纪 80 年代出现的真实经济周期（RBC）文献强调生产率冲击是持久性波动的主要来源，这些文献可以看作是一种初步的尝试，以克服传统的宏观经济理论将趋势与周期分割开来的做法。然而，如果基于与新古典增长文献相同类型的生产技术，RBC 模型并不能解释从因果关系上与经济周期相关联的趋势。

一种尝试克服短期波动与长期增长之间两分法的研究思路遵循内生增长模型中的 AK 形式。其中的思想是，通过其对于总量储蓄和投资的影响，宏观经济的波动性可能影响长期的增长。因为在 AK 的框架中，长期增长完全由资本积累驱动。因此，如果个体从预防的动机出发，希望储蓄更多，则较大的波动性就会提高储蓄的供给水平；但是，较大的波动性将会降低经过风险调整的投资收益率，从而降低投资需求。这两种效应中的哪一种占主导，取决于代表性家庭的跨期替代弹性。

另一些研究波动性与增长的模型使用熊彼特的范式。在这一方法中，波动性和增长之间的关系由科研套利方程决定。试图解释经济周期中 R&D 投资的周期性的第一种思路是，新的思想很快就会被模仿，因此在繁荣期中创新是更加有利可图的，此时新思想的利润是最高的。第二种思路依赖于信用约束的存在，其中的思想是，在没有信用约束的情况下，衰退将鼓励企业重新组织、创新，或者重新配置到新的市场。熊彼特曾将这种观点总结如下：“(衰退）是暂时的。它们每一次都意味着在一个更有效的环境中重新构造经济体系。”然而，信用约束将会影响到衰退中企业的创新能力。一般地，在一次衰退中，当前的收益下降，从而企业为了创新而借贷的能力也就下降了。这种“熊彼特的”方法给出的预测是，金融发展水平越低，宏观经济波动与增长之间的负相关程度就越大。这就意味着宏观经济政策可以直接影响长期增长，特别是在如下的意义上，即政策可以抵消，或者相反地，可以放大信用约束对于企业投资的周期性成分的影响。

另一种联系波动性和增长的尝试是阿西莫格鲁和齐利博蒂（Acemoglu and Zilibotti，1997）的随机增长模型，其思想是，每一种新的活动都会涉及一项固定成本，从而欠发达的经济只能够为有限数目的活动融资，因此在这些经济中，风险分散的范围是有限的，这就促使这些经济选择低等的而不是更安全的技术。与此同时，欠发达的经济不能分散异质性风险的事实使得这些经济的波动性更大，从而抵御冲击的能力更弱。

已有的一些关于波动性和增长之间的实证研究显示，在金融发展程度低的经济中，波动性和增长之间通常是负相关的。对于这一现象，存在着两种主要的解释。第一种解释背后的思想是，在信用约束较严重的经济中，R&D 投资变得更加地顺周期。这就可以解释为什么在金融发展水平较低的国家中，不仅平均的增长较慢（因为 R&D 投资不大可能在长期中被完成)，而且宏观经济的波动性也由于 R&D 投资的周期性增强了总量生产率的波动性而变得较大。第二种解释背后的思想是，欠发达的国家分散风险的能力较低，这同时意味着总产出的波动性较大以及个体为了回避风险而倾向于更多地投资于安全但是低级的技术。

第五节　开放与增长

为什么贸易可以增加世界收入，促进生产率增长？我们可以考虑如下的几种理由：

第一，贸易的开放扩大了成功的创新者可以享有的市场规模，或者说，扩大了产品的规模，从而提高了干中学的外部性程度。这种市场规模效应对于较小的国家尤为重要，因为这些国家开放贸易使得市场规模以较高的比例扩大。因此，若对增长关于“开放性”与国内经济规模（例如，用人口的对数来度量）的交互作用进行回归，我们应该发现国家规模与开放性的交互项系数是负的。第二，贸易导致从较发达的国家或部门到欠发达的国家和部门的知识外溢。因此，可以预期的是，在增长回归中，开放性和初始收入之间的相互影响是负向的；也就是说，在越发达的国家中，开放性对于增长的促进作用越弱。由于知识一般是从富裕的国家流向贫穷的国家，因此并不令人吃惊的是，一个国家越是发达，则其从知识外溢引起的贸易中获得的好处就越少。

上面的讨论并不包括贸易对于增长的另一种影响，即通过国外生产者与国内生产者的竞争，贸易自由化倾向于增进产品市场的竞争。这又会促进国内的生产率的提高，至少基于两个理由：首先，这将促使最没有生产率的厂商退出国内的市场。其次，这一效应促使国内厂商从事创新，以摆脱与它们的先进的国外同行之间的竞争。

总的来说，理论的研究表明，我们有很好的理由认为，贸易对于一个国家的国民收入水平及增长率都有正向的影响。但是，这种一般性推论也可能存在例外。特别地，作为国际贸易的一种结果，那些有潜力在某些部门中成为世界的领导者，但是还未实现此目标的小型经济体，更有可能沦为一个失败者。

具体来说，如果我们分析贸易开放对于国内生产率和创新激励的影响，则国际贸易提高世界整体收入的理由是多方面的：第一，它在每一部门中都选择了生产率最高的生产者；第二，它使得最先进的生产者可以在更大的市场上销售；第三，它允许落后的部门赶上技术前沿。如果我们分析贸易和创新之间的关系，则通过扩大市场的规模，贸易扩大了成功的创新者获得的事后租金的规模，从而刺激了R&D投资。进一步地，通过加剧产品市场的竞争，贸易鼓励了国内经济中较先进的厂商旨在摆脱竞争的创新。然而，贸易也可能阻碍落后的生产者的创新。这种阻碍效应又会带来贸易有时候减缓增长的可能性，特别是在远远落后于世界技术前沿的较小的国家中。对于这些国家而言，在完全的自由贸易之前，首先去除掉阻碍创新的壁垒的做法将取得更好的效果。

基于以上的理论描述，如果研究开放和增长之间的关系，则可能利用数据进行检验的预测包括：

1. 选择效应的预言

开放程度对于收入具有正向影响。此外，贸易将提高所有的最终产品部门的生产率。

2. 规模效应的预言

（1）开放性和规模的相互作用对于收入具有负向冲击。也就是说，与较大的国家相比，较小的国家在比例上获得了更多的来自开放的好处。

（2）开放性和规模的相互作用对于增长具有负向冲击。也就是说，与较大的国家相比，较小的国家在比例上获得了更多的来自开放的好处。

3. 落后效应的预言

（1）开放性和技术前沿距离的相互作用对于收入的影响是不确定的。只要距离不是过分的大，影响就是正向的；距离越大，则来自开放的好处的比例就越高。但是，当距离太大时，影响发生逆转。

（2）开放性和技术前沿距离的相互作用对于增长的影响是不确定的。尽管在自由贸易的情况下，无论厂商是技术的领先者，还是与技术的领先者水平相当，都会增加创新，但是，对于落后于技术领先者的厂商而言，如果落后的幅度足够大，则可能是减缓生产率增长的。净的效应是不确定的。

阿吉翁等（Aghion，Fedderke，Howitt，Kulatane，and Viegi，2008）在一个中等收入国家的环境中，即利用南非的制造业部门的数据，检验了上述的各种效应。作为逐步自由化的自然实验的一个例子，南非的情形是有趣的。这一国家存在部门间的异质性，同时又经历着显著的内部市场垄断的折磨。检验结果证实了贸易自由化对于生产率增长的正向影响。进一步地，结果表明，自由化的直接影响通过自由化对于产品市场竞争以及国内生产者的定价权的冲击而实现。检验结果还证实了，贸易自由化带来的最大的正向影响出现在较小的而不是较大的国内部门中；但是，对于远离或者接近国际技术前沿的部门来说，没有发现自由化产生的影响的差异。对于中国这样一个中等收入国家而言，这一实证研究的政策含义不言而喻。

第六节　环境保护

无论是在政策制定层面，还是在学术圈内，环境的重要性已经被越来越多的人所承认，特别是关于经济增长与自然资源之间的关系这一问题。

现在不断地有观察家和政策制定者提醒公众注意与增长有关的严重的环境危险。首先，增长加速了可耗竭能源（煤、石油等）的消耗。这就使得某些个人和团体在20世纪70年代的时候（特别是在产业国家遭受石油冲击之后）重新关注生态问题，并且指出零增长是唯一可持续的长期目标。其次，增长导致了环境的恶化。举例来说，二氧化碳的排放最终可能会严重地侵害地球上的生产和生命。斯特恩（Stern，2006）关于不减少二氧化碳排放所带来的经济成本的报告将这一问题带到了新闻头条的位置，并且促使八国集团的政府首脑迅速地对此做出反应。

对于关注经济发展和环境之间关系的人而言，一定知道所谓的环境库兹涅茨曲线，即国家收入水平和表示环境质量的指标（例如，空气和水的污染）之间的倒U形关系。关于这一关系的开创性研究由格罗斯曼和克鲁格（Grossman and Krueger，1991，1995）给出，他们利用跨国数据分析了各种环境指标。在讨论这种简化形式的关系的有效性方面，这些研究开创了全新的文献分支。①

关于增长与环境之间的关系，开创性的工作由诺德豪斯（Nordhaus，1974，1977）给出，他指出了经济增长对于环境保护的影响以及自然资源可能限制增长的各种方式。具体而言，在气候变化的问题方面，诺德豪斯构造了一个完整的关于气候变化和经济的动态模型（DICE模型），这一模型包含了表示地球物理学关系的方程（排放方程、浓度

---

① 关于这一主题的全面讨论，参见Dasgupta et al.(2002)；Harbaugh，Levinson，and Wilson (2002)。

方程、气候变化方程、气候恶化方程）及其与经济结果之间的联系，从而扩展了新古典增长的拉姆齐模型。关于气候变化方面的经济行为及其后果的分析也正是斯特恩（Stern，2006）的主题。

斯托基（Stockey，1998）仍然在外生增长的框架中，利用AK模型分析了污染问题，得出了人均收入与环境质量之间的倒U形关系，以及长期增长不可持续的结果（非正的增长）。

几项最近的研究指出，外生增长模型的预测是有争议的，特别是在允许出现（内生的）定向技术进步（DTC）的情况下。最近的经验研究文章提供了引致技术进步方面的证据，即能源的价格可以影响创新类型的选择。①

给定在能源节约方面观测到的定向技术进步的证据，许多最近的文章（Grubler and Messner，1998；Manne and Richels，2004；Messner，1997；Buonanno，Carraro，and Galeotti，2003；Nordhaus，2002；Sue Wing，2003）都尝试讨论当定向技术进步被忽略时，环境整顿的成本被过高地估计了多少。

关于气候变化成本的合适度量的争论现在是这一领域内的一个重要的研究主题，并且正如韦茨曼（Weitzman，2007）和达斯古帕塔（Dasgupta，2008）所指出的，这些研究已经意识到将各种因素如风险、不确定性以及贴现等纳入分析的范围是至关重要的。

那么，我们该如何在新增长理论中整合进环境问题，特别地，如何将可持续增长的目标与可耗竭资源施加的约束或者保护环境的需求整合起来呢？对于这一问题，现代增长理论的切入点是内生的创新和定向技术进步。通过在AK模型或者熊彼特增长模型中引入可耗竭资源约束并进行比较，现代增长理论指出，一旦假定生产依赖于可耗竭资源，则单部门AK模型就不再能够解释长期增长，但是在带有内生创新的模型中，可持续增长可以重现。此外，如果利用定向技术进步模型来分析向污染环境的生产活动征税的增长效果以及如何选择这一税收，也可以达到长期保护环境的目的。

第七节　文化与发展

最后，我们提一下一些增长理论涉足不深的领域或者一些在很大程度上还未被探讨的问题，以此作为关于促进经济增长政策的讨论的小结。这主要是文化与增长、发展和产业之间的关系。

在讨论这些内容之前，我们退一步，简要地回顾前面各节的内容。首先，我们看到，尽管降低了创新的事后租金，但是竞争和进入是可以促进增长的。我们说明了，竞争和进入对于增长的促进多是在技术较发达的部门和国家中，而在欠发达的部门中，可能是阻碍增长的。然后我们指出，教育投资可以对增长产生较大影响，这既是因为教育投资有助于抵消物质资本积累的报酬递减效应，也是因为教育投资可以促进技术进步。我们

① 参见波普（Popp，2002）关于能源价格对于能源节约型创新的影响，以及厄尔等（Newell，Jaffe，and Satvins，1999）关于空调产业这一特例的讨论。

看到，教育和R&D投资之间的互补关系可能产生多重均衡，也可能导致低发展水平的陷阱。我们还指出，在远远落后于技术前沿的国家或地区中，初等教育和中等教育似乎是更加促进增长的，而在技术较发达的国家或地区中，高等教育是更加促进增长的。接下来，我们转而讨论波动性和增长之间的关系。我们看到，宏观经济的波动性对于储蓄从而对于增长有着两种相互抵消的影响。据此我们认为，在金融发展水平较低（或者等价地，面临较紧的信用约束）的国家或部门中，波动性对于增长似乎是更加有害的，从而建议在这些国家或地区中，逆周期的宏观经济政策可能是更加促进增长的。我们还看到，资产市场欠完备的国家更容易受到风险的冲击，这就可能阻碍这些国家向更高的发展水平收敛。再接下来，我们分析贸易开放的影响。特别地，我们看到，至少基于三个理由，贸易开放是可以促进增长的：它扩大了经济的规模；它产生了知识外溢；它培育了竞争，并且淘汰了生产率低下的企业。这就可以解释为什么在小国和/或较发达的部门中，贸易自由化似乎是更加促进增长的。最后，我们将注意力转向环境政策，并且说明了这些政策应该如何设计，以鼓励绿色创新，从而保证可持续增长。

我们可以将经济增长的过程以及增长政策的设计看作是由若干的层次组成。第一个层次是那些对于创新和资本积累的直接激励。例如，资本投资的补贴、R&D的补贴、激励创新的税收鼓励，或者为了给个人创造更多的机会而采取的协调激励方面的收入税政策。第二个层次是那些制度和结构方面的改革。例如，产品和贸易的自由化、教育开支结构的改革、金融体系的组织、宪政的设计以及控制权在政府和企业之间的配置。特别是通过对创新激励的影响，这些制度因素间接地影响增长。

关于增长的第三个层次，可能也是更加根本的层次，是那些与文化以及信仰有关的因素。在过去的几年中，出现了一些分析“文化”对于经济结果的影响的新的文献。在经济学的文献中，“文化”一词指的是个体的和集体的信仰、社会规范，以及那些由于某种原因而受到周围环境的影响但通常其变化却比较缓慢的个体偏好方面的各种特征。

举例来说，埃斯特利和莱文（Easterly and Levine，1997）运行跨国的回归并指出，民族的差异性与增长之间存在负相关关系。塔贝利尼（Tabellini，2007）分析了用已有的人力资本存量度量的文化的影响。纳克和基弗（Knack and Keefer，1997）以29个市场经济国家作为样本的跨国数据分析指出，个体之间的相互信任与增长和投资的GDP占比是正相关的。扎克和纳克（Zak and Knack，2001）将这一分析扩展至一个更大的包括41个国家的样本，图11－4总结了他们的发现。背后的思想是，如果相互信任程度较高，则人们将花费较少的时间相互监视，而将更多的时间用于生产。其中，关于信任的指标通过世界价值观调查（World Value Survey）的两次调查结果的平均值来计算。具体来说，在国家的水平上，个体回答如下问题：“你认为绝大多数人是可以信任的，还是在与人们交往的过程中需要格外小心？”如果相应的答案是“大多数人是可以信任的”，个体的指标等于0；如果答案是“需要非常小心”，则个体的指标等于1。被解释变量是人均收入的年平均增长率。由图11－4可以看到，关于信任的这一度量与增长是正相关的，并且经验的分析表明，这一相关性是显著的。但是，这一结果并没有说明信任和增长之间的任何因果联系，并且也几乎没有涉及信任和增长之间赖以联系的特别的渠道。

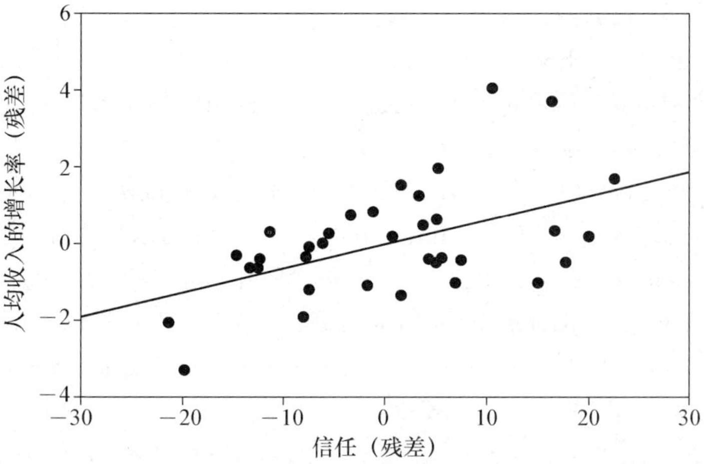

图 11－4　信任和增长

关于信任的工具变量，一个令人信服的尝试是圭索等（Guiso，Sapienza，and Zingales，2005）的研究，他们说明了个体之间或者不同国家的个体之间的相互信任可以影响到贸易以及其他的经济结果，而他们使用的关于相互信任的工具变量是基因相似性的度量指标。

思考与练习

1. 请给出产品市场竞争能够促进增长的一条理由以及相反的结论有可能成立的另一条理由。从经济学直觉上解释“摆脱竞争效应”和“熊彼特效应”，这对于促进增长的政策意味着什么？

2. 请思考金融发展与经济增长之间的因果关系可以通过何种渠道来建立。

3. 请在新古典模型和 AK 模型内解释教育的积累如何促进了增长，并解释教育存量的重要性以及教育的构成在促进增长方面的影响会随着国家与世界技术前沿的距离的变化而变化。

4. 请从经济学直觉上解释金融发展的较低水平如何意味着宏观经济的波动性和增长之间的更强的负相关关系。

5. 请从经济学直觉的角度解释贸易开放可以增加世界收入、促进生产率增长的如下三个理由：(1) 市场规模效应；(2) 知识外溢效应；(3) 产品市场竞争效应。

参考文献

Acemoglu and Zilibotti (1997). “Was Prometheus Unbound by Chance? Risk, Diversifi cation, and Growth,” *Journal of Political Economy*, 105, 709-775.

Aghion, Dewatripont, and colleagues (2007). “Why Reform Europe's Universities?" *Bruegel Policy Brief*.

Aghion, Fedderke, Howitt, Kulatane, and Viegi (2008). "Testing Creative Destruction in an Opening Economy: The Case of the South African Manufacturing Industries," Mimeo, Harvard University.

Benhabib and Spiegel (1994). "Testing Creative Destruction in an Opening Economy: The Case of the South African Manufacturing Industries," Mimeo, Harvard University.

Buonanno, Carraro, and Galeotti (2003). "Endogenous Induced Technical Change and the Costs of Kyoto," *Resource and Energy Economics*, 25, 11-34.

Dasgupta et al. 2002. "Confronting the Environmental Kuznets Curve," *Journal of Economic Perspectives*, 16, 147-168.

Dasgupta (2008). "Discounting Climate Change," *Review of Environmental Economics and Policy*, forthcoming.

Easterly and Levine (1997). "Africa's Growth Tragedy: Policies and Ethnic Divisions," *Quarterly Journal of Economics*, 112, 1203-1250.

Grubler and Messner (1998). "Technological Change and the Timing of Mitigation Measures," *Energy Economics*, 20, 495-512.

Grossman and Krueger (1991). "Environmental Impact of a North American Free Trade Agreement," NBER Working Paper, No. 3914.

Grossman, G. M., and A. B. Krueger. (1995). "Economic Growth and the Environment," *Quarterly Journal of Economics*, 110, 353-377.

Guiso, Sapienza, and Zingales (2005). "Does Culture Affect Economic Outcomes?" *Journal of Economic Perspectives*, 20, 23-48.

Harbaugh, Levinson, and Wilson (2002). "Reexamining the Empirical Evidence for an Environmental Kuznets Curve," *Review of Economics and Statistics*, 84, 541-551.

Knack and Keefer (1997). "Does Social Capital Have an Economic Payoff? A Cross-Country Comparison," *Quarterly Journal of Economics*, 112, 1251-1288.

Levine (2005). "Finance and Growth: Theory and Evidence," in P. Aghion and S. N. Durlauf (Eds.), *Handbook of Economic Growth*, Amsterdam: Elsevier North-Holland.

Lucas (1988). "On the Mechanics of Economic Development," *Journal of Monetary Economics*, 22, 3-42.

Mankiw,. Romer and Weil (1992). "A Contribution to the Empirics of Economic Growth," *Quarterly Journal of Economics*, 107, 407-437.

Manne and Richels (2004). "The Impact of Learning-by-Doing on the Timing and Costs of CO2 Abatement," *Energy Economics*, 26, 603-619.

Messner (1997). "Endogenized Technological Learning in an Energy Systems Model," *Journal of Evolutionary Economics*, 7, 291-313.

Nelson and Phelps (1966). "Investment in Humans, Technological Diffusion, and Economic Growth," *American Economic Review*, 61, 69-75.

Newell, Jaffe, and Satvins (1999). "The Induced Innovation Hypothesis and Energy-Saving Technological Change," *Quarterly Journal of Economics*, 114, 941–975.

Nordhaus (1974). "Resources as a Constraint on Growth," *American Economic Review*, 64, 22–26.

Nordhaus (1977). "Economic Growth and Climate: The Case of Carbon Dioxide," *American Economic Review*, Jan. 1.

Nordhaus (2002). "Modeling Induced Innovation in Climate-Change Policy," in A. Grübler, N. Nakicenovic, and W. D. Nordhaus (Eds.). *Technological Change and the Environment*, Washington, DC: Resources for the Future.

Persson and Tabellini (1994). "Is Inequality Harmful for Growth?" *American Economic Review*, 84, 600–621.

Popp 2002. "Induced Innovation and Energy Prices," *American Economic Review*, 92, 160–180.

Stern (2006). *The Economics of Climate Change: The Stern Review*, Cambridge, UK: Cambridge University Press.

Stockey (1998). "Are There Limits to Growth?" *International Economic Review*, 39, 1–31.

Stokey, N. (1996). "Free Trade, Factor Returns, and Factor Accumulation," *Journal of Economic Growth*, 1, 421–447.

Sue Wing (2003). "Induced Technical Change and the Cost of Climate Policy," *Technical Report* 102, MIT Joint Program on the Science and Policy of Global Change.

Weitzman (2007). "A Review of the Stern Review on the Economics of Climate Change," *Journal of Economic Literature*, 45, 703–724.

Zak and Knack (2001). "Trust and Growth," *Economic Journal*, 111, 295–321.

PART THREE

| 第Ⅲ部分 |

3 宏观经济学的微观基础

第12章

消　　费

消费是国内生产总值的重要组成部分，在许多发达国家中，消费经常占到GDP的2/3左右。因此，关于消费的研究就构成了宏观经济学的一个不可或缺的领域。我们知道，现代宏观经济学始于凯恩斯的《就业、利息和货币通论》，在这部著作中，凯恩斯将消费视为总需求中的一个消极部分，主要依赖于当期的收入，并且假定消费的边际倾向小于平均倾向。此后，经济学家们为验证此种类型的消费函数做了大量的经验研究，结果表明，消费确实与收入正相关，同时边际消费倾向也确实小于1。但是，让人不满意的是，对于这一结论，用横截面数据估计出来的边际消费倾向要远远小于用时间序列资料估计出来的结果，当然，仅仅将消费假定为依赖于当期收入肯定是过度简化了现实，因而在凯恩斯之后关于消费的研究首先考虑将凯恩斯的静态模型扩展到动态。在现代宏观经济理论中，消费选择被认为是一个动态决策问题，它不仅取决于消费者的储蓄态度、风险偏好，也依赖于劳动供给、家庭结构以及生育选择等各方面的因素。同时，消费决策也就是储蓄决策，而储蓄水平又决定了一个经济长期的资本积累水平和投资水平，因此，消费对于理解资本市场的行为以及经济发展和经济增长也是至关重要的。

现代消费理论的发展首先要归功于莫迪利亚尼（F. Modigliani）和弗里德曼（M. Friedman）的生命周期—持久收入假说（LC—PIH）。这一假说认为，出自持久收入的边际消费倾向的值要比出自暂时性收入的边际消费倾向的值大，从而人们在其一生中保持相对平稳的消费状态。由此可知，人们的消费行为应当适应于其一生的收入和财富，而当期收入仅仅是决定消费支出的一个因素。在20世纪70年代以前，LC—PIH是研究消费行为的主要分析工具，在那之后，大量的文献将理性预期假说和不确定性结合进来，其中包括卢卡斯、霍尔（Hall）等的重要工作。霍尔发现，在一定条件下，消费呈现出随机游走的特征，但这一结论遭到一些经验证据的反驳。近年来的研究发现，利用消费的一些其他特征，如消费的过度敏感性和过度平滑性，再加上预防性储蓄假说和流动性约束假说的一些新发展，可以构造出一些新的消费函数模型，这些模型在经验证据方面获得了一定的支持。

第一节　确定性条件下的消费

一、基本模型

我们考虑一个处于非随机环境中的代表性消费者，他面临如下最优化问题：

$$\begin{cases}\max\sum_{t=1}^{\infty}\beta^{t-1}U(C_t), \quad 0<\beta<1\\ \text{s. t. } A_{t+1}=(A_t+Y_t-C_t)(1+r_t), \quad A_1\text{给定}\end{cases}$$

其中效用函数 $U(\cdot)$ 满足：$U''(\cdot)<0<U'(\cdot)$，Y_t 表示 t 期的劳动收入，是一个已知序列；r_t 表示 t 期的利率水平，事先给定；C_t 表示 t 期的消费；A_t 表示 t 期初的非劳动收入。另外，为排除由不受限制的借债所支持的无限消费策略，我们假定：$\forall t\geqslant 1$，有

$$C_t+\sum_{j=1}^{\infty}\left[\prod_{k=0}^{j-1}(1+r_{t+k})^{-1}\right]C_{t+j}=Y_t+\sum_{j=1}^{\infty}\left[\prod_{k=0}^{j-1}(1+r_{t+k})^{-1}\right]Y_{t+j}+A_t \quad (12.1)$$

为找到代表性消费者的最优消费策略，我们将 t 期的价值函数定义为：

$$V_t(A_t)=\max\sum_{s=t}^{\infty}\beta^{s-t}U(C_s) \quad (12.2)$$

于是，此动态规划问题的贝尔曼方程为：

$$V_t(A_t)=\max_{C_t}\{U(C_t)+\beta V_{t+1}(A_{t+1})\} \quad (12.3)$$

一阶必要条件为：

$$U'(C_t)=\beta(1+r_t)V'_{t+1}(A_{t+1}) \quad (12.4)$$

本维尼斯特-沙因克曼公式告诉我们：

$$V'_t(A_t)=\beta(1+r_t)V'_{t+1}(A_{t+1}) \quad (12.5)$$

因此，我们得到：

$$U'(C_t)=\beta(1+r_t)U'(C_{t+1}) \quad (12.6)$$

这就是关于 C_t 的欧拉方程，也称作凯恩斯-拉姆齐规则。它可以解释为：两期消费之间的边际替代率必须等于边际转换率。也就是说，一方面，如果代表性消费者在 t 期减少消费 dC_t 作为投资，则他在 t 期的效用损失为 $U'(C_t)dC_t$；另一方面，t 期消费的减少将允许 $t+1$ 期消费得更多，从而带来效用的增加，这一增量用 t 期的价值标准衡量将是：$\beta U'(C_{t+1})dC_{t+1}$，这里 $dC_{t+1}=(1+r_t)dC_t$。我们知道，沿着最优消费路径，必定有式(12.6)成立，否则就存在通过改变消费计划来提高效用水平的可能。

例　我们取对数效用函数：

$$U(C_t)=\ln C_t \tag{12.7}$$

由欧拉方程得：

$$C_{t+j}=\beta^j\left[\prod_{k=0}^{j-1}(1+r_{t+k})\right]C_t$$

代入式（12.1）得：

$$C_t=(1-\beta)\left\{Y_t+\sum_{j=1}^{\infty}\left[\prod_{k=0}^{j-1}(1+r_{t+k})^{-1}\right]Y_{t+j}+A_t\right\} \tag{12.8}$$

也就是说，当事人总是消费总财富的一个固定比例。若我们进一步假定 $Y_t=\lambda Y_{t-1}$ 和 $r_t=r$，则有：

$$\begin{aligned}C_t&=(1-\beta)[A_t+Y_t+(1+r)^{-1}\lambda Y_t+(1+r)^{-2}\lambda^2 Y_t+\cdots]\\&=(1-\beta)\{A_t+Y_t/[1-\lambda(1+r)^{-1}]\}\end{aligned} \tag{12.9}$$

这里我们要求 $\lambda<1+r$，即假定收入的增长率小于利率。在上述策略下，消费随当期收入 Y_t 正向变动，随当期观察到的利率水平反向变动，随收入的增长率 λ 正向变动。

二、生命周期—持久收入假说

由式（12.8）可以看出，消费取决于人们在一生当中的总财富，而不仅仅是当期收入，这正是莫迪利亚尼和弗里德曼的生命周期—持久收入假说的主要观点。在莫迪利亚尼的生命周期假说中，他强调了在人的一生中面对收入的变动时该如何选择以维持稳定的生活水平；而弗里德曼的持久收入理论则重点预测消费者一生可望得到的收入水平。

（一）莫迪利亚尼的生命周期假说

莫迪利亚尼认为，人们的消费方式是根据整个生命周期来计划的，他们不仅花费当前收入，也花费过去的积累，即财富。一般来说，消费者会根据整个一生预期所能挣到的钱或者所能得到的各种收入，设计出一个最优的终生消费模式。在收入不稳定的情况下，人们力图通过储蓄来平滑消费路径。

假定某一代表性消费者的预期寿命为 L，其工作年限为 N，年龄为 T。Y_a 表示整个生命周期中的平均收入，W 表示已积累的财富存量，它是以往收入中用于储蓄的部分。莫迪利亚尼假定消费函数的形式为：

$$C_t=\alpha W+\beta Y_a$$

其中 $\alpha=1/(L-T)$，$\beta=(N-T)/(L-T)$。由此可知，随着年龄的增长，财富中被消费掉的比例逐年增加；而随着退休的临近，每一年的消费将是预期终生平均收入中一个越来越小的部分。

（二）弗里德曼的持久收入假说

弗里德曼提出，现期收入 Y_t 包括两个部分：持久收入 Y^P 和暂时收入 Y_t^T。其中持久收入是指收入中人们预期可以持续到未来的那一部分，而暂时收入是指收入中人们并不预期可以持续的那一部分。也就是说，持久收入是平均收入，而暂时收入是对平均量的暂时偏离。由此可知，持久收入的现值总和应当等于总财富的现值总和，而暂时收入则是当期收入与持久收入之差，即：$\forall t \geqslant 1$，有

$$Y^P + \sum_{j=1}^{\infty}\left[\prod_{k=0}^{j-1}(1+r_{t+k})^{-1}\right]Y^P = Y_t + \sum_{j=1}^{\infty}\left[\prod_{k=0}^{j-1}(1+r_{t+k})^{-1}\right]Y_{t+j} + A_t \tag{12.10}$$

$$Y_t^T = Y_t + r_t A_t - Y^P \tag{12.11}$$

弗里德曼认为，消费是持久收入的函数，即

$$C_t = f(Y^P) \tag{12.12}$$

而持久收入是一生总财富的一种平均，因而消费是总财富的函数。

例 我们取 $f(Y^P)=Y^P$，则消费可表示为：

$$C_t = \left\{1+\sum_{j=1}^{\infty}\left[\prod_{k=0}^{j-1}(1+r_{t+k})^{-1}\right]\right\}^{-1}\left\{Y_t + \sum_{j=1}^{\infty}\left[\prod_{k=0}^{j-1}(1+r_{t+k})^{-1}\right]Y_{t+j} + A_t\right\} \tag{12.13}$$

比较式（12.8）和式（12.13）可知，当 $\beta = 1-\left\{1+\sum_{j=1}^{\infty}\left[\prod_{k=0}^{j-1}(1+r_{t+k})^{-1}\right]\right\}^{-1}$ 时，由持久收入假说得到的消费策略与上一小节中的结果相同。另外，由（12.11）式可知，t 期的储蓄 S_t 为：$S_t = Y_t^T$，即各期的储蓄等于各期的暂时性收入。当期收入大于持久收入时，储蓄为正；当期收入小于持久收入时，储蓄为负，即当事人负债或利用储蓄消费。因此，在持久收入假说中，储蓄的作用在于平滑消费路径。

由此可知，弗里德曼的持久收入假说虽然只假设消费是收入的函数，但它与凯恩斯消费函数有本质的差别，它考虑了跨期的最优选择，得到的消费策略是一种动态最优。

第二节　不确定性条件下的消费

前面我们研究了确定性条件下的个人消费行为，结果表明，在任一时刻，个人总是按照凯恩斯-拉姆齐规则确定自己的消费水平。现在我们引入不确定性因素，并推导出最优消费策略的特征。

一、基本模型

我们考虑一个处于随机环境中的代表性消费者，他面临如下最优化问题：

$$\begin{cases}\max E\left[\sum_{t=1}^{\infty}\beta^{t-1}U(C_t)\mid I_1\right] & (0<\beta<1)\\ \text{s. t. } A_{t+1}=(A_t+Y_t-C_t)(1+r_t), & A_1 \text{ 给定}\end{cases}$$

其中 $E[\cdot\mid I_t]$ 表示基于 t 期信息的条件期望值，I_t 表示 t 期的信息集合。效用函数 $U(\cdot)$ 满足：$U''(\cdot)<0<U'(\cdot)$；Y_t 是一已知的随机过程，表示 t 期的劳动收入；r_t 表示 t 期的利率水平，并且没有包含在 I_t 之中；C_t 表示 t 期的消费；A_t 表示 t 期初的非劳动收入。另外，为排除不受限制且不断增长的借债，我们须假定：$\forall t\geqslant 1$，有

$$\begin{aligned}&C_t+\sum_{j=1}^{\infty}\left[\prod_{k=0}^{j-1}(1+r_{t+k})^{-1}\right]E[C_{t+j}\mid I_t]\\&=Y_t+\sum_{j=1}^{\infty}\left[\prod_{k=0}^{j-1}(1+r_{t+k})^{-1}\right]E[Y_{t+j}\mid I_t]+A_t\end{aligned}\tag{12.14}$$

为找到最优的消费策略，我们定义 t 期的价值函数为：

$$V_t(A_t)=\max E\left[\sum_{s=t}^{\infty}\beta^{s-t}U(C_s)\mid I_t\right]\tag{12.15}$$

则上述动态随机规划问题的贝尔曼方程为：

$$V_t(A_t)=\max_{C_t}\{U(C_t)+\beta E[V_{t+1}(A_{t+1})\mid I_t]\}\tag{12.16}$$

一阶必要条件为：

$$U'(C_t)=\beta E[(1+r_t)V'_{t+1}(A_{t+1})\mid I_t]\tag{12.17}$$

本维尼斯特-沙因克曼公式告诉我们：

$$V'_t(A_t)=\beta E[(1+r_t)V'_{t+1}(A_{t+1})\mid I_t]\tag{12.18}$$

因此，我们得到：

$$U'(C_t)=\beta E[(1+r_t)U'(C_{t+1})\mid I_t]\tag{12.19}$$

这是关于 C_t 的随机欧拉方程，它是确定性条件下的凯恩斯-拉姆齐规则的一般化。

例 1 取对数效用函数：

$$U(C_t)=\ln C_t\tag{12.20}$$

于是，式（12.19）意味着：

$$E[C_{t+j}\mid I_t]=\beta^j\left[\prod_{k=0}^{j-1}(1+r_{t+k})\right]C_t\tag{12.21}$$

将式（12.21）代入式（12.14），我们得到：

$$C_t=(1-\beta)\left\{Y_t+\sum_{j=1}^{\infty}\left[\prod_{k=0}^{j-1}(1+r_{t+k})^{-1}\right]E[Y_{t+j}\mid I_t]+A_t\right\}\tag{12.22}$$

由上式可知，当事人总是消费总期望财富的一个固定比例。

例 2 取二次效用函数：

$$U(C_t)=a_1+a_2C_t+a_3C_t^2,\quad a_3<0 \tag{12.23}$$

并且假定 $r_t=r$。于是，式（12.19）意味着：

$$E[C_{t+j}\mid I_t]=\alpha\frac{1-\gamma^j}{1-\gamma}+\gamma^jC_t \tag{12.24}$$

其中 $\alpha=\dfrac{a_2[\beta^{-1}(1+r)^{-1}-1]}{2a_3}$，$\gamma=\beta^{-1}(1+r)^{-1}$。再利用式（12.14）可得：

$$C_t=-\alpha r^{-1}+\left(1-\frac{1}{\beta(1+r)^2}\right)\left\{\sum_{j=0}^{\infty}(1+r)^{-j}E[Y_{t+j}\mid I_t]+A_t\right\} \tag{12.25}$$

在更特殊的情形中，比如假定 $\beta=1/(1+r)$，则由式（12.24）和式（12.25）得：

$$E[C_{t+j}\mid I_t]=C_t,\forall j\geqslant 1 \tag{12.26}$$

$$C_t=\frac{r}{1+r}\left\{\sum_{j=0}^{\infty}(1+r)^{-j}E[Y_{t+j}\mid I_t]+A_t\right\} \tag{12.27}$$

容易看出，式（12.27）正是持久收入假说的一种形式，它表明持久收入是消费者的财富和消费者的劳动收入的期望值的贴现和。式（12.26）则说明消费遵循一鞅过程。

二、霍尔的随机游走观点

从上一小节的例 2 中可以看出，当效用函数取二次型，利率水平 r_t 取常数 r，并且贴现因子 β 满足 $\beta=1/(1+r)$ 时，我们得到：

$$E[C_{t+1}\mid I_t]=C_t \tag{12.28}$$

由理性预期假说，上式意味着：

$$C_{t+1}=C_t+\varepsilon_{t+1} \tag{12.29}$$

其中 ε_t 是一白噪声。这就是霍尔在 1978 年提出的消费的随机游走假说的基本形式。式（12.28）表明，消费遵循一鞅过程：给定 C_t，在 t 期没有其他已知变量能够帮助预测 $t+1$ 期的消费 C_{t+1}。这一结论的直观意义是明显的：如果消费被预期要变化，则个人可在平滑消费方面做得更好。举例来说，如果消费被预期要上升，这意味着当期消费的边际效用大于预期的未来消费的边际效用，从而个人提高当期消费后境况可以改善。因此个人调整其当期消费，直至不再预期消费要变化为止。

下面我们看一下什么因素决定了消费的变化。式（12.27）告诉我们，消费水平等于预期的持久收入。由此可得：

$$C_{t+1}=C_t+E[Y^P\mid I_{t+1}]-E[Y^P\mid I_t] \tag{12.30}$$

于是，

$$\varepsilon_{t+1}=E[Y^P | I_{t+1}]-E[Y^P | I_t] \tag{12.31}$$

式（12.31）表明，消费的变化是由预期持久收入的变化引起的。

霍尔关于消费的随机游走观点与在他之前关于消费的传统观点严重相抵触。举例来说，关于消费的传统观点认为，当产量下降时，消费下降但被预期要恢复，这就意味着消费的变动是可以预测的；但按照霍尔的观点，当产量出人意料地下降时，消费的下降幅度仅为持久收入下降的幅度，其结果是，我们并不能预期消费将会恢复。这样，当面临可预测的收入变化时，关于消费的变化是否可预测就出现了两种截然不同的观点。这也成为众多理论和经验研究的课题。

第三节　关于消费的一些其他观点

一、消费与利率

许多经济学家认为，对利息收入实行优惠的税收政策将会使储蓄增加从而促进增长。但是，这类政策的效果取决于消费对收益率变化的反应程度。因此，理解收益率对消费的影响是十分重要的。

我们用一个简单的模型来分析利率对消费的影响。考虑 CES 的效用函数：

$$U(C_t)=C_t^{1-\sigma}/(1-\sigma) \tag{12.32}$$

其中 σ 是相对风险回避系数。由式（12.6）可得：

$$\frac{C_{t+1}}{C_t}=[\beta(1+r_t)]^{1/\sigma} \tag{12.33}$$

上式表明，一旦我们考虑到真实利率和时间贴现因子不相等的情形，消费就未必是随机游走的了：如果 $1+r_t>1/\beta$，则消费随时间上升；如果 $1+r_t<1/\beta$，则消费随时间下降。

但是，我们并不能就此断言，利率的上升会减少初始消费从而增加储蓄。因为利率的变化不仅有替代效应，而且有收入效应。一般来说，利率的上升不会导致储蓄的显著增加，除非不同期消费之间的替代弹性很大。

二、消费与风险资产

在实际中，个人可投资于许多资产，但几乎所有资产都是有风险的。因此，我们有必要将关于消费的分析拓展到将风险资产市场包括进来的情形。

假定一个处于随机环境中的代表性消费者面临如下最优化问题：

$$\begin{cases}\max E\left[\sum_{t=1}^{\infty}\beta^{t-1}U(C_t) | I_1\right], \quad 0<\beta<1 \\ \text{s.t.}\ \ A_{t+1}=(A_t+Y_t-C_t)[(1+r_t)w_t+(1+z_t)(1-w_t)], \quad A_1 \text{ 给定}\end{cases}$$

其中 $E[\cdot|I_t]$ 表示基于 t 期信息的条件期望值，I_t 表示 t 期的信息集合。效用函数 $U(\cdot)$ 满足：$U''(\cdot)<0<U'(\cdot)$；Y_t 是一已知的随机过程，表示 t 期的劳动收入；r_t 表示 t 期的利率水平，并且没有包含在 I_t 之中；z_t 是一未知的随机过程，表示 t 期的风险资产收益率；w_t 表示投资于无风险资产的份额；C_t 表示 t 期的消费；A_t 表示 t 期初的非劳动收入。

利用我们前面介绍过的方法，可得此规划问题的欧拉方程：

$$U'(C_t)=\beta(1+r_t)E[U'(C_{t+1})|I_t] \tag{12.34}$$

$$U'(C_t)=\beta E[(1+z_t)U'(C_{t+1})|I_t] \tag{12.35}$$

式（12.34）是我们熟悉的凯恩斯-拉姆齐规则。式（12.35）可重写为：

$$U'(C_t)=\beta\{E[1+z_t|I_t]E[U'(C_{t+1})|I_t]+\mathrm{Cov}[(1+z_t, U'(C_{t+1}))|I_t]\} \tag{12.36}$$

其中 $\mathrm{Cov}[\cdot|I_t]$ 表示以 t 期可得信息为条件的协方差。（12.36）式意味着，在决定是否更多地持有一种风险资产时，个人必须考虑这种资产的回报与消费的边际效用之间的关系。一般来说，个人应该避免购买其收益率与自己的劳动收入高度相关的风险资产。

例 1 假定某一消费者可在一个包含 n 种风险资产的组合中分配其资产，其中第 i 种风险资产在 t 期的收益率为 r_t^i，这里 r_t^i 是一正的随机变量；消费者通过选择投资计划 s_t^i（$i=1, 2, \cdots, n$）来最大化 $E\left[\sum_{t=1}^{\infty}\beta^{t-1}U(C_t)|I_1\right]$，约束条件为：

$$C_t+\sum_{i=1}^{n}s_t^i=A_t,\quad t\geqslant 1$$

$$A_{t+1}=\sum_{i=1}^{n}s_t^i(1+r_t^i),\quad t\geqslant 1$$

$$\lim_{t\to\infty}E[\beta^{t-1}A_t|I_t]=0,\quad A_1 \text{ 给定}$$

其中，s_t^i 表示 t 期购买的风险资产 i 的数量，C_t 是 t 期的消费。在 t 期，A_t 和 $r_{t-1}^i(i=1, 2, \cdots, n)$ 可观测到，而 $r_t^i(i=1, 2, \cdots, n)$ 则直到 $t+1$ 期初才可观测到。我们令 $r_t=(r_t^1, r_t^2, \cdots, r_t^n)$，并假定 r_t 和 r_{t-1} 是独立同分布的。

此最优化问题的一阶必要条件是：

$$U'(C_t)=\beta E[(1+r_t^i)U'(C_{t+1})|I_t],\quad i=1, 2, \cdots, n \tag{12.37}$$

这是一个包含 n 个未知函数 $s_t^i(A_t, r_{t-1})$ 的方程组，$i=1, 2, \cdots, n$，其中 $r_{t-1}=(r_{t-1}^1, r_{t-1}^2, \cdots, r_{t-1}^n)$。

例 2　消费资本资产定价模型（CAPM）

我们取二次效用函数：

$$U(C_t)=C_t-aC_t^2/2,\quad a>0 \tag{12.38}$$

则由式（12.36）可得：

$$U'(C_t)=\beta\{E[1+z_t|I_t]E[U'(C_{t+1})|I_t]-a\mathrm{Cov}[(1+z_t, C_{t+1})|I_t]\} \tag{12.39}$$

于是，

$$E[1+z_t|I_t]=\frac{1}{E[U'(C_{t+1})|I_t]}\left[\frac{1}{\beta}U'(C_t)+a\mathrm{Cov}[(1+z_t, C_{t+1})|I_t]\right] \tag{12.40}$$

上式表明，风险资产的回报与消费的协方差越高，则该资产的预期收益率一定也越高。

另一方面，如果某风险资产的回报是一定的，则该资产的回报与消费的协方差应该为零。由此可知，无风险资产的收益率 r_t 应满足：

$$1+r_t=\frac{1}{E[U'(C_{t+1})|I_t]}\left[\frac{1}{\beta}U'(C_t)\right] \tag{12.41}$$

将式（12.41）代入式（12.40），我们得到：

$$E[z_t|I_t]-r_t=\frac{a\mathrm{Cov}[(1+z_t, C_{t+1})|I_t]}{E[U'(C_{t+1})|I_t]} \tag{12.42}$$

上式表明，一种风险资产提供的预期收益率升水（相对于无风险收益率）与该资产的收益率和消费之间的协方差成比例。

这一关于资产收益率决定的模型通常称为消费 CAPM。一种资产的收益率与消费之间的协方差通常称为消费 β。因此，消费 CAPM 的中心含义是：风险资产提供的升水与其消费 β 成比例。

例 3 消费与证券选择（一个连续时间模型）

假定某消费者面临如下最优化问题：

$$\begin{cases}\max E\int_0^{\infty}(\mathrm{e}^{-\rho t}c^b/b)\mathrm{d}t \\ \text{s. t.}\quad \mathrm{d}W=[s(1-w)W+awW-c]\mathrm{d}t+wW\sigma\mathrm{d}z \\ \qquad W(0)=W_0\end{cases}$$

其中 W 表示总财富；w 表示总财富中投资于风险资产的比例；s 表示无风险资产的收益率，a 表示风险资产的期望收益率，$a>s$；σ 表示风险资产每单位时间的标准差；c 表示消费；z 表示布朗运动。

此问题的密尔顿-雅比-贝尔曼（HJB）方程为：

$$\rho V(W)=\max_{c,w}\left\{c^b/b+V'(W)[s(1-w)W+awW-c]+\frac{1}{2}w^2W^2\sigma^2V''(W)\right\}$$

一阶条件为：

$$\begin{cases}c^{b-1}-V'(W)=0 \\ V'(W)(aW-sW)+wW^2\sigma^2V''(W)=0\end{cases}$$

从而有：

$$c=[V'(W)]^{1/(b-1)}$$
$$w=V'(W)(s-a)/[\sigma^2WV''(W)]$$

代入 HJB 方程可得：

$$\rho V(W)=(V')^{b/(b-1)}\cdot(1-b)/b+sWV'-(s-a)^2(V')^2/(2\sigma^2V'')$$

我们猜测 $V(W)=AW^b$，其中 A 是待定常数，则：

$$V'(W)=AbW^{b-1},\quad V''(W)=Ab(b-1)W^{b-2}$$

于是，

$$Ab=\{[\rho-sb-(s-a)^2b/(2\sigma^2(1-b))]/(1-b)\}^{b-1}$$

上式决定了常数 A。最优控制为：

$$c=W(Ab)^{1/(b-1)},\quad w=(a-s)/[(1-b)\sigma^2]$$

三、预防性储蓄

我们知道，霍尔的随机游走结论的推导基于二次效用函数的假设。但是，二次效用函数意味着边际效用在某个有限的效用水平值之后将取负值，而且由于边际效用与消费为线性关系，从而消费方差的增大不影响预期边际效用。二次型效用对于风险行为的这种描述是不令人满意的：它意味着递增的绝对风险厌恶，即当财富增加时，为避免既定的关于消费的风险，个人情愿放弃更多的消费。因此，我们有必要考虑更一般的效用函数的情形。

一般来说，当消费者面临非二次型效用时，不确定性的存在将会影响消费，导致消费者更为谨慎。为简单起见，我们假定无风险收益率即利率为常数且等于主观贴现率，则由式（12.19）可得：

$$E[U'(C_{t+1})\mid I_t]=U'(C_t) \tag{12.43}$$

假定效用函数满足：$U'''(\cdot)>0$，这说明边际效用是消费的凸函数，由式（12.43）可得：

$$E[U'(C_{t+1})\mid I_t]>U'[E(C_{t+1}\mid I_t)] \tag{12.44}$$

从而，

$$E[C_{t+1}\mid I_t]>C_t \tag{12.45}$$

上式意味着预期的未来消费高于当前消费，从而消费者将会推迟消费，增加储蓄，变得更为谨慎。这就是利兰（H. Leland）在 1968 年首次提出的关于消费的预防性储蓄观点。

当效用函数的三阶导数大于零时，求解最优消费路径存在一定的困难。事实上，对于许多情形的求解是不可能的。一种可以求解的情形是常绝对风险厌恶（CARA）型效用函数。假设某消费者面临如下最优化问题：

$$\max E\left[\begin{array}{l}\sum_{t=1}^{T}\left(-\dfrac{1}{\alpha}\right)\exp(-\alpha C_t)\mid I_1]\\ \text{s. t.}\quad A_{t+1}=A_t+Y_t-C_t\\ \qquad\quad Y_t=Y_{t-1}+\varepsilon_t,\quad \varepsilon_t\text{ 服从 }N(0,\sigma^2)\end{array}\right.$$

为简单起见，在上述问题中我们假定无风险利率与主观贴现率相等，并且都等于零；劳动收入遵循随机游走，且其变动服从正态分布。利用服从均值为 $E(\varepsilon_t)$、方差为 σ_ε^2 的正态分布的变量 ε_t 的性质：

$$E[\exp(\varepsilon_t)]=\exp[E(\varepsilon_t)]+\sigma_\varepsilon^2/2 \tag{12.46}$$

由上述最优化问题的一阶条件可得：

$$E[C_{t+1}|I_t]=C_t+\alpha\sigma^2/2 \tag{12.47}$$

再利用预算约束条件以及关于 Y_t 的假定，可得最优消费为：

$$C_t=\frac{1}{T-t}A_t+Y_t-\frac{\alpha(T-t-1)\sigma^2}{4} \tag{12.48}$$

式（12.47）表明收入的不确定性对消费路径斜率的影响。较高的收入不确定性和较高的风险厌恶导致较陡的斜率，即导致较谨慎的行为。而式（12.48）给出了消费水平为财富、收入和不确定性的函数。在确定性等价情形中，消费仅依赖于前两项。我们在本小节中讨论的主题——谨慎——即由第三项反映：给定财富和收入，不确定性越大，消费水平将越低。

四、流动性约束

持久收入假说意味着，只要最终能够偿还贷款，消费者就能以与储蓄相同的利率借钱来平滑消费路径。但是在现实中，往往是贷款利率大于储蓄利率。此外，还有许多消费者以任何利率都无法借到钱。通常，我们将人们在低收入时期不能够通过提取金融资产或借款来平滑消费路径这种现象称为行为人面临着流动性约束。

我们首先考虑确定性情形。为简单起见，假定效用函数取对数型，个人在各期均能获得数量为 Y 的劳动收入，并且利率水平为常数 r。由式（12.8）可得初始时刻的消费为：

$$C_1=(1-\beta)[(1+r)Y/r+A_1] \tag{12.49}$$

若行为人面临流动性约束，则意味着对任意的时刻 t，要求 $A_t\geqslant 0$。于是，在初始时刻不能借债意味着：

$$A_2=(Y+A_1-C_1)(1+r)\geqslant 0 \tag{12.50}$$

将式（12.49）代入式（12.50）可得：

$$\left(\beta-\frac{1-\beta}{r}\right)Y+\beta A_1\geqslant 0 \tag{12.51}$$

由此可知，当 $A_1<\frac{1-\beta-r\beta}{r\beta}Y$ 时，消费者将面临流动性约束。这意味着，对于给定的劳动收入水平 Y，如果初始时刻的资产 A_1 小于临界水平，则消费者为实现效用最大化将会借债；或者，对于给定的初始资产水平 A_1，如果 Y 大于临界水平，从而持久收入比较高，则消费者为实现效用最大化也必须借债。但是，如果流动性约束生效，则个人在初

始时刻的消费水平只能达到：

$$C_1=Y+A_1 \tag{12.52}$$

即受到流动性约束影响的消费水平低于可以自由借债时的消费水平。

如果引入不确定性，情况会变得复杂一些。假设某消费者面临如下最优化问题：

$$\begin{cases}\max E\left[\sum_{t=1}^{\infty}\beta^{t-1}U(C_t)\mid I_1\right], \quad 0<\beta<1\\ \text{s. t.}\ \ A_{t+1}=(A_t+Y_t-C_t)(1+r)\\ \qquad A_t\geqslant 0\end{cases}$$

其中，为简单起见，我们假定利率水平为常数。构造拉格朗日函数：

$$L=E\left[\sum_{t=1}^{\infty}\beta^{t-1}U(A_t+Y_t-A_{t+1}/(1+r))+\lambda_t A_t\mid I_1\right] \tag{12.53}$$

其中，λ_t 为拉格朗日乘子。由上式可得一阶条件为：

$$U'(C_t)=\beta(1+r)E[U'(C_{t+1})\mid I_t]+E[\lambda_{t+1}\mid I_t] \tag{12.54}$$

具体到初始时刻，可得：

$$U'(C_1)=\beta(1+r)E[U'(C_2)\mid I_1]+E[\lambda_2\mid I_1] \tag{12.55}$$

由库恩-塔克条件可知，如果流动性约束生效，则有 $\lambda_2>0$。将式（12.55）与式（12.19）相比较发现，如果消费者预期流动性约束将在第一期生效，则初始时刻的边际效用将会上升。也就是说，我们得到了与确定性情形中一样的结论：流动性约束下的消费水平比较低。

例 4 考虑一个三期模型。假定效用函数为二次型的，利率水平和时间偏好率均为零。于是，消费者面临如下最优化问题：

$$\begin{cases}\max E\left[\sum_{t=1}^{3}(C_t-\frac{a}{2}C_t^2)\mid I_1\right]\\ \text{s. t.}\ \ E\left[\sum_{t=1}^{3}C_t\mid I_1\right]=E\left[\sum_{t=1}^{3}Y_t\mid I_1\right]+A_1\\ \qquad A_t\geqslant 0\end{cases}$$

若不考虑流动性约束 $A_t\geqslant 0$，则易得最优消费策略为：

$$\begin{aligned}\{E[C_t\mid I_1]\mid t=1,2,3\}=\Big\{&\frac{A_1+Y_1+E[Y_2\mid I_1]+E[Y_3\mid I_1]}{3},\\ &\frac{A_2+E[Y_2\mid I_1]+E[Y_3\mid I_1]}{2},\quad A_3+E[Y_3\mid I_1]\Big\}\end{aligned} \tag{12.56}$$

现在引入流动性约束，我们分几种情况讨论：

（1）若流动性约束在 $t=1$ 和 $t=2$ 时都生效，则最优消费策略为：

$$\{E[C_t \mid I_1] \mid t=1,2,3\}=\{A_1+Y_1, E[Y_2 \mid I_1], E[Y_3 \mid I_1]\} \tag{12.57}$$

（2）若流动性约束在 $t=1$ 时生效，但在 $t=2$ 时失效，则最优消费策略为：

$$\{E[C_t \mid I_1] \mid t=1,2,3\}=\left\{A_1+Y_1, \frac{E[Y_2 \mid I_1]+E[Y_3 \mid I_1]}{2}, A_3+E[Y_3 \mid I_1]\right\} \tag{12.58}$$

（3）若流动性约束在 $t=2$ 时生效，但在 $t=1$ 时已预期到，则最优消费策略为：

$$\{E[C_t \mid I_1] \mid t=1,2,3\}=\left\{\frac{A_1+Y_1+E[Y_2 \mid I_1]}{2}, A_2+E[Y_2 \mid I_1], E[Y_3 \mid I_1]\right\} \tag{12.59}$$

有兴趣的读者可以比较一下上面得到的四种最优消费策略，将会发现一些有意思的现象。

五、暂时消费

在持久收入假说中，最优消费是持久收入的确切函数，其中没有涉及暂时消费的概念。在本小节我们对消费者的偏好做一点修正，从而将暂时因素加到消费策略中。

假定消费者的效用函数为：

$$U(C_t)=a_1+a_2C_t-\frac{a_3}{2}C_t^2+C_t\zeta_t, \quad a_i>0, i=1,2,3 \tag{12.60}$$

其中 ζ_t 是均值为零且非序列相关的随机过程，并且我们假定它和消费者的收入是不相关的，即对任意的时刻 t 和 s，有 $E\zeta_tY_s=0$。假定在时刻 t，消费者知道 ζ_t 以及它过去的值，但不知道它将来的值 ζ_{t+j}，$j\geqslant 1$。另外，我们还假定利率水平为常数 r，并且贴现因子 $\beta=(1+r)^{-1}$。在这些假设下，消费者选择最优的消费策略来最大化其预期贴现效用和。

上述问题的一阶必要条件为：

$$E[C_{t+1} \mid I_t]=C_t-\frac{1}{a_3}\zeta_t$$

对上式进行迭代得：

$$E[C_{t+j} \mid I_t]=C_t-\frac{1}{a_3}\zeta_t, \quad j\geqslant 1 \tag{12.61}$$

将式（12.61）代入式（12.14）可解出：

$$C_t=\frac{1}{a_3(1+r)}\zeta_t+\frac{r}{1+r}\left\{A_t+\sum_{j=0}^{\infty}(1+r)^{-j}E[Y_{t+j} \mid I_t]\right\} \tag{12.62}$$

式（12.62）中的$\frac{1}{a_3\ (1+r)}\zeta_t$ 项就是我们所说的暂时消费，它与持久收入

$$Y_t^P=\frac{r}{1+r}\{A_t+\sum_{j=0}^{\infty}(1+r)^{-j}E[Y_{t+j}\mid I_t]\}$$

无关。

由式（12.61）和式（12.62）以及持久收入的定义可知：

$$E[Y_{t+1}^P\mid I_t]=Y_t^P-\frac{r}{a_3(1+r)}\zeta_t \tag{12.63}$$

$$\begin{aligned}C_{t+1}=&C_t+\frac{1}{a_3(1+r)}\zeta_{t+1}-\frac{1}{a_3}\zeta_t\\&+\frac{r}{1+r}\sum_{j=0}^{\infty}(1+r)^{-j}\{E[Y_{t+j+1}\mid I_{t+1}]-E[Y_{t+j+1}\mid I_t]\}\end{aligned} \tag{12.64}$$

若Y_t 是一平稳随机过程，则由式（12.61）和式（12.64）可知：消费水平的一阶差分是一个平稳的移动平均过程。因此，效用函数中出现的扰动就改变了由霍尔所描述的消费作为一个鞅的特征，即使效用函数是二次的也是如此。当然，在$\beta=(1+r)^{-1}$的情况下，消费的边际效用仍然是一个鞅。

六、消费与税收

在我们前面的分析框架中，如果加进政府的角色，则无论政府是通过税收的方式还是通过发行债券的方式来融资，消费者的预算约束都将会发生改变，从而影响消费者的最优消费策略。

1. 一揽子税

若政府采取征收一揽子税的融资方式，则消费者的预算约束变为：

$$A_{t+1}=(A_t+Y_t-T_t-C_t)(1+r_t) \tag{12.65}$$

其中，T_t 为一揽子税。此时我们只需令 $Y_t^G=Y_t-T_t$，就可利用前面介绍过的方法进行类似的讨论。例如，对于对数效用情形，消费策略为：

$$C_t=(1-\beta)\{Y_t^G+\sum_{j=0}^{\infty}[\prod_{k=0}^{j-1}(1+r_{t+k})^{-1}]Y_{t+j}^G+A_t\}$$

2. 对储蓄收入征税

若政府对储蓄收入所得征税，则消费者的预算约束变为：

$$A_{t+1}=(A_t+Y_t-C_t)(1+r_t)(1-\tau_t) \tag{12.66}$$

其中，τ_t 为储蓄的总税率。此时我们只需令 $1+\theta_t=(1+r_t)(1-\tau_t)$，就可利用前面介绍的方法进行类似的讨论。这里我们可将 $1+\theta_t$ 理解为扣除税收效应后的总收益率。

例 5　李嘉图等价

如果政府选择发行债券的方式来筹措资金，每期的数量和利率分别为 B_t 和 r_t，则消

费者的预算约束为：

$$A_{t+1}+B_{t+1}=(A_t+B_t+Y_t-C_t)(1+r_t) \tag{12.67}$$

这里我们假定债券的利率水平也为 r_t。表面上看，债券似乎等同于资产，从而不会影响消费策略。但是，公债最终还是要通过税收来偿还，即政府必须服从如下的预算约束：

$$B_{t+1}=(B_t+G_t-T_t)(1+r_t) \tag{12.68}$$

其中，G_t 表示政府支出，T_t 表示税收。当然，为避免政府采取不断发行新债券的方式来支付到期的利息和本金，我们必须要求：

$$\lim_{t\to\infty}(-B_t)\prod_{j=1}^{t}(1+r_j)^{-1}\geqslant 0 \tag{12.69}$$

式（12.68）和 式（12.69）意味着：

$$G_t+\sum_{j=1}^{\infty}\Big[\prod_{k=0}^{j-1}(1+r_{t+k})^{-1}\Big]G_{t+j}=T_t+\sum_{j=1}^{\infty}\Big[\prod_{k=0}^{j-1}(1+r_{t+k})^{-1}\Big]T_{t+j}-B_t \tag{12.70}$$

上式表明，给定政府的支出路径以及初始的债券规模，无论债券的发行方式如何，政府都必须依靠征税来满足跨期预算约束。因此，我们必须在消费者的预算约束中引入税收的影响：

$$A_{t+1}+B_{t+1}=(A_t+B_t+Y_t-C_t-T_t)(1+r_t) \tag{12.71}$$

利用式（12.70）和式（12.71），再考虑到消费者的非蓬齐对策条件（12.1），可得下式：

$$\begin{aligned}&C_t+\sum_{j=1}^{\infty}\Big[\prod_{k=0}^{j-1}(1+r_{t+k})^{-1}\Big]C_{t+j}\\&=(Y_t-G_t)+\sum_{j=1}^{\infty}\Big[\prod_{k=0}^{j-1}(1+r_{t+k})^{-1}\Big](Y_{t+j}-G_{t+j})+A_t\end{aligned} \tag{12.72}$$

式（12.72）表明，消费者面对的跨期预算约束与债券和税收的路径无关。这意味着给定政府的支出路径以及初始的债券规模，最优的消费路径不会因为融资方式的不同而受到影响，这就是李嘉图等价的主要思想。

思考与练习

1. 假设经济中唯一的资产是可以无限生存的树。产出等于树的果实，而果实是外生决定的且不能储存，因此，$c_t=y_t$，这里 y_t 表示外生决定的人均产出，c_t 表示人均消费。假定初始时每一个消费者拥有相同数量的树。由于所有的消费者都被假定为是相同的，这就意味着在均衡的时候，树的价格行为必须使得代表性消费者在每一期中既不想增加也不想减少所持有的树的数量。

记 p_t 为时期 t 的一棵树的价格（假定如果树被出售，则这一出售发生在树的拥有者已经获得了这一期的产出之后)。最后，假定代表性消费者最大化：$E\left[\sum_{t=0}^{\infty}\ln c_t/(1+\rho)^t\right]$。

a. 假设代表性消费者在 t 期减少消费的一个无穷小量，并把由此得到的储蓄用于增加树的持有量，然后在 $t+1$ 期时出售这些额外的树。为了使得这种变化不影响期望效用，则 c_t 以及 y_{t+1}、P_{t+1} 和 c_{t+1} 的期望必须满足什么条件？根据这一条件求解 p_t，用 y_t 以及 y_{t+1}、P_{t+1} 和 c_{t+1} 的期望表示出来。

b. 假定：$\lim_{s\to\infty}E_t[(p_{t+s}/y_{t+s})/(1+\rho)^s]=0$。给定这一假设条件，将 a 中的答案向前迭代以求解 p_t。

c. 直观地解释为什么预期未来的红利增加并不会影响树的价格。

d. 在这一模型中，消费遵循随机游走吗？

2. 假定某消费者可在一个包含 n 种风险资产的组合中分配其资产，其中第 i 种风险资产在 t 期的收益率为 r_t^i，这里 r_t^i 是一正的随机变量，并且 r_t^i 无论是对于时间 t 还是资产种类 i 都是独立分布的，但是对于资产种类 i 分布不同；消费者通过选择投资计划 s_t^i $(i=1，2，3，\cdots，n)$ 来最大化 $E\left[\sum_{t=1}^{\infty}\beta^t\ln c_t\right]$，其中 $0<\beta<1$。消费者面临的约束条件为：

$$c_t+\sum_{i=1}^{n}s_t^i=A_t,\quad t>1$$

$$A_{t+1}=\sum_{i=1}^{n}s_t^i(1+r_t^i),\quad t>1$$

$$\lim_{t\to\infty}E[\beta^{t-1}A_t\,|\,I_t]=0$$

其中 E 是期望算子，s_t^i 表示 t 期购买的风险资产 i 的数量，c_t 表示 t 期的消费，A_t 表示 t 期初的资产。在 t 期，A_t 和 r_{t-1}^i $(i=1，2，3，\cdots，n)$ 可观测到，而 r_t^i $(i=1，2，3，\cdots，n)$ 直到 $t+1$ 期初才可观测到。试证明：最优的投资计划具有形式：$s_t^i=k_iA_t$ $(i=1，2，3，\cdots，n)$，并给出 k_i 的公式。

3. 考虑下述消费模型：

$$\max\sum_{t=0}^{\infty}\beta^t(\ln c_t+\gamma\ln c_{t-1}),\quad 0<\beta<1，\gamma>0$$

$$\text{s. t. } c_t+k_{t+1}=Ak_t^{\alpha},A>0,\quad 0<\alpha<1，k_0>0，c_{-1}\text{ 给定}$$

其中 c_t 为 t 时的消费，k_t 为 t 期初的资本存量，$\ln c_t+\gamma\ln c_{t-1}$ 形式的即期效用函数表示了消费的习惯持久性。

a. 令 $V(k_0，c_{-1})$ 为某消费者的 $\sum_{t=0}^{\infty}\beta^t(\ln c_t+\gamma\ln c_{t-1})$ 的值，此消费者从时刻 0 开始，具有初始资本存量 k_0 和滞后消费 c_{-1}，并且其行为是最优的。写出以 $V(k_t，c_{t-1})$ 表示的贝尔曼方程。

b. 证明：贝尔曼方程的解的形式为 $V(k_t，c_{t-1})=E+F\ln k_t+G\ln c_{t-1}$；最优策略的形式为 $\ln k_{t+1}=I+H\ln k$，其中 E、F、G、H 和 I 均为常数。利用参数 A、β、α、γ

给出常数 E、F、G、H 和 I 的表达式。

参考文献

O. Blanchard and S. Fischer (1989). *Lectures on Macroeconomics*, Cambridge, MA: MIT Press.

A. Deaton (1992). *Understanding Consumption*, New York: Oxford University Press.

R. Dornbush and S. Fischer (1994). *Macroeconomics*, 6th Ed., New York: McGraw-Hill.

R. E. Hall (1978). "Stochastic Implications of the Life Cycle-Permanent Income Hypothesis: Theory and Evidence," *Journal of Political Economy*, 86 (December): 971-987.

H. Leland (1968). "Saving and Uncertainty: The Precautionary Demand for Saving," *Quarterly Journal of Economics*, 82 (August): 465-473.

R. Merton (1990). *Continuous-Time Finance*, Oxford: Blackwell.

D. Romer (2000). *Advanced Macroeconomics*, 2nd Ed., Boston: McGraw-Hill.

T. Sargent (1986). *Macroeconomic Theory*, 2nd Ed., New York: Academic Press.

T. Sargent (1987). *Dynamic Macroeconomic Theory*, Cambridge, MA: Harvard University Press.

J. Taylor and M. Woodford (1999). *Handbook of Macroeconomics*, Vol. 1B, Amsterdam: North Holland.

袁志刚，宋铮. 高级宏观经济学. 上海：复旦大学出版社，2001.

第13章

投　资

投资是总支出中波动幅度最大的部分，尽管它占GDP的比例没有消费大，但是由于它经常变化，因而会给总产出带来更大的波动。萨缪尔森认为，正是易变动的投资通过乘数—加速数原理造成了经济周期。另外，和消费者的消费选择一样，企业的投资决策对于经济增长也是至关重要的，因为正是社会资源在当期消费和各种类型投资之间的划分决定了长期增长的基础。在凯恩斯1936年出版的《就业、利息和货币通论》一书中，他认为投资的大小主要取决于利率水平和资本的边际收益的比较，因而投资是利率的函数，而利率的变化通过资本市场对投资产生影响。在这之后，投资理论有了长足的发展。由萨缪尔森发展的加速数原理认为，投资主要是由产出的变化引起的。20世纪60年代末，托宾提出了著名的q理论并将它整合进凯恩斯的IS—LM模型中，他认为最优的投资率是企业资本的市场价值与资本重置成本之比的增函数，这一比值后来被称为托宾的q或平均q。当时人们普遍认为这是凯恩斯的投资理论的一种扩展，但是，我们将看到，在一定条件下，它也可以被纳入带有调整成本的新古典投资理论的框架。由乔根森（Jorgenson）在1963年开创的新古典投资理论认为，投资决策是企业的一种跨期最优选择，从而资本品的价格以及投资的调整成本都将影响到投资函数。20世纪90年代以来，投资理论研究的重点是关于投资的固定调整成本、投资的不可逆性以及投资的等待价值的讨论，由此得到了一些与传统的投资理论相悖的结果，但是获得了更多的经验证据的支持。此外，在1971年卢卡斯和普雷斯科特将不确定性引入新古典投资理论后，将关于投资的各种假设与不确定性相结合也是近期研究的重点，许多新的模型被构造出来，进而产生了一些有意思的结果。

第一节 确定性条件下的投资

一、投资的加速数原理

假定代表性厂商的生产函数是柯布-道格拉斯形式的：

$$Y=AK^{\alpha}L^{\beta} \tag{13.1}$$

其中 Y 代表产出，K 代表资本，L 代表劳动，A 代表生产率参数。

厂商的目标是最大化利润：

$$\pi=AK^{\alpha}L^{\beta}-(r+\delta)pK-wL \tag{13.2}$$

其中 p 表示资本相对于产品的价格，w 是工资水平，r 是利率水平，δ 是资本折旧率。易知此问题的一阶必要条件为：

$$A\alpha K^{\alpha-1}L^{\beta}-(r+\delta)p=0 \tag{13.3}$$

$$A\beta K^{\alpha}L^{\beta-1}-w=0 \tag{13.4}$$

上述两式的含义是大家所熟悉的：生产要素的边际收益等于边际成本。由式（13.3）可得：

$$K=\frac{\alpha}{(r+\delta)p}Y \tag{13.5}$$

即最优的资本存量是产出的一个固定比例。我们知道，资本存量的变化满足下式：

$$K_{t+1}=I_t+(1-\delta)K_t \tag{13.6}$$

因此，我们得到：

$$I_t=\frac{\alpha}{(r+\delta)p}[Y_{t+1}-(1-\delta)Y_t] \tag{13.7}$$

这就是根据加速数原理得到的投资函数。上式表明，投资水平主要是由产出的变化决定的。一般来说，参数$\frac{\alpha}{(r+\delta)p}$是大于 1 的，因此，产出的微小波动也会带来投资的剧烈变化。

例 弹性加速数模型

假设资本存量的调整是自适应的：

$$K_t-K_{t-1}=\lambda(K_t^*-K_{t-1}) \tag{13.8}$$

其中 K_t^* 表示厂商的意愿资本存量，$0<\lambda<1$。注意当 $\lambda=1$ 时，就得到我们前面讨论过的加速数原理。一般地，由式（13.8）可得：

$$K_t = \lambda \sum_{i=0}^{\infty}(1-\lambda)^i K_{t-i}^* \tag{13.9}$$

从而

$$I_t = \lambda \sum_{i=0}^{\infty}(1-\lambda)^i [K_{t-i+1}^* - (1-\delta)K_{t-i}^*] \tag{13.10}$$

如果再假设意愿的资本存量由式（13.5）决定，则上式可改写为：

$$I_t = \frac{\alpha}{(r+\delta)p}\lambda \sum_{i=0}^{\infty}(1-\lambda)^i [Y_{t-i+1} - (1-\delta)Y_{t-i}] \tag{13.11}$$

二、新古典投资理论

（一）基本模型

我们考虑一个处于非随机环境中的代表性厂商，它面临如下的最优化问题：

$$\begin{cases} \max \pi_1 + \sum_{t=2}^{\infty}\pi_t\left(\prod_{j=1}^{t-1}(1+r_j)^{-1}\right) \\ \text{s. t. } \pi_t = Y_t - w_t L_t - p_t I_t \\ \quad K_{t+1} = I_t + (1-\delta)K_t \\ \quad K_1 \text{ 已知} \end{cases}$$

其中 $Y_t = F(K_t, L_t)$ 是新古典生产函数，K_t 表示 t 期的资本存量，L_t 表示 t 期的劳动供给；w_t 表示工资率，p_t 表示资本品的价格，δ 表示资本折旧率，π_t 表示 t 期的利润，I_t 表示厂商在 t 期的投资，r_t 表示 t 期的利率水平。

在上述问题中，厂商的目标是实现各期利润总和的最大化。我们构造拉格朗日函数如下：

$$L = F(K_1, L_1) - w_1 L_1 - p_1 I_1 + \sum_{t=2}^{\infty}\{[F(K_t, L_t) - w_t L_t - p_t I_t] \times \left[\prod_{j=1}^{t-1}(1+r_j)^{-1}\right] + \lambda_t [I_t + (1-\delta)K_t - K_{t+1}]\}$$

其中 λ_t 是拉格朗日乘子。一阶必要条件为：

$$\partial L/\partial I_t = \lambda_t - p_t \prod_{j=1}^{t-1}(1+r_j)^{-1} = 0 \tag{13.12}$$

$$\partial L/\partial K_t = \frac{\partial F}{\partial K_t}\left[\prod_{j=1}^{t-1}(1+r_j)^{-1}\right] + \lambda_t(1-\delta) - \lambda_{t-1} = 0 \tag{13.13}$$

我们定义 $q_t = \lambda_t \cdot \left[\prod_{j=1}^{t-1}(1+r_j)\right]$，则由式（13.12）和式（13.13）可得：

$$\frac{\partial F(K_t, L_t)}{\partial K_t} = r_{t-1}p_{t-1} + \delta p_t - (p_t - p_{t-1}) \tag{13.14}$$

上式右端的 $r_{t-1}p_{t-1}$ 项表示投资的机会成本，即若厂商在 $t-1$ 期出售一单位资本品，则它在 t 期将获得数量为 r_{t-1} 的收益；δp_t 项表示资本的折旧；（p_t-p_{t-1}）项表示资本品价格的变化。也就是说，上式右端代表了 t 期资本的使用价格，即资本的边际成本。因此，式（13.14）表明，最优投资应使得资本的边际收益等于资本的边际成本。这是我们早已熟知的结论。

此外，厂商在终结时刻仍然拥有资本显然是没有价值的，因此有下面的横截性条件：

$$\lim_{t\to\infty}q_tK_t=0 \tag{13.15}$$

例 我们假定生产函数是柯布-道格拉斯形式的，资本品的价格为常数 p，利率水平为常数 r，则由式（13.13）可知 $K_t=\frac{\alpha}{(r+\delta)p}Y_t$，这与加速数模型中的结论是一样的，进而还可得到与式（13.7）一样的投资函数。

（二）带调整成本的投资模型

由前文的内容可知，企业在资本的边际收益大于边际成本时将进行投资，以达到最优的资本存量。但是，在实际中我们很少看到企业在较短的时期内迅速调整其资本水平以达到最优规模，这其中的主要原因就是资本调整是有成本的。比如，企业在购买了新的机器设备后，一般来说还要承担一定的安装费用和培训费用。从直觉上讲，调整的规模越大，成本应该越高，并且对于相同的规模来说，似乎小企业的调整比大企业更难一些。据此我们假定厂商的资本调整成本函数为：

$$C=C(I_t,K_t),\quad \frac{\partial C}{\partial I_t}>0,\ \frac{\partial^2 C}{\partial I_t^2}>0,\ \frac{\partial C}{\partial K_t}\leqslant 0 \tag{13.16}$$

同时，我们还假定当 $I_t=0$ 时，$C=0$。于是，最大化利润的厂商面临的问题为：

$$\begin{cases}\max \pi_1+\sum_{t=2}^{\infty}\pi_t\left[\prod_{j=1}^{t-1}(1+r_j)^{-1}\right]\\ \text{s. t. } \pi_t=Y_t-w_tL_t-p_tI_t-C(I_t,K_t)\\ \qquad K_{t+1}=I_t+(1-\delta)K_t\\ \qquad K_1\text{已知}\end{cases}$$

构造拉格朗日函数为：

$$L=\pi_1+\sum_{t=2}^{\infty}\left\{\pi_t\cdot\left[\prod_{j=1}^{t-1}(1+r_j)^{-1}\right]+\lambda_t\left[I_t+(1-\delta)K_t-K_{t+1}\right]\right\} \tag{13.17}$$

一阶条件为：

$$\partial L/\partial I_t=\lambda_t-\left[p_t+\frac{\partial C(I_t,K_t)}{\partial I_t}\right]\prod_{j=1}^{t-1}(1+r_j)^{-1}=0 \tag{13.18}$$

$$\partial L/\partial K_t=\frac{\partial \pi_t}{\partial K_t}\cdot\left[\prod_{j=1}^{t-1}(1+r_j)^{-1}\right]+\lambda_t(1-\delta)-\lambda_{t-1}=0 \tag{13.19}$$

由式（13.18）得：

$$q_t - p_t = \frac{\partial C(I_t, K_t)}{\partial I_t} \tag{13.20}$$

其中 q_t 如上一节所定义。上式表明，各期资本的影子价格等于资本品的价格与边际成本之和。我们进一步假定 $C(I_t, K_t) = I_t\Phi(I_t/K_t)$，其中 $\Phi(I_t/K_t)$ 是厂商的单位资本调整成本函数。I_t/K_t 表示 t 期的投资率，它很好地刻画了调整成本的分散程度。由式（13.20）可解出：

$$I_t/K_t = \Psi^{-1}(q_t - p_t) \tag{13.21}$$

其中 Ψ（·）定义为：$\Psi(I_t/K_t) = \Phi(I_t/K_t) + (I_t/K_t)\Phi'(I_t/K_t)$。式（13.21）表明：最优的投资率是资本的影子价格 q_t 的增函数。由式（13.21）和式（13.19）以及适当的边界条件，我们就可刻画出最优的投资路径。

例　一个连续时间模型

假设企业的利润函数为 $\pi(K)$，而企业的调整成本函数为 $c(I)$，满足：$c'(\cdot) > 0$，$c''(\cdot) > 0$。企业面临的问题为：

$$\begin{cases} \max\pi(K) = \int_0^{\infty} [\pi(K) - c(I)]\, e^{-\rho t} dt \\ \text{s. t. } \dot{K} = I \\ \qquad K(0) = K_0 \end{cases}$$

即企业的目标是选择最优的资本存量路径 $K^*(t)$ 来最大化整个时间区间上其净利润的总现值。为简单起见，我们假定：

$$\pi = \alpha K - \beta K^2, \quad \alpha, \beta > 0$$
$$c = aI^2 + bI, \quad a, b > 0$$

于是前述问题的欧拉方程为：

$$K' = I$$

$$I' = \rho I + \frac{\beta}{a}K + \frac{b\rho - \alpha}{2a}$$

上述二元微分系统的相图见图 13-1。

由此可知，系统的平衡点是鞍点，且存在唯一的最优路径趋于平衡点。

（三）托宾的 q 理论

20 世纪年代末，托宾提出了著名的 q 理论，此理论认为投资是企业的市场价值与企业的重置成本之比的增函数，这一比值就是所谓的托宾的 q。如果 $q > 1$，即资本的市场价值大于获得资本所需的成本，则厂商将增加其资本存量；如果 $q < 1$，即资本的市场价值小于获得资本所需的成本，则厂商将减少其资本存量。理性的厂商应当调整其资本存量至 $q = 1$，此时资本的市场价值等于资本的成本。托宾的 q 确实包含了许多与投资相关

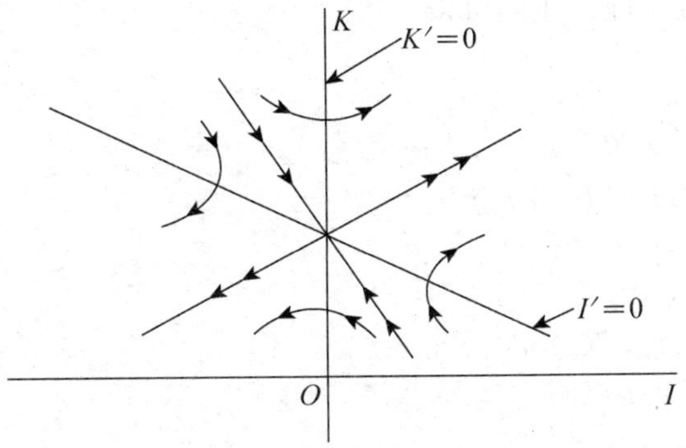

图 13-1 资本和投资的动态

的涉及将来的行动以及面临的冲击方面的信息，这比他之前的投资理论前进了一大步。

托宾进而将他的投资理论引入了 *IS—LM* 模型，因而当时人们普遍认为这是具有凯恩斯主义色彩的投资理论。事实上，托宾的投资理论发展了凯恩斯提出的一个观点，即进行新投资的激励取决于资本的市场价值与构建这项资本所必须花费的成本的比较。但是到了20世纪七八十年代，许多关于调整成本的文献将托宾的 q 理论整合进来，穆萨（Mussa，1977）和阿贝尔（Abel，1983）分别针对确定性模型和随机模型指出，具有凸调整成本函数的新古典模型也可以产生一种 q 理论。正如我们在本节前面所描述的，企业的最优投资率是资本的影子价格的增函数，而资本的影子价格描述的恰恰是新增资本的市场价值与资本的装置成本之比，为与托宾的 q 相区别，人们将这一比值称为边际 q，而将托宾的 q 称为平均 q。显然，对于投资决策来说更重要的是边际 q，但是，在经验研究中，平均 q 却是一个更容易观察到的变量，因为如果企业的所有投资都可以在二级市场上交易，则我们可用企业股票或债券的价值来衡量企业的市场价值，这就给实证研究带来了很大的方便。一个有趣的问题是，在什么情况下，平均 q 等于边际 q？日本经济学家林文夫（Hayashi，1982）指出，当生产函数和调整成本函数都是资本与劳动的一次齐次函数，并且工资率、资本品的价格以及时间偏好率都外生给定时，企业的价值与资本存量成比例，从而边际 q 等于平均 q。但是，一般来说，正如我们在前面所假定的，调整成本函数是规模报酬递减的，因此平均 q 将大于边际 q。

下面我们就连续时间模型再推导一次 q 理论。假设企业的生产函数为 $Y_t=F(K_t, L_t)$ 是新古典的；调整成本函数 $C=C(I_t, K_t)$ 满足：$\partial C/\partial I_t>0$，$\partial^2 C/\partial I_t^2>0$；投资品的实际价格为 p_t；工资的实际水平为 w_t；利率为 r_t。因此，企业面临的问题为：

$$\begin{cases}\max\int_t^{\infty}[F(K_s, L_s)-w_sL_s-p_sI_s-C(I_s, K_s)]\,e^{\int_t^s -r_\tau d\tau}ds \\ \text{s. t. } dK_t/dt=I_t-\delta K_t\end{cases} \tag{13.22}$$

其中 δ 是折旧率。

构造现值汉密尔顿函数：

$$H_t=F(K_t, L_t)-w_tL_t-p_tI_t-C(I_t, K_t)+q_t(I_t-\delta K_t) \tag{13.23}$$

利用庞特里雅金最大值原理，我们可得：

$$\begin{cases}\partial H_t/\partial I_t=0\\ dK_t/dt=\partial H_t/\partial q_t\\ dq_t/dt=-\partial H_t/\partial K_t+r_t q_t\end{cases}$$

整理得到：

$$\begin{cases}q_t=p_t+\partial C(I_t,\ K_t)/\partial I_t\\ dK_t/dt=I_t-\delta K_t\\ dq_t/dt=-F_K(K_t,\ L_t)+C_K(I_t,\ K_t)+\delta q_t+r_t q_t\end{cases}$$

由此可得：

$$q_t=\int_t^{\infty}[F_K(K_s,\ L_s)-C_K(I_s,\ K_s)]\mathrm{e}^{\int_t^s -r_\tau d\tau}\mathrm{e}^{-\delta(s-t)}ds \tag{13.24}$$

上式表明：q_t 是一单位边际资本所产生的所有未来边际收益的贴现值。这正是所谓的边际 q。

进一步地，我们假定 $C(I_t,\ K_t)=g(dK_t/dt)=g(I_t-\delta K_t)$，则 $g'(I_t-\delta K_t)=q_t-p_t$。定义 $G(\cdot)$ 为 $g'(\cdot)$ 的反函数，于是，

$$I_t-\delta K_t=G(q_t-p_t) \tag{13.25}$$

因为 $g'(\cdot)>0$，$g''(\cdot)>0$，所以 $G'(\cdot)>0$。式（13.25）表明：净投资是资本的影子价格 q_t 的严格增函数。这正是 q 理论的核心结论。

（四）带固定调整成本的投资模型

许多经验研究表明，企业的大量投资是在一个较短的时期内完成的，即是间歇性的。这与新古典投资理论预言的企业将沿着最优投资路径连续调整其资本存量直至最优水平的结论相悖。为解释这种现象，我们构造下面的具有固定调整成本的投资模型。

假定某厂商的调整成本函数为：

$$C_t=\begin{cases}0, & I_t=0\\ c_f+c_v^+ I_t, & I_t>0\\ c_f-c_v^- I_t, & I_t<0\end{cases} \tag{13.26}$$

其中 c_f、c_v^+、c_v^- 都是常数。上述类型的调整成本函数意味着：只要发生投资，则不论投资规模有多大，企业都将负担数额为 c_f 的固定调整成本。因此，从直觉上讲，为避免支付太多的固定调整成本，企业可能一次性地调整其资本存量至最优水平，或者干脆不进行调整。

我们假定除了资本以外，企业的其他要素投入都已达到最优水平。记 K^* 为企业的意愿资本存量，即：

$$K^*=\mathrm{argmax}\pi(K)=\mathrm{argmax}[F(K)-rK] \tag{13.27}$$

我们引入变量 Z 来表示企业的现有资本存量与意愿资本存量之间的不平衡程度：

$$Z=K/K^{*} \tag{13.28}$$

将其代入利润函数则有：

$$\pi(K)=\pi(Z, K^{*}) \tag{13.29}$$

下面我们定义两个价值函数：$V(Z, K^{*})$ 和 $\widetilde{V}(Z, K^{*})$。$V(Z, K^{*})$ 表示当期不调整资本存量的企业的价值；$\widetilde{V}(Z, K^{*})$ 表示可以选择调整或不调整资本存量的企业的价值。由此可知：

$$V(Z_t, K_t^{*})=\pi(Z_t, K_t^{*})\Delta t+(1-r\Delta t)\widetilde{V}(Z_{t+\Delta t}, K_{t+\Delta t}^{*}) \tag{13.30}$$

$$\widetilde{V}(Z_t, K_t^{*})=\max\{V(Z_t, K_t^{*}), \max_I[V(Z_t+I_t/K^{*}, K_t^{*})-C(I_t)]\} \tag{13.31}$$

我们知道，即使只做很小的调整，$C(I_t)$ 的值也是正的。因此，当 Z 的值接近使得 $V(Z, K^{*})$ 最大化的 Z 值时，式（13.31）右端的第一项大于第二项，于是企业选择不进行资本存量调整，即在这里所描述的问题中存在一个不行动的 Z 值区域。若我们用 L 和 U 表示使得投资不发生的 Z 的最小值和使得减少投资不发生的 Z 的最大值，则不行动的区域为（L，U）。

由此我们看到，当投资面临固定的调整成本时，企业将比较其自身在投资前后的价值，从而决定是否进行投资。在此情形中，有可能出现不发生投资的区域。

例 考虑一个两期模型，假设代表性企业第一期的资本存量为 K_1，意愿资本存量 K^{*} 由式（13.5）给定。企业的调整成本函数如式（13.26）所示。

（1）当 $K_1<K^{*}$ 时：若企业调整其资本存量至意愿水平，则企业的价值为：

$$V=\pi(K_1)-c_f-(1+c_v^{+})I+\pi(K^{*})+K^{*} \tag{13.32}$$

其中 $I=K^{*}-K_1$。若企业选择不调整，则其价值为：

$$\widetilde{V}=\pi(K_1)+F(K_1)-rK_1+K_1 \tag{13.33}$$

显然，企业选择调整的必要条件是 $V\geqslant\widetilde{V}$，即：

$$F(K_1)\leqslant\pi(K^{*})-c_f-c_v^{+}K^{*}+(r+c_v^{+})K_1 \tag{13.34}$$

（2）当 $K_1>K^{*}$ 时：若企业调整其资本存量至意愿水平，则企业的价值为：

$$V=\pi(K_1)-c_f-(1-c_v^{-})I+\pi(K^{*})+K^{*} \tag{13.35}$$

若企业选择不调整，则其价值为：

$$\widetilde{V}=\pi(K_1)+F(K_1)-rK_1+K_1$$

显然，企业选择调整的必要条件是 $V\geqslant\widetilde{V}$，即：

$$F(K_1)\leqslant\pi(K^{*})-c_f+c_v^{-}K^{*}+(r-c_v^{-})K_1 \tag{13.36}$$

我们分别记 K_L 和 K_U 为使得式（13.34）和式（13.36）中等号成立的资本存量值，

则当 $K_L < K_U$ 时，区间 $[K_L, K_U]$ 为企业的不投资区域。

第二节　不确定性条件下的投资

任何投资决策都将面临不确定性带来的风险。从经济学的角度来说，投资是一项希望用现在的成本换取将来更大收益的活动。无论是企业家投资办厂，销售商囤积居奇，还是个人进行智力投资，甚至公司宣布破产倒闭，都体现出这一色彩。从这个意义上说，投资是无处不在的。

前面我们介绍了两种传统的投资理论：新古典投资理论和 q 理论。从本质上说，它们给出的投资原则都是判断投资的净现值——投资的收益与投资的成本之差——是否大于零，这可以说是投资决策的真理。但是在计算投资的净现值时，无论是新古典理论，还是 q 理论，都忽略了在现实的经济环境中投资所面临的一些其他重要因素。我们知道，大多数投资决策都在不同程度上受到下面三种因素的影响：第一，投资常常是不可逆的，即初始的投资成本有一部分或全部是沉没的，因此投资者不能在改变主意时随时撤回它；第二，投资的未来收益是不确定的，即投资是有风险的，投资者所能做的仅仅是判断其期望收益；第三，投资决策的时间常常是有余地的，即不马上投资并不会丧失投资的机会，或者说，等待是有价值的。这三种特征将共同决定投资者的最优投资决策。

将上述特征纳入投资模型正是现代投资理论研究的重点。自卢卡斯和普雷斯科特在1971年首先将不确定性引入投资理论后，关于这方面的研究在近年来有了长足的发展。下面我们介绍一些重要的研究成果。

一、投资的不可逆性与等待的价值

投资的不可逆性在很大程度上要归因于投资往往是专门化的。例如某一产品的广告费用，某台机器设备的购买及使用培训费用，等等。这些都是沉没成本。即使在同行业范围内，某一厂商想要出售自己的资本也是困难的，因为如果产业之间是完全竞争的，则资本的价值对于此行业中的每一个厂商都是一样的，因此出售资本也将是其他厂商的最优选择。此外，即使对于专门化程度不高的资本，在出售方面也会遇到其他障碍，比如在二手资本品市场上，售卖者必将遇到逆向选择问题，这甚至会使它最终退出市场；又比如，政府的一些相关法规也会对特定资本的出售或资源的再配置产生约束。

至于投资的等待价值，情形更复杂一些。事实上，很多投资机会都是稍纵即逝的，但与此同时，很多美好的前景又是值得期待的。例如，在瞬息万变的股票市场上，机会是不会留给犹豫的投资者的；但同时，莽撞的投资者又往往会付出惨重的代价。另外，等待的价值还体现在可以获得更多的信息上，在很多时候，这些信息可能会带来更大的收益。

从投资的不可逆以及等待具有价值的意义上说，一项投资更像是金融资产中的买入期权。因此，在制定投资决策时，必须对未来有准确的判断，这就增加了投资者的难度，但在现实生活中，他们就是这么做的。

（一）基本模型

假定某企业面临如下问题：某价值为 V 的投资项目所需的沉没成本为 I，而价值 V 的变化遵循如下的几何布朗运动：

$$dV=\alpha V dt+\sigma V dz \tag{13.37}$$

其中 $z(t)$ 是基本的维纳过程。那么，什么是企业的最优投资选择呢？式（13.37）可以看作是许多实际投资问题的一种简化。在现实的经济生活中，许多企业常常面临这样一些投资项目，其初始投入往往是不可收回的，但同时，未来的收益却是不确定的，这里我们假定这种不确定性由式（13.37）描述。一般地，我们也可假定更复杂的随机过程。

我们注意到，在上述问题中，企业的投资机会或投资选择相当于一个永久性的买入期权——以某个预先指定的价格购买一定数量金融资产的权利而非义务。投资决策则相当于决定是否执行或者何时执行这个期权。那么，企业是如何获得这个投资机会的呢？一般来说，原因有很多种，例如，对某种自然资源的垄断权、专利权、企业的声望、企业的规模等。更为重要的是，在很多时候，企业的这种选择权比企业的不动产更能体现出企业的价值。于是，就像期权有其自身的价格一样，对于投资机会的这种选择权也应该是具有价值的，因为它本身就是企业价值的体现，更何况由于投资项目的未来收益是不确定的，这种选择权还可以在一定程度上避免风险。另外，一旦企业执行了投资，它也就丧失了这种选择权，当然其本身的价值也就会发生变化。因此，从经济学的角度说，投资选择权是一种机会成本。

企业在任意时刻 t 进行投资的收益将是 V_t-I，因此企业的目标是最大化它的期望现值：

$$F(V)=\max E\left[(V_T-I)e^{-\rho T}\right] \tag{13.38}$$

其中 E 是期望算子，ρ 是贴现率，T 是某个未知的未来时刻。$F(V)$ 满足：

$$F(0)=0,\quad F(V^*)=V^*-I,\quad F'(V^*)=1 \tag{13.39}$$

另外，为使此问题有意义，我们还需假定 $\alpha<\rho$，否则对于某个充分大的时刻 T，式（13.37）的积分将会变得无穷大，则等待将是最优的，从而不存在最优的投资行为。

1. 情形 I：确定性情形（$\sigma=0$）

如果 $\sigma=0$，则 $V(t)=V(0)e^{\alpha t}$。于是，对任意给定的当前值 V，假定在将来的某个时刻 T 进行投资，则投资机会的价值为：

$$F(V)=(Ve^{\alpha T}-I)e^{-\rho T} \tag{13.40}$$

（1）当 $\alpha\leqslant 0$ 时，$V(t)$ 随时间不增，则最优的投资原则是：若 $V>I$，则立即投资；否则，永远也不进行投资。此时，$F(V)=\max[V-I,0]$。

（2）当 $0<\alpha<\rho$ 时，$V(t)$ 随时间递增，则必有 $F(V)>0$。即使当前的 V 小于 I，随着时间的演进，V 最终也会超过 I。最优投资时刻的一阶条件为：

$$\frac{\mathrm{d}F(V)}{\mathrm{d}T}=-(\rho-\alpha)V\mathrm{e}^{-(\rho-\alpha)T}+\rho I\mathrm{e}^{-\rho T}=0 \tag{13.41}$$

由此可得：

$$T^*=\max\left\{\frac{1}{\alpha}\ln\frac{\rho I}{(\rho-\alpha)V},\quad 0\right\} \tag{13.42}$$

这意味着，若 V 不是相对于 I 来说很大，则有 $T^*>0$。这是因为就现值来说，投资的成本以 ρ 的速度指数递减，而投资的收益仅以 $\rho-\alpha$ 的速度指数递减。

若最优的投资时刻 $T^*=0$，则可得到相应的最优收益水平：

$$V^*=\frac{\rho}{\rho-\alpha}I>I \tag{13.43}$$

也就是说，当 $V\geqslant V^*$ 时，企业应立即投资。

最后，此情形中投资机会的价值函数为：

$$F(V)=\begin{cases}[\alpha I/(\rho-\alpha)][(\rho-\alpha)V/\rho I]^{\rho/\alpha}, & V\leqslant V^*\\ V-I, & V>V^*\end{cases} \tag{13.44}$$

图 13-2 给出了 $I=1$，$\rho=0.10$，以及 $\alpha=0$，0.03，0.06 时函数 $F(V)$ 的形状。

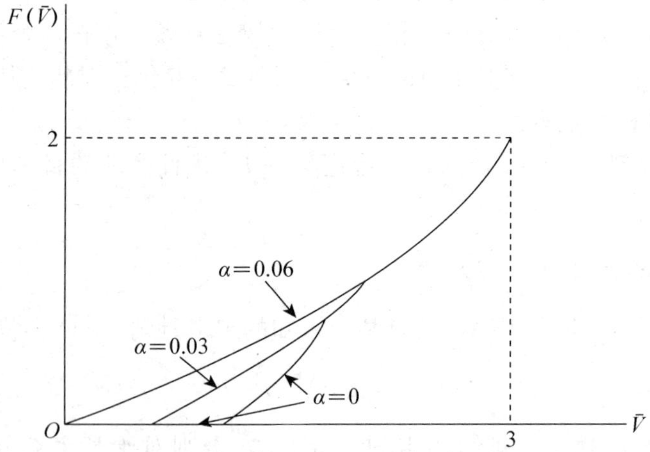

图 13-2　确定性情形下投资机会的价值

2. 情形Ⅱ：随机情形（$\sigma>0$）

此问题的贝尔曼方程为：

$$\rho F\,\mathrm{d}t=E(\mathrm{d}F) \tag{13.45}$$

由伊藤（Ito）引理可得：

$$\mathrm{d}F=F'(V)\mathrm{d}V+\frac{1}{2}F''(V)(\mathrm{d}V)^2 \tag{13.46}$$

于是，将式（13.37）代入上式并取期望可得：

$$E(\mathrm{d}F)=\alpha VF'(V)\mathrm{d}t+\frac{1}{2}\sigma^2V^2F''(V)\mathrm{d}t \tag{13.47}$$

因此贝尔曼方程变为：

$$\frac{1}{2}\sigma^2V^2F''(V)+\alpha VF'(V)-\rho F=0 \tag{13.48}$$

我们猜测 $F(V)$ 的形式为：

$$F(V)=AV^{\beta} \tag{13.49}$$

其中 A 和 β 是待定系数。将此形式代入式（13.48）可得：

$$\frac{1}{2}\sigma^2\beta(\beta-1)+\alpha\beta-\rho=0 \tag{13.50}$$

于是，

$$\beta_1=\frac{1}{2}-\frac{\alpha}{\sigma^2}+\sqrt{\left(\frac{\alpha}{\sigma^2}-\frac{1}{2}\right)^2+\frac{2\rho}{\sigma^2}}>1$$

$$\beta_2=\frac{1}{2}-\frac{\alpha}{\sigma^2}-\sqrt{\left(\frac{\alpha}{\sigma^2}-\frac{1}{2}\right)^2+\frac{2\rho}{\sigma^2}}<0$$

因此，式（13.48）的通解为：

$$F(V)=A_1V^{\beta_1}+A_2V^{\beta_2}$$

考虑到边界条件 $F(0)=0$，故 $A_2=0$。我们再将 $F(V)=A_1V^{\beta_1}$ 代入边界条件：$F(V^*)=V^*-I$ 和 $F'(V^*)=1$，则有：

$$V^*=\frac{\beta_1}{\beta_1-1}I \tag{13.51}$$

$$A_1=\frac{V^*-I}{V^{*\beta_1}}=\frac{(\beta_1-1)^{\beta_1-1}}{\beta_1^{\ \beta_1}I^{\beta_1-1}} \tag{13.52}$$

式（13.49）、式（13.51）以及式（13.52）给出了投资选择权的价值以及最优的投资原则，即当 $V\geqslant V^*$ 时，企业将进行投资，在收益水平 V^* 处投资规模是最优的。我们注意到，由于 $\frac{\beta_1}{\beta_1-1}>1$，故 $V^*>I$。这意味着在将不确定性和不可逆性引入投资模型后，投资的成本将增加，企业必须在保证得到更大收益的前提下才会选择投资，这就是所谓的等待的价值。

为进一步看到模型的其他参数对 V^* 的影响，我们令式（13.50）的左端为 $\zeta(\beta)$，并绘出 $\zeta(\beta)$ 的图形，如图 13-3 所示。

如前所述，我们只需考虑根 β_1。下面我们考虑参数 σ 的变化对 ζ 的影响。由式（13.50）可得：

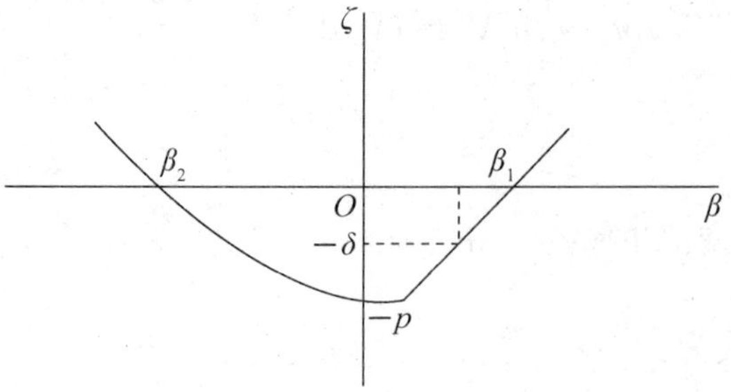

图 13-3　二次特征方程

$$\frac{\partial\zeta}{\partial\beta_1}\frac{\partial\beta_1}{\partial\sigma}+\frac{\partial\zeta}{\partial\sigma}=0$$

由图 13-3 可知，在 β_1 处，$\partial\zeta/\partial\beta>0$，又由于 $\partial\zeta/\partial\sigma=\sigma\beta(\beta-1)>0$，因此 $\partial\beta_1/\partial\sigma<0$。这意味着当 σ 增加时，β_1 将递减，从而 V^* 将增大。也就是说，价值 V 在将来的不确定性程度越高，则 V^* 与 I 之间的差距越大，从而企业决定进行不可逆投资的期望收益也就越高。

类似地，我们还可以通过讨论得到，当 α 减小时，V^* 亦减小，即价值 V 的未来期望值越低，则企业投资所要求的期望收益 V^* 也就越低；而当 ρ 增加时，V^* 将增大，即时间偏好率的提高将增加企业投资所要求的期望收益。此外，我们还可得到如下的一些极限结果：

当 $\sigma\to\infty$ 时，$V^*\to\infty$

当 $\sigma\to 0$ 时，$V^*\to\left(\frac{\rho}{\rho-\alpha}\right)I\quad(\alpha>0)$

$V^*\to I\qquad(\alpha\leqslant 0)$

（二）与新古典投资理论的关系

假定某代表性企业的利润流 π_t 遵循下述几何布朗运动：

$$d\pi=\alpha\pi dt+\sigma\pi dz \tag{13.53}$$

于是

$$V_t=E\int_t^{\infty}\pi_s e^{-\rho(s-t)}ds=\frac{\pi_t}{\rho-\alpha} \tag{13.54}$$

此时 dV 仍由式（13.37）给出。按照乔根森的新古典投资理论，企业将在资本的边际收益大于边际成本时进行投资，在不考虑折旧的情形下，资本的边际使用成本是 ρI，因此当 $\pi_t\geqslant\rho I$ 时，企业将投资。但是，由式（13.51）和式（13.54）可知，只有当 $\pi_t\geqslant\pi^*$ 时企业才会投资，而

$$\pi^*=\frac{\beta_1}{\beta_1-1}(\rho-\alpha)I=\left(\rho+\frac{1}{2}\sigma^2\beta_1\right)I>\rho I$$

也就是说，不确定性和不可逆性增加了资本的使用成本，企业在做出投资决策之前将会等待更长的时间。因此我们可以将 π^* 看作是 ρI 的一种修正，而本节的理论也可以看作是新古典理论的一种修正。

（三）与 q 理论的关系

托宾的 q 理论指出，当 $q>1$ 时，增加企业的投资将会增加企业的市场价值。但是，正如我们在前面提到过的，对于 q 的测量和解释是一个重要的问题。因此在引入了投资的不可逆性和不确定性后，更有必要重新审视对 q 的定义，下面我们介绍两种重要的定义方式。

一种观点认为，在关于 q 的定义中，分子是指企业已有资产的市场价值，而投资决策需要考虑的是投资新项目会给企业的价值带来怎样的变化。按照我们在本节的讨论，若投资新项目的收益为 V，而投资选择权的价值为 $F(V)$，则投资此项目将会使企业的价值增加 $V-F(V)$，因此 q 应当被定义为 $[V-F(V)]/I$。再考虑到边界条件 $F(V^*)=V^*-I$，我们可知用来判别是否投资的 q 的基准值确实是 1。

另一种观点认为，新增投资对企业价值的影响是难以估算的，因此 q 应当被定义为已投资项目的利润流的期望现值与项目成本之比，这意味着计算企业的价值时只需考虑那些已经实现了的投资项目，此时投资的选择权都是已经实现了的。在这种意义上，q 被定义为 V/I。于是，判别是否应当投资的 q 的基准值为：

$$q^*=\frac{\beta_1}{\beta_1-1}>1$$

在此我们又看到投资的起点被提高了，这就使我们在 q 理论的框架内也看到了不可逆性对投资决策的影响。

二、一个一般化的投资模型①

我们将探讨一个相当一般化的模型，它概括了不确定性、固定调整成本、资本品的买价/卖价之差以及投资的不可逆性等因素，得到的基本结论是：投资是装置资本的影子价格的非减函数，但最优的投资率可取正值、零或负值。

（一）基本模型

考虑一个处于随机环境中的代表性企业，假定除了资本存量外，其他生产要素都已达到最优水平，在任一时刻，企业需选择投资水平以最大化利润。我们记时刻 t 的利润流为 $\pi(K_t, \varepsilon_t)$，其中 K_t 表示 t 时刻的资本存量，ε_t 表示随机变量，它可以表示技术变迁的随机性、生产要素价格的波动以及厂商需求的变化等。假定 $\pi_K(K_t, \varepsilon_t)>0$，$\pi_{KK}(K_t, \varepsilon_t)\leqslant 0$，并且 ε_t 遵循如下的随机过程：

---

① 本节的内容主要取材于：Abel，Andrew B. & Eberly，Janice C. (1994). "A Unified Model of Investment Under Uncertainty," *American Economic Review*，84 (5)，1369-1384。

$$d\varepsilon_t = \mu(\varepsilon_t)dt + \sigma(\varepsilon_t)dz \tag{13.55}$$

这里 z 是基本维纳过程。资本存量的变化遵循：

$$dK_t = (I_t - \delta K_t)dt \tag{13.56}$$

其中 I_t 表示 t 时刻的投资，δ 表示折旧率。

我们假定企业的投资成本包括三个部分：

（1）买进/卖出成本：厂商在购买或变卖未装置资本时所产生的成本。假设 p_K^- 为厂商卖出单位未装置资本时的价格，而 p_K^+ 为厂商买进单位未装置资本时的价格，一般地有 $p_K^+ \geqslant p_K^- \geqslant 0$。因此，买进/卖出成本函数为：$p_K^+ I$，当 $I>0$ 时；$p_K^- I$，当 $I<0$ 时。注意，这是一个凸的、非降的函数并且当总投资为零时取零值。同时，除了 $I=0$ 外，此函数是二次可微的。

（2）调整成本：企业改变自己的资本存量规模时所带来的成本，我们假定调整成本函数是非负的且在 $I=0$ 时取最小值 0；另外，正如我们在前面所假设过的，调整成本函数关于 I 还是连续且严格凸的。更一般地，调整成本函数还依赖于资本存量 K，并且关于 K 的偏导数是非正的，这体现了我们曾提到过的，对于同样的投资规模，大小企业的调整成本是不一样的。此外，我们还假定调整成本函数除了 $I=0$ 外，关于 I 是二次可微的，这意味着调整成本函数关于 I 的偏导数当 $I>0$ 时大于 0，当 $I<0$ 时小于 0；如果调整成本函数在 $I=0$ 处也是可微的，则调整成本函数在 $I=0$ 处的偏导数为 0，或者更一般地，假定在 $I=0$ 处的左偏导数是非正的，而右偏导数是非负的。

（3）固定成本：只要投资量不为零，企业就必须支付的某一固定数额的成本。其实这可以看作是调整成本的一部分，但是它不依赖于投资的规模。我们一般假定固定成本是非负的，并且在任意时刻，只要投资量为零，固定成本就为零。

综上所述，我们得到总的投资成本函数为：$vc(I, K)$，其中 v 是虚拟变量，当 $I=0$ 时取值 0，当 $I\neq 0$ 时取值 1；$c(I, K)$ 表示上述三项成本之和。进一步地，我们假定：

$$\lim_{I\to 0^-} c(I, K) = \lim_{I\to 0^+} c(I, K) = c(0, K)$$

注意这里的 $c(0, K)$ 并不是表示投资水平为 0 时的成本函数，因为由前面的假设可知，当投资为 0 时 $v=0$，从而总成本为 0。$c(0, K)$ 可以解释为投资的固定成本，因为由前面的假设可知，买进/卖出成本函数和调整成本函数都是连续的并且当 $I=0$ 时都取零值。由于固定成本是非负的，所以 $c(0, K)\geqslant 0$。此外，除了 $I=0$ 外，$c(I, K)$ 关于 I 是连续、严格凸且二次可微的；而当 $I=0$ 时，我们用 $c_I(0, K)^-$ 和 $c_I(0, K)^+$ 分别表示 $c(I, K)$ 关于 I 的左偏导数和右偏导数。根据我们前面的假设可知，$c_I(0, K)^+ \geqslant 0$，而 $c_I(0, K)^-$ 的符号不定。特别地，我们假定 $c_I(0, K)^+ \geqslant c_I(0, K)^-$。

因此，代表性厂商的问题是选择最优的投资策略来最大化跨期的利润和：

$$\begin{cases} \max E\int_0^\infty [\pi(K_t, \varepsilon_t) - v_t c(I_t, K_t)] e^{-rt} dt \\ \text{s. t. } dK_t = (I_t - \delta K_t)dt \\ \qquad d\varepsilon_t = \mu(\varepsilon_t)dt + \sigma(\varepsilon_t)dz \\ \qquad K_0, \varepsilon_0 \text{ 给定} \end{cases} \tag{13.57}$$

其中 $r>0$ 是时间偏好率。

（二）最优投资函数的推导

我们定义价值函数为：

$$V(K_t, \varepsilon_t)=\max_{I_{t+s}, v_{t+s}}\int_0^{\infty} E_t[\pi(K_{t+s}, \varepsilon_{t+s})-v_{t+s}c(I_{t+s}, K_{t+s})]\mathrm{e}^{-rs}\mathrm{d}s \tag{13.58}$$

则贝尔曼方程为：

$$rV(K, \varepsilon)=\max_{I,v}\left\{\pi(K, \varepsilon)-vc(I, K)+\frac{1}{\mathrm{d}t}E(\mathrm{d}V)\right\} \tag{13.59}$$

上式的左端表示厂商要求的回报，而右端则表示最大的期望回报。注意这里的 V 依赖于 K 和 ε，由伊藤引理知：

$$\mathrm{d}V=V_K\mathrm{d}K+V_{\varepsilon}\mathrm{d}\varepsilon+\frac{1}{2}V_{\varepsilon\varepsilon}(\mathrm{d}\varepsilon)^2 \tag{13.60}$$

再将式（13.55）和式（13.56）代入式（13.60）并取期望可得：

$$E(\mathrm{d}V)=\left[V_K(I-\delta K)+\mu(\varepsilon)V_{\varepsilon}+\frac{1}{2}\sigma^2(\varepsilon)V_{\varepsilon\varepsilon}\right]\mathrm{d}t$$

我们令 $q=V_K$，即单位装置资本的边际价值，则贝尔曼方程变为：

$$rV=\max_{I,v}\left\{\pi(K, \varepsilon)-vc(I, K)+q(I-\delta K)+\mu(\varepsilon)V_{\varepsilon}+\frac{1}{2}\sigma^2(\varepsilon)V_{\varepsilon\varepsilon}\right\} \tag{13.61}$$

注意到上述方程的右端涉及控制变量的仅有 $-vc(I, K)$ 和 qI 两项，因此上述最优化问题等价于如下的最优化问题：

$$\max_{I,v}\{-vc(I, K)+qI\} \tag{13.62}$$

下面我们分两步来求解上述最优化问题：首先，当 $v=1$ 时，我们记上述问题的最优值为 $\psi(q, K)$，即

$$\psi(q, K)=\max_{I}\{qI-c(I, K)\}$$

记最优的投资水平为 $I^*(q, K)$，由于 $c(I, K)$ 关于 I 是严格凸的，并且除 $I=0$ 外关于 I 还是二次可微的，因此最优投资的一阶条件为：

$$c_I(I^*(q, K), K)=q,\quad 当\ q<c_I(0, K)^- 或\ q>c_I(0, K)^+ 时 \tag{13.63a}$$

$$I^*(q, K)=0,\quad 当\ c_I(0, K)^-\leqslant q\leqslant c_I(0, K)^+ 时 \tag{13.63b}$$

式（13.63a）表明在最优的投资水平处，投资的边际成本等于投资的边际收益，而大小由 q 决定。考虑到 $c_{II}>0$，因此在式（13.63a）中所示的 q 的范围内，$I^*(q, K)$ 是 q 的严格递增函数。如果在 $I=0$ 处 $c(I, K)$ 是可微的，则 $c_I(0, K)^+=c_I(0, K)^-$，于是对于任意的 q，都有 $c_I(I^*(q, K), K)=q$；如果在 $I=0$ 处 $c(I, K)$ 是不可微的，则对于位于 $c_I(0, K)^-$ 和 $c_I(0, K)^+$ 之间的 q 值，没有相应的投资的边际成本值，由式

(13.63b) 知，$I^*(q, K)=0$。综合起来说，$I^*(q, K)$ 在 q 的整个范围内都是非减的，具体的是：

$$I^*(q, K)\begin{cases}<0, & q<c_I(0, K)^- \\ =0, & c_I(0, K)^-\leqslant q\leqslant c_I(0, K)^+ \\ >0, & q>c_I(0, K)^+\end{cases} \tag{13.64}$$

其次，当 $v=0$ 时，总投资为零，因此式 (13.62) 中的最优值也为零。

由此可知，对于虚拟变量 v 的选择，取决于下列函数的符号：

$$\psi(q, K)=qI^*(q, K)-c(I^*(q, K), K) \tag{13.65}$$

如果 $\psi(q, K)$ 大于 0，则选取 $v=1$，从而最优投资为 $I=I^*(q, K)$；如果 $\psi(q, K)=0$，则选取 $I=0$ 或 $I=I^*(q, K)$ 将是无差异的。下面我们就来具体讨论 $\psi(q, K)$ 的符号。

我们知道，当 $c_I(0, K)^-\leqslant q\leqslant c_I(0, K)^+$ 时，$I^*(q, K)=0$，将其代入式 (13.65) 可得 $\psi(q, K)=-c(0, K)$；而对于区间 $[c_I(0, K)^-, c_I(0, K)^+]$ 之外的 q 值，将有 $\psi(q, K)\geqslant -c(0, K)$，这是因为厂商总是可以选择不投资来达到值 $-c(0, K)$。因此，函数 $\psi(q, K)$ 在区间 $[c_I(0, K)^-, c_I(0, K)^+]$ 内达到其最小值 $-c(0, K)$，而对于此区间之外的 q 值，$\psi(q, K)$ 关于 q 是二次可微的，从而对式 (13.65) 求微分可得：

$$\psi_q(q, K)=I^*(q, K)\begin{cases}<0, & \text{如果 } q<c_I(0, K)^- \\ =0, & \text{如果 } c_I(0, K)^-\leqslant q\leqslant c_I(0, K)^+ \\ >0, & \text{如果 } q>c_I(0, K)^+\end{cases} \tag{13.66}$$

$$\psi_{qq}(q, K)=I_q^*(q, K)>0, \quad \text{如果 } q<c_I(0, K)^- \text{ 或 } q>c_I(0, K)^+ \tag{13.67}$$

于是，$\psi(q, K)$ 是一个在区间 $[c_I(0, K)^-, c_I(0, K)^+]$ 内达到其最小值 $-c(0, K)$ 的凸函数。我们记 q_1 和 q_2 分别为方程 $\psi(q, K)=0$ 的最小根和最大根，则由式 (13.66) 可知：

$$\psi(q, K)>0 \qquad \text{如果 } q<q_1 \text{ 或 } q>q_2 \tag{13.68}$$

对于某个给定的 K 值，我们可绘出函数 $\psi(q, K)$ 的图形，如图 13-4 所示。

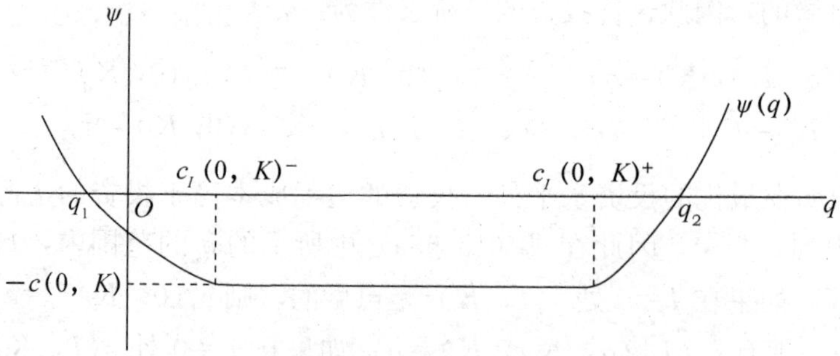

图 13-4 投资的回报

注意，这里我们假定固定成本 $c(0, K)>0$，因此图13－4中绘出的最小值是小于0的。

综上所述，我们得到企业的最优投资行为：

$$\hat{I}(q, K)=\begin{cases} I^*(q, K)<0, & \text{如果 } q<q_1 \\ =0, & \text{如果 } q_1\leqslant q\leqslant q_2 \\ I^*(q, K)>0, & \text{如果 } q>q_2 \end{cases} \tag{13.69}$$

最优投资行为及其 q 的特征如下：

(1) 由式（13.69）可知，当 q 位于区间 $[q_1, q_2]$ 内时，最优的投资率为0。下面我们证明当存在固定成本 $c(0, K)>0$ 或者调整成本函数在 $I=0$ 处不可微时，将有 $q_2>q_1$，从而区间 $[q_1, q_2]$ 是非退化的。一般来说，$\psi(q, K)=0$ 可能有唯一的根，也可能有多于一个的根。当根多于一个时，又有可能是两个根或者连续的根。现在我们分别讨论这三种情形：

情形Ⅰ：方程 $\psi(q, K)=0$ 有唯一的根，即 $q_2=q_1$，从而不投资区间 $[q_1, q_2]$ 是退化的。这种情形将在下述两个条件满足时出现：①$c(I, K)$ 在 $I=0$ 处是可微的，从而 $c_I(0, K)^+=c_I(0, K)^-$，因此在函数 $\psi(q, K)$ 的底部不存在平滑的一段；②固定成本 $c(0, K)=0$，从而 $\psi(q, K)$ 的最小值为0。这两个假设条件在讨论调整成本的文献中是相当普遍的，而且正是这些假设条件使得这些文献的结果中大多数都不包含不投资区域。

情形Ⅱ：方程 $\psi(q, K)=0$ 恰好有两个不同的根，从而不投资区间 $[q_1, q_2]$ 是非退化的。这种情形将在固定成本 $c(0, K)>0$，从而 $\psi(q, K)$ 的最小值为负的条件下出现。如果固定成本是正的，则即使 $c(I, K)$ 在 $I=0$ 处是可微的，也可能出现一个非退化的不投资区域。

情形Ⅲ：方程 $\psi(q, K)=0$ 存在连续的根，从而不投资区间 $[q_1, q_2]$ 也是非退化的。这种情形将在下述两个条件满足时出现：①$c(I, K)$ 在 $I=0$ 处是不可微的，从而 $c_I(0, K)^+>c_I(0, K)^-$，这意味着函数 $\psi(q, K)$ 的底部存在平滑的一段；②固定成本 $c(0, K)=0$，从而这一平滑的片段位于水平轴上。此时，在 q_1 与 q_2 之间，方程 $\psi(q, K)=0$ 有连续的根，并且对于此范围内的任意 q 值，最优的投资率都为0。

(2) q_1 与 q_2 只依赖于总的成本函数 $c(I, K)$，而与厂商的利润函数 $\pi(K, \varepsilon)$ 以及随机过程 ε_t 的性质无关。

(3) 如果固定成本 $c(0, K)$ 是正的，或者成本函数 $c(I, K)$ 在 $I=0$ 处是不可微的，则存在非退化的不投资区间。此时，最优的投资函数 $\hat{I}(q, K)$ 是不连续的：在 $q=q_1$ 处，最优投资率从负值跳到0；而在 $q=q_2$ 处，最优投资率从0跳到正值。

(4) 如果 $\min\limits_I c(I, K)\geqslant 0$，则企业进行负的总投资不是最优的，此时企业的行为相当于投资是不可逆的情形。这是因为 $\psi(0, K)=\max\limits_I -c(I, K)=-\min\limits_I c(I, K)$，因此 $\min\limits_I c(I, K)\geqslant 0$ 意味着 $\psi(0, K)\leqslant 0$，从而方程 $\psi(q, K)=0$ 的最小根 q_1 是非正的。但 q 始终是正的，因此不可能小于 q_1，于是企业的最优投资率不可能是负的。这一结果有一个直观的解释：要使企业放弃某些具有正价值的已装置资本，则由此引致的成本必须是负的，即净的变卖价格必须是正的。

（5）将贝尔曼方程（13.61）对 K 求偏导数得：

$$rV_K=\pi_K(K,\varepsilon)-\hat{v}c_K(\hat{I},K)-\delta q+q_K(\hat{I}-\delta K)+\mu(\varepsilon)V_{\varepsilon K}+\frac{1}{2}\sigma^2(\varepsilon)V_{\varepsilon\varepsilon K} \tag{13.70}$$

其中 $\hat{I}$ 是式（13.69）所示的最优投资，$\hat{v}$ 是 v 的最优值。由 q 的定义知 $q=V_K$，从而有 $q_\varepsilon=V_{\varepsilon K}$ 及 $q_{\varepsilon\varepsilon}=V_{\varepsilon\varepsilon K}$，利用伊藤引理可计算出 $E(\mathrm{d}q)$：

$$\begin{aligned}E(\mathrm{d}q)&=E\left[V_{KK}\mathrm{d}K+V_{\varepsilon K}\mathrm{d}\varepsilon+\frac{1}{2}V_{\varepsilon\varepsilon K}(\mathrm{d}\varepsilon)^2\right]\\&=E\left[q_K(I-\delta K)\mathrm{d}t+V_{\varepsilon K}(\mu(\varepsilon)\mathrm{d}t+\sigma(\varepsilon)\mathrm{d}z)+\frac{1}{2}V_{\varepsilon\varepsilon K}(\mu(\varepsilon)\mathrm{d}t+\sigma(\varepsilon)\mathrm{d}z)^2\right]\\&=q_K(\hat{I}-\delta K)\mathrm{d}t+\mu(\varepsilon)V_{\varepsilon K}\mathrm{d}t+\frac{1}{2}\sigma^2(\varepsilon)V_{\varepsilon\varepsilon K}\mathrm{d}t\end{aligned}$$

将上式代入式（13.70）并整理可得：

$$(r+\delta)q=\pi_K(K,\varepsilon)-\hat{v}c_K(\hat{I},K)+\frac{E(\mathrm{d}q)}{\mathrm{d}t} \tag{13.71}$$

从变分法的角度看，上式是一个欧拉方程。等号左端表示资本存量变化一单位时所要求的回报；右端表示期望回报，由三部分组成：边际利润 $\pi_K(K,\varepsilon)$、边际成本 $-\hat{v}c_K(\hat{I},K)$、期望的资本收益 $\frac{E(\mathrm{d}q)}{\mathrm{d}t}$。在不考虑不确定性时，式（13.71）可简化为：

$$(r+\delta)q=\pi_K(K,\varepsilon)-\hat{v}c_K(\hat{I},K)+\mathrm{d}q/\mathrm{d}t \tag{13.72}$$

这是在新古典框架内讨论 q 理论的文献中经常出现的式子（参见本章第一节）。

（6）在本章第一节的讨论中，我们知道，装置资本的边际价值 q 等于资本的边际产品流的期望现值。下面我们推导这一结果的随机形式，这需要用到下述引理：

引理 11.1 假定 x_t 是一扩散过程，$a>0$ 是常数，则 $x_t=E_t\left[\int_0^\infty g_{t+s}\mathrm{e}^{-as}\mathrm{d}s\right]$ 是随机微分方程 $E_t(\mathrm{d}x_t)/\mathrm{d}t-ax_t+g_t=0$ 的解。① 注意到 q_t 是一扩散过程，则将此引理应用到式（13.71）中可得：

$$q_t=\int_0^\infty E_t[\pi_K(K_{t+s},\varepsilon_{t+s})-v_{t+s}c_K(I_{t+s},K_{t+s})]\mathrm{e}^{-(r+\delta)s}\mathrm{d}s>0$$

上式表明，q_t 是资本的期望边际利润的贴现值。另外需要指出的是，由前面的假设，$\pi_K(K,\varepsilon)>0$ 以及 $c_K(I,K)\leqslant 0$，因此 q 确实总是大于 0 的。

三、存货投资

前面我们讨论的都是企业的固定投资，忽略了企业的存货投资，下面我们将集中研

---

① 引理的证明可参见 Karatzas & Shreve（1998）. *Brownian Motion and Stochastic Calculus*, New York: Springer-Verlag。

究企业在这方面的行为。一般来说，企业持有存货的基本动机是希望在需求波动时平滑生产。但是，最近的研究指出，在总水平上以及大多数经济部门中，生产的方差要大于销售的方差，因此，必然有一些其他的因素在影响着实际的存货行为，比如说，避免出现库存中断，因为生产决策常常需要在完全弄清楚市场需求之前做出，为了避免销售损失，存货是必需的。下面我们就这两种动机来讨论存货投资模型，内容主要取材于布兰查德和费希尔（Blanchard and Fischer，1989）。

（一）避免库存中断

假设代表性企业面临的需求 D_t 遵循如下的随机过程：

$$D_t=d+\rho D_{t-1}+v_t \tag{13.73}$$

其中$|\rho|\leqslant 1$；v_t 是均值为 0、方差为 σ^2 的白噪声。假定企业在知道 v_t 之前必须决定生产 Y_t，即不能通过调整其当前产出水平来满足当前需求。我们分别用 s_t 和 I_t 来表示当前的销售和存货，则有：

$$s_t=\min\{I_{t-1}+Y_t,\ D_t\} \tag{13.74}$$

假定产出的价格 p 为常数，生产的边际成本 c 与生产水平无关，则企业面临的问题为：

$$\begin{cases}\max E_t\left[\sum\limits_{i=0}^{\infty}\beta^{-i}(ps_{t+i}-cY_{t+i})\right]\\ \text{s. t. } s_t=\min\{I_{t-1}+Y_t,\ D_t\}\\ \qquad D_t=d+\rho D_{t-1}+v_t\end{cases} \tag{13.75}$$

其中 β 是贴现因子。

令 $A_t=I_{t-1}+Y_t-E_t(D_t)$，若需求等于其期望值，则 A_t 表示 t 期末的存货量。记 A_t 的累积概率分布函数为 $\Phi(\cdot)$。

于是，上述最优化问题的一阶条件为：

$$-c+\text{Prob}\{D_t<I_{t-1}+Y_t\}c\beta^{-1}+Prob\{D_t>I_{t-1}+Y_t\}p=0 \tag{13.76}$$

上式表明，沿着最优路径，生产的边际成本必须等于期望的边际收益。此时，边际收益是一随机事件：若不存在库存中断，则生产的边际单位被带入下一期，从而减少下一期的边际成本 c；若存在库存中断，则此边际单位以价格 p 增加当期的销售。

我们也可将式（13.76）改写为：

$$-c+\Phi\left(\frac{A_t}{\sigma}\right)c\beta^{-1}+\left[1-\Phi\left(\frac{A_t}{\sigma}\right)\right]p=0 \tag{13.77}$$

上式意味着 A_t 为常数，更具体地，此常数由下式决定：

$$\Phi\left(\frac{A}{\sigma}\right)=\frac{p-c}{p-\beta^{-1}c}$$

于是，企业的生产等于预期的需求加上此常数，记为 k，即：

$$Y_t=-I_{t-1}+E_t(D_t)+k$$

此时 $I_t=\max\{I_{t-1}+Y_t-D_t,\ 0\}=\max\{k-v_t,\ 0\}$，这又意味着：

$$Y_t=d+\rho D_{t-1}+\min\{v_{t-1},\ k\}$$
$$s_t=d+\rho D_{t-1}+\min\{v_t,\ k\}$$

利用式（13.73）可得：

$$Y_t=d+\rho Y_{t-1}+\rho v_{t-1}+\min\{v_{t-1},\ k\}-\rho\min\{v_{t-2},\ k\} \tag{13.78}$$
$$s_t=d+\rho s_{t-1}+\rho v_{t-1}-\rho\min\{v_{t-1},\ k\}+\min\{v_t,\ k\} \tag{13.79}$$

即生产和销售都遵循自回归移动平均（ARMA）过程。通过计算生产和销售的方差可知：

$$\sigma_Y^2=\sigma_s^2+2\rho\mathrm{Cov}(v'_t,\ v_t)$$

其中 $v'_t=\min\{v_t,\ k\}$。因此，当 ρ 为正，即需求正序列相关时，产出的方差要大于销售的方差。这在直观上很好解释：如果 ρ 为正，则为了补充存货和满足预期的需求，生产对前一期销售增长的反应要大于一比一。

（二）平滑生产

假设销售过程已知，企业的目标是最小化成本：

$$\begin{cases}\min E_t\left[\sum_{i=0}^{\infty}\beta^{-i}\left[\frac{a}{2}(Y_{t+i}-u_{t+i})^2+\frac{b}{2}(Y_{t+i}+I_{t+i-1}-I_{t+i}^*)^2\right]\right]\\ \text{s. t. } I_t^*=E_t(s_t)+k\\ \qquad I_t=I_{t-1}+Y_t-s_t\end{cases} \tag{13.80}$$

这里我们假设成本函数是二次的。其中 Y_t、I_t、s_t 如本小节前面所述；u 表示生产率冲击；I^* 表示存货目标，依赖于预期的销售以及某常数 k；a、b 都是常数。在上述成本函数中，第一项反映的是生产成本，第二项反映的是存货成本。

消去目标函数中的 Y_t，可得此问题关于 I_t 的一阶条件：

$$E_t\left[-I_{t-1}+\left(1+\beta^{-1}+\frac{b}{a}\right)I_t-\beta^{-1}I_{t+1}+(s_t-u_t)-\beta^{-1}(s_{t+1}-u_{t+1})\right]-\frac{bk}{a}=0 \tag{13.81}$$

解此方程得：

$$E_t(I_t)=\alpha+\lambda I_{t-1}+\sum_{i=0}^{\infty}(\lambda\beta^{-1})^{i+1}E_t(\Psi_{t+i}) \tag{13.82}$$

其中 $\Psi_t=-\beta(s_t-u_t)+(s_{t+1}-u_{t+1})$；$\alpha$ 为常数；$\lambda<1$ 是下列方程的最小根：

$$\lambda^2-\left(1+\beta+\beta\frac{b}{a}\right)\lambda+\beta=0$$

此时 $Y_t=E_t(I_t)-I_{t-1}+E_t(s_t)$。

重新整理预期存货的表达式（13.82）可得：

$$E_t(I_t)=\alpha+\lambda I_{t-1}-\lambda E_t(s_t-u_t)+(1-\lambda)\sum_{i=0}^{\infty}(\lambda\beta^{-1})^i E_t(s_{t+i}-u_{t+i})$$

上式表明，t 期末的预期存货依赖于 $t-1$ 期末的存货和预期的销售序列。若边际成本为常数，则 $\lambda=0$，于是计划存货也为常数，正如本小节中所讨论的；若边际成本随产出增加，则生产平滑化开始起作用：企业考虑其初始存货状况，并且将当前的和预期未来的销售相比较。由存货部分地满足的暂时性销售越多，则当期的存货将越少。

思考与练习

1. 考虑一个厂商，其生产函数是柯布-道格拉斯形式的：$Y=K^{\alpha}L^{1-\alpha}$，$0<\alpha<1$。假设厂商生产的产品的价格在短期内是固定的，因此厂商将其产品的价格 P 和产量 Y 视为给定。假定要素市场是完全竞争的，从而厂商将工资 w 和资本的租金价格 r_K 也视为给定的。

a. 给定 P、Y、w 和 r_K，厂商对于 L 的选择如何？

b. 给定厂商对于 L 的选择，求作为 P、Y、w 和 K 的函数的利润。

c. 求出选择 K 以最大化利润的一阶条件。二阶条件满足吗？

d. 从 c 中的一阶条件求解出作为 P、Y、w 和 r_K 的函数的 K。每一个变量的变动会如何影响 K？

2. 假定某代表性厂商唯一的生产要素为资本存量 K，生产函数 $F(K)$ 满足 $F'(K)>0>F''(K)$ 以及稻田条件。资本的积累规律为：$\dot{K}=1-\delta K$，其中 I 表示总投资，$\delta>0$ 为资本折旧率。假定厂商的产品价格为 P，投资成本为 I^2。于是，厂商在每一时间点上的利润为 $\pi=pF(K)-I^2$。

a. 假定厂商的目标是最大化其生存区间内贴现的总利润和，时间贴现因子为 $\rho>0$，厂商（企业）的生存区间为 $[0,+\infty)$，试写出代表性厂商所面临的最优控制问题。

b. 考虑 a 中的最优控制问题，试利用最大值原理推导出 K 和 I 的运动方程，并画出在（K，I）平面上的相图。

c. 将 b 中得到的关于 K 和 I 的微分系统在其平衡点附近作线性展开，并由此讨论平衡点的稳定性。

3. 考虑一个企业，具有柯布-道格拉斯生产函数：$Y_t=AK_t^{\alpha}L_t^{1-\alpha}$，折旧率为 δ，资本调整成本为二次型的：bI_t^2，$K_t=(1-\delta)K_{t-1}+I_t$。用产出表示的新资本的价格等于 1，企业运行于竞争性的商品市场和劳动市场中，并将实际工资 w_t 视作给定的。工资是唯一的不确定性之源。

a. 假设企业在每一期中自由地雇用劳动，在给定 K_t 和 w_t 时，求解 t 期的利润。

b. 说明最优投资如何依赖于当前的和未来预期的工资。

c. 假设工资遵循马尔可夫过程。它可取 w_1 和 w_2 两个值中的一个。转移概率由下式给出：

$$\text{Prob}(w_{t+1}=w_1|w_t=w_1)=p,\quad \text{Prob}(w_{t+1}=w_2|w_t=w_2)=q$$

试推导最优投资遵循的过程。描述 p 和 q 对投资的作用，并解释。

d. 资本的稳态分布是什么？

参考文献

A. Abel (1983). "Optimal Investment under Uncertainty," *American Economic Review*, 73 (1), 228-233.

Abel and Eberly (1994). "A Unified Model of Investment under Uncertainty," *American Economic Review*, 84 (5), 1369-1384.

A. Chiang (1992). *Elements of Dynamic Optimization*, New York: McGraw-Hill.

A. Dixit and R. Pindyck (1994). *Investment under Uncertainty*, Princeton, NJ: Princeton University Press.

D. Romer (2000). *Advanced Macroeconomics*, 2nd Ed., Boston: McGraw-Hill.

R. Dornbush and S. Fischer (1994). *Macroeconomics*, 6th Ed., New York: McGraw-Hill.

F. Hayashi (1982). "Tobin's Marginal and Average q: A Neoclassical Interpretation," *Econometrica*, 50 (1), 213-224.

I. Karatzas and S. E. Shreve (1988). *Brownian Motion and Stochastic Calculus*, New York: Springer-Verlag.

J. M. Keynes (1936). *The General Theory of Employment, Interest, and Money*, London: Macmillan.

O. Blanchard and S. Fischer (1989). *Lectures on Macroeconomics*, Cambridge, MA: MIT Press.

R. E. Lucas and E. Prescott (1971). "Investment under Uncertainty," *Econometrica*, 39 (5), 659-681.

R. Merton (1990). *Continuous-Time Finance*, Oxford: Blackwell.

M. Mussa (1977). "External and Internal Adjustment Costs and the Theory of Aggregate and Firm Investment," *Econometrica*, 44 (174), 163-178.

T. Sargent (1986). *Macroeconomic Theory*, 2nd Ed., New York: Academic Press.

T. Sargent (1987). *Dynamic Macroeconomic Theory*, Cambridge, MA: Harvard University Press.

J. Taylor and M. Woodford (1999). *Handbook of Macroeconomics*, Vol. 1B, Amsterdam: North Holland.

袁志刚，宋铮. 高级宏观经济学. 上海：复旦大学出版社，2001.

第14章
货　币

货币是从物物交换的不便当中演化出来的。在现代经济当中，货币既是交易媒介和支付手段，也是价值尺度和价值储藏的形式。货币的价值储藏功能是由其交易媒介的特性决定的，但是货币作为价值储藏手段，却受到许多其他资产的支配。无论货币由何种材料制成，金属或是纸片，它都必须是有形的物质，且必须为社会一般所承认。早期的货币形式是充当一般等价物的商品，它在交易中的价值等于其作为商品的消费价值；现代的货币形式是纸币，除去货币本身应该具有的便于交易的特性之外，这种没有价值基础的纸币是如何在现代经济社会中获得其自身的价值的呢？这是货币理论必须首先回答的问题。此外，在引入了货币之后，实物经济中的决策行为和一般均衡又会受到什么样的影响呢？这是我们研究货币经济时必须考虑的问题。

第一节　OLG模型中的货币：货币的价值储藏功能

萨缪尔森（Samuelson，1958）构造的简单形式的世代交叠（OLG）模型提供了一个容易处理的背景来研究货币价值的决定因素及其对资源配置的影响。在萨缪尔森的模型中，由于货币的价值储藏功能，可以产生对于货币的内生需求，而不需要事先假定货币的交易功能。这个模型为货币的存在价值提供了一个简单明了的解释。但是，应该指出的是，具有货币的OLG模型的这一突出特征的获得是由于假定了货币作为价值储藏形式不受其他资产支配。一旦我们在经济中引入资本、政府债券等其他资产形式，则为了获得货币经济均衡，就一定需要某种交易技术的出现。

假定时间是离散的，经济中的每一个个体都只生存两期，即在t时期出生的个人在t时期是年轻的，在$t+1$时期是年老的。于是，在任何时点上，经济都由两群人组成：年轻人和老年人。记t时期出生的人口数量为N_t，人口增长率为n，则通过适当的标准化可得：

$$N_t=(1+n)^t$$

假定每个人在年轻的时候都可获得一单位无法储存的消费品，而在年老的时候没有收获。在 t 时期出生的个人的效用函数既依赖于其年轻时的消费 c_t^1，也依赖于其年老时的消费 c_{t+1}^2，记为 $u(c_t^1,\ c_{t+1}^2)$。考虑到人口的增长，则 $c_t^1\leqslant 1$，$c_{t+1}^2\leqslant 1+n$。一般而言，个人总是希望在生命的每一期中都有正的消费，但在此模型中这却是一个不可达到的结果。因为年老时的正消费意味着年轻人想要用本期的消费品来交换下一期当中的消费品，但是消费品是不可储藏的，因此当本期的年轻人变老时，他将没有任何东西（既没有收获，也没有储藏）来与年轻人进行交换。于是，在这样的实物经济当中，最后的均衡一定是：$c_t^1=1$ 且 $c_{t+1}^2=0$，即年轻时消费掉所有的收获，而年老时则没有消费。这样的均衡不是帕累托最优的，因为如果年轻人在当期将自己收获的一个固定比例提供给老年人，并且以后的年轻人都能够照此办理，则每个人在生命的每一期当中都将获得正的消费。这样的帕累托改进在我们引入货币之后就可以实现。

假定在经济的初始时期老年人获得来自政府的数量为 H 的完全可分的钞票（即货币），并且老年人以及其后的每一代人都相信他们可以用货币以一定的价格交换商品。于是，每个人都可以有两期的正消费，即在年轻时出售商品来换取货币，而在年老时再利用货币来购买商品。因此，在 t 时期出生的个人所面临的最优化问题为：

$$\begin{cases}\max\limits_{c_t^1,c_{t+1}^2} u(c_t^1,\ c_{t+1}^2)\\ \text{s. t. } p_t(1-c_t^1)=M_t^d\\ \qquad p_{t+1}c_{t+1}^2=M_t^d\end{cases} \tag{14.1}$$

其中 p_t 和 p_{t+1} 分别表示 t 时期和 $t+1$ 时期的价格水平，M_t^d 表示个人的货币需求。

上述最优化问题关于 c_t^1 的一阶条件为：

$$\frac{\partial u/\partial c_t^1}{p_t}-\frac{\partial u/\partial c_{t+1}^2}{p_{t+1}}=0 \tag{14.2}$$

上式所决定的 c_t^1 意味着货币需求函数为：

$$M_t^d/p_t=f(p_t/p_{t+1}) \tag{14.3}$$

这里 p_t/p_{t+1} 表示货币的收益率，可记为 $1+g_t$，其中 g_t 是通货紧缩率。

我们知道，老年人必定无弹性地供给他们手中的货币，而年轻人则按照货币需求函数来决定货币的持有量。因此，经济的均衡条件是：

$$(1+n)^t M_t^d=H \tag{14.4}$$

从而

$$(1+g_t)^{-1}(1+n)=f(1+g_t)/f(1+g_{t+1}) \tag{14.5}$$

在经济的稳态中，人均实际货币持有量是常数，从而 g_t 也必定是常数。于是，由上式可知稳态的通货紧缩率等于人口增长率。这意味着价格需按一定的比率递减以使得实际的货币供给和总量货币需求按相同的比率增长，而此增长率正是人口增长率 n。

需要指出的是，在萨缪尔森的模型中，经济要永远运行下去的假设是货币具有正价值的必要条件。如果经济在某个有限的时刻终结，则最后一期中的年轻人将不再需要货币，因为他们没有未来，货币对于他们也就失去了意义。这又意味着倒数第二期中的年轻人也不会需要货币，因为他们知道在最后一期当中是无法使用货币的。由此逆向递推，最终的结果是没有一个人会需要货币，从而货币是没有价值的，经济又回到我们前面讨论过的物物交换均衡。

下面我们假设商品是可以储藏的，并且储藏的收益率 r 大于 -1（注意，前面我们所讨论过的商品不可储藏的情形意味着储藏的收益率是 -1）。

（1）如果 $-1<r<n$，则个人可以选择两期均为正的消费计划，但这样的安排肯定不是帕累托最优的，因为社会的消费预算约束位于个人的消费预算约束之上，从而社会预算约束线上的消费计划所带来的效用水平高于个人预算约束线上的消费计划所带来的效用水平，并且社会消费预算约束线上的消费计划是可以通过引入货币来达到的。因此，这种情形中的帕累托最优均衡一定是货币均衡。

（2）如果 $r>n$，则物物交换均衡将是帕累托最优的。因为此时个人的消费预算约束位于社会的消费预算约束之上，即使引入货币，其收益率在稳态的时候也只是 $1+n$，小于储藏的收益率 $1+r$，从而没有人愿意持有货币，货币当然也就没有价值了。因此，在这种情形下所达到的帕累托最优均衡一定是物物交换均衡。

总的来说，我们可以从萨缪尔森的模型中得出如下结论：如果物物交换均衡不是帕累托最优的，则存在导致帕累托最优的货币均衡；如果物物交换均衡已经是帕累托最优的，则不可能存在货币均衡。

下面我们讨论名义货币存量的增长会对前面的结果产生什么样的影响。假定名义货币存量按增长率 θ 增长，则通货膨胀率在稳态中一定等于 $\theta-n$。此时，货币增长对于经济中资源配置的影响取决于货币被引入经济的方式。

（1）如果引入货币是通过一次性总转移支付的方式，我们记 ΔM_t 为在 $t+1$ 时期初给每一个老年人的名义货币转移量，则在 t 时期出生的个人所面临的最优化问题为：

$$\begin{cases}\max\limits_{c_t^1,c_{t+1}^2} u(c_t^1,\ c_{t+1}^2)\\ \text{s. t. } p_t(1-c_t^1)=M_t^d\\ \qquad p_{t+1}c_{t+1}^2=M_t^d+\Delta M_t\end{cases}\tag{14.6}$$

由于 ΔM_t 来自转移支付，而不受个人行为的影响，因此上述问题的一阶条件和式（14.2）相同，由此得到货币需求函数为：

$$M_t^d/p_t=f(p_t/p_{t+1},\ \Delta M_t/p_{t+1})\tag{14.7}$$

上式意味着货币需求同时受到货币收益率和第二期中货币转移的影响。

总货币存量按增长率 θ 增长意味着：

$$H_{t+1}=(1+\theta)H_t$$

而每一个老年人的平等地位又意味着 $\Delta H_t = N_t \Delta M_t$，因此，货币市场和商品市场在 t 时期的均衡条件为：

$$(1+n)^t M_t^d = H_t \tag{14.8}$$

从而

$$\begin{aligned}&(1+g_t)^{-1}(1+\theta)^{-1}(1+n)\\&=f(1+g_t,\ \Delta M_t/p_{t+1})/f(1+g_{t+1},\ \Delta M_{t+1}/p_{t+2})\end{aligned} \tag{14.9}$$

在稳态中，人均的实际货币持有量是常数，从而 $H_t/(p_t N_t)$ 是常数，这意味着价格水平必定按比率 g 递减，其中 $(1+g)=(1+\theta)^{-1}(1+n)$。

在此情形中，货币均衡不再是帕累托最优的。因为货币存量的正增长导致第二期消费对第一期消费的个人边际替代率大于社会边际替代率，从而在个人预算约束线上达到的均衡的效用水平将低于在社会预算约束线（即具有零货币增长的个人预算约束线）上所达到的均衡的效用水平，从而向零货币增长情形的回归将是一种帕累托改进。

如果商品是可以储藏的，则货币均衡的存在性取决于货币收益率和储藏收益率之间的比较。类似于零货币增长情形的讨论，此时货币均衡存在的必要条件是：

$$(1+\theta)^{-1}(1+n) \geqslant 1+r \tag{14.10}$$

需要指出的是，在此情形中，名义货币存量的增长会影响到通货膨胀率以及货币收益率，从而影响到经济的资源配置，因此在此情形中货币不是超中性的。[①]

（2）如果引入货币是通过给货币持有者支付利息的方式，则情况截然不同。此时，在 t 时期出生的个人所面临的最优化问题为：

$$\begin{cases}\max\limits_{c_t^1,\,c_{t+1}^2} u(c_t^1,\ c_{t+1}^2)\\ \text{s. t. } p_t(1-c_t^1)=M_t^d\\ \qquad p_{t+1}c_{t+1}^2=M_t^d(1+\theta)\end{cases} \tag{14.11}$$

此问题的一阶条件为：

$$\frac{\partial u/\partial c_t^1}{p_t}-(1+\theta)\frac{\partial u/\partial c_{t+1}^2}{p_{t+1}}=0 \tag{14.12}$$

由此所得到的货币需求函数仍然为 $M_t^d/p_t = f(p_t/p_{t+1})$。从类似于前面的讨论可知，按货币增长率增加的货币存量将会导致通货膨胀率的提高。但是，和前一种情形不同的是，由于当期的年轻人作为货币的持有者获得了利息，此项收益可作为通货膨胀的补偿，从而通货膨胀并不会影响到在 t 时期出生的个人的预算约束线，因此也就不会影响到经济的资源配置，由此可知在此情形中货币是超中性的。

萨缪尔森的 OLG 模型明确地回答了货币对经济均衡的影响：如果经济是动态无效率的（即物物交换均衡不是帕累托最优的），则货币的引入是对经济资源配置的一种帕累托

① 如果名义货币水平的变化不影响实际均衡，则称货币为中性的；如果名义货币增长率的变化不影响实际均衡，则称货币为超中性的。

改进，在货币经济中，每个人的境况都将变得更好。这就为货币的存在价值提供了一种直截了当的解释。但是，需要指出的是，货币在OLG模型中的这种突出特征只是在货币的收益率不受其他的资产形式支配时才成立。另外，由前面的讨论我们还可以知道，在通货膨胀率较高时，OLG模型所预言的货币均衡就不复存在了，这和我们在实际生活当中所观察到的即使在恶性通货膨胀时期，货币仍然是交易手段的现象是不相符合的。因此，为进一步探讨货币的作用，我们需要引入其他模型。最后指出一点，尽管存在着这些缺陷，但华莱士（Wallace，1981）指出，萨缪尔森的OLG模型是唯一的明确指明了货币的使用原理的模型。

第二节　一般均衡模型中的货币

正如我们在第1章的附录A中谈到的，拉姆齐模型已经成为现代宏观经济学的基本研究框架。就其原始形式而言，归功于拉姆齐（Ramsey，1928）和索洛（Solow，1956）的新古典增长模型是一个单部门的实物经济模型。因此，资本品和消费品之间的转换并不需要引入货币。并且，在新古典增长模型中，也不存在名义回报率为零的资产（例如货币），从而其回报率可由其他的生息资产决定。于是，如果我们要在新古典增长模型的框架内研究货币问题，就必须赋予货币正的价值，从而使得人们愿意持有它，这意味着在均衡中对货币有一个正的需求。

托宾（Tobin，1965）首先将货币引入新古典增长模型。在托宾的模型中，他简单地假定在经济中存在着一个正的货币需求，进而探讨通货膨胀对于经济福利的影响。但是，以这样一种方式引入货币，并没有从正面回答人们持有货币的动机，从而货币的正的价值的获得仍然是一个悬而未决的问题。

将货币引入一般均衡框架的另一种方式是直接假定货币影响到消费者的效用，这首先归功于塞朝斯基（Sidrauski，1967）的工作。在这样的假定下，经济行为人持有一定数量的货币将是最大化效用的结果。在这种“货币进入效用函数”（money in the utility function，MIU）的框架中，均衡时通货膨胀和资本存量之间的关系将会和托宾模型中所得到的相关结论大不相同。

一、托宾模型

假定生产函数是新古典的：

$$y_t=f(k_{t-1}) \tag{14.13}$$

其中 y_t 表示 t 时期的人均产出，k_{t-1} 表示 $t-1$ 时期的人均资本存量。

假定代表性消费者可持有的资产形式有两种：物质资本和货币。于是，t 时期的人均实际财富 a_t 将由人均物质资本 k_t 和人均实际货币余额 m_t 两部分组成，即：

$$a_t\equiv k_t+m_t \tag{14.14}$$

其中 $m_t \equiv M_t/(P_t N_t)$，这里 M_t 表示名义货币存量，P_t 表示价格水平，N_t 表示人口。

假定在 t 时期政府以货币形式给予私人部门实际价值为 τ_t 的一次性总转移支付。于是，t 时期经济的实际总收入由三部分组成：总产出、来自政府的转移支付和以货币形式持有资产所必须面临的由价格波动带来的损失，即：

$$Y_t + \tau_t N_t + (M_{t-1}/P_t - M_{t-1}/P_{t-1})$$

其中 $(M_{t-1}/P_t - M_{t-1}/P_{t-1})$ 项可记为 $-\dfrac{\pi_t}{1+\pi_t} \cdot \dfrac{M_{t-1}}{P_{t-1}}$，这里 $\pi_t \equiv (P_t - P_{t-1})/P_{t-1}$ 表示通货膨胀率。

于是，总资产（包括物质资本和货币）的运动方程为：

$$\Delta K_t + \Delta\left(\frac{M_t}{P_t}\right) = s\left(Y_t + \tau_t N_t - \frac{\pi_t}{1+\pi_t} \cdot \frac{M_{t-1}}{P_{t-1}}\right) \tag{14.15}$$

其中 s 是外生给定的储蓄率。将上式写成人均项的形式，我们得到：

$$\Delta k_t = s\left[f(k_{t-1}) + \tau_t - \frac{\pi_t}{1+\pi_t} \cdot \frac{m_{t-1}}{1+n_t}\right] - \frac{\theta_t - \pi_t}{(1+\pi_t)(1+n_t)} m_{t-1} - \frac{n_t}{1+n_t} k_{t-1} \tag{14.16}$$

其中 $n_t = \Delta N_t / N_{t-1}$ 表示人口增长率，$\theta_t = \Delta M_t / M_{t-1}$ 表示名义货币存量的增长率。

由于名义货币存量的改变由政府的转移支付所导致，因而：

$$\tau_t = (\Delta M_t)/(P_t N_t) = \frac{\theta_t}{(1+\pi_t)(1+n_t)} m_{t-1} \tag{14.17}$$

利用上式可将资产运动方程化简为：

$$\Delta k_t = s f(k_{t-1}) - (1-s)\frac{\theta_t - \pi_t}{(1+\pi_t)(1+n_t)} m_{t-1} - \frac{n_t}{1+n_t} k_{t-1} \tag{14.18}$$

上式表明，人均资本存量的变化等于人均净储蓄（即除去人均实际货币余额增加的影响）减去给经济中新增人口装置资本所需的投资。如果将式（14.18）和标准的离散时间版本的索洛模型相比较，我们可立即看出货币的引入对于资本积累的影响。需要注意的是，尽管人均实际货币余额的增加量为：

$$\Delta\left(\frac{M_t}{P_t}\right)/N_t = \frac{\theta_t - \pi_t}{(1+\pi_t)(1+n_t)} m_{t-1} \tag{14.19}$$

但是它只吸收了 $(1-s)\dfrac{\theta_t - \pi_t}{(1+\pi_t)(1+n_t)} m_{t-1}$ 部分的实际储蓄。这是因为货币形式的转移支付相当于实际财富的增加，从而消费者的储蓄也会相应地增加，但是只增加货币增加额的 s 部分。因此，实际储蓄当中的一部分就会从物质资本积累的形式转化为货币余额积累的形式，这正是货币的引入对于资本积累行为产生影响的关键之处。

下面我们讨论上述货币经济的稳态行为。记人均资本存量和人均实际货币余额的稳态值分别为 k^* 和 m^*，在稳态中，$\Delta m^* = \Delta k^* = 0$。

由 $\Delta m^* = 0$ 可知：

$$1+\pi=\frac{1+\theta}{1+n} \tag{14.20}$$

由 $\Delta k^*=0$ 可知：

$$sf(k^*)=(1-s)\frac{\theta-\pi}{(1+\pi)(1+n)}m^*+\frac{n}{1+n}k^* \tag{14.21}$$

从而

$$sf(k^*)=(1-s)\frac{n}{1+n}m^*+\frac{n}{1+n}k^*=[(1-s)\phi^*+1]\frac{n}{1+n}k^* \tag{14.22}$$

其中 $\phi^*\equiv m^*/k^*$ 度量了稳态中实际财富在物质资本和货币之间的组合。由式（14.22）可以看出，在托宾的模型中货币是中性的，即名义货币存量的增加只影响到价格水平，而不会影响到经济的实际均衡。

如果 $\phi^*=0$，则式（14.22）可化简为标准的索洛模型中稳态资本存量所满足的方程。一般地，实际收入由于政府的转移支付而增加 $\frac{n}{1+n}m$ 部分，并且这一增加部分的 $(1-s)$ 比例将被消费掉，从而用于物质资本积累的净储蓄部分是 $sf(k)-(1-s)\frac{n}{1+n}m$，这恰好用于给新增人口装置资本，以使得人均资本存量（即资本—劳动比）保持不变，经济停留在稳态当中。

如果我们将 ϕ 处理为一个参数，则由式（14.22）计算可得：

$$\mathrm{d}k^*/\mathrm{d}\phi=(1-s)\frac{n}{1+n}k\Big/\left\{sf_k-\frac{n}{1+n}[1+(1-s)\phi]\right\} \tag{14.23}$$

在稳态中 $sf_k<\frac{n}{1+n}[1+(1-s)\phi]$，从而 $\mathrm{d}k^*/\mathrm{d}\phi<0$。因此，稳态资本存量与总财富当中的货币比例负相关：一个具有较高比例的货币余额的资产组合将会降低物质资本方面的投资，最终导致一个较低的稳态资本存量。

但是，更实际的假设是，作为货币持有量与物质资本持有量比率的 ϕ 应该处理为消费者的一个决策变量，ϕ 的选择决定了家庭在物质资本和货币二者之间如何配置资产。假定资产组合的选择取决于资产间相对的实际收益率，记资本的实际收益率为 r，货币的名义收益率为零［这意味着货币的实际收益率为 $-\pi/(1+\pi)$］。于是，由前面的讨论可知，ϕ 应负相关于 r，正相关于 $-\pi/(1+\pi)$，一般地，我们假定 $m/k=\phi(r,\pi)$，并且 $\phi_r<0$，$\phi_\pi<0$。如果要素市场和产品市场是完全竞争的，则有 $r=f_k$，于是式（14.22）变为：

$$sf(k^*)=[(1-s)\phi(f_k(k^*),\pi)+1]\cdot\frac{n}{1+n}k^* \tag{14.24}$$

由式（14.20）知，稳态的通货膨胀率是 θ 和 n 的函数，从而上式所决定的稳态资本存量 k^* 是外生变量（s，θ，n）的函数。利用式（14.24）计算可得：

$$\frac{\mathrm{d}k^*}{\mathrm{d}\theta}=\frac{(1-s)\phi_\pi\frac{n}{1+n}k^*}{sf_k-\frac{n}{1+n}[1+(1-s)\phi+k^*(1-s)f_{kk}\phi_r]}\cdot\frac{\mathrm{d}\pi^*}{\mathrm{d}\theta}>0 \tag{14.25}$$

上式表明，货币增长率的上升，通过提高稳态中的通货膨胀率，将会降低货币相对于资本的实际收益率，于是投资组合倾向于持有更多的物质资本，最终导致稳态资本存量的增加。

相应地，我们可计算出稳态产出和消费也正相关于货币增长率：

$$\frac{\mathrm{d}y^*}{\mathrm{d}\theta}=f_k(k^*)\frac{\mathrm{d}k^*}{\mathrm{d}\theta}>0,\quad \frac{\mathrm{d}c^*}{\mathrm{d}\theta}=\left[f_k(k^*)-\frac{n}{1+n}\right]\frac{\mathrm{d}k^*}{\mathrm{d}\theta}>0 \tag{14.26}$$

其中 c^* 表示稳态的人均消费水平。

上述这种投资组合中通货膨胀相对于稳态资本—劳动比的替代效应被称为蒙代尔-托宾效应。对于消费者的投资组合中的两种资产——资本与货币，其中一种资产的回报率的上升（下降）必定会降低（提高）消费者对另一种资产的需求。

在托宾（Tobin，1965）之后，一些经济学家检验了模型所预言的高通货膨胀率与较高的人均资本存量水平或较高的人均产出水平相联系的结论，但是并没有发现这两者之间的正相关性，巴罗（Barro，1995，1996）甚至发现了通货膨胀和增长之间的负相关性。另外，托宾的货币模型实际上并没有真正地讨论货币在实际的经济生活中所扮演的角色，列维哈利和帕廷金（Levhari and Patinkin，1968）指出："如果在经济中引入货币的唯一结果是降低了 k，以及人均产出和消费，那它为什么要被引入呢？常常被过分强调的货币经济的优点又在哪里呢？"

二、效用函数中的货币：塞朝斯基模型

货币经济学的一个基本问题是：我们该如何为货币需求建模？实物经济和货币经济的关键不同之处在哪里？沃尔什（Walsh，1998）认为有三种常见的引入货币需求的办法：(1) 假定货币可以产生直接的效用，从而可以将实际货币余额直接处理成效用函数的自变量，代表性消费者通过效用最大化内生地得到货币需求函数，这正是本小节我们要讨论的内容；(2) 假定任何交易都是有成本的，而货币的存在可以降低交易费用，或者假定在某些特殊的交易中货币的使用是必需的，于是，对于货币的需求也就自然地产生了，这是我们将在下一节中研究的内容；(3) 直接将货币处理成可以跨期地转移价值的资产形式，这强调的是货币的价值储藏功能，我们已经在第一节中利用萨缪尔森的世代交叠模型讨论过这种方式，其中货币的价值为正，从而对于货币的需求自然也就是正的了。

塞朝斯基（Sidrauski，1967）首先将货币直接放入消费者的效用函数，这是对拉姆齐模型的一种扩展。在一些关于效用函数的适当假定下，这种效用函数可以导致均衡中一个正的货币需求函数。下面我们就来介绍这个模型。

假定代表性消费者的效用函数是 $u(c_t, m_t)$，其中 c_t 和 m_t 分别表示 t 时期的人均消

费和人均实际货币余额，并且效用函数满足：u_c，$u_m>0$；u_{cc}，$u_{mm}<0$。

消费者可以以资本或货币的形式持有财富，其面临的预算约束为：

$$C+\frac{\mathrm{d}K}{\mathrm{d}t}+\frac{1}{P}\frac{\mathrm{d}M}{\mathrm{d}t}=wN+rK+\tau N \tag{14.27}$$

其中 N、C、K 和 M 分别表示总人口、总消费、总资本存量和总的名义货币持有量；w 和 r 分别表示实际工资率和实际利率；τ 表示来自政府转移支付的实际价值，P 表示价格水平。于是，式（14.27）左端表示的是消费者的实际总支出，而右端表示的是消费者的实际总收入。

记 $k\equiv K/N$ 和 $m\equiv M/(PN)$ 分别表示人均资本存量和人均实际货币余额。利用关系式：

$$\frac{\mathrm{d}K/\mathrm{d}t}{N}=\frac{N(\mathrm{d}k/\mathrm{d}t)+k(\mathrm{d}N/\mathrm{d}t)}{N}=\frac{\mathrm{d}k}{\mathrm{d}t}+nk$$

以及

$$\left(\frac{1}{P}\frac{\mathrm{d}M}{\mathrm{d}t}\right)/N=\frac{\mathrm{d}(M/P)}{\mathrm{d}t}\Big/N+\frac{M}{P^2}\cdot\frac{\mathrm{d}P}{\mathrm{d}t}\Big/N=\frac{\mathrm{d}m}{\mathrm{d}t}+nm+\pi m$$

我们可将式（14.27）写成人均量的形式：

$$c+\frac{\mathrm{d}k}{\mathrm{d}t}+nk+\frac{\mathrm{d}m}{\mathrm{d}t}+nm+\pi m=w+rk+\tau \tag{14.28}$$

利用上一小节中的记号：$a\equiv k+m$，表示人均的实际财富，则式（14.28）可改写为：

$$\frac{\mathrm{d}a}{\mathrm{d}t}=[(r-n)a+w+\tau]-[c+(\pi+r)m] \tag{14.29}$$

上式表明，人均财富的变化是收入和消费之差。收入部分由利息收入、劳动收入和政府转移支付三项组成，消费部分由两项组成，除了正常的消费品 c 外，$(\pi+r)m$ 项表示以货币形式持有资产时所必须面临的利息损失，恰好等于实际货币余额与名义利率之积。

于是，代表性消费者面临的最优化问题为：

$$\begin{cases}\max\limits_{c,\,m}\int_0^{\infty}u(c,\,m)\mathrm{e}^{-\rho t}\mathrm{d}t\\ \text{s. t. } \mathrm{d}a/\mathrm{d}t=[(r-n)a+w+\tau]-[c+(\pi+r)m]\end{cases} \tag{14.30}$$

定义现值汉密尔顿函数为：

$$H=u(c,\,m)+\lambda\{[(r-n)a+w+\tau]-[c+(\pi+r)m]\}$$

利用特里雅金最大值原理可得到上述最优化问题的一阶必要条件：

$$\begin{cases}u_c=\lambda\\ u_m=\lambda(\pi+r)\\ \mathrm{d}\lambda/\mathrm{d}t=-\lambda(r-n)+\rho\lambda\\ \lim\limits_{t\to\infty}a_t\lambda_t\mathrm{e}^{-\rho t}=0\end{cases} \tag{14.31}$$

由上述一阶条件的前两个可得：

$$u_m=u_c(\pi+r) \tag{14.32}$$

即消费和实际货币余额之间的边际替代率等于名义利率，这是戈森第二定律的一种表现形式，其中的名义利率可看作是货币的价格。协状态变量 λ 具有通常的含义，即消费的边际效用。同时，式（14.31）中的第 3 个方程即协状态方程也具有和通常的拉姆齐模型相同的形式，即凯恩斯-拉姆齐规则仍然有效：不同时点上消费之间的边际替代率等于边际转换率。

如果我们考虑的是封闭经济，并且假定生产函数是新古典的，要素市场是完全竞争的，则由欧拉方程可知，资本和劳动的收益率分别等于各自的边际产品：

$$r=f'(k),\quad w=f(k)-kf'(k) \tag{14.33}$$

此外，由于名义货币存量的改变是由政府的转移支付导致的，因此

$$\tau=\frac{\mathrm{d}M/\mathrm{d}t}{PN}=\frac{\mathrm{d}M/\mathrm{d}t}{M}\cdot\frac{M}{PN}=\theta m \tag{14.34}$$

其中 $\theta\equiv\frac{\mathrm{d}M/\mathrm{d}t}{M}$，表示名义货币存量的增长率。

下面我们讨论经济的稳态行为，仍然用带有星号上标的变量表示稳态值。在稳态中，$\mathrm{d}a^*=\mathrm{d}k^*=\mathrm{d}m^*=0$。

由 $\mathrm{d}m^*=0$ 易知：

$$\pi=\theta-n \tag{14.35}$$

而由协状态方程和条件式（14.33）可得：

$$f'(k^*)=\rho+n \tag{14.36}$$

利用上式以及式（14.28）、式（14.33）、式（14.34）和式（14.35），我们得到稳态的消费水平 c^*：

$$c^*=f(k^*)-nk^* \tag{14.37}$$

而稳态的人均实际货币余额 m^* 则由下式决定：

$$u_m(c^*,m^*)=(\rho+\theta)u_c(c^*,m^*) \tag{14.38}$$

由式（14.36）、式（14.37）和式（14.38）可知，稳态的人均资本存量水平和消费水平是由与标准的拉姆齐模型相同的条件决定的，它们都与货币增长率无关。因此，在塞朝斯基模型中，货币是超中性的，这是和托宾模型不同的一个结论。

人均实际货币余额是货币增长率的函数，由式（14.38）可得：

$$\frac{\mathrm{d}m}{\mathrm{d}\theta}=\frac{u_c}{u_{mm}-(\rho+\theta)u_{cm}}=\frac{u_c}{u_{mm}-(u_m/u_c)u_{cm}} \tag{14.39}$$

如果消费和实际货币余额都是正常品，则由上式可知：$\frac{\mathrm{d}m}{\mathrm{d}\theta}<0$，即较高的货币增长将会

降低消费者对货币的持有。

货币的超中性性质对于最优货币增长率的决定是重要的。如果货币增长率不影响稳态的人均消费水平，则稳态的人均实际货币余额应充分大，以至于其边际效用等于零，从而实现效用的最大化。于是，由一阶条件 $u_m=\lambda(\pi+r)$ 可知，通货紧缩率等于实际利率，这意味着货币增长率等于 $-\rho$。因此，弗里德曼（Friedman，1969）得出结果，即最优的通货膨胀率应使得名义利率为零，货币收益率应等于资本的收益率，在塞朝斯基模型中仍然是适用的。

将货币放入效用函数保证了均衡时产生对于货币的正需求，从而货币就具有了正的价值，这是一条导出货币需求的捷径。但是，这种方法并没有回答为什么货币可以产生效用，也没有回答为什么被称为货币的那些纸片可以产生效用，而其他的纸片却不可以。对于塞朝斯基模型的常见批评认为，纸币本身是无用的，它仅仅是通过在使用过程中便利了交易而产生出有价值的服务，因此，对于货币需求的刻画应当从刻画货币的交易功能入手，这正是我们在下一节中要讨论的内容。

第三节　作为交易媒介的货币

原始的物物交换要求交易对象的双重一致性，即每个参与交易的个人所得到的物品都是他准备消费的物品，而不是为了进一步的交易。可以想象，这种双重一致性的要求将导致大部分交易无法达成。直接交易的这种无效率可以通过间接交易来改善。举例来说，经济当中的个体甲、乙、丙分别拥有一单位的物品 A、B、C，但是，甲、乙、丙三人希望消费的物品分别是 C、A、B，这在直接交易的环境中是无法达成的，而间接交易却可以轻易地做到。比如先让甲和乙互换手中的物品，然后甲和丙再进行互换；或者甲和丙首先互换，然后乙和丙再进行互换，这样，每个人都得到了他们想消费的物品。

在这种间接交易的活动中，不再要求交易对象的双重一致性，但是产生了比直接交易更高的交易费用。在上面的例子中，物品 B 和 C 都可以在间接交易中被使用，但是一般而言，导致较低交易费用（比如运输费用等）的物品通常被选择为交易媒介。于是，作为交易媒介的一般等价物出现了。在实际的货币史中，作为一般等价物的物品几经更迭，才发展到现在的纸币形式。如果每个人都相信纸币和物品之间的互换可以永远进行下去，则资源的最优配置是可以达到的。但是，和具体的消费品作为一般等价物的情形相比，本身并没有价值基础的纸币作为一般等价物出现是一种令人费解的现象，尽管纯粹就交易媒介的角色而言，纸币具有交易费用低的优势。

需要指出的是，一般等价物的引入并不是克服直接交易的无效率的唯一方式。一种替代的方案是信用制度。个人可以通过从银行得到的信用贷款（不一定是货币的形式）来购买自己需要的物品，而不是通过首先出卖自己手中物品的方式。信用制度较货币制度而言需要更多的关于贷款者的信息，但是可以克服货币携带上的麻烦。那么，如何决定货币和信用的使用环境呢？这已经被证明是一个困难的问题。关于货币对宏观经济均衡影响的大多数研究都采取了简化的方式，即假定货币必须用于若干交易。克洛尔（Clower，1967）首先引入了关于货币的这种假定，他认为，“货币购买商品，商品购买货币，但是商品不能购买商品”，这种约束现在被称为克洛尔约束或现金优先（cash-in-advance）约束。

现金优先约束可以采取多种方式，从而对经济均衡的影响也不尽相同。不同的现金优先约束的差别在于对受到现金约束的交易或购买的物品种类或范围的界定。我们可以假定所有的消费品和资本品都必须用现金来购买，也可以假定只有部分物品受到这种约束。在最简单的现金优先模型中，假定所有的消费品都必须用现金来购买。

考虑具有如下效用函数的代表性消费者：

$$\sum_{t=0}^{\infty}\beta^t u(c_t)$$

其中 $0<\beta<1$，表示时间偏好因子；瞬时效用函数 $u(\cdot)$ 是连续可微且严格凹的，满足：$u'>0$，$u''<0$。

消费者面临的名义预算约束为：

$$\begin{aligned} P_t\omega_t &\equiv P_t f(k_{t-1})+(1-\delta)P_t k_{t-1}+T_t+M_{t-1}+I_{t-1}B_{t-1} \\ &\geqslant P_t c_t+M_t+B_t+P_t k_t \end{aligned} \tag{14.40}$$

其中 $f(\cdot)$ 是新古典的生产函数，k 表示人均资本存量，P 表示总价格水平，ω 表示消费者的实际财富，B 表示总名义收益率为 I 的债券持有量，T 表示来自政府的一揽子转移支付，M 表示现金的持有量，δ 表示资本的折旧率。

将式（14.40）写成实际项的形式：

$$\omega_t \equiv f(k_{t-1})+(1-\delta)k_{t-1}+\tau_t+\frac{m_{t-1}}{1+\pi_t}+R_{t-1}b_{t-1}\geqslant c_t+m_t+b_t+k_t \tag{14.41}$$

其中 $m_t\equiv M_t/P_t$ 和 $b_t\equiv B_t/P_t$ 分别表示实际的现金和债券持有量，$\tau_t\equiv T_t/P_t$ 表示政府转移支付的实际价值，$\pi_t\equiv(P_t-P_{t-1})/P_{t-1}$ 表示通货膨胀率，$R_{t-1}\equiv I_{t-1}/(1+\pi_t)$ 表示债券的实际收益率。

此外，假定消费者还必须面临如下的现金优先约束：

$$c_t\leqslant\frac{M_{t-1}}{P_t}+\tau_t=\frac{m_{t-1}}{1+\pi_t}+\tau_t \tag{14.42}$$

上述约束意味着，t 期消费的数额不能超过来自 $t-1$ 期的实际货币余额和 t 期所获得的政府转移支付的总和，也就是说，消费品必须通过支付现金的方式获得，这正是现金优先的含义。

我们知道，以现金的方式持有资产就必须面临利息的损失，因此，对于一个理性的消费者而言，只要债券的利率为正，那么他所持有的现金数量就一定恰好等于为满足消费需要所必需的数量，也就是说，式（14.42）总是以等式的形式成立。

于是，我们可将代表性消费者所面临的最优化问题归结如下：

$$\begin{cases}\max\sum_{t=0}^{\infty}\beta^t u(c_t)+\beta^t\mu_t[m_{t-1}/(1+\pi_t)+\tau_t-c_t]\\ \text{s. t. }\omega_{t+1}=f(k_t)+(1-\delta)k_t+\tau_{t+1}+\dfrac{m_t}{1+\pi_t}+R_t(\omega_t-c_t-m_t-k_t)\end{cases} \tag{14.43}$$

其中 μ_t 是与现金优先约束相联系的拉格朗日乘子。

上述动态规划问题的贝尔曼方程为：

$$V(\omega_t, m_{t-1})=\max\{u(c_t)+\mu_t[m_{t-1}/(1+\pi_t)+\tau_t-c_t]+\beta V(\omega_{t+1}, m_t)\} \tag{14.44}$$

关于 c_t、k_t 和 m_t（注意，在上述最优化问题中，我们已经利用约束条件（14.41）消去了另一个控制变量 b_t）的一阶条件分别为：

$$u'(c_t)-\mu_t-\beta R_t V_\omega(\omega_{t+1}, m_t)=0 \tag{14.45}$$

$$\beta[f'(k_t)+1-\delta-R_t]\cdot V_\omega(\omega_{t+1}, m_t)=0 \tag{14.46}$$

$$\beta[1/(1+\pi_t)-R_t]\cdot V_\omega(\omega_{t+1}, m_t)+\beta V_m(\omega_{t+1}, m_t)=0 \tag{14.47}$$

而由本维尼斯特-沙因克曼（Benvenister-Scheinkman）公式可得：

$$V_\omega(\omega_t, m_{t-1})=\beta R_t V_\omega(\omega_{t+1}, m_t) \tag{14.48}$$

$$V_m(\omega_t, m_{t-1})=\mu_t/(1+\pi_t) \tag{14.49}$$

若记 t 期财富的边际价值为 $\lambda_t\equiv V_\omega(\omega_t, m_{t-1})$，则由式（14.45）和式（14.48）可得：

$$u'(c_t)=\lambda_t+\mu_t \tag{14.50}$$

上式表明，消费的边际效用超过财富的边际效用。这是因为消费品必须用现金来购买，从而消费的成本除去财富的边际效用损失之外，还必须包括由于获得现金带来的流动性服务而必须面临的利息成本。

利用 λ_t 的定义，我们可将（14.48）式表示成：

$$\lambda_t=\beta R_t\lambda_{t+1} \tag{14.51}$$

这正是跨期最优化问题的凯恩斯-拉姆齐规则的一种标准形式。

利用式（14.48）和式（14.49），我们还可将一阶条件（14.47）写成：

$$\lambda_t=\beta(\lambda_{t+1}+\mu_{t+1})/(1+\pi_{t+1}) \tag{14.52}$$

进一步地，由上式可得：

$$1/P_t=(\beta/\lambda_t)(\lambda_{t+1}+\mu_{t+1})/P_{t+1} \tag{14.53}$$

将上述关于 P_t 的差分方程向前递归求解可得：

$$1/P_t=\sum_{i=1}^{\infty}\beta^i(\mu_{t+i}/P_{t+i})/\lambda_t \tag{14.54}$$

上式中的（μ_{t+i}/P_{t+i}）项正好等于 $t+i-1$ 期中名义货币的边际价值：

$$\begin{aligned}\mu_{t+i}/P_{t+i} &= V_m(\omega_{t+i}, m_{t+i-1})/P_{t+i-1} \\ &= V_m(\omega_{t+i}, m_{t+i-1})(\partial m_{t+i-1}/\partial M_{t+i-1}) \\ &= V_m(\omega_{t+i}, m_{t+i-1})/\partial M_{t+i-1}\end{aligned}$$

因此，式（14.54）最终可写成：

$$1/P_t = \sum_{i=1}^{\infty}\beta^t[\partial V(\omega_{t+i}, m_{t+i-1})/\partial M_{t+i-1}]/\lambda_t \tag{14.55}$$

我们知道，$1/P_t$ 是用实物表示的 t 期货币的价格。因此，上式意味着，货币的现值等于它在将来各期所产生的边际效用的贴现总和。在这种意义上说，货币和普通的资产类似，即其价值的大小取决于此项资产在将来各期所产生的收益流。

利用式（14.45）和式（14.52），我们可将 t 期名义利率 $i_t \equiv I_t - 1$ 表示为：

$$i_t = \mu_{t+1}/\lambda_{t+1} \tag{14.56}$$

于是，消费的边际效用也可表示为：

$$u'(c_t) = \lambda_t(1+i_{t-1}) \tag{14.57}$$

上式表明，只要名义利率是正的，消费的边际效用就会超过财富的边际效用。因此，在现金优先模型中，名义利率的作用好像消费税，它提高了消费的价格。

下面我们考虑经济的稳态行为。由式（14.51）可知：

$$R^* = 1/\beta$$

从而

$$i^* = I^* - 1 \approx 1/\beta - 1 + \pi^*$$

上式表明，著名的费希尔效应在名义利率随着通货膨胀率一比一变动的意义上是成立的。

由式（14.46）我们还可得到稳态资本存量所满足的方程：

$$f_k(k^*) = R^* + \delta - 1 = 1/\beta + \delta - 1$$

由上式可知，和塞朝斯基模型一样，在现金优先模型中，货币是超中性的。

思考与练习

1. 对于如下具有不可分闲暇的效用函数的设定形式，推导出家庭问题的对数线性化的最优化条件：

$$U(C_t, N_t) = \frac{1}{1-\sigma}[C_t(1-N_t)^v]^{1-\sigma}$$

2. 假定交易技术使得消费 C_t 需要数额为 $N_t^s = s\left(C_t, \frac{M_t}{P_t}\right)$ 的购物时间，其中 $s_c > 0$ 和 $s_m \leqslant 0$。于是，由闲暇转移而来的时间数额为 $N_t + N_t^s$，其中 N_t 表示工作小时数。记

初始时期的效用为 $V(C_t, L_t)$，其中 $L_t=1-N_t-N_t^s$ 表示闲暇。

a. 推导出决定最优时间配置的条件。

b. 推导出隐含的依赖于消费、工作小时数和实际余额的效用函数，并讨论其性质。

参考文献

Barro, R. (1995). "Inflation and Economic Growth," *Bank of England Quarterly Bulletin*, May, 39-52.

Barro, R. (1996). "Inflation and Growth," *Federal Reserve Bank of St. Louis Review*, 78 (3), 153-169.

Clower, R. W. (1967). "A Reconsideration of Microeconomic Foundation of Monetary Theory," *Western Economic Journal*, 6 (Dec.), 1-8.

Friedman, M. (1969). *The Optimum Quantity of Money and Other Essays*, Chicago: Aldine.

Levihari, D. and D. Patinkin (1968). "The Role of Money in a Simple Growth Model," *American Economic Review*, 58 (4), 713-753.

Ramsey, F. (1928). "A Mathematical Theory of Saving," *Economic Journal*, 38, December, 543-559.

Sidrauski, M. (1967). "Rational Choice and Patterns of Growth in a Monetary Economy," *American Economic Review*, 57, 2 (May), 534-544.

Solow, Robert M. (1956). "A Contribution to the Theory of Economic Growth," *Quarterly Journal of Economics*, 70, Feb., 65-94.

Samuelson, P. A. (1958). "An Exact Consumption Loan Model of Interest with or without the Social Contrivance of Money," *Journal of Political Economy*, 66, 1002-1011.

Tobin, J. (1965). "Money and Economic Growth," *Econometrica*, 32, 671-684.

Wallace, N. (1981). "A Modigliani-Miller Theorem for Open Market Operations," *American Economic Review*, 71, 3 (June), 267-274.

Walsh, C. (2003). *Monetary Theory and Policy*, 2nd, Mass.: MIT Press.

图书在版编目（CIP）数据

中级宏观经济学/吴汉洪，于泽，杨斌编著. --北京：中国人民大学出版社，2021.4
新编 21 世纪经济学系列教材
ISBN 978-7-300-21885-4

Ⅰ. ①中… Ⅱ. ①吴…②于…③杨… Ⅲ. ①宏观经济学-高等学校-教材 Ⅳ. ①F015

中国版本图书馆 CIP 数据核字（2015）第 210256 号

新编 21 世纪经济学系列教材
中级宏观经济学
吴汉洪　于　泽　杨　斌　编著
Zhongji Hongguan Jingjixue

出版发行	中国人民大学出版社		
社　　址	北京中关村大街 31 号	邮政编码	100080
电　　话	010－62511242（总编室）		010－62511770（质管部）
	010－82501766（邮购部）		010－62514148（门市部）
	010－62515195（发行公司）		010－62515275（盗版举报）
网　　址	http://www.crup.com.cn		
经　　销	新华书店		
印　　刷	北京密兴印刷有限公司		
规　　格	185 mm×260 mm　16 开本	版　　次	2021 年 4 月第 1 版
印　　张	20 插页 1	印　　次	2021 年 4 月第 1 次印刷
字　　数	449 000	定　　价	45.00 元

教学支持说明

1. 教辅资源获取方式

为秉承中国人民大学出版社对教材类产品一贯的教学支持，我们将向采纳本书作为教材的教师免费提供丰富的教辅资源。您可直接到中国人民大学出版社官网的教师服务中心注册下载——http://www.crup.com.cn/Teacher。

如遇到注册、搜索等技术问题，可咨询网页右下角在线 QQ 客服，周一到周五工作时间有专人负责处理。

注册成为我社教师会员后，您可长期根据您所属的课程类别申请纸质样书、电子样书和教辅资源，自行完成免费下载。您也可登录我社官网的“教师服务中心”，我们经常举办赠送纸质样书、赠送电子样书、线上直播、资源下载、全国各专业培训及会议信息共享等网上教材进校园活动，期待您的积极参与！

2. 赠送“经管之家”论坛币

经管之家（http://www.jg.com.cn）于 2003 年成立，致力于推动经济学科的进步，传播优秀教育资源，做最好的经管教育。目前已经发展成国内最大的经济、管理、金融、统计类在线教育平台，也是国内最活跃和最具影响力的经济类网站。

为了更好地服务于教学一线的任课教师，凡使用中国人民大学出版社经济分社教材的教师，注册成为我社教师会员后，可填写以下信息调查表，发送电子邮件或者邮寄或者传真给我们，我们将会向您赠送经管之家论坛币 200 个。

教师信息表

姓名：
学校：
论坛 ID：
教授课程：
使用教材：
论坛识别码：pinggu_com_1501511_8899768

3. 高校教师可加入下述学科教师 QQ 交流群，获取更多教学服务

经济类教师交流群：一群：140105952（已满），或二群：809471792
财政金融教师交流群：182073309
国际贸易教师交流群：162921240（已满），或二群：611026561
税收教师交流群：119667851

4. 购书联系方式

网上书店咨询电话：010-82501766
邮购咨询电话：010-62515351
团购咨询电话：010-62513136

中国人民大学出版社经济分社
地址：北京市海淀区中关村大街甲 59 号文化大厦 1506 室　100872
电话：010-62513572　010-62515803
传真：010-62514775
E-mail：jjfs@crup.com.cn